防衛、2・社会資本の整備、3・法秩序・社会秩序の維持、4・国民一人ひとりの権利保障という４つの役割を担っていることを強調した。そして、このことをより深く学習してもらうために、検定を受ける過程で、52頁の〈アクティブに深めよう　立憲主義の大切さについて考えよう〉というアクティブ・ラーニングの大コラムを設定した。その大コラムで、次のような設問を行った。

①４つの役割を果たすために存在するものは何か、またそれらはどんな働きをしているのか
②現在のわが国は、それぞれ４つの役割をどの程度果たしているか

この設問に答えるべく、いろいろ考えてみていただきたい。国民を育成すべき公民教育は、かかる設問について他者と話し合いながら深く考えることを通じて、国家とは何か、国民とは何か、考えることから始まるのではないだろうか。

『新しい公民教科書』を通じて、国家が４つの役割を持っているということをきちんと学習すれば、第１の役割は戦後の日本が捨ててしまったことは直ぐに知られる。また、社会資本の整備という第２の役割も、日本国家は少しずつ放棄してきたことがわかる。財務省が均衡財政主義を説き、政治家と国民を洗脳し続けた結果、インフラの高度化どころか、高度成長期に整備したインフラの老朽化に対応することさえも行えなくなっている。自然災害の多いわが国では、他国以上に、この２番目の役割が重要なのに、インフラ整備に投資するという発想が消えてしまって久しい年月が過ぎてしまった。第４の役割についても、北朝鮮に拉致された日本国民さえも一向に取り戻せていない日本国家は全く果たしていないことが分かる。

国家の基本的な４つの役割のうち３つまでもが壊れてきているわけだから、日本国[illegible]当然であろう。

『新しい公民教科書』を通じて国家の思想の再建を

しかし、戦後教育を受けて大人になった私たち日本国民は、国家の４つの役割どころか、愛国心や公共の精神についてさえ学んでいないから、現在の日本国家の歪みや問題点を大局的に捉える問題意識さえ持つことが出来なくなっている。愛国心や国家の４つの役割などについてきちんと教わっていたならば、少なくとも昭和52(1977)年以来発生していた拉致問題を放置することもなかったであろう。

だからこそ、『新しい公民教科書』では、国家の思想の再建を何よりも重視した。そして同時に、家族の大切さを説き、経済的自由を基礎とした自由民主主義体制の優位性を展開しようとした。検定の中で、特に国家の思想の再建という点は相当に「待った」をかけられたが、この３つのことは基本的に達成できたのではないかと思われる。

特別報告〈『新しい公民教科書』と教科書検定をめぐって〉の一読を

まずは『新しい公民教科書』自体をお読みいただきたい。そして、巻末に特別報告〈『新しい公民教科書』と教科書検定をめぐって〉を掲載したので、これもお読みいただきたい。『新しい公民教科書』は検定の中で何度も書き直しさせられたが、特別報告では、その検定過程を明らかにした。検定の厳しさは、想像以上だった。教科書検定というものに興味のある方は、特にお読みいただきたい。

目次

検定合格

新しい公民教科書

中学社会

自由社

すごいぞ 日本の技術は

世界に誇る日本の先端技術

地球深部探査船「ちきゅう」

船上の大きなヤグラからドリルパイプを伸ばしながら、海底を掘削、地球の成り立ちから地下の生命圏、地震発生のメカニズムなどを探る。これまでに将来の大地震が予想される南海トラフで海底下3000 m以上を掘削調査するなど活躍中だ。海底下7000 mまで掘削が可能で世界一の技術。将来的には地球内部のマントルまでの掘削を見すえる。

リニアモーターカー

2027年の品川—名古屋間開業を目指し着工。車両の走行試験では時速603 kmという鉄道の世界最速記録を達成した。磁石の反発力で浮いて走る。品川—名古屋間の86%がトンネルとなり、その掘削にも日本の最高技術が生きる。

小惑星探査機「はやぶさ」

2003年に打ち上げられた「はやぶさ」は小惑星イトカワに着陸、通信途絶などで帰還は困難をきわめたが、2010年、特殊なカプセルにイトカワの砂を採取して持ち帰り、太陽系誕生の研究に役立てている。2019年「はやぶさ2」も別の小惑星リュウグウに着陸した。

測位衛星「みちびき」

日本版ＧＰＳ（衛星利用測位システム）を担うため、2018年までに4基が打ち上げられ、高精度の位置情報を24時間提供することが可能になった。車などの自動運転やドローンによる物資輸送など幅広い用途が見込まれる。

宇宙ステーション補給機「こうのとり」

国際宇宙ステーションに物資を運ぶため日本で開発された無人宇宙貨物船。2018年9月に打ち上げられた「こうのとり7」は、宇宙ステーションで作られた試料をカプセルに入れて持ち帰るのに成功、他国の技術に依存していた日本の有人飛行の扉を開いた。

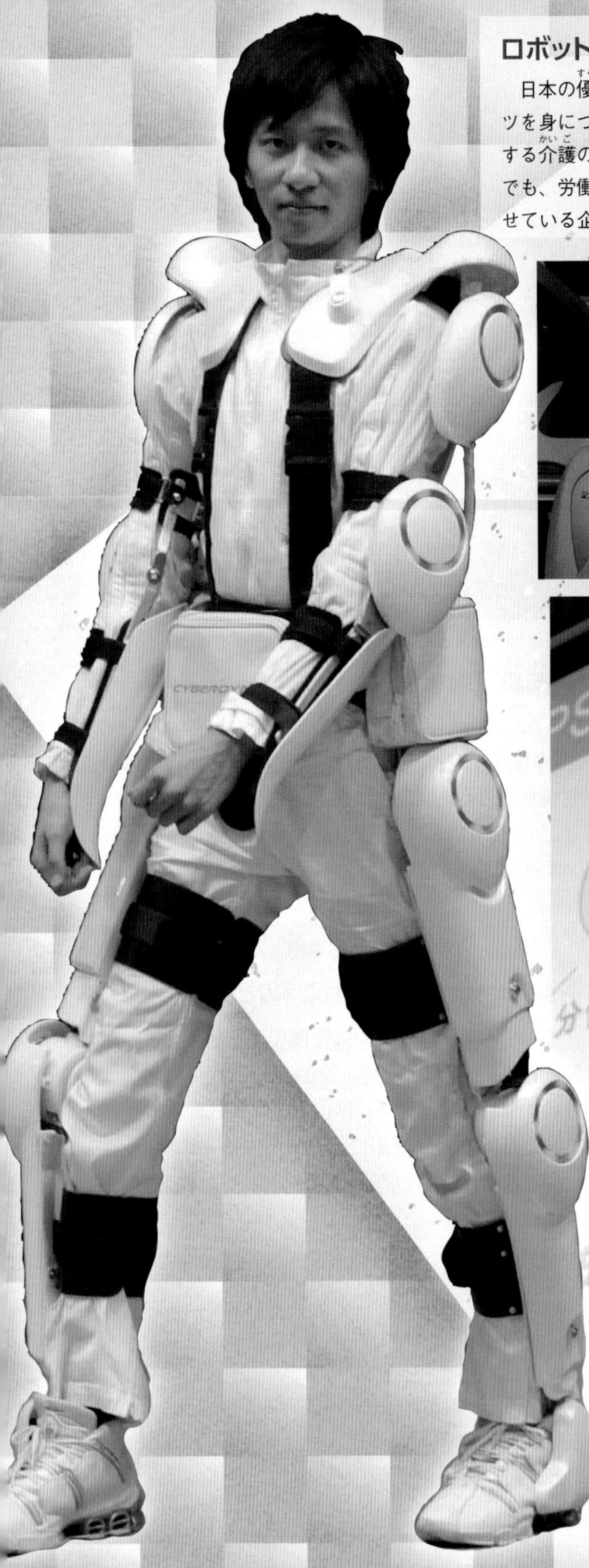

ロボットスーツ

日本の優れた技術で開発された。人間がこのスーツを身につけることで力を強化でき、人を抱えたりする介護の方面で成長しつつある。建設現場や工場でも、労働者に着用させ、腰にかかる負担を軽減させている企業もある。

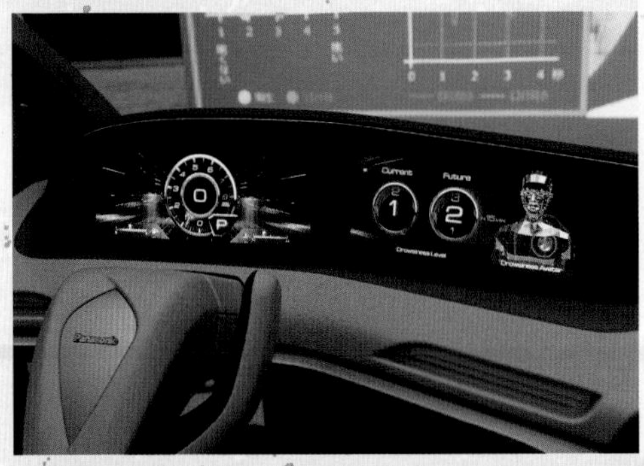

AIの挑戦

ＡＩとよばれる人工知能は、かつては専門家の知識をデータベースにするのが中心だったが、人間などの神経回路の機能をＡＩにもたせることで能力が一気に高まった。身近なところではアメリカンフットボールをはじめとしたスポーツの戦略を立てたり、日本人が得意の囲碁や将棋でも、プロ棋士を圧倒したりする場面もある。

iPS細胞

2006 年、京都大学の山中伸弥教授らのグループがはじめて、マウスからつくることに成功した人工多能性幹細胞。自己複製能力を持ち、いろいろな組織や臓器をつくれる。「ヒトｉＰＳ細胞」は今や多くの医療分野で実用化に動き出した。山中教授はその功績でノーベル生理学・医学賞を受賞した。

中学社会

新しい公民教科書

自由社

目　次

■本書では国名は、次のような略称を用いています。

《正式国名》	《略称》
アメリカ合衆国	アメリカ
ロシア連邦	ロシア
旧ソビエト連邦	旧ソ連
中華人民共和国	中　国
大韓民国	韓　国
朝鮮民主主義人民共和国	北朝鮮

学習を深めるために

≪ミニ知識≫

≪紹介する主な人物≫

この教科書で学ぶにあたって

公民を学ぶ目的

【よりよい社会を】

私たちが公民の学習をする目的は何でしょうか。

私たちは社会に支えられ、社会とともに生きています。したがって、社会がよくならなければ、私たちの人生も幸せにはなれません。公民は、私たちみんなが平和で幸せに暮らしていくために、社会をよりよくしていこうと学習していくものなのです。

【次の世代に手渡す】

この教科書をよく読めば、日本の国と社会が、日本の私たちの先輩のたゆまぬ努力によって、いろいろな困難を乗り越えて築かれてきたことが分かります。これからもいろいろ課題を解決して、さらに世界に誇れるすばらしい日本の社会をつくっていきたいものです。そして、私たち自身がより幸せになると同時に、次の世代の人たちにそれを手渡していかなければなりません。いうまでもありませんが、社会は国家というまとまりをもって初めて社会としての力を発揮します。私たちは、日本という国家の公民です。日本を支える公民として、公民の授業をしっかり学んでいきましょう。そして、世界のため、人類の発展のためがんばっていきましょう。

この教科書の使い方

【章と単元】

それでは、この教科書の使い方を説明します。

この教科書は序章、5つの章、そして終章があります。そして全体で72単元となり、単元の番号はこの教科書全体で連番になっています。

公民の学習で重要なことがらは、一つの単元だけで学習するのではなく、いくつもの単元で重ねて学習するようになっています。最初は基礎的なところを学習し、重ねて学習するたびに、より詳しく、より深く理解できるようになっています。

【重要語句はゴシック】

各単元の重要語句はゴシック（太字）になっています。ゴシックにした重要語句は、すべてこの教科書の最後にあるさくいんに登録されています。このゴシックにした重要語句は、関連したいくつもの単元で出てくるようになっていて、単元の学習をするとき、その重要語句に特に注意しながら学習すると、他の単元で学習したことと連動して、とても理解しやすくなっています。こうして公民として重要なことがらが構造的に理解でき、学習がより容易に、より深くできるようになっています。

【ここがポイント】

単元の最後に、この授業でおさえるべき重要な確認事項をまとめています。

みなさんといっしょに公民を学ぶ先生と友だち

【学習のまとめと発展】

各章の最後にある「学習のまとめと発展」のページは、ここでも学習が深まるように、いろいろ工夫されています。まず、各単元で示した重要語句の中から、さらに重要な語句を「最重要語句」として並べています。各単元の最重要語句を見ることによって、どのくらい学習が身についたか、自己評価できるようになっています。だからよく身についていない単元を復習できるようになっています。そしていくつかの最重要語句は、その意味をノートに書き出して、学習を強化するようになっています。さらに「学習の発展」に進んで、より進んだ課題に挑戦(ちょうせん)できるようになっています。だから楽しみながら、大変深い学習ができるようになっているのです。

【もっと知りたい】

そのほか、重要なことがらを深く理解するために「もっと知りたい」という大きなコラムが関連する単元のそばにあります。思いがけないことが面白く書いてあって、びっくりするかもしれません。公民の授業がほんとうに楽しくなると思います。

各単元にある写真や図表も興味深いものばかりです。それを見るだけでも、学習への興味が大いに出てきます。

さらに、「ミニ知識」というコラムがあって、公民の重要な言葉や事柄(ことがら)を学習するときにヒントになる面白い記事がたくさん書いてあります。この「ミニ知識」を読めば、本文で学習しようとしている内容が、いっそうよく理解できるようになります。

各章末の「学習のまとめと発展」の取り組み方

【学習のまとめ】

各章の終わりに、「学習のまとめ」があります。ここでは、まず各単元のゴシック（太字）にした語句のうち、最も重要なものを最重要語句として並べています。

単元名とともに、この最重要語句を見て、各単元ではどのようなことを学習したのか、思い出してみてください。

単元名の前に（　）がつけてありますね。（　）の中に、 最もよく思い出せる単元には○を、思い出すのが最も難しい単元には△を書き込んでください。

序章、第１章、第２章、終章では○と△は１つずつ、第３章、第４章、第５章は単元が多いので、○を２つ、△を２つ書き込んでください。

【３つの問題】

○や△をつけたら、その章の学習を確実にするために、次の３つの問題に挑戦してください。

問題１　最重要語句から最もよく理解している語句を３つ選び、その語句の意味について約 100 字でノートに書き出してください。選ぶ数は増やしてもかまいません。

問題２　（　）に○をした単元について、あなたの理解した内容を約 200 字でノートにまとめてみてください。

問題３　（　）に△をした思い出すのが最も難しかった単元については、その単元のページを開いて、単元名の下にあるリード文を読み、その次に「ここがポイント」を読み、本文をもう１度読んでみてください。その後であなたの理解した内容を、約 200 字でノートにまとめてみてください。

【学習の発展】

「学習の発展」は、各章の各単元では直接には説明していませんが、学習を発展させるための課題がいくつか示してあります。それほど難しいものではありません。少し調べたり考えたりすれば分かります。その中から１つ選んで、ノートに 400 字でまとめてみてください。第３章、第４章、第５章は単元が多いので、２つずつ選んでもかまいません。

序章

現代日本の自画像

私たちは、家族や学校などの小さな社会に、
そして地域社会や国家という大きな社会に暮らしている。
そうした社会の仕組みは、
どのようになっているのだろうか。

ハンバーガーの食材のうち
日本でつくられている割合（2008年度概算）（農林水産省資料）

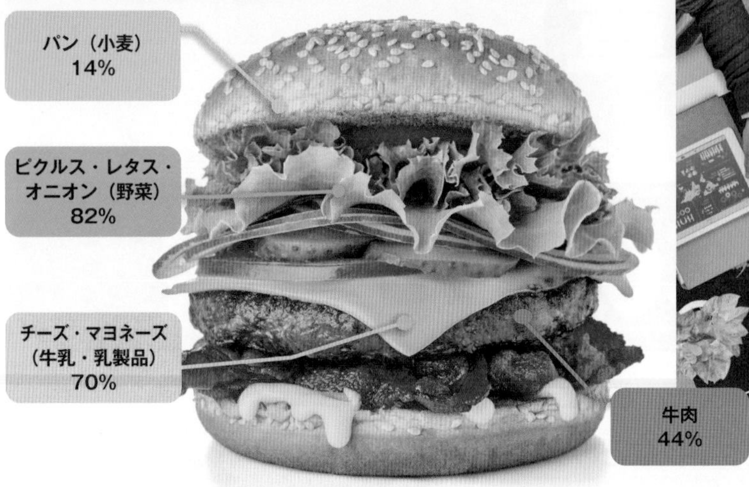

グローバル化のイメージ

01 グローバル化が進む世界

グローバル化が進んで、日本をとりまく現代世界はどのように変化しているのだろうか。

グローバル化

1991（平成3年）、ソビエト連邦が崩壊し、冷戦体制[1]が終結しました。冷戦の終結により、企業や個人による自由な経済取引が旧社会主義陣営をふくむ世界規模で行われるようになりました。この状況を自由貿易体制といいます。それは全地球規模に拡大し、交通手段や情報通信技術の普及により、ヒト、モノ、カネ、サービス、情報が国境を越えて活発に移動しています。その結果、世界はさまざまな分野で急速に一体化していきました。これを**グローバル化**（またはグローバリゼーション）といいます。

グローバル化は、経済面で最も顕著です。航空・海上輸送の拡大とともに、日本には世界中からさまざまなものが輸入されています。スーパーの食品売り場には、世界各地から輸入されたさまざまな生鮮食材が並んでいます。また、多くの企業が、海外各地に工場や店や事務所を開設して、世界規模で事業を行うようになりました。そして、インターネットを通じて国内外の商品の注文が行われたり、世界規模で瞬時に株式や通貨が取り引きされるようになりました。

人の交流も盛んです。休暇には多くの人が海外旅行に出かけます。国内では、さまざまな国の人と出会います。文化の交流も活発になりました。アメリカのハリウッド映画は世界中でほ

[1]第二次世界大戦後、アメリカを中心とした自由主義陣営と旧ソ連を中心とした社会主義陣営とのあいだで対立は激しく続いた。そして、1962年10月、社会主義国キューバがソ連の援助で核ミサイル基地を建設したことが明らかになり、アメリカが海上封鎖を行うと、第三次世界大戦、核戦争の危機が迫った。アメリカと旧ソ連の首脳は、戦争防止のため交渉を重ね、アメリカは侵攻しない、旧ソ連は核ミサイル基地を撤去する、という合意を成立させた。この経験をふまえて、アメリカと旧ソ連は激しく対立しながらも、武力による直接対決をさけ続けてきた。この対立を、武器を使わない戦争という意味で、冷戦といった。

[2]グローバル化が進展し始めたころには、やがて世界は1つになり、国家という枠組みは不要となる、という主張もみられた。

グローバル化の始まりシルクロード

ぼ同時に上映されています。イギリスの小説「ハリー・ポッター」は各国語に翻訳され、一挙に世界のベストセラーとなりました。

負のグローバル化

しかし、グローバル化した世界で拡大流通するのは、有益なものだけではありません。例えば、一地方で発生した新型インフルエンザが短期間で地球全体に広がり、多数の人が感染し死亡する事態も発生しています。**環境破壊**とその被害も広域化しています。世界経済の活性化によって世界中でエネルギー消費が増大した結果、**地球温暖化**の加速も指摘されています。また、ヒト、モノ、資本、サービスの移動が拡大した結果、先進国の産業が相対的に賃金の低い国に移転して国内産業が衰退し（産業の空洞化）、国内の雇用機会も減少するため貧富の格差が拡大しています。そして、2008年にアメリカから始まった世界同時不況にみられるように、一国で生じた経済危機が瞬時にグローバル化するという問題もあります。さらに、先進国の文化が他の国々に流入する例が増大しています。

グローバル化への対応

そこで、グローバル化がもつ危険をコントロールすることが考えられるようになりました。その1つが国家の役割を強くする考え方です。[2]このような考え方は、欧米諸国で急速に拡大し、2016年6月、イギリスは国民投票でＥＵ離脱を決めました。[3]2017年1月、グローバル化の本家であるアメリカでも、「アメリカ第一主義」[4]というナショナリズムを唱えるトランプ大統領が誕生しました。もう1つは、国を越えた協力によって危険をコントロールしようという考え方です。例えば、国際連帯税導入の動きは、税制に関するグローバルな協力ということができます。[5]

紀元前後400年にわたって栄えた中国の漢王朝と、同じころヨーロッパで栄えたローマ帝国とのあいだには交易路がひらかれ、中国の絹がローマに運ばれた。このころは、砂漠をつきぬけるこの道が東洋と西洋を結ぶ最も安全で、最も速い交易路だった。この交易路をシルクロードという。シルクロードによる交易は、当時の東西の文物を運び、ユーラシアの各地域世界を結びつけた点で現代のグローバル化と類似している点があるから、比喩的にグローバル化の始まりを意味すると言えよう。

3 ＥＵは、域内におけるヒト、モノ、資本、サービスの「移動の自由」を掲げている。それゆえ、ＥＵの一員であるイギリスは、主権国家であるにもかかわらず、「移動の自由」を制限する法律をつくれない。ＥＵでは、イギリスやドイツなどの富める国と、東ヨーロッパなどの新規加盟国を中心にした貧しい国との経済格差が激しい。そこで、ＥＵ域内は移動が自由なため、貧しい国から豊かな国へ多くの労働者が流れ込んでいった。そして近年では、ＥＵは中東などからの難民を多数受け入れてきた。またイギリスでは、それまで存在していたヨーロッパとの距離感や政府への不満に加え「移民がイギリス人の職を奪っている」という新たな不満が生まれ、難民への手厚い社会保障費にあてるための税負担増に対する不満も増大してきた。ＥＵにいる限り、外国からの移民も難民も受け入れざるをえない。そこで、イギリス国民は、僅差ながらＥＵ離脱を選択したのである。

4 アメリカ国内の経済や社会の再建を第一に考え、国際問題に関与することをできるだけ控えようとする考え方。特にアメリカ人の雇用を守りたいという動機から唱えられた。

5 地球規模で課税する国際連帯税を創設して、グローバル化が生み出す問題に対処する資金としようという構想が生まれている。種類としては、多国籍企業税、武器取引税、金融取引税などがある。

ここがポイント！

①日本をとりまくグローバル化の正の側面としては、経済活動の促進、人、文化、情報の交流がある。②負のグローバル化には、病気の拡散、経済危機の拡散、文化や伝統の破壊などがある。③負のグローバル化の克服のため、国家の役割が見直されている。

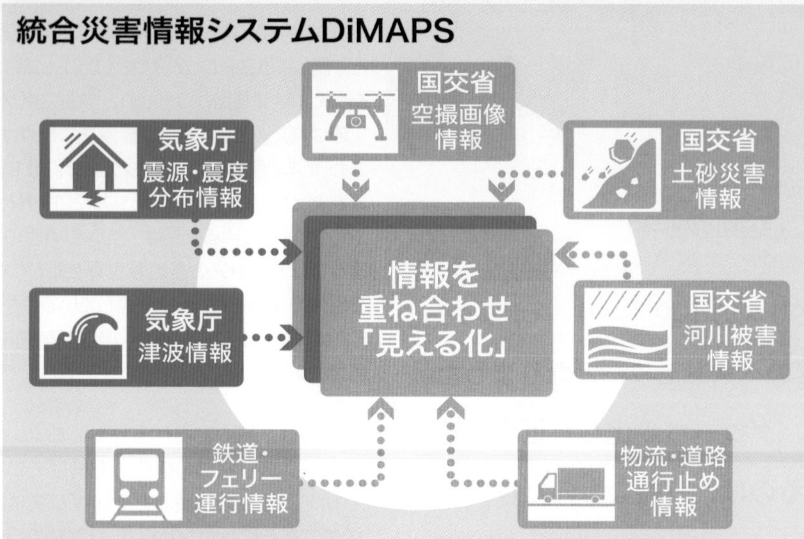

気象庁の震度分布や津波情報に、国交省の通行止め道路情報、鉄道やフェリーの運行、土砂災害、河川の被害、ヘリの空撮画像などの情報を、国交省が一元的に集め地図上で「見える化」し被害対策を行うシステム。

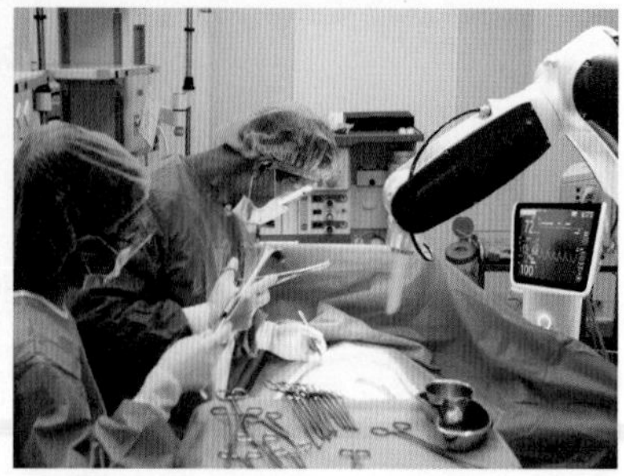

右側の白いアームがAIロボットのもの、左側の医者とともに手術を行っている。

02 情報社会

情報社会とはどういうものか。その利便性と問題点について考えよう。

情報社会のビッグウェーブ

現代の私たちは、好むと好まざるとに関わらず世界的な**情報化**というビッグウェーブの中にいます。情報化とは、コンピュータや大量のデータを送受信する光ケーブル、その社会基盤を効率よく動かすソフトウェア、情報セキュリティの要素が、相互に影響しあう進化をいいます。また、**情報社会**は、「知識や情報」が優位になったデータサイエンス社会ともいえます。それは、**ICT**[1]、**AI**[2]、SNS[3]の発達や、スマホ[4]のアプリの豊富さからも私たちの暮らしと密接に結びついていることが分かります。

目を見張るAIの進化

世界中で未曽有の自然災害が発生していますが､国民を災害から守る「災害対策」でも、AIが大いに役立っています。全国に設置した多くのセンサーが、常に種々のデータを送出しています。地震の発生直後には、集められたビッグデータ[5]を人のように自ら考え事前学習したAIが、津波到達の時間と区域を予測します。それと連動したスーパーコンピュータが超高速計算し、「津波浸水予測区域図」をリアルタイムに「見える化」し報道します。それにより、人々の避難行動を正確に促したり、被害を未然に防げるようになってきています。また、医療では、患者の生体情報を得ながら難しい手術をし、人の命を救うAIロボットな

[1] 情報通信技術(Information and Communication Technology)のこと。

[2] 人工知能（artificial intelligence）の略名で、コンピュータによる知的情報処理。

[3] FacebookやLINEなどに代表されるＷｅｂで提供されるソーシャルネットワークサービスのこと。

[4] 通話の機能の他にカメラ・時計・ＴＶ機能・電卓機能などがついたスマートフォンの略称。

[5] 一般的なデータ処理ソフトウェアで扱うことが困難なほど巨大で複雑なデータの集合を表す用語。

やってみよう

インターネットやスマートフォンを利用する場合、どんなことに注意しながら利用するべきか話し合ってみよう。

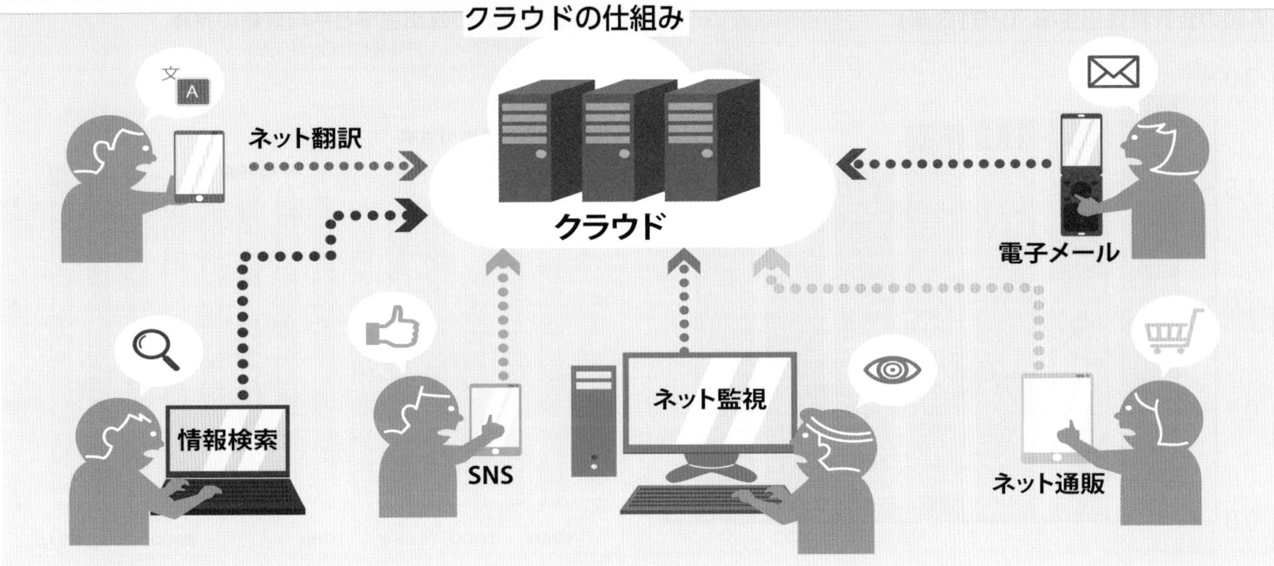

クラウドの仕組み

どの活躍もあります。身近な例では、不特定多数の人々がスマホを使い日本語や英語などの文章を時間・場所をこえて瞬時に翻訳できるＡＩ技術も進化し、外国からの旅行者が増え続けている昨今、大いに役に立っています。このように私たちの暮らしを変えるＡＩによる社会の構造変化も見逃せません。

情報セキュリティを考える

利便性を追求する情報社会の中で、**情報セキュリュティ**技術は大変重要です。例えば、スマホを持ち歩くと、その位置情報はクラウド[6]に記憶されます。スマホを落としたらその位置を探索できるので便利ですが、どこを歩いていたか知られてしまいます。このように、利便性とプライバシー侵害の相反する問題が生まれています。人類に突きつけられた大きな課題といえます。

私達が考えるべきこと

このように著しく進化する情報社会を、**情報リテラシー**[7]をもって生き抜くためには、人が備え持つとされる、「全体を鳥の目で見る力、ものごとを正しく見極める力、将来を見極める力」の３つの力があることを知り、先生や友人、知人、家族と話し合い、その力を磨いていくことです。それは、過去に生きた人たち、今の私たち、未来に生きる人たちもが共通してもっている力であり、人類が叡智[8]を生み繁栄してきた力でもあるのです。

[6]使う人が、社会基盤やそれを動かすソフトウェアを持たなくても、情報端末さえあればインターネットを通じて、必要な時に必要な分だけサービスを利用できる仕組みのこと。

[7]情報リテラシーとは、情報を自己の目的に合わせて使用する能力のこと。インターネットやスマホの普及により、ウィルス感染や情報漏洩などの社会の秩序を乱すネット犯罪が増えてきた。また、ネット上で、特定個人のプライバシーや名誉を侵害する情報を流していじめる例が多くなってきた。ネット犯罪やプライバシー等の侵害を行わないためにも、またネット犯罪などから身を守るためにも、ますます情報リテラシーが必要となっている。情報リテラシーとしては、正しい情報を伝えること、他者のプライバシーや名誉を侵害しないこと、著作権を尊重することなどがある。また、インターネットで増えてきている犯罪の被害者にならないためにも、知らない人からのメールには返信しない、危険なサイトにアクセスしない、根拠の明らかでない情報を信用したりしない、などの注意が必要である。

[8]物事の道理に通じる深い知恵。

ここがポイント！

①私たちは情報化というビッグウェーブの中にいる。②ＡＩは災害対策などで大いに役立っている。③情報社会では情報セキュリティと情報リテラシーが重要である。

各国の合計特殊出生率（2016 年）（「少子化社会対策白書」平成 30 年版）

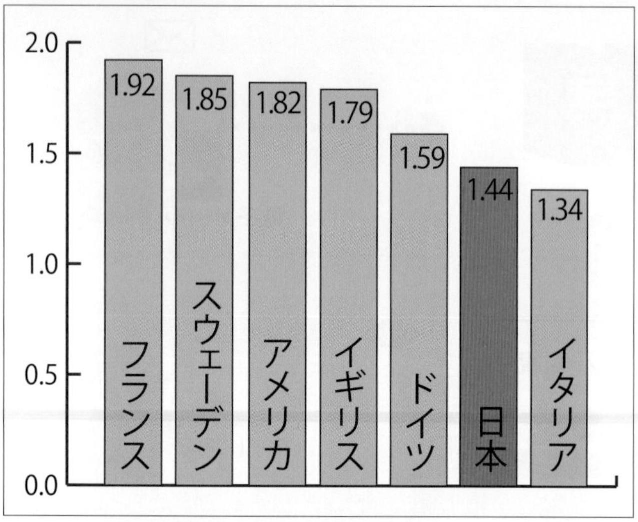

日本の合計特殊出生率と平均寿命の推移
（国立社会保障・人口問題研究所資料ほか）

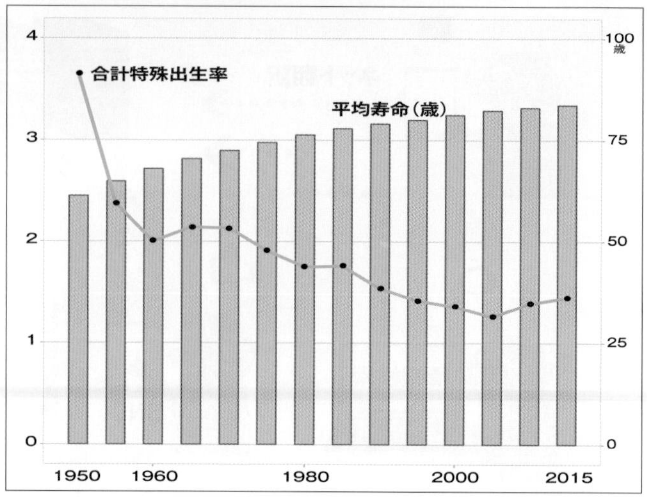

03 少子高齢化

現代の日本はどのような課題と向き合っているのか、考えてみよう。

1 1 人の女性が生涯に産む子供の数は、しばらく 1.3 より下で低迷していたが、最近 1.44 に上昇した。

少子高齢化とは何か

少子高齢社会が到来したわが国は、さまざまな課題に直面しています。少子高齢社会とは、子供や若者の人口割合が低く、65 歳以上の高齢者の割合が高い社会のことをいいます。わが国の総人口は 2018（平成 30）年 10 月 1 日現在で 1 億 2644 万人ですが、そのうち 15 歳未満の人口（年少人口）は 1542 万人となり、総人口に占める割合は 12.2%です。これに対して、65 歳以上人口（老年人口）は 3558 万人となり、総人口に占める割合（高齢化率）も 28.1%となっています。高齢化率が 7% を超えた社会を高齢化社会、14% を超えた社会を高齢社会、21% を超えた社会を超高齢社会といいます。

高度経済成長が終わったころから、一人の女性が生涯で平均何人の子供を生むのかを示す合計特殊出生率[1]が緩やかに低下し、少子化が進行しています。少子化の背景には、晩婚化や非婚化の進行や、子育てを支える社会的環境の不十分さ、子育てにかかる経済的負担などがあります。他方、医療の発達などにより平均寿命が伸長し、65 歳以上の老年人口の割合が増加し、高齢化しています。このように少子化と高齢化が同時に進行する現象を**少子高齢化**（しょうしこうれいか）といいます。

やってみよう

少子化対策にはどのようなことが考えられるか、教科書に書いてあることをまとめたうえで、班で話し合ってみよう。

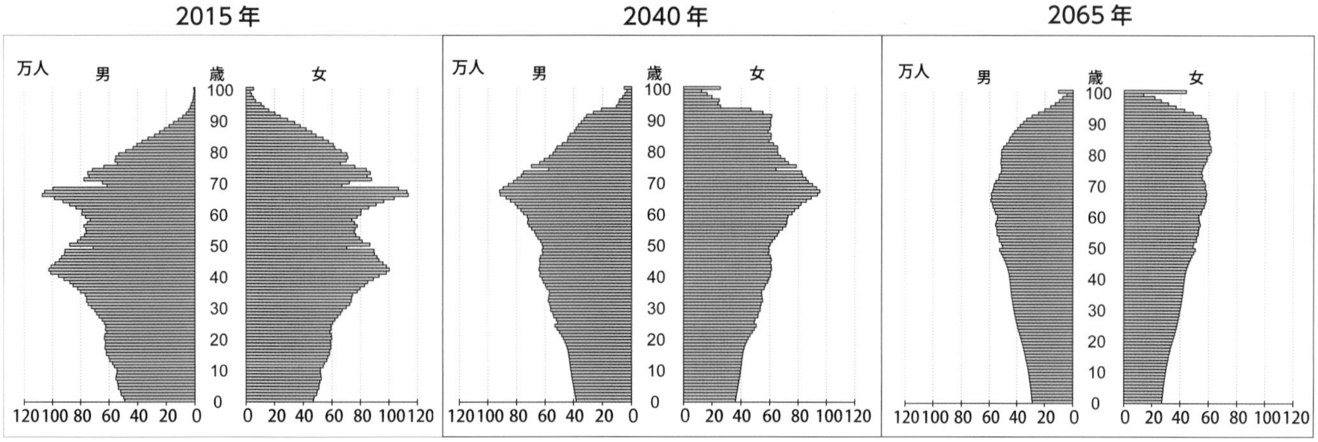

日本の人口ピラミッドの変化

3つの人口ピラミッドは、2015年の「国勢調査」と「日本の将来推計人口」（平成29年推計）によるものである。（国立社会保障・人口問題研究所）

少子高齢化の影響

少子高齢化は私たちの社会にどのような影響を与えているでしょうか。まず、人口構造に変化が起こります。例えば、15歳以上65歳未満の人口（生産年齢人口）は、1995（平成7）年を境に減少が続いています。また、総人口も2008（平成20）年をピークに減少に転じ、わが国は**人口減少社会**をむかえました。こうしたことから、働く人の数が減少し、産業が全体的に衰退するのではないかと危惧されています。さらには、高齢者の暮らしを支える介護や医療などの社会保障費が増大する一方、それを支える若い世代に大きな経済的負担がかかり、日本の活力を失わせる可能性があります。

少子高齢化への対策

少子化をくいとめるために、政府は、多様な保育サービスの提供などの子育て支援政策を充実することや若者の雇用の安定化などにより結婚・出産の希望が実現できる環境整備を進めています。また、若い世代の負担を減らすために、高齢者の就業促進を目指して、65歳までの定年延長や65歳以降の継続雇用が推奨されています。さらに、高齢者が、ボランティアなどで他の高齢者や若者と交流して社会との関りをもち生き生きと活動できるようにすることも課題となっています。

すべての人々が、安心して暮らせる社会をつくりあげることで、日本はさらに活力ある豊かな国へとなることができるでしょう。そのためには、私たち一人一人が家族や地域社会の一員として、共に支え合って生きいく意識が求められています。

どうしたら、日本の課題を解決できるかな。この教科書で学びながら考えよう

ここがポイント！

①少子化と高齢化が同時に進行する現象を少子高齢化という。②現在の日本は、少子高齢社会であり、さらに人口減少社会をむかえた。

アクティブに深めよう　グローバル化によって私たちの生活はどう変わったか、考えてみよう

グローバル化によって私たちの生活はどのように変わったでしょうか。教科書を読み各班で話し合いながら思いつくものをすべてノートに書きだしてみましょう。

グローバル化によってヒト、モノ、カネ、サービス、情報が国境を越えて活発に移動するようになったと言われます。ノートに書きだした変化は、どの移動と関連しているでしょうか。各班で話し合いながら、以下の表にまとめましょう。

ヒトの移動	
モノの移動	
カネの移動	
サービスの移動	
情報の移動	

ヒト、モノ、カネ、サービス、情報の活発な移動がもたらす良い面と悪い面について各班で話し合いましょう。そして、以下の表にまとめてみましょう。

	良い面	悪い面
ヒトの移動		
モノの移動		
カネの移動		
サービスの移動		
情報の移動		

ヒトなどの国境を越えた活発な移動がもたらす良い面と悪い面とを比較しながら、それらの移動の自由の是非について話し合いましょう。また、移動の自由を制限すべきだとすれば、どういう場合にどの程度制限するのが適当か、各班で話し合い、以下の表にまとめてみましょう。

	制限すべき場合、程度
ヒトの移動	
モノの移動	
カネの移動	
サービスの移動	
情報の移動	

深めよう

ヒトなどの移動のうち、特に興味をもったことについて、400 字程度でまとめてみましょう。また、情報化や少子高齢化についても、表や文章にまとめてみましょう。

日本の代表的イメージ、富士山と新幹線

日本車の生産工場

04 日本の自画像

世界の歴史のなかで、日本はどのような国を築いてきたのか考えてみよう。

1 日本と外国の犯罪発生率（2014年）

国名	殺人	強盗	窃盗
日本	0.3	2.4	477.2
アメリカ	4.4	101.1	2569.7
イギリス	0.9	81.8	2963.5
フランス	1.2	177.9	2812.4
ドイツ	0.9	56.4	2249.5

発生率は人口10万人あたりの発生件数。データはいずれも2014年のもの。（「犯罪白書」平成29年版）

平和な社会

日本は周りを海に囲まれ、本州をはじめ数千の島々から成り立つ**海洋国家**です。陸地面積は38万㎢で、領土は中小規模ですが、天然資源を採取する権利が国際的に認められている領海及び**排他的経済水域**は約447万㎢もあり、世界第6位の海洋大国です。

また、おおむね温帯に属する日本は、水と緑に恵まれ、稲作を中心とした農業を発展させてきたので、多くの人口を養うことができます。今日では、世界第10位にあたる1億3千万人弱の人々が住んでいます。

日本は、アジア大陸とは海を隔てているために、他国から侵略されにくく、一貫して国家の独立を維持してきました。これは、世界でも非常に珍しい例です。また、日本では国内の戦争が少なく、あっても規模は小さく、おおよそ平和といえる時代が続いてきました。日本人は社会の決まりをよく守る、親切で礼儀正しい国民で、日本は世界的にみて犯罪が少ない国です。[1]

経済大国、科学技術大国

平和で治安のよい日本は、経済が発展しました。日本は、世界第3位の経済大国であり、主要な経済先進国が集まる**主要国首脳会議（サミット）**[2]のメンバーです。日本の経済力は、優れた「ものづくり」の伝統と世界有数の科学技術力に支えられています。特許

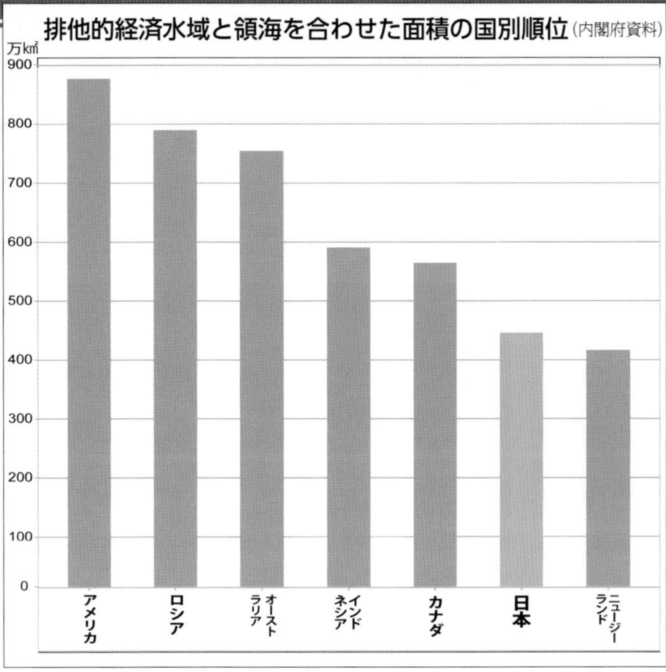

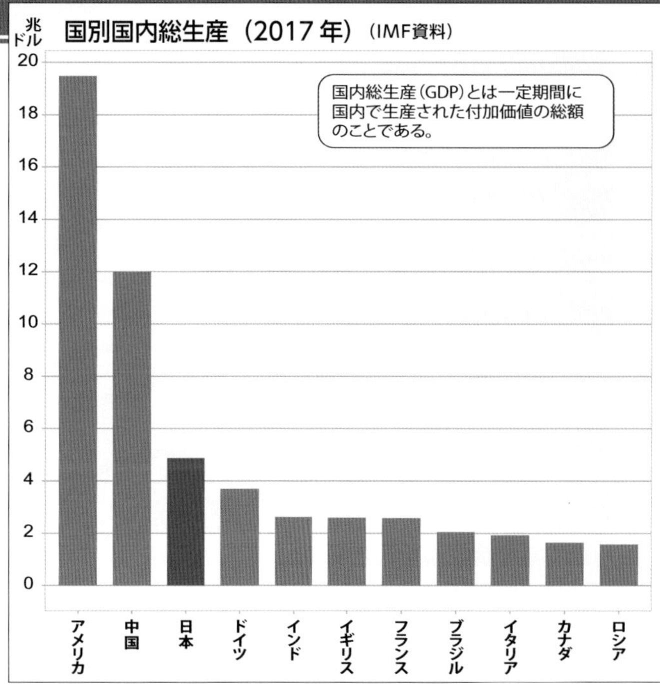

件数は、2017 年現在、アメリカ、中国に次いで世界第３位で、ノーベル賞の受賞者も、近年増加しています。

豊かな社会を築いた日本人の寿命は、女性が世界一、男性も世界で２位です。男女を総合すると、世界一の長寿国になります。寿命がのびた背景には、著しい医療の進歩と栄養バランスの改善があるといわれています。さらに、ご飯とみそ汁を基本に、欧米の料理文化をとり入れた**日本型食生活**の普及も図られています。健康によい日本食は、寿司を筆頭に世界に広がっています。

文化大国

ほかにも、漫画、アニメ、ゲームなどの娯楽作品をはじめ、文学や音楽、映画などの芸術作品など、さまざまな日本文化が世界中の人々に親しまれています。

私たちの祖先が築いてきた伝統や文化、国民性、そして国としての品格が国際社会で評価されているのです。[3] 日本の誇れるものを保存し、維持することが大事ですが、政府は日本に関するさまざまなものを売り込むために、**クールジャパン (かっこいい日本) 戦略**を推進しています。漫画、アニメ等だけではなく、武道や日本料理、茶道などの伝統文化も、自動車や電気製品などの日本製品も、クールジャパンの例とされています。

[2] 主要国首脳会議のメンバーは、日本、アメリカ、ドイツ、イギリス、フランス、イタリア、カナダ、ロシアの8か国であるが、ロシアはウクライナへの軍事介入やクリミアのロシア編入で2014年から参加停止となった。

[3] イギリスのＢＢＣワールドサービスの実施している国際世論調査では、例年、日本は好感度の高い国になっている(2017年で３位)。

やってみよう

外国人に「日本はどんな国ですか」と聞かれたらどのように答えるか、考えてみましょう。

ここがポイント！

①日本は侵略を受けることが少ない、平和の長く続いた国で、国民は社会の約束をよく守り、親切で礼儀正しい国民である。②日本は経済大国であり、技術大国である。③日本は文化の面でも盛んに発信している。

日本の農業は自然を大切にし、自然と共存するかたちで営まれていた。

ほとんど消えてしまったかやぶき屋根の家

懐かしい風景 - 干し柿をつるす民家の軒先

05 文化の継承と創造

現代日本がかかえる問題を、解決する手がかりとなる私たちの文化の伝統とは何か。

文化の調和と融合

文明が高度化し、グローバル化が進むなかで日本社会がかかえる課題は、これから生きる日本人によって解決されなければなりませんが、祖先が築きあげたわが国の社会と**文化**の伝統のなかに、意外と解決の手がかりが存在しています。

私たちの祖先は、神道の起源となった在来の**伝統文化**の上に、外来のさまざまな**異文化**を積極的に受け入れてきました。古代には仏教と儒教に代表される大陸文化に学び、近代以降はキリスト教を基礎としたヨーロッパとアメリカの文化に学んできました。そして、外来の文化を自己の文化と調和、融合させ、新しい独自の文化を育ててきました。[1]

私たちの祖先は、外来のさまざまな文化を尊重し、それから学びながらも、決して自己の文化を見失わずにきました。今日、グローバル化によって日本の文化が動揺する危機の時代にあって、私たちの先輩の得た経験は大変大きな指針となります。

社会の融和と連帯

私たちの祖先は、国や社会などを形成し維持していくにあたって、国内、組織内の融和と連帯を重視し、組織を構成するメンバー一人ひとりを大事にする**和の精神**を大切にしてきました。近代においても、企業に代表される日本の社会組織は、メンバーを平等に

[1]カレーライスは、日本に昔からあるご飯に、インド伝来のカレーソースをかけた料理である。あんぱんは、和菓子に使われる餡を西洋から伝わったパンにはさみこんだものである。ともに、自己の文化と外来文化を融合させた代表例である。

ミニ知識

自然と共存する江戸時代の知恵

自然との共存を重視する考え方から、江戸時代には、人糞と馬糞、古くなったわら草履、台所の生ゴミなどは捨てられるのではなく、すべて肥料として用いられた。かまどで燃やした灰も肥料として用いられ、灰を買い集める職業もあった。すき返して再生紙として使えるようにするために紙屑を集める屑屋、川底やゴミ捨て場に落ちている金属類を集めるよなげ屋、古くなった傘を張りかえて売る古骨買い、蝋燭のしずくを買い集めて再生する職業まであった。つまり、徹底した循環型社会（リサイクル社会）が成立していたのである。

紙をひろう屑屋

大切にして一人ひとりの能力の開発をはかる一方で、先見性や指導力のある人物をリーダーに抜擢し、そのもとで一致協力することによって新しい状況に対応していくという組織文化をはぐくんできました。

勤労と勤勉

私たちの祖先は一貫して、勤労、勤勉をよいことと考え、大切にしてきました。それによって得られる利益とは関係なく、働き、努力をすること、世の中の人々に貢献すること自体に喜びと価値をみいだしてきたのです。この精神のあり方が、自分自身で納得できる良質のものをつくりだし、それを社会に提供しようとする「**ものづくり**」の文化伝統を生み支えてきました。

自然との共存

私たちの祖先は、**自然との共存**を大切にし、簡素な生活を尊んできました。日本人は、自然と人間を対立させてとらえず、自然を征服するのではなく、山川草木などの自然をわが同胞ととらえる考え方を維持してきました。今日、国際社会における地球環境問題への取り組みにおいて参考になるのが、自然と共存してきたわが国の祖先の生活スタイルです。

ミニ知識

世界で一番古い企業

大阪の金剛組という神社やお寺の建築を専門にする建築会社は、578年に創業されて以来、1400年以上も継続してきた。写真は四天王寺で行われる新年の「ちょんな始め」の式に向かって金剛組を出発する工匠の列。

やってみよう

自分たちの住んでいる地域にあるお祭り、文化財、特産物、風習などについて調べてみよう。

ここがポイント！

①文明の高度化、グローバル化のなかで日本は課題をかかえている。②その解決の手がかりは、日本の文化と社会の伝統のなかにある。③私たちの祖先は和の精神を大切にし、勤労と自然との共存を大切にしてきた。

もっと知りたい

日本人の精神

日本の伝統である「勤労・勤勉の精神」や「誠実さと利他の精神」は、歴史上いろいろな場面で発揮されてきた。日本人の精神は、今日の私たちにも受け継がれ、発揮されている。

ナボイ劇場

ウズベキスタンの日本人

日本人抑留者

中央アジアのウズベキスタンの首都タシケント市に繊細な彫刻に彩られたビザンチン様式の美しい「国立ナボイ劇場」がある。1947年建造、収容観客数1400人、舞台面積540㎡を誇る国民自慢の大劇場だ。実は、この劇場は日本人がつくったのである。

大東亜戦争（太平洋戦争）が終わると、ソ連はポツダム宣言に違反して、65万人を超える日本人捕虜を連行した。シベリア抑留である。鉄道、道路、水力発電所、炭鉱の建設や森林伐採、農場開拓など莫大な費用がかかるインフラ整備のために強制労働をさせられた。ソ連は日本人抑留者にろくな食事も与えず、情け容赦なく酷使した。このうち6万人が亡くなったことを思えば、どれだけひどい環境であったかわかるだろう。

当時、ソ連の一部だったウズベキスタンには13の収容所が設けられ、約25000人の日本人が分散されて収容された。慣れない気候と過酷な生活によって、栄養失調や病気、事故などで813人もの日本人が亡くなっている。しかし、こんな環境にあっても彼らは決して手抜きをせず、まじめに仕事に取り組んだのだ。

ウズベキスタンのお年寄りたちは当時を振り返って、「あの過酷な状況で、日本人たちは捕虜なのにどうしてあんなに熱心に、丁寧な仕事をするのか」と不思議がった。そして、日本人のことを次のようにいっている。「日本人の捕虜は正々堂々としていた。彼らは戦いに敗れてもサムライの精神をもっていた」。さらに、住民から食料の差し入れがあると、差し入れが置かれていた場所に木製の手作りの玩具が必ず置かれていた。受けた恩に誠実に報いようとするその道徳的な態度に、ウズベキスタンの住民たちは大きく感動し、日本人に対して次第に尊敬の念をもつようになっていった。

タシケント大地震

冒頭のナボイ劇場を建設したのは約500人の日本人捕虜だった。彼らはわずか2年で大劇場を完成させたのである。

1966年4月26日、タシケント市を大地震が襲った。約8万棟もの建造物が瓦礫の山になるなかで、ナボイ劇場は何事もなかったように凜として建ち続けていたのだ。住民は一様に日本人の技術力の高さに驚愕し、悠然と建つナボイ劇場を日本人への畏敬の念をもって見上げていたという。

「日本人のように」

1991年、ソ連の崩壊でウズベキスタンは独立した。その5年後、カリモフ大統領はナボイ劇場に、日本人抑留者の功績を記したプレートを新設した。実は、かつて設置されていた古いプレートには、ウズベク語とロシア語、英語で「日本人捕虜が建てた」と書かれていた。しかし、作り変えられたプレートには、ウズベク語、日本語、英語、ロシア語の順で次のように書かれている。「1945年から46年にかけて、極東から強制移送された数百名の日本国民が、ナボイ劇場の建設に貢献した」。

カリモフ大統領は「ウズベクは日本と戦争をしていないし、日本人を捕虜にしたこともない」と主張し、シルクロードに伝説を刻んだ男たちに「捕虜」という言葉を使うのはふさわしくないと判断したのだという。

ウズベキスタンでは、日本人が造った道路や工場の多くが現在も使用されている。今でもウズベク人の母親は「日本人のようになりなさい」と子供に教えている。

サッカー・ワールドカップの日本人

2018年6月に開催されたサッカーのワールドカップロシア大会で、英国BBC放送が「日本のファンが模範を示した」として、日本人サポーターのゴミ拾いを「日本発の文化」として紹介した。

試合終了後に観客席を掃除する日本人ファンの写真や動画がソーシャルメディアで広がり、コロンビアやセネガル、ウルグアイなどのサポーターにも、清掃活動が波及したのだ。世界各国のメディアは「ゴミ袋を持ったマナーの良いフットボールファンほど良いものはない」と絶賛している。

海外のサッカースタジアムは汚れている観客席が多い。なぜなら、ファンにとって観客席は不満をぶつける場所であって、ゴミを撒いたり、イスを蹴り飛ばしたりするからだ。

勝敗にかかわらず、試合後に清掃してから帰宅する日本人サポーターの姿は、これまでもオリンピックなどの国際大会で話題になってきた。今大会も選手が全力で戦う試合会場を神聖なものとみなし、汚すまいとする日本の美徳が脚光を浴びた。

勤勉、責任感、誠実、利他の精神など、日本人の良い精神が、世界の人々の心をとらえるようになっている。

「日本発」世界が学んだ

サッカーW杯 RUSSIA 2018

サッカーW杯会場で、日本代表サポーターが行うことで世界中から脚光を浴びる清掃活動が今回、他国サポーターにも波及するなど、〝善意の輪〟が国境を超えて広がっている。

清掃したのは、日本と24日に対戦するセネガルのサポーター。19日の対ポーランド戦後、ポリ袋を手に観客席周辺をきれいにした＝写真（アフロ）。

20日のウルグアイ対サウジアラビア戦後もファンが清掃活動を実施。ウルグアイのメディア「ovacion」（電子版）は「日本人のアイデアを盗んだわけではないが（何事にも）努力しなければならないことを学んだ」と話す同国サポーターの声を掲載した。

〝本家〟の日本代表サポーターが19日のコロンビア戦後に行った清掃活動について、英BBC（電子版）は「日本のファンは掃除とリサイクル意識が高いのに加え、W杯のようなイベントで清掃活動を行うことで、自分たちの生き方への誇りを示そうとしている」との識者談話を掲載した。

平成30年6月22日 産経新聞

もっと知りたい

科学とは何だろう

私たちの生活を豊かにし、私たちに未知の世界を次々と知らせてくれる科学について考えてみよう。

アリストテレス
(紀元前 384 ～紀元前 322)

コロンブス
(1451 頃～ 1506)

科学とは何か

大昔の人は、私たちが生活している陸や海は平らな面の上に広がっているのだと考えていた。しかし陸や海は丸い球の上にあるのではないかと考える人も少しいた。

よく晴れた日に船が遠くに出ていくとき、船は沈むようにして消えていくことや、南の地方から北の地方に移動していくと、夜空の北極星はだんだんと高く上がっていくので、そういう考え方が生まれたのだ。

イタリア人コロンブスは、地球は丸いという説を信じていた。大西洋を西に向かって進めばインドに着くことができるはずだと考え、88 人の乗組員とともに 1 年分の食料を積んで、1492 年 8 月 3 日にスペインのパロス港を出帆した。しかし出帆して 2 か月あまりしかたたないのに、恐怖にかられた乗組員が引き返すよう訴えてきた。コロンブスはあと 3 日だけ待ってくれと言って航海を続けた。3 日目の 10 月 12 日、アメリカ大陸沿岸にあるキューバ島沖のバハマ国（バハマ諸島）の小さな島、サンサルバドルにたどり着いた。つまりコロンブスはアメリカ大陸を「発見」したのだが、自分ではそのことを知らなかった。到着したのはインドで、地球が丸いことを実際に証明したと死ぬまで思いこんでいた。

紀元前 4 世紀、ギリシャの哲学者アリストテレスは、物体の重さは、下に落ちようとする物体自体のもつ性質だと考えた。そのため重い物体は落ちようとする性質が強いので、重い物体と軽い物体とでは重い物体が速く落ちると考えた。しかし、物体の重さというのは、物体を動かそうとしたとき重いものはなかなか動かないことからわかるように動くまいとする性質にもなっていることになる。だから、重い物体も軽い物体も同じ速さで落ちると考えたのが、16 世紀から 17 世紀に活躍したイタリアの科学者ガリレオである。そのことをピサの斜塔で重い物体と軽い物体を同時に落として証明したと伝えられている。ガリレオが発見したこの落体の法則を発展させて、イギリスの物理学者ニュートンは、17 世紀、すべての物体は引き合っているという万有引力の法則を発見した。

科学が発達すると、特に自然の成り立ちについて、証拠を立て、筋道をつけて説明できるようになった。自然の仕組みの解明からいろいろ応用することが可能となり、生活に役立つものが次々と生み出された。科学の一分野、医学は今日では長足の進歩をとげ、多くの病気やけがは克服され、多くの人が長く生きられるようになった。生活が大変豊かに便利になったのは、科学の発達のおかげである。

しかし例えば、原子爆弾のように、科学は恐ろしい武器を生み出しもした。公害が発生することもある。科学がさらに発達するこれからの時代を生きる人たちにとっては、科学とどのようにつきあうのかは、大きな課題である。

日本人の科学的思考

日本では、弥生時代に稲作を中心にして、ムラやクニという共同体が生まれてきた。

稲は日本では自生しない。梅雨の時期に田という人工的な沼地をつくって、除草など細心の注意をはらいながら育てる植物である。そのため日本人は細かい作業をすることが得意な国民となり、工芸技術に長けた国民となった。この細心さは、ものごとを筋道立てて考えることを促すことにもなる。江戸時代、鎖国であっても、日本人はわずかに流入した西洋の知識や事物を貪欲に吸収し、実際に調べてみて、出てきた結果に基づいて考えていくという実証的な方法を学んでいった。あわせて、勤勉さと向上心から庶民の教育も発達し、江戸時代末期には日本は、欧米諸国を上回る識字率を誇る国となっていた。

幕末から、明治の初期のころは、日本の科学は欧米に後れ、工業技術も後れをとっていた。しかし明治維新以後、欧米諸国から科学理論と工業技術を急いでとり入れ、工業も科学も飛躍的に発展したのは、江戸時代からの教育の広がりと、合理的な考え方が育っていたからであるといわれている。

現在、日本は科学においても先進国の一つである。科学分野のノーベル賞は 1949（昭和 24）年の湯川秀樹をはじめ物理学賞で 11 人（うち２人は現在米国籍、2014 年の青色 LED 発明の赤﨑勇、天野浩、中村修二を含む）、化学賞で７人、生理学・医学賞で５人（2012 年のｉＰＳ細胞作製の山中伸弥、2016 年の細胞内のオートファジーの仕組みを解明した大隅良典、がん免疫療法の確立に貢献した 2018 年の本庶佑を含む）が受賞している。

ピサの斜塔

ガリレオ
(1564 ～ 1642)

ニュートン
(1643 ～ 1727)

湯川秀樹
(1907 ～ 1981)

もっと知りたい

芸術とは何だろう

人間は芸術にふれて、その美しさに感動し、心を豊かにする。そうした芸術とはいったい何だろう。

遮光器土偶

埴輪

美しさを感じる人間の心

人間には美しさに感動する心がある。美しい真っ赤な夕日をみて感動したり、顕微鏡で極微の世界をみてその美しさに感動する。

ところで、こうした美しさというものは、机や椅子のように、私たちの外に本当に存在しているものなのだろうか。それを見たときの私たちの心を通して、心の中で存在しているものではないだろうか。

音楽の例で考えても、音にかかわる美しさを感じる人間の心のあり方が先にあって、それをもとに音楽という芸術ができているのではないだろうか。

こうした美しさを感じる心の動きを感性というが、人間の感性は人間同士ではほぼ共通性があるといえるようだ。芸術はこの共通する感性をもとにして、受け止めた美しさや自ら創造した美しさを他人に伝え、感動させようとして表現しているのだ。

芸術は、言葉、音、色、線、さらには舞踊のように体を動かすものなど多様な媒体により表現される。こうして芸術は、人間の心を癒やしたり、楽しませたりする娯楽の世界にも深くかかわり、さらには感動を通して宗教の世界にもかかわっていく。

芸術と文化と社会

芸術の基には、人間に共通する感性があるけれども、世界の芸術を見るとさまざまであり、決して一様ではない。感性が同じなのに、どうして同じ芸術が生まれないのだろうか。それは、人間の感性によって、つくり出した作品によって逆に感性が影響を受け、その作品の特色の方向に感性が研ぎすまされていくからであろう。表現のための道具からも影響を受ける。楽器の違いがそれぞれ得意な音楽をつくり出す。

こうして一つの民族がつちかってきた美の伝統を基礎に、作り手と受け手の感性が響きあって、多様で独特の芸術スタイルが生まれ育っていく。そして同時に、芸術を通して、世界が共感し理解しあっていく。

日本の芸術の特色

日本の場合、埴輪は単純明快に造形され、ぬくもりのある素朴さが感じられる。この特色は、浮世絵等の絵画、シンプルな建築様式、あるいは工芸品の中に連綿と伝わり脈づいている。

一方、火焔土器や遮光器土偶の独創性豊かな装飾的造形は、現代アートに通じる。例えば、岡本太郎は、縄文人の感性がよみがえったような作品を生み出した。

明日の神話　岡本太郎・画。原子爆弾が炸裂する瞬間を描いた、縦 5.5 ×横 30 メートルの巨大な壁画（上の写真は部分）。現在、東京・渋谷駅に展示されている。（1968 ～ 1969 年制作）

その後、仏教文化が、飛鳥時代に始まり、白鳳、天平時代に花開いた。仏教はインドで誕生したのち、西域を通り、各地の文化を融合して日本に伝来した。

さらにその後、日本の芸術は中国や韓国の影響を受け続けながら独自な発展をしていった。室町時代には「能」という日本独自の舞台芸術が生まれ、同じく室町時代に「生け花」の華道や、喫茶にかかわる茶道が生み出されてくる。これらの芸術には「道」の言葉がついていることから分かるように、日本では、芸術が人間の生き方や心のあり方に重ねて発展しているということを忘れてはならない。

音楽については、明治以来、学校では、西洋音楽の理論と方法をとり入れた。それによって西洋音楽が新たに加わり、今日では世界で活躍する音楽家を多数輩出している。美術では、明治当初、西洋文化が押し寄せてきたとき、岡倉天心は日本の伝統美術の価値を讃え、美術運動家として、近代日本美術を大いに発展させた。

このように日本は芸術においては、外来のものを積極的にとり入れながら、たえず自己の芸術と調和、融合をはかり、新たな芸術をはぐくんできた。こうした日本特有のすぐれた能力は、現代にいたるまで脈々と受けつがれている。

火焔土器

能面

もっと知りたい

宗教とは何だろう

宗教は人間の心にだけ芽ばえるものである。宗教は私たちにどのようにかかわり、私たちをどのように支えているのだろうか。

初詣に並ぶ大勢の人々（明治神宮）

人類の進化とともにある宗教

約３万年前まで、地球にはネアンデルタール人という旧人が住んでいた。1953年から60年にかけて、イラクのシャニダール洞窟でネアンデルタール人の９体の人骨が発見された。地中の中に埋められていた人骨の周辺の土には、ノコギリソウやヤグルマギクなど数種の花の花粉がまぎれていた。これはネアンデルタール人が仲間の死を悼み花で飾って埋葬したことを物語っている。

死んだ仲間を偲ぶ行為は他の動物にも見られるが、これを埋葬して悼む行為は人類にしか見られない。旧人であるネアンデルタール人は、新人である現在の私たちとともに、ホモ・サピエンス（「賢い人」という意味）に属する。旧人の段階から、人類は仲間を悼み埋葬していたのである。

人は他人が亡くなると、どこかで生き続けているように思い、そこでのその人の幸福を祈り、さらには自分より大きな力を想像して、これを敬おうとする。じつはこれが宗教の始まりである。

宗教心はだれの心にもある

どんな賢い犬や猫でも夜空を見て「神」を考えたりはしない。動物は死を恐れるが、「死」を考えることはできない。人間は他の動物と比べれば、考える力が大変優れているのだ。そうすると他の動物とちがって、自分たちが自然の恵みによって生きているということが分かるようになる。そこから自然へ感謝する心の動きが生まれ、自分より強い大きな力を想像するようになる。そしてその大きな力を敬い、畏れ、自分も正しくあろうとする。この心の動きを宗教心といい、だれの心にもある。

宗教と真剣な心

自分の生き方について素直で真剣な気持ちをもって考えたことが一度もない人はいない。宗教とはそうした心のあり方にかかわるものである。

社会全体をみてみたときにも、多くの人々が、真剣な気持ちになっているときがある。その一つがお正月だ。

人々はなぜお正月にみんなで祝うのだろうか。それは１年の始まりの日の１月１日に心を新たにして、その年も幸せに生きたいと願うからであろう。

世界の宗教

現在、世界をみわたすと、紀元前５世紀前後にインドで釈迦が説いた仏教と、紀元１世紀にユダ

●西行（1118～1190）

12 世紀、西行という歌人が、伊勢神宮を訪れたときに詠んだと伝えられる、

何事のおはしますかは知らねども
かたじけなさに涙こぼるる

という歌は、神道の心をよく表した歌だといわれている。

●聖徳太子（574 ～ 622）

7 世紀初頭、日本に仏教を広めるのに大きく貢献した聖徳太子は、

世間虚仮（この世は仮の姿であり）
唯仏是真（ただ仏のみ真実である）

と説いた。法隆寺は、仏教興隆のため、聖徳太子が創建したといわれている。

伊勢神宮 2013(平成25)年には20年ごとの式年遷宮が行われた。

法隆寺

ヤの地でイエス・キリストが説いたキリスト教と、7世紀アラビア半島でムハンマドが説いたイスラム教の三つに大きく分かれている。

釈迦は、すべてのものは変わって行くととらえ、そして人の苦しみは人の心の欲望のために起こると考えて、欲望を滅すれば、心は静かになり幸せに生きることができると説いた。キリストは、この世界は人間もふくめてすべて神が創造したもので、人は神の愛を受け止めたときにのみ幸せに生きることができると説いた。ムハンマドもこの世界はすべて神が創造したものであるとして、人は日常の生活も神の教えのとおりに生きていかなければならないと説いた。

日本の宗教

日本では、宗教は大まかにいえば、神道と仏教に分かれる。神道は、日本の古代の稲作文化を中心にして生まれた自然崇拝の宗教で、そのために言葉で表した教えはない。

仏教は６世紀、日本に伝わり、その後、大和朝廷の厚い保護のもとに広まった宗教で、今日でも日本人の考え方に大きく影響をあたえている。

現在、日本には、神道や仏教のほかにも、キリスト教をはじめ、さまざまな宗教が入ってきており、また、新しい宗教も生まれている。いずれも、人の心を救い、人を幸せにし、社会に平和をもたらそうとしているのである。人々は宗教によって心を洗い、生きることの意味を考え、真剣に生きようとしている。私たちは宗教に対して正しく理解し、接していかなければならない。宗教同士でいがみ合うことは認められない。

序章　学習のまとめと発展

学習のまとめ

●**最重要語句**

(　) 単元1　グローバル化が進む世界

グローバル化　環境破壊
地球温暖化

(　) 単元2　情報社会

情報社会　ＩＣＴ　ＡＩ
情報セキュリティ

(　) 単元3　少子高齢化

少子高齢化　人口減少社会

(　) 単元4　日本の自画像

海洋国家　排他的経済水域
日本型食生活

(　) 単元5　文化の継承と創造

文化　和の精神　ものづくり
自然との共存

最重要語句を手がかりに「各章末の『学習のまとめと発展』の取り組み方」（ix ページ）に示してある３つの問題に挑戦してみよう。

学習の発展

序章の学習を発展させるために、次の課題のうち１つを選んで、約400字でまとめてみよう。

❶情報社会のよいところと悪いところについて考えてみよう。

❷日本はなぜ独立国であり続けることができたのか、考えてみよう。

❸単元３にある2065年の人口ピラミッドのグラフを見て、そのとき私たちはグラフのどこに位置しているか、どのような社会で、どのような生活をしているか、予想してみよう。

❹世界に広がっている日本の文化について、考えてみよう。

❺愛(いと)しい人が亡くなると、だれでも、その人が他の世界で生き続けているように思われ、だれにも宗教にかかわる心のあることがわかるが、このことについて考えてみよう。

第1章

個人と社会生活

私たちは、家族や学校などの小さな社会に、
そして地域社会や国家という大きな社会に暮(く)らしている。
そうした社会の仕組みは、
どのようになっているのだろうか。

第1節 家族の中で育つ私たち

三世代家族の散歩

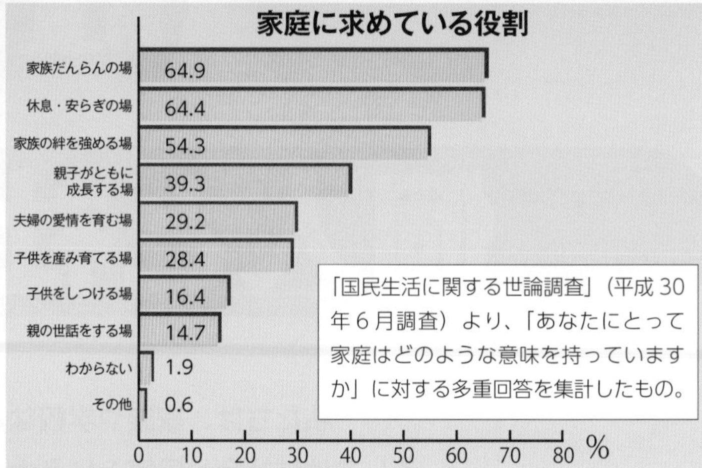

06 家族の役割と形態の変化

いちばん身近な社会集団である家族とは何だろうか、考えてみよう。

ミニ知識
ポルトマンの生理的早産説

牛や馬など通常1匹だけで生まれる動物は、生まれてすぐに歩いたり走ったりできる。人間は、無力な状態で生まれ、1年ぐらいしてやっと歩くことができるようになるので、牛や馬と比べると1年ほど早く生まれてくるようにみえる。この現象をポルトマン（1897～1982）は「生理的早産」とよんだ。人間は社会的に自立するまで成長期間が長く、その間、教育を受けて育つ動物である。

家族の役割

家族は男性と女性の愛と尊敬から始まります。そこで生まれた子供は、とても無力な状態にあり、肉体的かつ精神的に一人前になるまで親の長期間にわたる世話を必要とします。家族は、社会集団のなかで最も小さな単位の共同社会であり、家族の一人ひとりはまず何よりも、たがいに信じ合い、愛し合い、助け合い、教え合い、研鑽し合い、励まし合うことにより、家族の絆を強くしていきます。また家族は休息や心のやすらぎを得る場であり、家族の団らんは大切です。親は、子供に言葉を身につけさせ、人格をはぐくんでいきます。子供や孫に慣習[1]と文化を伝え、社会生活のルールやマナーをしつけるという役割をになっています。

家族の生活の基本は、**家計**の維持や育児・家事です。将来への備えや看護・介護においても、お互いに協力して助け合わなければなりません。家族の一人ひとりは、それぞれの役割を果たし、個人と社会とを結びつけることによって、家族を安定した社会や国家を築くための基礎とします。

家族の変化

戦後の経済成長とともに、家族の形態も大きく変わりました。昔は祖父母、父母、子供までの3世代がともに暮らす**大家族**が一般的に

[1] 社会に広く認められている伝統的な行動様式。風習や習わしのこと。

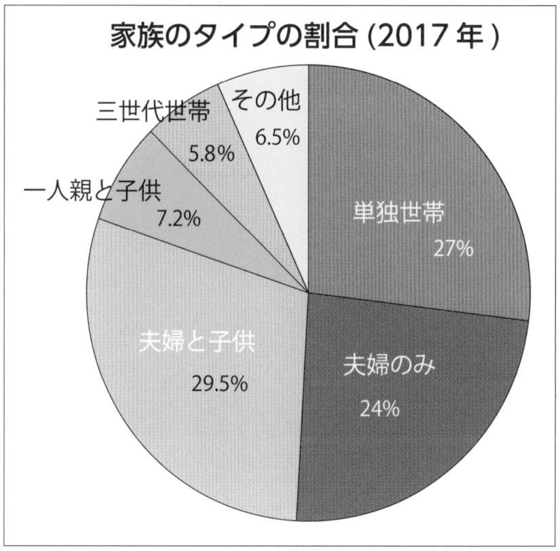

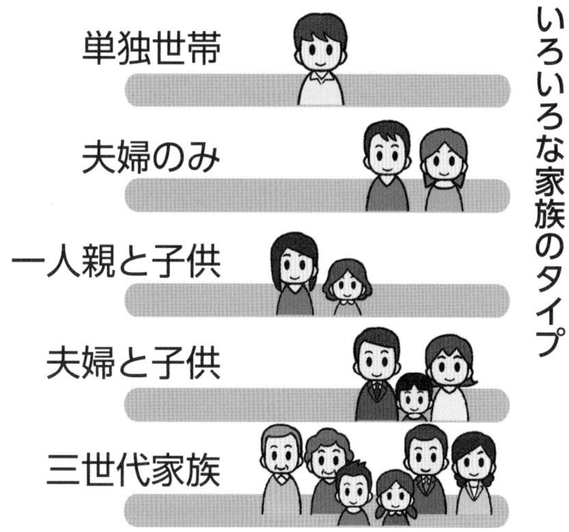

みられましたが、今は「夫婦のみ」「夫婦と子供」「一人親と子供」で構成される核家族世帯が増加し[2]、三世代同居世帯の割合は低下しています。近年は、一人暮らしの単独世帯が増加してきています。[3]

家族と個人

家族の決まりは「家族生活における個人の尊厳と両性の本質的平等」を規定した憲法第24条とともに、**民法**という法律に詳しく定められています。憲法と民法の基本的な考え方は、家族の一人ひとりを個人として尊重し、法のもとで平等に扱うということです。家族は個人から構成されていますが、個人はまた家族の存在を前提として成り立っています。衣食住などの共同生活を通して、思いやりや協力、責任感、一体感などを個人のなかに育てていきます。

現在の自分と友人や隣人との関係は「横のつながり」ととらえられます。これに対して、家族は、祖父母から父母、そして自分へとつながり、未来の自分の子供へと続く「縦のつながり」ととらえられます。[4]

昔から日本人は祖先を敬い、家族を重んじ、そして地域や社会を尊ぶ伝統を継承してきました。この伝統は自分たちのみならず、子孫のためによりよい社会を築き、国を守り、文化を伝承しようとする努力ともなります。家族は現在の私たちの生活の場としてだけではなく、過去から未来に流れる時間のなかで人々がつながっていく場としてもとらえる必要があります。

[2]核家族世帯の中でも、「夫婦のみ」の世帯の割合が増加傾向にある。

[3]単独世帯が増加した原因は、未婚の単身者や高齢の死別単身者、離婚による単身者が増えたことにある。

[4]戦前の日本の民法の家族制度は、祖先から子孫までをふくめた「家」を中心とした世代間のまとまりと、その存続を重視していた。現在の家族制度は、個人を重視して構成されている。しかし個人はばらばらではなく、家族との絆も重要である。

やってみよう

家族の一員として、自分はどのような役割を果たしているか、あるいは果たしたいか、書き出してみよう。

ここがポイント！

①人間は無力な状態で、家族のなかに誕生する。②家族は社会のなかの最小単位で、子供を生み育て、生活していく場である。③家族のあり方を定める民法は、個人の尊厳と両性の平等を基本にしている。

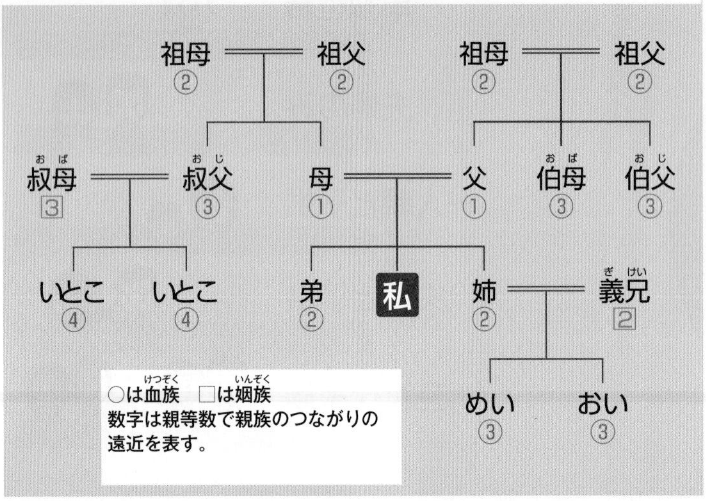

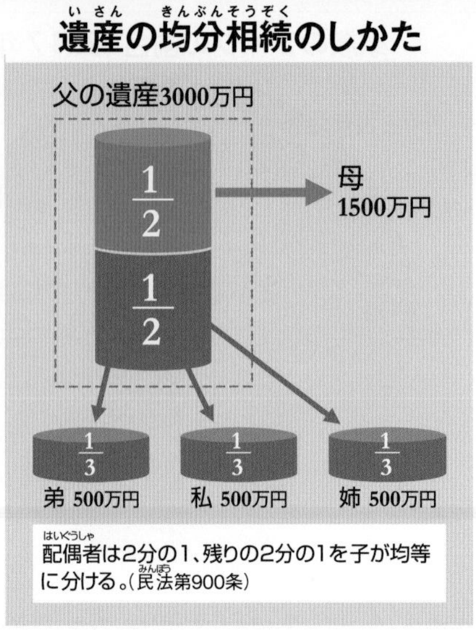

07 民法と家族

家族の仕組みは、法律でどのように定められているのだろうか。また、今の家族の状況は、どうなっているのだろうか。

[1]親権とは、父母が未成年の子供を監護・教育する権利と義務の総称。親権を行使する者を親権者という。親権は親の一方的な支配権ではなく、実際には親の義務の側面が強い。法的責任のなかには、未成年者が負うことのできないものが多くあるので、成人に達するまで、親が保護しなければならないのである。

民法と家族

親は子供を愛しいと思い、子供は親から愛されていると感じて、その親と子供が協力して生活を営む共同生活が家族です。

家族の規定は**民法**で決められています。民法は、親が未成年の子供を監護し、教育する権限（**親権**[1]）をもち、その義務を負うことを定めています（民法第820条）。監護とは子供の身体を監督・保護することであり、教育とは子供の人格の完成をはかることです。親権者は子供の監護・教育のために住居を指定して、その場所で生活させる権利があります（居所指定権）。そして、養育上、必要と思われる範囲内で叱ったり、罰をあたえることができます（懲戒権）。また、子供は親権者の許可がなくては**職業**に就くことができません（職業許可権）。未成年者は、法律上、自分の財産を管理する能力を欠いているので、子供の財産は、親権者が管理し、運用することになっています（財産管理権）。

未成年の子供は、このように親の親権に服さなければなりません。一方、親も義務として必ず子供の監護・教育をしなければなりません。これらの規定は、厳しいようですが、親が子供を一人前の社会人に成長するまで保護するために存在します。子供の尊厳を認め、子供の利益になるように、定められている

女性の年齢別労働力率（M字曲線）の推移

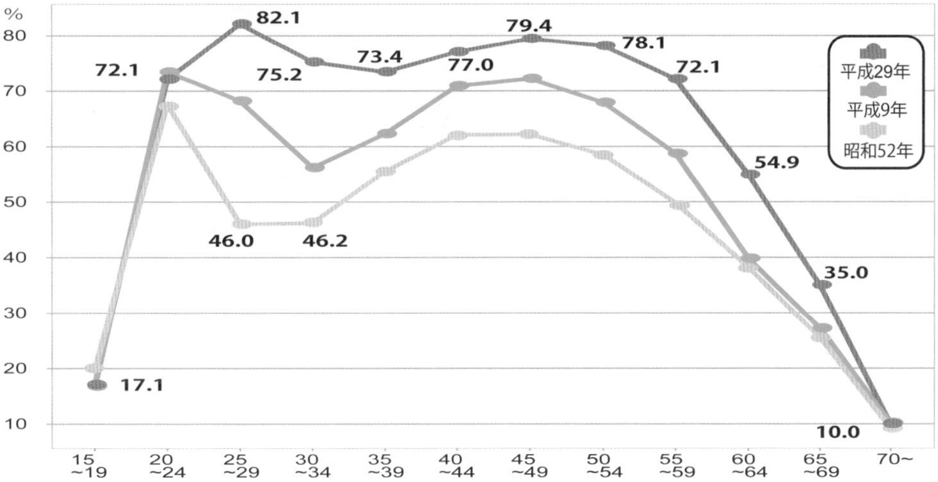

出産、子育て世代の労働力の減少がMの字のくぼみとなる。(「男女共同参画白書」平成30年版)

のです。

家族間の協力

ほとんどの日本人が農業に従事していた明治以前の日本では、家庭は農産物を生産する場でもあり、夫婦はともに働いていました。わが国に都市型文化が広く普及した大正時代、育児や家事に専念する専業主婦が女性の一つの理想となりました。[2] 戦後、日本経済の黄金時代だった1960 ~ 80 年代に、専業主婦の割合は最も多くなり、家庭を預かる主婦という一つの理想像が実現しました。しかし、近年は価値観が多様化し、より豊かな収入と生きがいを求めて、職業をもつ女性が増えています。

政府は、男女が社会の対等な構成員として、あらゆる分野で活動できるバランスがとれた社会（**男女共同参画社会**）を築く取り組みをしています。家庭内においても、男女がともに子育てや教育に参加できるよう、おたがいの配慮と協力が求められます。

家族の大切さは単純な損得では計算できません。計算をこえた、たがいの理解、愛情と協力によって、豊かな家庭生活は維持されます。社会の基礎を形成する家族の絆が弱くなると、社会が不安定になるおそれがあります。それゆえ、各々が家族を維持しようと努力することが大切です。情報化やグローバル化が進展しても、安定した暖かい家族の重要性は変わることはありません。[3]

[2] かつてわが国が農業中心だった時代には、男女はともに労働の担い手であった。その結果、専業主婦は少なかった。

[3] 昔の親は大家族や地域社会のお年寄りに子育てを教えてもらい、助けてもらうことができた。現代では子育てを助けてくれる人が周囲にいない場合が多く、子育ての知恵も受けつがれにくくなった。

ここがポイント！

①親権は親が子供を監護・教育する権利と義務であるが、その目的のほとんどは子供の保護のためである。②男女共同参画社会のもと、男女とも職業をもち、そのうえで健やかな家庭が築いていけるよう努力が重ねられている。

第2節 地域社会と国家

自分たちの住んでいる地域社会には、昔から伝えられた伝統的な行事として祭りがある。

08 私たちと地域社会

私たちは、地域社会とどのようにかかわって生きていけばよいのだろうか。

地域社会の変化

長く農耕社会だったわが国は、**地域社会**を大切に守り育ててきました。しかし、今や**職住分離**[1]が進み、大多数の人が近郊の住宅地から都市中心部の会社に通勤しています。交通や通信手段の発達により、個人は地域とかかわらなくても生活できるようになりました。その結果、住民は日常の地域活動に参加する機会が少なくなり、地域の一員としての意識が弱まりがちになりました。

しかし、人々のつながりを失った地域社会は、単なる住宅の集合でしかありません。住民同士の助け合いや協力が困難になるだけでなく、公徳心[2]が失われ、地域生活のマナーやルールが守られなくなるおそれも生じます。地域の秩序や治安が不安定になれば、生活の安心が失われ、個人の自由や権利は制約を受けることになりかねません。

地域社会と公共の精神

農山村部では若者たちが故郷を出ていき、都市部でも高齢化が進み、新しい住民が増えたことによって、祭りや盆踊りなどの伝統行事や共同作業の担い手が減り維持できない地域が多くなってきました。しかし、地域によっては、**伝統行事**を守り、復活させ、地域社会を維持する努力がされています。

私たちの周辺にはＰＴＡ、消防団、自主防災組織、自治会、

[1]職住分離とは、職場と住居が分かれていること。農業を営む農家では職場と住居が一体化しているが、都市では、労働者が住居から仕事場に通勤するようになっている。現在は、多くの人が都市部に住み、職住分離が進んでいる。

[2]公徳心とは公衆道徳を重んじる心がけのこと。住民相互の関係が希薄になることによって、公衆道徳を重んじる心がけが失われつつある。

[3]歴史を共有し、ルールやマナーを大切にしながら、慣習や文化を伝えていく共同社会をコミュニティという。私たちが帰属意識や連帯意識をもつ地域社会も地域コミュニティとしてとらえることができる。

左は、**炊き出しをするボランティア**(阪神・淡路大震災1995年)、右は、**倒壊した家屋の周囲に集まる住民たち**(熊本地震2016年)
大規模災害では、地域住民同士の助け合いが大きな力を発揮した。救援活動が本格化する前に、地域の人々が協力して多くの人命を救助するなど、あらためて地域コミュニティの大切さが明らかになった。

地域パトロール、老人会などが活動しています。また、**少子高齢社会**をむかえて、子育てや介護などを地域で助け合う活動、生涯学習の講習会やサークル活動なども多くあります。

産業社会の高度な発展に加え、国際化が進み、人間の行動範囲は飛躍的に拡大しましたが、人間関係はうすくなりました。だからこそ、学校や職場、社会活動を通して他の人との結びつきの大切さが再認識されるようになっています。住みよい**地域コミュニティ**[3]が存続するためには、住民の自主的な努力が欠かせません。各個人が地域の一員であるという自覚をもつことが大切です。

個人や家族は単独で生活しているわけではありません。個人や家族の生活は地域社会とともにあり、地域の人の支えがあって初めて成り立つことを理解しなければなりません。そのためには、公共の精神が必要です。公共の精神とは、自分の利益や権利だけでなく、社会全体の利益と幸福を考えて行動しようとする精神のことを指します。個人として自由に生きる側面とは別に、**公共の精神**の持ち主としての観点から見た人間を公民といいます。公民と個人のバランスがとれた人が、地域社会の発展に貢献できる人です。それを養うための社会的学習は、学校のなかだけで行われるものではありません。家族の話し合いや地域活動への参加も、学習のよい機会になります。

子供の通学を守るボランティア
奉仕活動は地域社会の存在を身近に考えることができる活動である。

やってみよう

今、住んでいるまちの市役所などで、どのようなボランティア活動やサークル活動があるか調べてみよう。また、どんな活動をしてみたいか、考えてみよう

ここがポイント！

①私たちは地域社会のなかでも生活している。②住みよい地域社会を維持していくためには、個人や家族が公共の精神をもっていなければならない。

ミニ知識

阿倍仲麻呂の望郷

天の原ふりさけみれば春日なる三笠の山にいでし月かも　（古今和歌集より）

19歳で遣唐使に同行して唐に留学した阿倍仲麻呂 (698 ～ 770) は、玄宗皇帝に重用されたために55歳になるまで帰国を許されなかった。念願かなって、帰国する途中、仲麻呂が故郷を懐かしんで詠んだのが上の歌である。若き日に奈良で見た月に思いを馳せる望郷の念が伝わってくるだろう。

だが、船は難破し、仲麻呂は唐の都・長安に再び戻らざるをえなかった。770年、祖国を思いつつ、仲麻呂は72歳で没した。

09 家族愛・愛郷心から愛国心へ

愛国心とは何だろうか。また、私たちの生活と愛国心は、どのような関係にあるのだろう。

愛郷心から愛国心へ

国民にとって最も大きな社会である**国家**は、共同社会の性質ももっています。自分が生まれ育った祖国を大切に思う心を**愛国心**といいます。オリンピックで日本の選手が活躍したときなどうれしくなるのは、愛国心の自然な表れといえるでしょう。

自分を愛する気持ち（**自己愛**）を、家族や友人も同じようにもっていると気がついたとき、自己愛は他者への愛に広がります。さらに地域社会、郷土、美しい自然環境などの公的なものへと拡大して、愛国心は形成されていきます。故郷をいとおしく思う**愛郷心**（郷土愛）、そして愛国心は自然な感情として芽ばえ、育っていくものです。[1]

経済的および社会的地位、人種や信条などの違いがあっても、同じ国家に属するという共通の意識から、国民は一体感をもつことができます。そして、先人が懸命に伝えてきた伝統・文化や連綿と続く歴史に対する理解が深まると、国家や社会の発展に努力していこうとする気持ちが自然と養われていきます。[2]

愛国心と国際社会

世界のどの国も、国民は祖国を大切に思い、よりよい社会を実現するために努力してきました。自国を愛せない者は他国を尊重することはできない、といわれます。なぜなら、外国の人々も、私た

1 祖国愛・郷土愛・愛国主義・愛郷主義のことをパトリオティズム(Patriotism)という。日本では愛国心と訳されている。

2 教育基本法第2条（教育の目標）には、教育の目的を実現するため、次の目標を達成することになっている。
「伝統と文化を尊重し、それらをはぐくんできた我が国と郷土を愛するとともに、他国を尊重し、国際社会の平和と発展に寄与する態度を養うこと」。

2018（平成30）年、ピョンチャンオリンピックで金メダルを獲得したフィギュアスケートの羽生結弦選手（右）と銀メダルを獲得した宇野昌磨選手（左）

1964（昭和39）年の東京オリンピック開会式

ちと同様に自分の国に深い愛着の感情をもっているということを理解して初めて、共感をもって他国を尊重できるからです。愛国心は他国に対する憎悪や蔑視と結びつくものではありません。愛国心は、**国際社会**の平和と発展に貢献しようとする精神の土台をなすものです。

愛国心と社会

愛国心は国家の維持や繁栄と密接につながっています。

自分の国の文化と伝統、さらに歴史、国民、社会、自然環境などを大切にする気持ちが愛国心の基礎になります。そこから、その国に生まれ、育ったことを誇りに思う気持ちもわいてきます。そして社会をより良くしようとする気持ちが一人ひとりの心のなかで強くなります。それによってより良い社会をつくろうとする努力が生まれ、良い国になっていきます。

国を愛することはこれから生まれてくる子孫を守ることにもつながっていきます。私たちは、祖先の残したすぐれた伝統や文化を現代に継承しつつ、未来をみつめて次の世代に伝え、そして国家・社会のさらなる発展に貢献しなければなりません。

ミニ知識

愛国心を訴えたフィヒテ

1807年、ナポレオンの率いるフランス軍支配下にあったドイツで、哲学者フィヒテは『ドイツ国民に告ぐ』と演説し、愛国心と独立を訴え、ドイツ国民をふるい立たせた。

フィヒテ（1762～1814）

ここがポイント！

①愛国心とは自分の生まれ育った国を大切に思う心である。②愛国心は国際社会の平和と発展に貢献しようとする精神的土台である。③すぐれた自国の伝統や文化は、継承するだけではなく、次の世代に伝えていかなければならない。

ミニ知識

自由で自主独立の立場を強調した福澤諭吉

明治の思想家であり教育者であった福澤諭吉は、『学問のすすめ』のなかで、「一身独立して一国独立する」と説いている。そして「国家の独立の根本は人々の独立である。人々の独立の根本は、経済的独立であり、精神的独立である。独立の気力がない人は、国を思う愛国心が弱くなるし、外国人と接したときも、こちらの道理をきちんと主張できない。また、独立の気力がない人は、人に依頼しようとするので、強い者にすり寄って利益を得ようとして悪事をなすこともある」と述べている。

福澤諭吉（1835～1901）

10 国家と私たち国民

私たち国民は、国家とどのように向き合えばよいのだろうか。

演説するリンカーン

1 英文の原文では、
"government
of the people,
by the people,
for the people"
である。このうち" of the people"の部分は、「国民の」ではなく、「国民に対する」と訳される場合がある。「国民に対する政治」と訳された場合は、政治に従う立場を示している。

国家と政治

第16代アメリカ大統領リンカーンの演説**「国民の、国民による、国民のための政治」**[1]は、国家の政治と国民の基本的関係を簡潔に述べた言葉として有名です。

はじめに「国民の」とは、国家の政治は**国民**に由来するという意味で、**国民主権**のことを指します。

次に「国民による」とは、国民が公共の精神をもって国家の政治に参加することを表しています。国民は参政権をもち、議員など自分たちの代表を選挙で選ぶことができます。また、みずから議員や役人になって政治を行うことができます。

最後に「国民のための」とは、政治は国民の利益のためになされなければならない、ということです。国民は公共の福祉を享受し、自由と権利が侵されたとき、これを保障するよう国家の政治に求めることができます。国民は自由と権利を守るために裁判を受ける権利をもち、また、社会保障など人間として生きていくために必要な援助を政治に求めることができます。

すなわち、国民は主権者の一人として、**政治に参加する立場**、**政治から利益を受ける立場**においては、国家のなかで政治と密接な関係に立ちます。

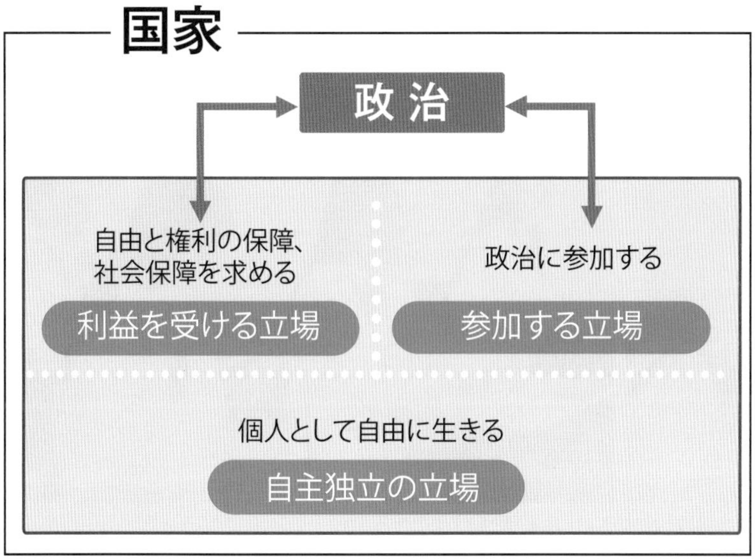

国家において政治にかかわる国民の3つの立場

一人ひとりが「自主独立」の気持ちをもつことが大切よ

自由を守る自主独立心

さらに国民と政治の関係の基礎として、国民には、国家のなかで、政治から自由な**自主独立の立場**もあります。国民には、個人として自由に生き、他人から干渉されない自由な生活があります。国民は、精神活動の自由や経済活動の自由などの自由権をもっています。

自主独立な立場は、自由を守ることにつながります。自由を守り、自主独立して生きるとは、自分で自分のことを決めて、他人にたよらないで生きることです。そしてみずから判断し、みずから自分の行動を決めることです。もし、自分で自分のことを決めることができず、ものごとの判断ができず、何ごとも他人にたより、国家や社会にたよるだけになれば、人々は活力を失い、そして国家の組織や制度は巨大化していきます。

人々が自主的にものごとを判断する力をなくして活力を失い、国家の組織が巨大化すれば、人々は自由を奪われ、社会の活力も失われていきます。そして、世界有数の自由民主主義の国であるわが国が、独裁国家になる危険性も生じてきます。ですから、私たちは自主独立の生き方をして、自由を守っていかなければならないのです。

やってみよう

あなたが、①国に期待すること、②国のためにできることの2つを書いてみよう

国に期待すること	国のためにできること

ここがポイント！

①国民は主権者の一人として、政治に参加する立場、政治から利益を受ける立場、政治から自由な自主独立の立場、という3つの立場をもつ。②自主独立の立場は自由を守ることにつながり、最も大切なものである。

第3節 社会の中の決まり

私たちの学校や学級はどのような社会集団といえるのだろうか。

11 共同社会と利益社会

私たちが一生のなかで所属する共同社会と利益社会は、どのような特徴をもっているだろうか。

さまざまな社会集団

私たちは、**家族**のなかで生まれ育ちます。6、7歳以降になると、**学校**も生活の舞台となります[1]。学校を卒業して企業などに就職すると、その職場の一員となります。また私たちは、趣味やスポーツなどのクラブや、ボランティア活動を行う組織などに所属したりします。これらの社会集団の中で協力し合っていかなければ、私たちは生きていけません。ですから、人間は社会的存在であるといわれます。

共同社会と利益社会

社会集団は**共同社会**と**利益社会**の二つに分類することができます。共同社会とは血のつながった人々の集まりや、同じ村や町に暮らしてきた人々の結びつきによって自然に生まれた生活のための集団であり、特定の目的のためにつくられた集団ではありません。ですから、その存続自体が目的だともいえます。家族や地域社会は、共同社会の典型です。

共同社会は大災害などによって滅亡しない限り、存続していきます。共同社会への加入は個々人の自由意思によってではなく、そこに生まれたことによって、自然になされます。個々人は、所属する共同社会のために、全人格、全生活をかけることがあります。若者も、大人も、お年寄りもその共同社会のなか

[1] 私たちの学校や学級は、勉学を目的としてつくられた社会である。しかし、同時に友情という精神的連帯が自然に広がっていく社会でもある。

このようにみると学校や学級は本来、利益社会であるけれど、共同社会の性質を同時にもっていることがわかる。

代表的な利益社会の例
企業の研修会(左)と趣味で集まったクラブ(右)

で、助けあい、支えあい、教えあい、生活しています。子供はその中で、いろいろなことを学びながら、育っていきます。

一方、利益社会とは、個々人が特定の目的を実現するために集まり、目的やルールについて合意し、場合によっては明確な契約をとりかわすことによって人為的につくられた集団です。利益を追求する企業や、楽しみを追求するクラブなどがその典型です。利益社会への加入は個々人の自由意志によってなされます。そのメンバーが、合意すればいつでも解散することができます。

決まりの意義

共同社会であれ、利益社会であれ、社会集団には、**決まり**(ルール)があります。決まりが失われると、集団生活そのものが成り立ちません。家族や友達の決まり事、学校の規則、社会の慣習や道徳、マナー、法などの決まりは、社会の秩序を維持するためにあります。

決まりを守ることは、他者の権利を守ることだけにとどまらず、自分の自由を守ることにもつながります。決まりを守ることによって、初めて一人ひとりが自由でありながら共存できるのです[2]。社会の決まりを尊重し、自分の利益だけではなく、公共の利益も合わせて考えられる人を「自立した個人」といいます。

あなたはどんな
社会集団に所属
しているのかな

[2] ルールが成立しない社会では、弱い立場にある人の主張は押さえこまれて、力の強い者しか自由を行使できなくなる。

ここがポイント!

①私たちはさまざまな社会集団に属している。②社会集団は大きく共同社会と利益社会に分けられる。③社会集団には尊重すべき決まりがある。

体育館使用問題①——対立

Ｘ中学校では、バスケ部（バスケットボール部）、バレー部（バレーボール部）、ハンド部（ハンドボール部）が体育館を使用している。３つの部は、それぞれが部活動にできるだけ長く体育館を使いたいと思って対立している。３つの部でどのように合意していくことができるか、考えてみよう。

	人数	強さ	Ａ案（現状維持）	Ｂ案	Ｃ案
バスケ部	15人	強い	２時間週３回	２時間週２回	２時間２週に３回
バレー部	15人	普通	２時間週２回	２時間週２回	２時間２週に３回
ハンド部	30人	弱い	２時間週１回	２時間週２回	２時間週３回

Ｘ中学校のバスケ部は、市大会決勝の常連校で常に優勝候補にあげられる強豪である。バレー部は、市大会の一回戦で敗れることはないが、めったに準々決勝に進むことのできない平均的な強さの部である。ハンド部は、人数がバスケ部やバレー部よりも２倍いるけれども、数年前につくられたばかりで、毎年一回戦で敗退する弱い部である。

バスケ部は、使用時間を増やしたいと考えてはいたが、３部の中では最も練習時間が確保されているので、体育館を２時間ずつ週３回使用できる現状にそれほど不満をもっていなかった。しかし、ハンド部は、週１回の体育館使用では練習不足となり到底強くなれないので、大いに不満であった。バレー部も、ハンド部ほどではないが、２時間ずつ週２回の体育館使用では練習が足りないと考え、不満であった。３部は、特にバスケ部とハンド部はぎくしゃくした関係となり、対立した。

12 対立と合意、効率と公正

対立を解消して合意をつくり上げる場合に必要な考え方である効率と公正とはどういうものであろうか。

[1]合意する形で作られる決まりを中心にみていくが、慣習としてできあがった決まりもある。そういう慣習の方が、わざわざつくられたものよりも強力である。

[2]効率と公正の両面から判断するとき、体育館使用問題の例から分かるように、問題となっている部活動による体育館使用の目的について検討することがきわめて重要である。

対立と合意

決まりは、どのようにしてできあがるのでしょうか。自然に何となく慣習としてできあがる場合[1]もありますし、意識的に作り上げる場合もあります。

意識的に作り上げる場合には、集団内で何らかの**対立**が存在することが多いものです。対立をそのままにしておいては、一緒に生活していくことは難しくなりますから、私たちは対立を解消するための解決策を考え、合意を目指して話し合いや交渉などを行います。その時いろいろな解決策が出てくるでしょうが、その中から最もみんなが納得できる解決案を選んで**合意**を形成していきます。そのとき、私たちは、**効率**と公正の両面を考え、両者のバランスを見極めることが重要です[2]。

効率

効率には二つの意味があります。効果的に物事を行うという意味と、無駄な時間やお金などを省くという意味です。ですから、第一に、解決策には何らかの効果が存在しなければなりません。第二に、解決策で得られる効果が、目的達成のために使う時間や労力、お金に見合っていなければ割に合いません。私たちはまず、全ての解決策について効果があるかどうか（第一の意味の効率）を検討します。効果が得られないと判断される解決策を除いて

体育館使用問題②――合意形成と目的に関する考察

体育館使用問題で対立した３つの部は、それぞれ代表者を２名ずつ出して話し合った。解決策としては、３つの案が出された。練習時間が確保されているバスケ部は、現状通りのＡ案を主張し、練習不足のハンド部は部員数に応じて時間を割り振るＣ案を主張した。バスケ部とハンド部は激しく論争し対立した。

３案のうちどの案がよいか判断するには、部活動による体育館使用の目的について考察することが必要である。何を目的にするかによって、何を重視した解決策になるかが決まってくるからである。目的を部員たちの身体能力・運動能力向上ととらえるならば、Ａ案は、少なくともハンド部の 30 人については能力向上の効果もなく、非効率で不公正な規則であるといえる。この目的からすれば、３つの部の使用時間を均等に２時間ずつ週２回とするＢ案が効率的であり、公正であるということになる。また、部員数に応じて使用時間を割り振るＣ案も公正だということになる。ただし、バスケ部とバレー部の練習時間は現状より不足気味となるから、効率的ではないということになろう。

これに対して、対外試合に勝って学校の名前を高めることを目的ととらえれば、対外試合に出て勝ちそうな部に長い時間を配分する現状のＡ案が公正で効率的なものとなる。

二つの部の対立を見ていて、バレー部は、現状のＡ案ではハンド部にとってあまりに不利であり、不公正であると考え、Ｂ案を提案した。バスケ部は少し不満ではあったが、Ｃ案よりはＢ案の方が良いと考えＢ案に同意した。ハンド部も、現状のＡ案よりは良いと考え賛成した。こうして、Ｂ案で合意が形成された。

すべての解決策については、第二の意味の効率すなわち費やされる時間やお金などに見合った効果が得られるかどうか、検討します。この第二の効率は、利益社会、特に企業ではとても大切なものになります。利潤を上げることが企業の目的だからです。これに対して、家族などの共同社会では、それほどではありません。

公正

効率の面に続いて、**公正**の面からも、残った解決策について検討します。公正とは、すべての個人を尊重しながら、不当な不利益を受けている人がいないようにする考え方です。公正には、手続きの公正、機会の公正、結果の公正があります。部活動による体育館使用問題の例でいえば、体育館使用に関連するすべての部の代表者が、合意形成のための話し合いに参加できなければ、手続きとして公正ではありません。また、正当な理由もなく、特定の部が他の部より大幅に体育館使用の機会を制限されたり、結果として部活動が制限されたりする合意も公正とはいえません。

このように、残った解決策のすべてについて公正と効率の両面から比較検討して一番すぐれた解決策を合意として採用することになります。その合意が定着していけば、決まりとなっていきます。慣習として存在する決まりの中にも、よく検討してみると、効率と公正の二つの考え方が込められているものです。

ここがポイント！

①集団内で対立が生ずれば、解決策を考え、合意を目指して話し合いや交渉を行う。②合意を目指す場合、効率と公正のバランスを見極めることが重要である。

体育館使用問題③――合意形成後の対立

前単元で見たようにｘ中学校では、体育館の使用をめぐって、バスケ部、バレー部、ハンド部が対立していたが、話し合いの結果、３つの部が均等に２時間ずつ週２回使用するＢ案で合意した。このＢ案で１年間運用してみたが、対外試合で最も優秀な成績を収めてきたバスケ部は、市大会でいつも準決勝までは進出していたのに、今年は準々決勝で敗退した。しかも、ハンド部は、これまでより２倍の練習時間をもらったにもかかわらず、今年も一回戦で敗退した。

バスケ部はふんまんやるかたなく、元のＡ案に戻すことを強硬に主張した。とはいえ、ハンド部としては、週１回しか体育館を使用できないＡ案に戻すことに、到底賛成できなかった。そもそもＢ案を提案したバレー部にしても、週２回の練習時間を週３回ぐらいに増やしてもらいたいという希望をもっていたので、週２回しか体育館を使用できないＡ案にもＢ案にも本音では不満をいだいていた。したがって、３つの部の間には、ぎくしゃくした関係が続き、またも対立することになった。

13 決まり

決まりの決め方にはどういうものがあるか、決まりにはどんな種類があるか、どのようなことを定めればよいだろうか。

やってみよう

自分たちの学校で、体育館使用問題以外に決まりを決めた方が良い問題があるか、話し合ってみよう。もしあれば、体育館使用問題にならって、いろいろ話し合ったり、行動したりしてみよう。

決まりの決め方

決まりの決め方には、決定者に注目すれば、その社会集団の全員が話し合って決める方法、集団の成員を代表する者が話し合って決める方法があります。集団が少人数の場合には全員が話し合って決める方法が望ましいですが、集団が多人数の場合にはなかなか集まることさえ困難ですから、複数の代表者を出して話し合う方法をとらざるを得ません。また、部活動による体育館使用問題のような場合には、体育館を使用する部員全員が集まり話し合う方法よりも、各部から代表者が出て話し合う方法の方がすぐれています。

採決の仕方に注目すれば、**全会一致**と**多数決**と、二つの方法があります。一人でも反対の人がいるとうまく運用されない場合には全会一致の方法をとります。反対の人がいても結論をともかく出さなければならない場合には多数決の方法をとります。この方法をとる場合、少数意見もしっかり検討し、できるだけ尊重すること（**少数意見の尊重**）が必要です。

決まりの内容や集団の規模に応じて、適切な決め方を採用して、話し合うことが大切です。

決まりの種類

決まりには、ここまで見てきたように、家族や友達の約束事、学校の校

体育館使用問題④——決まりをつくる

体育館使用問題をめぐって、３つの部はまたも対立することとなった。そこで、３つの部の代表者が集まり、徹底的に話し合った。話し合うなかで、３つの部は、相手方の論理の正当性についても理解し合うようになった。そして、３つの部がすべて２時間週３回以上体育館を使用することは、他校と比べても正当なことであり、３回以上使用できるようになれば、いがみ合う必要はなくなることに気付いた。

学校側にも、３つの部のいがみ合いを何とかしなければならないという意識が生まれた。バレー部の顧問が中心になって、月曜日から土曜日まで１日２時間ずつだった部活による体育館の使用時間を増加し、月水金の３日間については１日４時間使用できることにした。そして、学校側と３つの部は、何度か話し合って、次のような体育館使用規則を作成した。

一、バスケットボール部は、月水土の３日間、２時間ずつ体育館を使用できる。
二、バレーボール部は、火水金の３日間、２時間ずつ体育館を使用できる。
三、ハンドボール部は、月木金３日間、２時間ずつ体育館を使用できる。

則や生徒会の規則、部活動の規則、国の憲法や法律など、集団内部の多くの決まりがあります。これ以外に、個人と個人の契約、会社間の契約、会社と個人の雇用契約、国家間の条約、スポーツのルールや交通ルールなどもあります。契約は、双方が合意して相手に対する約束としてなされますから、厳格に守らなければなりません。契約を守ることは権利を守ることにつながります。

権利、義務、責任

決まりは、集団内や集団間の対立を解消して合意を形成する過程でつくられることが多いですが、同じような対立が起こるのを未然に防ぐ目的ももっています。決まりには、だれがどういう権利をもつか、どういう義務をもつか定められます。体育館使用問題でいえば、例えばバスケット部、バレーボール部、ハンドボール部にそれぞれ週２日間使用する権利が認められたとします。すると､各部は、他の部の権利を尊重して、他の部が使用する曜日には体育館を使用しない義務を持つことになります。そして各部は、皆の話し合いで決めた決まりを守る責任を負います。

ですから、他の部を押しのけて、自分の部が使用を認められていない日に体育館を使用することがあれば、２週間の体育館使用禁止といった罰が科されることも考えられます。決まりを守ることで、社会の秩序が維持されるのです。

決まりで
定められた権利や
義務を守ることが
大切なのね

ここがポイント！

①決まりの決め方には、全会一致と多数決の方法がある。②決まりには集団内部の決まりと、個人同士や集団同士の契約などがある。③決まりには権利と義務が定められ、皆で決めた決まりを守る責任がある。

アクティブに深めよう

魅力ある「まちづくり」を考えよう

今、日本の各地で地域社会の活性化がさけばれています。どうすれば私たちの住むまちがよりよくなるか、魅力あるまちづくりの方策をみんなで考えてみましょう。

私たちのまちの課題にはどんなことがあるでしょうか。どうすれば合意を形成しながら課題を解決できるでしょうか。グループで具体的方策を考えながら、よりよいまちづくりを提案してみよう。

自分の意見・提案をひとつずつカードに記入（2）（例）

プロサッカーの誘致	駅近タワーマンション
歴史のあるまち	ガイドブック
B級グルメの開発	ショッピングセンター
大きな工場地域	東海道の宿場町
ゆるキャラをつくる	閑静な住宅街
御霊神社の祭礼	歴史のテーマパーク
PR動画をつくる	安心安全なまち
充実した子育て支援	全国で売れる特産品
遊べるテーマパーク	太鼓お囃子保存会の支援
桜並木の活用	柏尾川の植物・生き物
相模たこ揚げ大会	おいしいものクーポン

1グループに分かれてアイディアを出し合います。

4～6人程度のグループに分かれます。各自で思いついた「まちの活性化案」をどんどん提案しよう。考える際、わがまちの魅力を発見するように意識しましょう。また、立地条件や予算など物理的に実現可能な提案であることも大事です。

アイディアを引き出すポイント

①遠慮せず、どんどんアイディアを出そう。質より量が大切です。
②固定観念にとらわれずに、奇抜で斬新な考えを出そう。
③人の意見を批判したり、否定したりしてはいけません。
④人の意見に対して、それをより発展させる意見を付け加えるように心がけよう。

＊事前にまちをフィールドワークしておくと、より建設的な提案ができます。

2自分の意見・提案をカード（付せん）に記入します。

自分の意見・提案をどんどんカードに書いていこう。１枚のカードに１項目ずつ書きます。書いたカードは模造紙にどんどん貼っていきましょう。

3似ている内容のものをグループに分類します。

意見・提案が出尽くしたら、内容を整理するために、カードをいくつかのグループに分けてみましょう。そして、グループごとに関連するものや対立関係にあるものを分析してみましょう。

分類するときのポイント

先入観を入れないで、自由な発想をもって取り組みましょう。

似ている内容のものをグループに分け、図式化する（34）

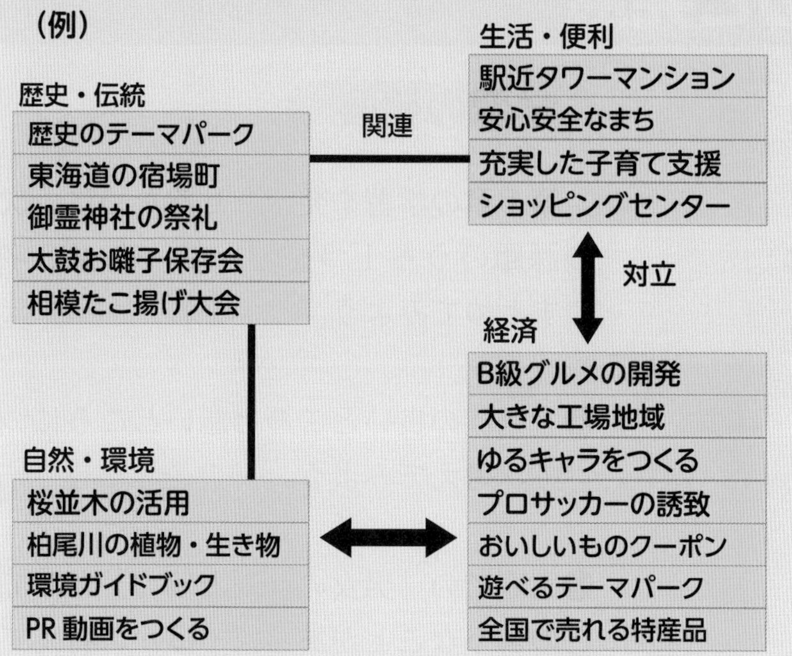

重要なものから上から順に並べ、価値を客観視する（5）

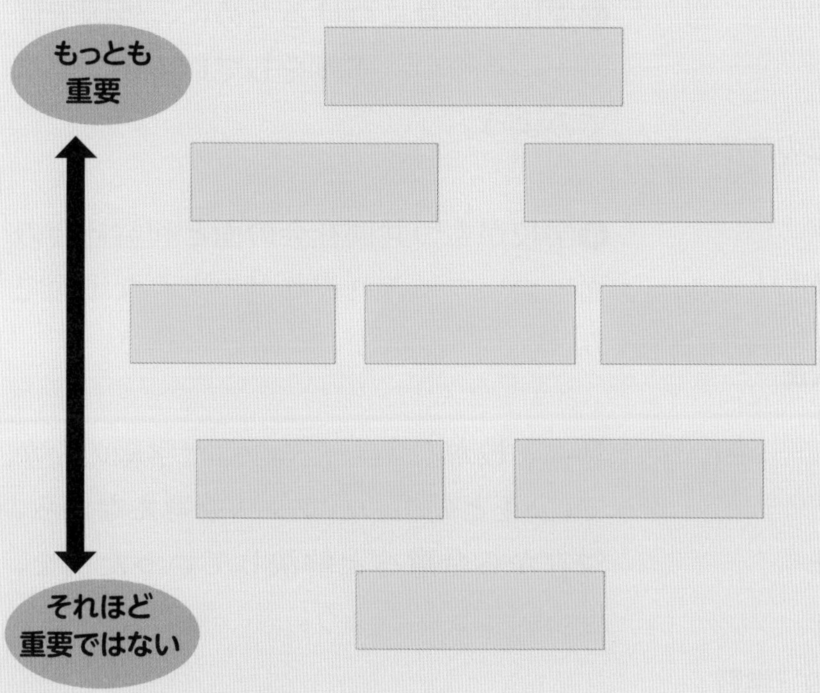

似た内容のカードや関連のある内容のカードがまとまったら、そのグループの内容を一言で表せる見出し（タイトル）をつけて整理してみよう。

4似たものをグループにまとめ、それぞれの関係を図式化する。

まとめたグループ同士で、関連性のあるものを結びつけたり、対立関係にあるものに矢印（　　）をつけたりして、全体像を「見える化」しよう。

5実現したい項目をしぼり、優先順位をつける。

意見・提案の全体を大きく見渡しながら、実現したいアイディアを重要度に応じて並べよう。メンバーと活発に議論しながら進めます。優先順位を判断するときは、その理由をはっきりさせましょう。判断基準は効率と公正を意識して行います。合意形成が難しい項目は、予算面や技術面などを考慮し、実現の可能性を考慮して決定しよう。

順位付けのポイント

正解はありません。そのように判断した理由を説明できることが大切です。

6キャッチフレーズを考えて広報ポスターをつくる。

魅力あるまちづくりに最適なキャッチフレーズを考えよう。実現したい項目の内容を反映させた言葉を提案し合いましょう。キャッチフレーズが決まったら、わがまちを活性化させる「魅力あるまちづくり」をうたった広報ポスターをつくって発表しましょう。

第1章 学習のまとめと発展

学習のまとめ

●最重要語句

（　）単元6　家族の役割と形態の変化
家族　家計　大家族　核家族

（　）単元7　民法と家族
民法　親権　職業　男女共同参画社会

（　）単元8　私たちと地域社会
地域社会　地域コミュニティ
公共の精神

（　）単元9　家族愛・愛郷心から愛国心へ
愛国心　自己愛　愛郷心　国際社会

（　）単元10　国家と私たち国民
国民　政治に参加する立場
政治から利益を受ける立場　自主独立の立場

（　）単元11　共同社会と利益社会
共同社会　利益社会　家族　学校　決まり

（　）単元12　対立と合意、効率と公正
対立　合意　効率　公正

（　）単元13　決まり
全会一致　多数決　権利　義務　責任

最重要語句を手がかりに「各章末の『学習のまとめと発展』の取り組み方」（ixページ）に示してある3つの問題に挑戦してみよう。

学習の発展

第1章の学習を発展させるために、次の課題のうち1つを選んで、約400字でまとめてみよう。

❶大家族の良いところと悪いところについて、考えてみよう。

❷家庭での「男女の役割と協力」としてどのようなことがあるだろうか、考えてみよう。

❸愛国心を身につけるために、外国ではどのような取り組みをしているか、調べてみよう。

❹学校がもつ共同社会の面と利益社会の面について、それぞれどのような場面でみられるだろうか、考えてみよう。

❺小学校から今まで過ごした学級のなかで、公正と効率のバランスを考えながら、対立から合意へと解決していった例を、思い起こしてみよう。

第2章

立憲国家と国民

国家という共同社会は、
どのようにして立憲的民主政治にたどりついたのだろうか。
日本の場合は、どのような道のりを経て
立憲的民主国家になったのであろうか。

第1節 世界の立憲的民主政治

モヘンジョダロの遺跡群（パキスタンの南部）

紀元前 2500 年から紀元前 1800 年にかけて繁栄したとされる、巨大な文明の遺跡である。最大で 4 万人近くが暮らしていたと推測されている。そしてその後、忽然と滅亡したとされ、その原因はさまざまに憶測されている。

遺跡は、レンガで敷きつめられた直線道路が東西南北にのびる。沐浴場や下水道、二階建ての住宅、井戸などレンガづくりの大規模な構造物が並ぶ。そのなかには 「大浴場」あるいは「公衆浴場」と呼ばれるプール状施設があり、隣接して「穀物倉」という施設が設けられている。巨大な国家が存在したと考えられる。

14 国家の成立とその役割

国家は、なぜ生まれたのだろうか。そして、国家が果たさなければならない本来の役割を、改めて考えてみよう。

古代国家以来の役割・防衛　インドネシア陸軍

古代国家以来の役割・社会資本の整備
台湾の高速鉄道

国家の成立

歴史的分野で学んだように、**国家**が**農業**の開発とともに生まれたのはなぜでしょうか。

農業では、開墾、治水など大規模な土木工事が必要です。そこでは、それまでの小さな単位の地域社会をはるかにこえた大きな地域全体の人間が協力して働くようになります。その結果、食糧生産が増大すると、外部の狩猟民、遊牧民や他の農耕民などが奪いにくる場合があります。そうすると指導者（王）のもと、利害の共通する地域全体で軍事組織をつくって防衛する必要が出てきます。城壁もつくらなければなりません。こうして、防衛と共同の工事の必要から、大きな地域全体が一つの生活体となり、共同社会にまとめられていき、やがて国家へと成長します。

古代の人々は宗教と密接にかかわって生活していました。穀物を保管する貯蔵庫に隣接して神殿がつくられ、神官が穀物の豊かな実りを神に祈りました。国家がさらに発展すると、文字が発明されます。文字によって記録を作成・保管し、国家を運営する役人（官僚）が生まれます。

外敵からの防衛に失敗すれば、国家は滅びてしまいます。ですから、王は強力な軍事指導者でなければなりません。同時に、

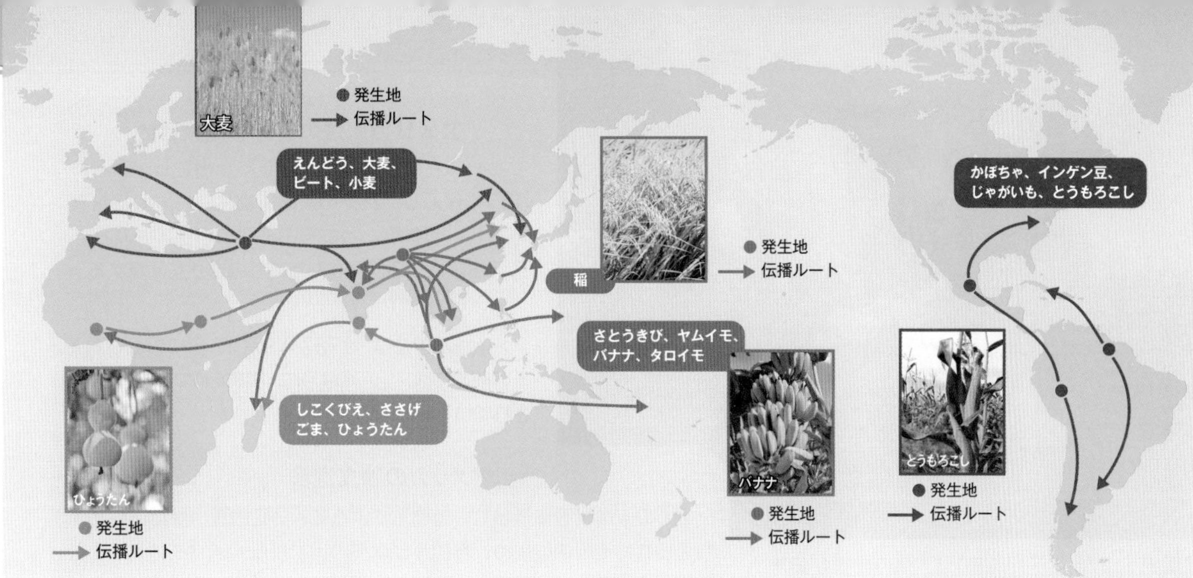

主な農作物の原産地
国家は農業の開発とともに生まれた。
（中尾佐助「栽培植物と農耕の起源」ほか）

官僚を使って国内を統治し、外部に対しては国家を代表しなければなりません。

国家の役割

歴史をふり返ると、外敵からの**防衛**は国家の重要な役割でした。また、道路や橋の建設など、土木工事などを行って、生産と生活の基盤となる**社会資本**の整備を図ること、そして法を制定し、法に基づき社会秩序を維持し、国内に平和をもたらすことも、国家の重要な役割です。

政治権力の必要性

国家がもつ法に基づき**社会秩序**を維持する役割は、なぜ必要とされたのでしょうか。国家成立以前の、単純な群れのようにして暮らしていた社会では、領域も狭く人口も少なかったので、人々はたがいに知り合い同士でした。知人同士の人間関係のなかでは、長老の権威や道徳・慣習などによって秩序を保つことができました。

　ところが、国家という社会は、広い領土に大勢の人が暮らすので、おたがいに十分には知り合えません。見知らぬ者同士がいろいろな関係をもちながら暮らさなければならず、長老の権威や道徳・慣習だけでは秩序が維持できません。そこで、社会秩序を維持するために法が生まれました。そして、その法を守るよう命令し強制する力が必要となりました。これが国家がもっている**政治権力**です。

古代国家以来の役割・社会秩序の維持

大阪の地方裁判所

千葉駅前交番

ここがポイント！

①国家は農業の開発とともに広大な領土と大勢の人が暮らす生活共同体として誕生した。②国家の役割は防衛と、社会資本の整備、社会秩序の維持である。③社会秩序を維持するためには、政治権力が必要である。

アメリカ独立宣言採択（1776 年 7 月 4 日）13 州の代表が集まり、イギリスからの独立宣言に署名した。

アメリカ憲法の定める国家目的

われら合衆国の人民は、正義を樹立し、国内の平安を保障し、共同の防衛に備え、一般の福祉を増進し、われらとわれらの子孫に自由のもたらす恵沢を確保する目的をもってこの憲法を制定する。

アメリカの憲法は、1787 年9月 17 日に署名された。その前文には、上記のように、国家の4つの役割が明記されている。

アメリカの独立宣言

全ての人は平等に造られ、造物主によって、一定の奪いがたい権利が与えられ、その中に生命、自由及び幸福の追求がふくまれていることを確信する。そして、これらの権利を確保していくために政府がつくられることを確信する。

15 立憲主義の誕生

民主主義国家はいかにして生まれたか、立憲主義とは何かについて、学ぼう。

[1]フランスのルイ14世(在位1643 ～ 1715)やイギリスのジェームズ1世(在位1603 ～ 25)の治世が代表的な絶対王政である。

[2]グロチウス (1583 ～ 1645)。オランダの法学者で政治家。『戦争と平和の法』(1625) を著し、戦争のルールをつくることに貢献した。国際法の父といわれている。

自由と平等

16 世紀から 18 世紀にかけて、ヨーロッパ諸国では、国王が強力な政治権力を握る絶対王政[1]が生まれて主権国家が誕生し、国と国の関係を律する**国際法**[2]が発達しました。国際法では、国家はその大小や強弱にかかわりなく、たがいに平等で対等であると考えられました。国際法の考え方によって、外国からの支配を一切受けず、自国の政治ができるようになりました。

こうして外国からの国家の自由が確立し平等であることが認められると、今度は国民が国家に対して自由を求め、自由は平等にあたえられなければならないと主張するようになりました。この要求が、17 世紀から 18 世紀にかけて、イギリスの名誉革命、アメリカのイギリスからの独立、フランス革命などの市民革命を引き起こしました。

市民革命によって身分制は否定され、職業選択の自由や営業の自由が確立し、移動の自由も確保されました。これらの自由によって、自由な個々人の経済活動が行われ、資本主義経済が発達していきました。

民主主義と国民国家

市民革命は、人々に政治活動の自由をあたえ、国家を構成するすべての人々（国民）が国家の政治に参加する可能性を開きました。そ

やってみよう

市民革命は絶対王政を打倒しましたが、君主の存在する国は西欧を中心に今日も多く存在します。今日の君主制国家では、国王と首相が並存します。そして、共和制国家では大統領と首相が並存します。国王や大統領、そして首相はどのような役割を担っているでしょうか。いろいろ調べたうえで話し合ってみましょう。特にイギリス、ベルギー、フランス、ドイツについて調べてみましょう。

	イギリス	ベルギー	フランス	ドイツ
国王				
大統領				
首相				

上の表を埋めたならば、なぜ、国王、大統領と首相が並存しているのか、話し合いましょう

して国民は、国家の政治に参加する公民となりました。こうして、自由で平等な国民の政治参加によって運営される**国民国家**が成立したのです。

結局、国民国家はそれまでの国家の役割である、防衛と社会資本の整備と社会秩序の維持とともに、国民一人ひとりの権利の保障を新たな役割としてとり入れたことになります。この権利保障を支える根本が、**基本的人権**の思想です。

立憲主義の成立

国民国家は、権力の濫用[3]を防ぐ**立憲主義**（立憲政治）の思想を生み出しました。絶対王政の時代には、権力者が法を守らず思いのままに権力を行使することがありました。そこで、個々人だけでなく、国家の政治権力も法に従わなければならないという**法治主義**（法の支配）の思想が生み出されました。

政治権力を制限するには、政治権力を立法権、行政権、司法権に分割し、それぞれ別の機関に分担させ、相互に**抑制と均衡**（チェック・アンド・バランス）をさせるのが最も効果的です。このモンテスキュー[4]の**権力分立**または三権分立が国家の最高の決まりである**憲法**に定められました。

[3]みだりに用いること。

[4]モンテスキュー (1689 ～ 1755)。フランスの思想家。『法の精神』(1748) を著し、権力分立思想を説いた。

ここがポイント！

①すべての国家は自由で平等であるとする国際法が発達した。②その後、すべての国民は自由で平等であるとする国民国家 (民主主義国家) が誕生した。③立法、司法、行政の三権を分離独立させ、憲法で定める立憲主義の考え方が生まれた。

ミニ知識

権利という言葉

英語で言うrightは、「権利」と「正しい」という意味があり、さらに「右」という意味がある。「右」は右手を表し、法を守る「力」を意味している。ヨーロッパで、「法の支配」や法は権利と正義を守るものという考え方が早くから生まれたのは、このような言葉があったからではないだろうか。以下に、権利の発展をめぐるトピックスを掲げよう。

○イギリス

マグナ・カルタ(1215年)

王と貴族のあいだで結ばれた約束で、一般の国民には関係ないものであるが、そのなかで基本的権利にかかわるところがある。

第39条　自由人は裁判によるか、国法によるのでなければ逮捕、監禁、追放されることはない。

名誉革命の権利章典(1689年)

第1条　国王は王権により国会の承認を得ないで法律を停止したり、その執行を停止したりすることはできない。

第5条　国王に請願することは臣民の権利であり、請願したことを理由に、収監、訴追をしてはならない。

○アメリカ

合衆国憲法(1787年)

制定の時点では三権分立など国家の組織についてのみ規定していた。基本的人権に関する条文は、1791年に追加された。

修正第４条　何人も、その身体、住居、書類及び所持品につ

16 市民革命と人権の歴史

基本的人権の思想と立憲主義を生み出した市民革命とはどのようなものだったか。その後、人権はどのように発達してきたであろうか。

1ロック（1632～1704）イギリスの思想家。天賦人権説と社会契約説を説き、アメリカの独立に強い影響をあたえた。

2州議会の多数派は自分たちの私的利益を優先し、借金を帳消しにする法律をつくったり、人々の衣食住や信仰の内容まで規定したり、私生活の自由を侵害した。

名誉革命とイギリス人の権利

1688年、イギリスでは国王による専制政治が続いたので、議会は国王を退任させ、オランダから新国王を迎えました。新国王は、歴史的に代々継承されてきた権利すなわち国民の権利を再確認した**権利章典**を承認しました。これを**名誉革命**といいます。

権利章典によって、国王は、議会の同意なしに法律の制定や課税の決定ができなくなりました。その結果、議会が権力の中心になっていき、18世紀半ばには、議会の信任を基に内閣が形成される議院内閣制が成立します。権力を制限された国王は、基本的に国家の最高権威として存続するようになり、法の支配に基づく立憲君主制が確立しました。

アメリカの独立と天賦人権

1776年、北アメリカ大陸の13のイギリス植民地が、植民地の人を本国国民と対等に扱わないイギリス政府に抗議して独立を宣言しました。**独立宣言**はロック[1]の思想に大きく影響され、人間には神にあたえられた奪われることのない権利があり、その権利を満たすために政府はつくられると明記されていました。

アメリカでは、独立宣言前後から各州の憲法がつくられましたが、それらの多くはモンテスキューの権力分立の思想を取り入れながらも、権力を州議会に集中させる立法府優位の制度

いて、不当なる捜索及び逮捕、押収を受けることはない。

○フランス

『人権宣言』(1789年)

第1条　人は自由かつ権利において平等なものとして出生し、かつ生存する。社会的差別は共同の利益においてのみ設けることができる。

○ドイツ

ワイマール憲法(1919年)

第151条第1項　経済生活の秩序は、すべての人に、人たるに値する生存を保障することを目ざす、正義の諸原則に適合するものでなければならない。

○世界人権宣言(1948年)

第1条　すべての人間は、生まれながらにして自由であり、かつ、尊厳と権利について平等である。人間は、理性と良心とを授けられており、互いに同胞の精神をもって行動しなければならない。

でした。その結果、基本的人権は侵害され続けました。[2] そこで、1787年のアメリカ合衆国憲法は、基本的人権を守るために、行政府の権限を強くして本来の権力分立の形にしました。

フランス革命と「人の権利」

1789年、ルソー[3]の思想に影響され王の専制政治の廃止を目指した**フランス革命**が起きました。憲法制定議会で、**『人権宣言』**が採択され、国民主権の思想とともに、歴史にも神にも依拠しない「人の権利」である人権という思想が登場しました。1791年、『人権宣言』の内容をとり入れた憲法は、立憲君主制を定めたものでしたが、やがて革命は過激化し、王政を廃止したばかりか、王を処刑し、今日の「テロ」の語源のテルール（恐怖政治）へ突き進んで行きました。

ドイツと社会権

19世紀までは、職業選択の自由や信教の自由などの自由権が憲法で保障されました。しかし、資本主義経済が発展して貧富の差が広がると、人間らしい生活を保障しようという社会権が規定されるようになりました。1919年、ドイツの**ワイマール憲法**が、その最初の例です。

世界人権宣言

第二次世界大戦後の1948年、第3回国際連合総会で**『世界人権宣言』**が満場一致で採択されました。世界人権宣言は、「人の権利」の思想を受け継ぎ、確保すべき人権および自由について「すべての人民とすべての国とが達成すべき共通の基準」を宣言したものです。

フランス革命、球戯場の誓い　1789年6月20日、国民議会を結成した平民の人々は室内球戯場に集まり、憲法の制定まで解散しないことを誓った。

[3]ルソー (1712 ～ 1778)
フランスの思想家。『社会契約論』(1762)を著し、人権思想によってフランス革命に影響をあたえた。

バーク(1729 ～ 1797)
イギリスの政治家･思想家。『フランス革命の省察』(1790)を著し、進行中のフランス革命を批判した。

ここがポイント！

①自由権が、イギリスの権利章典では国民の権利、アメリカの独立宣言では天賦人権、フランスの人権宣言では「人の権利」として保障された。②ドイツのワイマール憲法で社会権が保障された。③『世界人権宣言』では、「人の権利」が人類全体に拡大した。

ミニ知識

古代ギリシャの政治

古代ギリシャのポリス（都市国家）の一つであったアテネでは、成人男子の自由民が全員集まって議会を開く直接民主主義の政治を行っていた。

直接民主主義では大勢の自由民の意見はまとめにくく、それをまとめるために集まった人の感情に訴える魅力的なリーダーが出現しやすい。そこで、魅力的なリーダーが出現し独裁者になることを警戒して、ほとんどの官職は、選挙ではなく、くじ引きによって一年任期で選んで担当させていた。その結果、しろうと同然の人たちが行政を行うことになり、行政は効率的とはいいがたかった。

いっぽう、選挙で選ばれるほぼ唯一の官職は、戦争指導者である将軍職であった。しかし戦争の多かったアテネではこの将軍職が軍事だけでなく一般的な行政をうけもつことも多く、今日の大統領といえるような存在となった。彼らの多くは優秀であったが、長く務めるうちに独裁者になることもあった。それゆえ、独裁者の出現を恐れる自由民たちは「陶片追放」（追放者を決める投票制度）や弾劾裁判によって、独裁者になりそうな人たちの多くを追放していった。200 年足らずのアテネ民主政の中で、将軍職についていた 34 人が弾劾裁判にかけられている。このように、古代ギリシャの民主主義には、独裁者が生まれる危険性とともに、独裁を恐れるあまり、有力な指導者を十分育てずに使い捨てにする非効率性があった。

17 立憲的民主主義

立憲的民主主義のもと、公民としてどのように政治に参加していくのか、考えてみよう。

直接民主主義

立憲主義の民主主義のもと、国民は公民として政治に参加することになりました。政治に参加する方法には、国民が直接集まってものごとを決する**直接民主主義**と、国民の代表が集まってものごとを決する**間接民主主義**[1]とがあります。歴史的には直接民主主義が古く、小規模な国家であり社会の成員が同質的であった都市国家の時代に栄えました。古代ギリシャの都市国家であるアテネで最も純粋な形で行われました。

間接民主主義

しかし、近代国家では、1 か所に集まって全員で話し合うといっても、国民はあまりにも大勢であり、集まることができる場所もありません。たとえ場所があったとしても、一定の時間に効率よく結論を出す話し合いはできません。しかも、近代国家では、直接民主主義が行われた時代よりはるかに国民の利害が多様となり、意見もきわめて多様となっています。ですから、異なる意見を調整して一つの結論にまとめていくことは、大変な作業になっています。そこで近代国家では、国民の代表を選び、選ばれた政治の専門家 (職業政治家) に議会で話し合ってもらう間接民主主義が考えられました。

近代国家では、間接民主主義は、直接民主主義と比較した場

[1] 間接民主主義のことを議会制民主主義または代議制民主主義という。このうち議会制民主主義という言葉は、最も一般的に使われる。

[2] 第1章でみた体育館使用問題においては、バスケ部、バレー部、ハンド部の３部は、それぞれ代表者を２名ずつ出して話し合っている。一般に、部同士の話し合いは、各部の代表者が集まって話し合う間接民主主義の方法がとられている。

やってみよう

直接民主主義と間接民主主義を比較してどちらが優れていると思うか話し合ってみよう。

わが国の国会議事堂

ドイツ国会議事堂

イギリス国会議事堂

アメリカ国会議事堂

合、冷静に論理的に議論を行い、異なる意見を調整しながら長期的、公共的な利益をはかって結論を決めていくのに適しているとされます。[2] ただし、近代国家でも、間接民主主義を原則としつつ、国民自身の意向を直接反映させるために、国民投票などの直接民主主義的な方法が併用されています。

こうして、法治主義、権力分立、基本的人権の尊重とともに、間接民主主義が立憲主義の重要な要素となりました。

政党の承認

間接民主主義では、一般に、国民から選ばれた代表（議員）が、同じ考え方の人たちと**政党**という集団をつくります。政党のメンバーは手分けして政策を研究し合い、政党としての政策を決めていきます。議員一人ひとりで活動して政策研究するより、はるかに効率的です。各政党の政策が決まったならば、議会で、各政党が議論を闘わせたあとに、**多数決**によって過半数をこえた意見が、国民により最も支持された意見であるとして、政策として決定されるわけです。[3] このように、国民の代表を選び政治をしていく間接民主主義は、国家に対する願いを実現するために、国民が政治参加できる大変効率的な方法です。

直接民主主義で有名なスイスでも、州民会は少なくなっており、現在では、スイス全国の 26 州のうち 2 州だけで行われている。

[3] しかし、ある人の基本的人権を奪うようなことは、議会で決めることが許されない。例えば、ある人に対して、特定の宗教を信仰するように強制したりすることは、信教の自由という基本的人権を侵害することになるから許されない。わが国をはじめとした立憲政治の国では、基本的人権というものが奪われてはならない人間固有の権利であるからである。他方で、基本的人権は濫用されると、他人の基本的人権を侵すことがあり、公共の福祉を損なうことがある。

ここがポイント!

①間接民主主義 (議会制) によって政治に参加するのが立憲主義にふさわしい。
②間接民主主義では、政党をつくって話し合うことが行われている。

アクティブに深めよう

立憲主義の大切さについて考えよう

ここまで、近代国民国家の役割とは何か、近代国民国家の中でなぜ立憲主義は生まれたか学んできました。立憲主義はわが国の政治にとってとても大切なものです。その大切さについて、考えてみましょう。まず、近代国民国家の４つの役割について各班で話し合いながら考えてみましょう。そのさい、２つのポイントについて注意しましょう。

①４つの役割を果たすために存在するものは何か、またそれらはどんな働きをしているのか

②現在のわが国は、それぞれ４つの役割をどの程度果たしているか

各班で話し合いながら、または話し合った後に、下の表を完成させよう。

４つの役割	４つの役割を担うもの	わが国が４つの役割を果たしている程度
防衛		
社会資本の整備		
社会秩序の維持		
基本的人権の尊重		

近代国民国家は４つの役割を果たすために、政治権力を持っています。しかし、時に政治権力が暴走して国民の基本的人権を侵害したり、稀には社会秩序自体を混乱させたりすることもあります。

そこで、政治権力の暴走を防止するために立憲主義が生まれました。立憲主義の重要な要素のうち法治主義(法の支配)、権力分立、基本的人権の尊重の３つの要素の意義について、各班で話し合いながら考えてみましょう。

各班で話し合いながら、または話し合った後に、下の表を完成させよう。

各要素	各要素の意義
法治主義 (法の支配)	
権力分立	
基本的人権の 尊重	

深めよう

立憲主義の３つの要素のうち、一番興味をもったものについて、600字程度でまとめよう。

第2節 日本の立憲的民主政治

大日本帝国憲法の発布（衆議院憲政記念館蔵）1889年2月11日当時の新皇居正殿で明治天皇が憲法原本を総理大臣黒田清隆に手渡した。

憲法発布式桜田之景（東京都・江戸東京博物館蔵）祝賀の観兵式に臨む天皇を乗せた馬車が皇居を出るところを描いている。

18 大日本帝国憲法

わが国の立憲君主制をつくった大日本帝国憲法は、どのような憲法だったのだろうか。

万機公論ニ決スヘシ

幕末の動乱期、幕府の力が弱まり、天皇の権威が大きく上昇し、国民の意見によって政治を行うという考え方が芽ばえました。この考え方を反映して1868（慶応4）年、明治新政府が発布した**五箇条の御誓文**は、第1条に「広ク会議ヲ興シ万機公論ニ決スヘシ」と書いています。その後、政府は欧米の憲法を調査研究し、日本の古典を参照して憲法制定作業を進めました。そして、1889（明治22）年、**大日本帝国憲法**を発布しました。

大日本帝国憲法の特徴

大日本帝国憲法は、第1条で、万世一系の天皇が国家を統治すると定め、日本の政治は古今一貫して天皇の統治によってなされる、というわが国の政治的伝統を宣言しました。[1]

政治の実際の形態は、まず、天皇は**統治権**を総攬[2]する一方、その統治は憲法の条規に従う（4条）とされます。つまり法治主義が規定され、天皇も憲法に従うことが明らかにされています。次いで三権が規定され、天皇が三権を行使するにあたっては、法律の制定は国民代表の意思が反映された帝国議会の協賛（承認）によること[3]、行政は国務各大臣が責任を担うこと[4]、司法は裁判所が行うこと[5]とされています。大日本帝国憲法のこうした規定は、イギリスなどですでに先例となっていた**立憲政体**

[1] 大日本帝国憲法第1条「大日本帝国ハ万世一系ノ天皇之ヲ統治ス」
明治政府が刊行した憲法の解説書は、天皇の「統治」を「シラス」という古語で説明し、天皇は国民に権力をふるう存在ではなく、国民の幸不幸を一身に受けとめながら国を統治する、と説明している。

[2]「総攬」とは、一手に掌握すること。

[3] 第37条「凡テ法律ハ帝国議会ノ協賛ヲ経ルヲ要ス」

[4] 第55条「国務各大臣ハ天皇ヲ輔弼シ其ノ責ニ任ス」。

[5] 第57条「司法権ハ天皇ノ名ニ於テ法律ニ依リ裁判所之ヲ行フ」

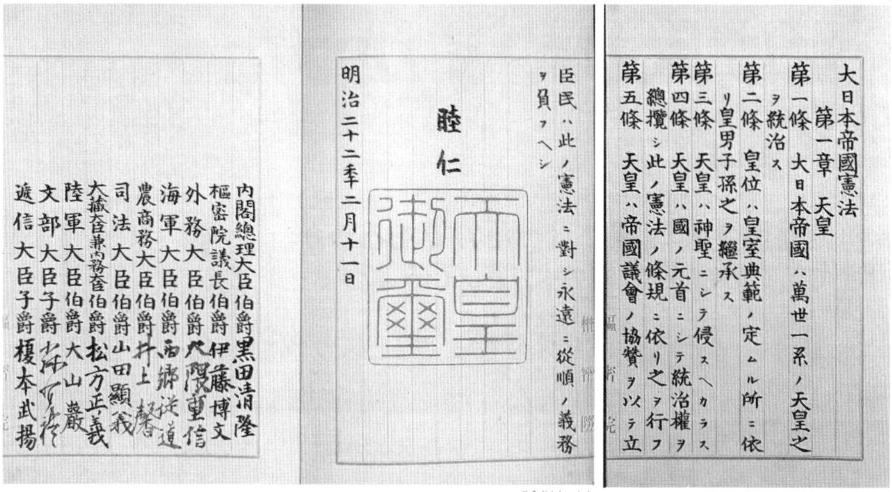

大日本帝國憲法
第一章 天皇
第一條 大日本帝國ハ萬世一系ノ天皇之ヲ統治ス
第二條 皇位ハ皇室典範ノ定ムル所ニ依リ皇男子孫之ヲ繼承ス
第三條 天皇ハ神聖ニシテ侵スヘカラス
第四條 天皇ハ國ノ元首ニシテ統治權ヲ總攬シ此ノ憲法ノ條規ニ依リ之ヲ行フ
第五條 天皇ハ帝國議會ノ協贊ヲ以テ立

臣民ハ此ノ憲法ニ對シ永遠ニ從順ノ義務ヲ負フヘシ
睦仁
天皇御璽
明治二十二年二月十一日

内閣總理大臣伯爵黒田清隆
樞密院議長伯爵伊藤博文
外務大臣伯爵大隈重信
海軍大臣伯爵西郷従道
農商務大臣伯爵井上馨
司法大臣伯爵山田顯義
大藏大臣兼内務大臣伯爵松方正義
陸軍大臣伯爵大山巖
文部大臣子爵森有禮
遞信大臣子爵榎本武揚

大日本帝国憲法原文（国立公文書館蔵）

を実現したものといえます。

また憲法は、アメリカやヨーロッパで定着した憲法の理念をとり入れ、国民の自由と権利を保障し、基本的な自由権と参政権などを規定しました。そして、公共の福祉の観点から、法律に基づく以外、自由と権利は制限できないとされています。

このように、大日本帝国憲法は、法治主義、三権分立など、立憲主義の主要原則をすべて備えた**立憲君主制**の憲法でした。この大日本帝国憲法は、アジアで最初の憲法として、内外から高く評価されました。[6]

進展した立憲政治

この憲法のもとで、大正時代には大正デモクラシーの時代を迎え、二大政党が成立し、1918（大正７）年には本格的な政党内閣が生まれました。1924年からは、衆議院で第一党になった政党の党首が内閣を組織し、内閣が総辞職した場合には野党第一党の党首が次の内閣を組織する慣例が生まれました（**憲政の常道**[7]）。そして、1925年には、満25歳以上の男子全員に選挙権を認めた**普通選挙法**が成立しました。しかし、昭和に入ると、国際情勢の悪化に危機感をいだいた軍部が政治に介入してきて、1940（昭和15）年には議会を支える政党が次々に解散に追いこまれました。そして立憲政治が機能不全に陥るなか、わが国はアメリカなどの連合国との戦争に突入していきました。

伊藤博文(1841～1909)
初代内閣総理大臣、初代枢密院議長、初代韓国統監。1882（明治15）年から1年以上ヨーロッパに留学して日本の憲法とはどうあるべきか研究し、大日本帝国憲法を起草した。写真は1883（明治16)年、ベルリンでの伊藤博文。

[6]憲法は世界に広く紹介され、イギリスの新聞は「東洋の地で、周到な準備の末に議会制憲法が成立したのは、何か夢のような話だ」と書いた。

[7]憲政の常道を理論的に支えた憲法学者には、東京大学の美濃部達吉と京都大学の佐々木惣一がいた。二人はともに戦前の代表的な憲法学者であった。

美濃部達吉
(1873～1948)

佐々木惣一
(1878～1965)

ここがポイント！

①明治政府は、成立の初めから話し合いによる政治の確立を目指していた。②大日本帝国憲法は、欧米の政治理念をとり入れた立憲君主制の憲法であった。

もっと知りたい

立憲主義を受け入れやすかった日本の政治文化

日本は、なぜアジアで最初の立憲主義国家になったのであろうか。その背景を古代から江戸時代までの歴史のなかに探ってみよう。

後鳥羽天皇
（1180～1239）

天皇在位は1183～1198年。1192（建久3）年、源頼朝を征夷大将軍に任命することで、鎌倉幕府に政治上の地位をあたえた。しかし、幕府の執権、北条義時討伐の軍を起こし、大敗し、隠岐に配流された。天皇が権力から権威に役割をかえていく過渡期の人である。和歌にすぐれ、百人一首に「人も惜し　人も恨めし　あぢきなく　世を思ふゆゑに　もの思ふ身は」という歌が採用されている。

権威としての天皇

わが国は世界で最も歴史の古い国の一つである。明治維新により国民国家が形成され、大日本帝国憲法の制定により、立憲君主制の立憲主義の国家が成立した。この立憲君主制は欧米の政治体制を参考にしながら、わが国の伝統的な政治文化に調和させてつくったものである。

古代、天皇の重要な役割は民のために神に祈ることだった。同時に天皇は、実際に政治を行う政治的権力ももっていた。しかし、歴史が進むにつれ、政治的権力から遠ざかっていった。特に鎌倉幕府が開かれてからは、天皇は自ら権力を行使することはなかった。

それでも、天皇の存在は政治権力に対し、政治を行う地位をあたえる権威として存在し続け、政治権力は、天皇の権威を押しいただいて政治を行うことが日本の政治文化としての伝統となった。政治権力は、天皇のもとで築いた古い文化を破壊したりすることは少なく、「民安かれ」と願う天皇の思いを受け止めて、民を過酷に扱うようなことは少なかったとも考えられる。

権威としての天皇が存在し続け、政治が大いに安定し、外国に比べて平和な時代が長く続き、文化は着実に成熟していったと考えられている。

大日本帝国憲法下の天皇が統治権を総攬する一方、実際の政治は立法、司法、行政の三権に任せる立憲君主であり続けた背景には、このような権威と権力の分離があったのである。

合議の伝統

日本では古くから話し合って物事を解決し、できるだけ力の争いは避けるべきだという考え方が存在していた。

7世紀、聖徳太子は、十七条憲法の第１条において「和を以って尊しとなす」と謳い、政治は一人だけの独断ではなく、人々が議論をつくして行わなければならないと説いた。天皇が政治の中心であった古代律令国家でも、重要な事項は、有力貴族が集まる公卿会議で決めていた。

合議の伝統は、鎌倉時代からの武家政治においても引きつがれ、江戸時代でも、幕府の重要な役職は複数の人間が担当し、全員の合議で決

1868(慶応4)年3月、明治天皇は、神々に誓約するという形で、新しい国づくりの方針を明らかにして五箇条の御誓文を発した。

五箇条の御誓文

一、広く会議を興し、万機公論に決すべし

一、上下心を一にして盛に経綸を行ふべし

一、官武一途庶民に至る迄、各其志を遂げ人心をして倦まざらしめんことを要す

一、旧来の陋習を破り天地の公道に基くべし。

一、智識を世界に求め大に皇基を振起すべし。

めていた。合議によってものごとを決めれば、極端な結論が避けられ、多くの人も納得する結論になりやすい。

庶民の社会でも、村寄合や町寄合によって村や町の方針が決められていた。その経験が、近代において町村議会を生み出していく基礎になっている。

このような歴史的背景のもとに、明治政府を樹立するにあたって、いちはやく「五箇条の御誓文」を出し、その第１条で「広く会議を興し、万機公論に決すべし」と宣言することもできたのである。

日本ではこのように、古くから合議を重んじる伝統があったために、近代西欧で発達した議会での話し合いを重んじる立憲主義を容易に受け入れることができたのである。

日本は昔から
合議を重んじて
いたのね

ミニ知識

中世における合議の精神

1225(嘉禄元)年、鎌倉幕府に評定会議が設置された。この会議は、幕府の政務及び訴訟に関する最高意思決定機関である。評定会議の意思決定は多数決で行われたが、訴訟に関して公正な判決を出すために、メンバー一人ひとりには二つの心構えが求められた。

第一に、各メンバーは、自らの主体的な判断にしたがって発言することが求められた。それゆえ、会議の他のメンバーの意向に左右されてはならず、また訴訟の場合であれば、訴訟当事者に対する好き嫌いの感情を断ち切らねばならないとされた。

第二に、各メンバーは、評定会議で決定した結論について共同して責任を負った。それゆえ、正しい決定を主導した場合でも、その功績を誇ってはいけないし、間違った決定であっても、自分は反対したなどといって責任逃れをしてはいけないとされていた。

この二つの心構えは、鎌倉幕府の諸機関に広がるだけでなく、中世寺院の集会で意思決定する際にも求められた。広く、中世の合議体が意思決定する際の規範となったのである。この二つの規範は、今日における合議においても通用するものである。

西暦	元号	月日	出来事
1945	昭和20	8/14	ポツダム宣言受諾
		11/1	マッカーサー、幣原喜重郎首相に憲法改正を指示
1946	昭和21	1月	GHQ（連合国最高司令官総司令部）による公職追放令
1946	昭和21	2/1	毎日新聞、憲法問題調査委員会試案のスクープ
		2/13	GHQ、吉田外相に憲法改正案を交付
		2/22	閣議、GHQ案受け入れを決定
		3/4～5	GHQ案を元にした政府案をめぐるGHQとの徹夜交渉
		3/6	憲法改正の政府案、発表
		4/10	総選挙
		6/20	憲法改正の政府案、帝国議会に提出
		7/1～23	衆議院憲法改正特別委員会で審議
		7/10	GHQ民政局次長、日本側との会談で、国民主権明記を要求
		7/25～8/20	衆議院憲法改正特別委員会内小委員会で審議
		8/24	衆議院で、憲法改正案可決
		8/31～9/26	貴族院憲法改正特別委員会内小委員会で審議
		10/6	貴族院で、憲法改正案修正可決
		10/7	衆議院本会議、貴族院から回付された憲法改正案可決
		11/3	日本国憲法公布
1947	昭和22	5/3	日本国憲法施行
1952	昭和27	4/28	サンフランシスコ平和条約発効で、占領解除
1995	平成7	9月	衆議院憲法改正特別委員会内小委員会議事録、公開

19 日本国憲法の成立

日本国憲法はどのようにして成立したのであろうか、みてみよう。

GHQ案の指示

1945（昭和20）年8月、わが国は、**ポツダム宣言**を受け入れて連合国に降伏しました。ポツダム宣言は、わが国に民主主義化と自由主義化を求めていました。[1] 日本を占領した連合国軍総司令部（GHQ）の最高司令官マッカーサーは、11月、日本政府に対して、民主主義化、自由主義化のために必要だとして**憲法改正**を指示しました。これを受けて日本政府は**大日本帝国憲法**の改正案を作成しましたが、マッカーサーは、この改正案は天皇の統治権総攬を規定していることなどで、改正は不十分であるとして拒否しました。GHQの民政局で新憲法案がひそかに英文で作成され、1946年2月13日、日本政府に提示されました。日本政府としては受諾する以外に選択の余地のないものでした。[2]

議員の追放と憲法改正の審議

英文の新憲法案を基礎に日本政府は政府案を作成し、3月6日に発表し、4月10日、衆議院議員の選挙を行いました。1月にGHQは戦争の遂行に協力した者を公職から追放するという公職追放を発令していました。そのため、この選挙のときは現職の82%の議員は追放されていて、立候補できませんでした。さらに5月から7月にかけて、議会審議中にも貴族院と衆議院の多くの議員が公職追放され、[3] 新たな議員に代わりました。これらの

[1] ポツダム宣言第10項に、「日本国政府は、日本国国民の間における民主主義的傾向の復活強化に対する一切の障碍を除去すべし。言論、宗教及思想の自由並びに基本的人権の尊重は、確立せらるべし」と書かれている。ここには憲法改正の要求は書かれていない。美濃部達吉は、大正デモクラシーを復活すれば宣言の要求に応えられるとし、日本国憲法に反対した。

[2] 独立国の憲法は、その国の政府や議会、国民の自由意思によってつくられる。したがって、外国に占領されているような時期には、つくるべきものではない。それゆえ、戦時国際法は、占領軍は被占領地の現行法規を尊重すべきであるとしている。また、同じ考え方から、フランスは、1958年制定の憲法第89条第5項で「領土が侵されている場合、改正手続に着手しまたはこれを追求することはできない」と規定している。

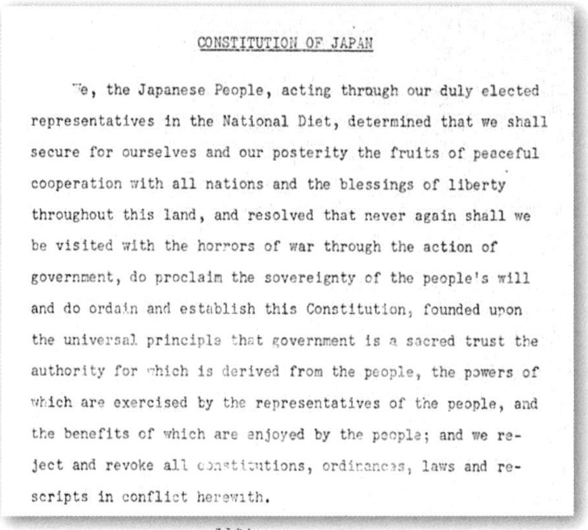

CONSTITUTION OF JAPAN

We, the Japanese People, acting through our duly elected representatives in the National Diet, determined that we shall secure for ourselves and our posterity the fruits of peaceful cooperation with all nations and the blessings of liberty throughout this land, and resolved that never again shall we be visited with the horrors of war through the action of government, do proclaim the sovereignty of the people's will and do ordain and establish this Constitution, founded upon the universal principle that government is a sacred trust the authority for which is derived from the people, the powers of which are exercised by the representatives of the people, and the benefits of which are enjoyed by the people; and we reject and revoke all constitutions, ordinances, laws and rescripts in conflict herewith.

GHQ 憲法草案　国会図書館資料

日本国憲法を承認した枢密院（1946 年 10 月 29 日）
枢密院は天皇の諮問機関。憲法問題も扱ったため、「憲法の番人」ともよばれた。

衆議院本会議において憲法改正案を議決（1946年8月24日）

日本国憲法の公布を祝う人々（1946 年）
人々は、新憲法の原案がGHQから出ていることを知らなかった。

議員が憲法審議を行いました。

また、当時は、GHQ によって、軍国主義の復活を防ぐという目的から、信書（手紙）の検閲や新聞・雑誌の**事前検閲**が厳しく行われました。GHQへの批判記事は掲載がいっさい認められず、特に GHQ が新憲法の原案をつくったということに関する記事は掲載しないよう、厳しくとりしまられました。したがって、憲法審議中、国民は新憲法の原案が GHQ から出たものであることを知りませんでした。

このような状況のなかで憲法改正の政府案は 6 月から 10 月にかけて帝国議会で審議されました。帝国議会では、主として衆議院の憲法改正特別委員会小委員会の審議を通じて、いくつかの重要な修正が行われました。たとえば、当初、政府案の前文は「ここに国民の総意が至高なものであることを宣言し」と記していました。小委員会もこの案をそのまま承認するつもりでしたが、国民主権を明記せよというGHQの要求があり、「ここに主権が国民に存することを宣言し」と修正しました。小委員会の審議は、一般議員の傍聴も新聞記者の入場も認められない密室の審議でした。[4]

こうして可決された**日本国憲法**は、11 月 3 日に公布され、翌年 5 月 3 日より施行されました。この憲法は国民主権や平和主義などを定め、立憲主義と民主主義をさらに進めています。

[3] 自由党を率いていた鳩山一郎総裁は、4月の選挙が終わって総理大臣になる寸前に公職追放となった。

[4] この小委員会の速記録は、1995（平成7）年に初めて公表された。

やってみよう

日本国憲法の成立過程で気になる出来事を３つ、年表から選んで調べてみよう。

ここがポイント！

①ＧＨＱは日本政府に憲法改正を指示し、政府がつくった改正案を認めず、自ら政府案の原案を作った。②帝国議会では、多数の議員が追放される中、ＧＨＱの意向に沿った改正案が可決された。③日本国憲法は、立憲主義と民主主義を進めた憲法である。

日本国憲法の原則

- 通常いわれる憲法の３原則
  - 国民主権
  - 基本的人権の尊重
  - 平和主義
- 象徴天皇
- 法治主義
- 間接民主主義
- 三権分立

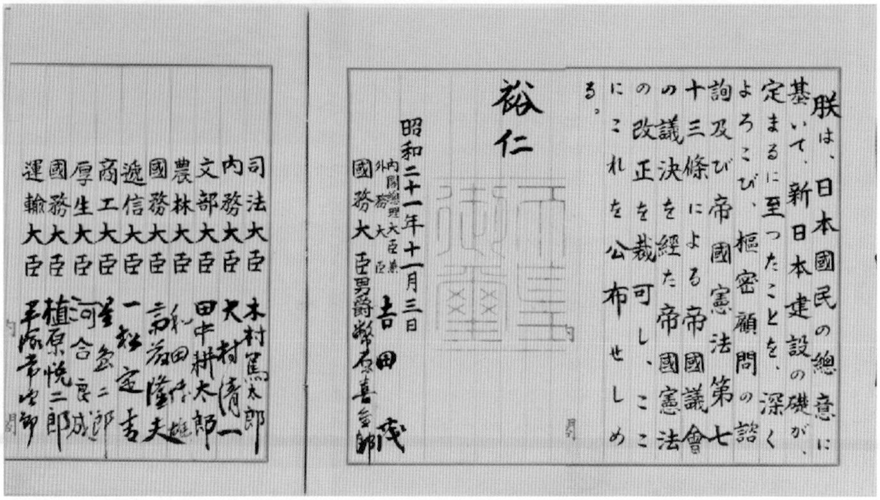

日本国憲法原書

20 日本国憲法の原則

日本国憲法はどのような原則にのっとった憲法だろうか。

日本国憲法の3原則

日本国憲法には３原則があるといわれています。第１は**国民主権**の原則です。憲法の前文では、国政は国民の厳粛な信託により、その権威は国民に由来し、国民の代表者が権力を行使するとしたうえで、主権が国民にあると宣言しています。[1] それゆえ、国民主権とは、国家の政治権力を生み出す源泉、すなわち政治権力を正当化する最高の権威が全国民にあるということです。そして、政治のあり方を最終的に決定する力が国民の意思にあるということです。

第２は、**基本的人権の尊重**ですが、憲法の第３章「国民の権利及び義務」のなかで強調されています。基本的人権は多数決によっても奪われない国民の固有の権利であり、公共の福祉に反しない限り認めるとされています。

日本国憲法の第３の原則は、**平和主義**の原則です。憲法は前文で、わが国の安全について、諸国民の公正と信義に信頼すると宣言し、第９条第１項で国際紛争を解決する手段としての戦争を放棄すると掲げ、第２項で戦力まで放棄しています。第１項の戦争放棄の規定は諸外国の憲法にも多く[2]みられますが、第２項の戦力放棄の規定は日本国憲法だけです。ただし、第９条は、他国からわが国が戦争をしかけられた場合は、自衛の行為

[1] この国民主権は、国民全体としてもっているもので、基本的人権のように国民一人ひとりが、別々にもっているのではない、とされている。

[2] ただし、自衛のための戦力をもてるという説がある。84ページ参照。

やってみよう

世界には、日本国憲法と同じく、戦争放棄を掲げるなど平和条項をもった国が８割以上存在します。しかし、戦力放棄を掲げ交戦権も放棄した憲法は日本国憲法だけです。各国の平和条項を調べて、日本国憲法と比べてみましょう。特に、イタリア、韓国、コスタリカ、スイスの４つの憲法について比較しましょう。

★調べるポイント……①平和条項の中身　②戦力を放棄しているか否か　③平和条項の背景

	イタリア	韓国	コスタリカ	スイス
平和条項の中身				
戦力放棄				
平和条項の背景				

をするのは禁じられていないと解釈されています。

象徴天皇など４原則

このような３原則以外に４つの原則があります。第１に、**象徴天皇**[3]の原則にのっとっています。憲法に規定する天皇は象徴であり、政治権力はもちません。象徴である天皇は、権力機関の長である内閣総理大臣を国会の指名に基づいて任命し、さらに内閣の指名に基づいて最高裁判所長官を任命します。諸外国では、天皇が国家の元首とみられています。[4]

第２に、**法治主義**の原則をとっています。憲法は国家が行う行為はすべて、「国権の最高機関」（41 条）である国会の定める法律に従わなければならないことを規定しています。

第３に、日本国憲法は前文第１段で、間接民主主義または**議会制民主主義**の原則を打ち立てています。

第４に、憲法の条文が、第４章で国会、第５章で内閣、第６章で司法と分けて規定していることからも分かるように、**三権分立**の原則を採用し、立法、行政、司法の三権がたがいに抑制、均衡し合うことを予定しています。

このように、日本国憲法は、欧米の近代立憲国家が築いてきた**立憲主義**の諸原則をすべて取り入れています。

[3] 1973（昭和48）年6月28日参議院内閣委員会で、吉国一郎内閣法制局長官は、「わが国は近代的な意味の憲法を持っておりますし、その憲法に従って政治を行なう国家でございます以上、立憲君主制といっても差しつかえないであろうと思います」と述べている。

[4] 元首とは、外国に向けて国家を代表する者をいう。同日の上記委員会で、吉国内閣法制局長官は、元首を行政権全般を掌握する者と定義するならば元首とは言えないが、「国家におけるいわゆるヘッドの地位にある者」と定義するならば「天皇は、現憲法下においても元首であると言って差しつかえない」と説明している。

ここがポイント！

①日本国憲法は、国民主権、基本的人権の尊重、平和主義の３原則でできているとされている。②さらに、日本国憲法には、象徴天皇、法治主義、間接民主主義、三権分立の原則がある。

2007年5月14日　**国民投票法案可決(参議院)**

憲法記念日などに行われる集会　憲法改正を進めるグループの集会（左）と改正に反対するグループの集会（右）

21 日本国憲法の改正問題

日本国憲法の改正はどのように行うのであろうか。改正の論点としては、何が考えられるだろうか。

1 事項別の審議になったため、多くの者が改正すべきだと考えている条文の改正案を取りまとめやすくなった。

2 「日本国憲法の改正手続に関する法律」（国民投票法）には、国民投票成立のための最低投票率が定められていない。したがって、憲法改正案が国会から発議され国民投票にかけられた瞬間に、例えば10％の投票率でも、国民投票は有効なものとして成立する。民主主義に反する制度ではないかとの指摘がある。

3 衆議院で可決した法案を参議院が否決した場合、衆議院は3分の2以上の議員の賛成がなければ、法律として成立させることができないのが特に問題になっている(59条)。

憲法改正の手続

日本国憲法には、改正の手続きが規定されています。憲法は、国の**最高法規**ですから、その改正にあたっては法律よりも慎重な手続がとられます。憲法改正案は内閣または国会議員が作成し、衆議院と参議院それぞれの総議員の３分の２以上の賛成で国民に対して発議（提案）されます。発議された改正案は**国民投票**にかけられ、過半数の賛成が得られれば憲法改正が成立します。改正された憲法は、天皇により国民の名で公布されます（96条）。しかし日本国憲法は、一度も改正されないまま、今日に至っています。

日本国憲法が成立してから61年も経過した2007（平成19）年、「日本国憲法の改正手続に関する法律」が成立しました。この法律によって、国民投票の投票権が満18歳以上の日本国民にあたえられました。同年、国会法が改正され、衆参両院に憲法審査会を設置することになりました。審査会は、改正原案を審議する機関として定められています。審査会の審議を経た改正原案は、衆議院100名以上、参議院50名以上の賛成を得て、内容的に関連する事項別[1]に国会に提出されます。国会による発議も、国民投票[2]も事項別に行われることになります。

憲法改正の論点

改正に関する一番の論点は戦争放棄に関する第９条です。日本は独立国

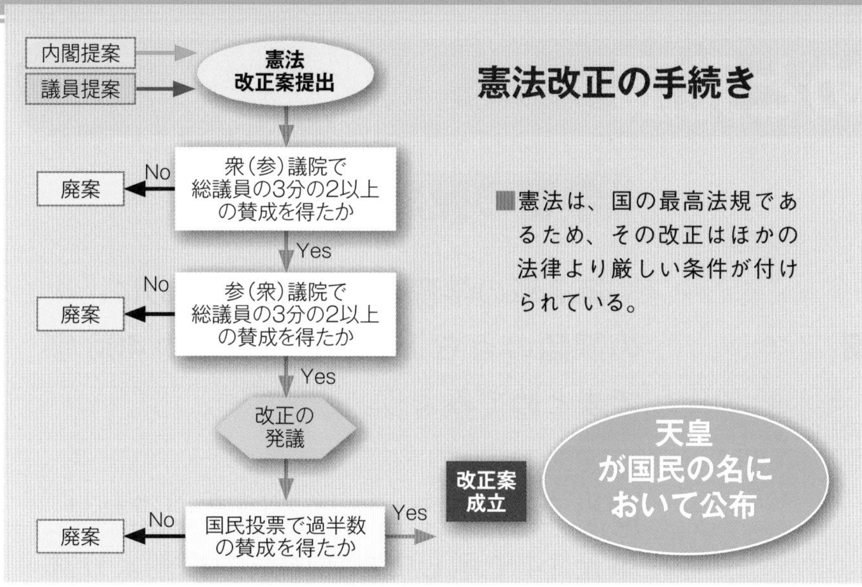

■憲法は、国の最高法規であるため、その改正はほかの法律より厳しい条件が付けられている。

家ですから、国際法上自衛戦力を保持する権利をもっています。それゆえ、第９条を改正して**自衛戦力**をもてるようにすべきだとする意見があります。一方、戦力を放棄することによって戦争をなくしていこうとする第９条の理念を守るべきだとする意見があり、対立しています。

憲法改正の論点としては、さらに**二院制問題**があります。参議院は衆議院と同じようなものになっているから、参議院を廃止して衆議院だけの一院制にしたほうがよいとする[3]意見があります。しかし､二院制は慎重な審議のためには維持したほうがよいから、参議院の権限や議員の任期や選ばれ方などを改正しようとする意見もあります。

また、首相を国民の選挙で選ぶ**首相公選制**をつくろうという意見もあれば、国際慣例どおり、憲法に元首を規定すべきであるという意見もあります。

一般に、独立国の憲法前文は、自国の歴史・伝統・文化に基づき憲法の諸原理を基礎づけています。日本国憲法にはそれがないので、改正する場合には、前文で、日本の歴史・伝統・文化にふれるべきとする議論もあります。[4]

そのほか、プライバシーの権利、知る権利、環境権などの**新しい権利**を憲法に規定しようという議論もあります。

各国の憲法改正回数

(2016 年 12 月現在、国会図書館資料)

国名	制定年	改正回数
ドイツ	1949	60
フランス	1946	27
アメリカ	1788	18
イタリア	1947	15
大韓民国	1948	9
中華人民共和国	1954	9
オーストラリア	1900	5
日本	1946	0

諸外国においては、常に自国の憲法を見直し、その時代に合ったものにしようと憲法改正を行っている。制定後、日本は憲法を一度も改正したことがない。

4 世界の憲法前文

日本国憲法の前文には、我が国の歴史や伝統や宗教について何ら規定していない。これに対して、ヨーロッパ諸国の憲法前文ではキリスト教の神が書かれ、アラブ諸国の憲法前文ではイスラム教の神が書かれ、アジア諸国の憲法前文では、自国の歴史が書かれている。

ここがポイント!

①憲法改正手続は、衆参各院総議員の３分の２以上の賛成があり、満 18 歳以上の国民による投票で過半数の賛成を得て行われる。②憲法改正の論点として議論になっているのは第９条、二院制、首相公選制ないし元首の問題、新しい権利などが主なものである。

第2章 学習のまとめと発展

学習のまとめ

●最重要語句

( ) 単元 14　国家の成立とその役割
国家　農業　防衛　社会秩序
社会資本

( ) 単元 15　立憲主義の誕生
立憲主義　基本的人権　国民国家
憲法

( ) 単元 16　市民革命と人権の歴史
名誉革命　権利章典　独立宣言
フランス革命　人権宣言
ワイマール憲法　世界人権宣言

( ) 単元 17　立憲的民主主義
間接民主主義　多数決　政党

( ) 単元 18　大日本帝国憲法
大日本帝国憲法　統治権　立憲政体
立憲君主制

( ) 単元 19　日本国憲法の成立
大日本帝国憲法　ポツダム宣言
憲法改正　事前検閲

( ) 単元 20　日本国憲法の原則
日本国憲法　国民主権　立憲主義
議会制民主主義

( ) 単元 21　日本国憲法の改正問題
最高法規　自衛戦力　二院制問題
新しい権利

学習の発展

第2章の学習を発展させるために、次の課題のうち1つを選んで、約400字でまとめてみよう。

❶単元15で示してある国家の役割は、単元14で示してある国家の役割より詳しくなっている。どの役割が追加して詳しくなっているか、調べてみよう。

❷コロンブスがヨーロッパ人としては初めてアメリカに到達したとき、アメリカには2つの文明があった。何という文明で、農業との関係はどうなっていたか、調べてみよう。

❸直接民主主義が実現不可能である理由について、改めて考えてみよう。

❹日本国憲法をめぐる7つの原則は、大日本帝国憲法ではそれぞれどのようになっているか、調べてみよう。

❺立憲主義の政体は、国民が最も自由で平等になり、最も国家が安定する政体として、人類が長い歴史を経てつくり出したものである。このことについて、考えてみよう。

第3章

日本国憲法と立憲的民主政治

日本の最も大切な決まりである憲法は、
国家の形をどのように決めているのだろうか。
憲法の決まりのもとで、私たちはどのように
生きなければならないのだろうか。

第1節 日本国憲法の国家像

天皇と国会開会式（天皇が国会を召集する）

宮中晩餐会でアメリカ・トランプ大統領と歓談される天皇陛下

22 天皇の役割と国民主権

歴史を通じて維持されてきた天皇の地位と役割は、日本国憲法ではどのように規定されているだろうか

歴史に基づく天皇の役割

天皇は、国家の平穏と国民の幸福を祈ることにより、長い歴史を通じて国民の信頼と敬愛を集めてきました。[1] 日本の歴史において、権威と権力が分離するようになったのちは、天皇はみずから権力をふるうことなく、幕府などそのときどきの政治権力に**正統性**をあたえる権威としての役割を果たしてきました。

日本国憲法のもとでの天皇も、日本の政治的伝統にならった役割を果たしています。天皇は「国政に関する権能」すなわち政治権力を行使する権能をもちません（4条）。しかし、内閣の助言と承認に基づいて、さまざまの国事行為をとり行います（6条、7条）。法律、条約、政令なども、この天皇の国事行為としての署名によって、国家の手続きが完了します。また、対外的には、天皇は諸外国から日本国を代表する元首[2]としての待遇を受けています。

国民主権と天皇

日本国憲法第１条は、天皇の地位を「日本国の象徴であり日本国民統合の象徴」と規定しています。これによって、天皇は、日本と国民全体の統合のための**象徴**としての役割を果たしています。この象徴という地位は、第１条後半では、「主権の存する日本国民の総意に基く」とされています。

[1] 天皇は、日本の長い歴史を通して、国家安泰・五穀豊穣・国民の安寧を神々に祈る祭祀王としての役割を務めてきた。

[2] 元首とは外国に向けて国家を代表する者をいう。一般に君主制の国では国王が、共和制の国では大統領が元首または国家元首とよばれる。

天皇陛下と
私たちは、
どんなつながりが
あるんだろう

ミニ知識

主権は２つの意味で使われる

国家は統治権をもっている。統治権とは、領域とそこに住む国民を排他的に支配する権利のことである。国家がもつ統治権は、何よりも憲法制定権をふくんでおり、国内的にも国際的にも最高性の性質をもつ。この最高性を表すために「主権」という言葉が使われているが、今日では、おおよそ２つの意味で使われている。

国内における主権

第１の意味は、独立国家の国内において、領域と国民を排他的に統治する政治権力に対して正当性・正統性を与える最高の権威のことである。また、主権とは政治のあり方を最終的に決定する権力のことである。

日本国憲法は、前文で国民主権を宣言したうえで、「そもそも国政は、国民の厳粛な信託によるものであって、その権威は国民に由来し、その権力は国民の代表者がこれを行使し」と説明している。したがって、日本国憲法下では、国民の代表者が行使する政治権力に正当性・正統性を与える権威が全国民にあるとされる。そして政治のあり方を最終的に決定する権力は国民の意思にあるとされている。この意味の主権を国民主権という。

国際関係における主権

第２の意味は、国家がもつ統治権は最高かつ独立の性質をもつので、他の国家から支配や干渉を受けないという、他国に対して国家のもつ固有の権利のことである。この意味の主権を国家主権という。

日本国憲法が帝国議会で審議され成立したとき、この憲法第１条の規定を自然なものとして、素直に国民が受け入れたのは、長い日本の歴史の過程のなかで考えて、天皇の存在や、天皇の果たしてきた役割が、まさしく日本国と国民統合の象徴にふさわしいと思ったからにほかなりません。

憲法は、国民に主権が存すると規定しています（**国民主権**）。国民主権とは、政治のあり方を最終的に決定する権力が国民の意思にあるということであり、国民の代表者が行使する政治権力に正当性をあたえる最高の権威が国民にあるということです。憲法の前文でも、国政の「権威は国民に由来」すると規定し、権威が日本国民の全体に存すると宣言しています。

このように、天皇は、長い歴史をもつ日本の国民全体の総意に基づいて、日本国および日本国民統合の象徴として特別な地位についています。

そのため、天皇は、政治に対して関与しない立場をつらぬくことで､つねに､国民の一部ではなく､国民の全体を象徴しています。

君主の統治権の運用を憲法で規定することで、国民の自由および国政への参加を保障した**立憲君主制**は、世界 40 か国あまりで採用されています。公正中立な態度を貫いている象徴天皇は、現代の立憲君主制が目標とするモデルの１つとなっています。

ミニ知識

天皇の国事行為（日本国憲法より）

●第６条第１項　国会の指名に基づき内閣総理大臣を任命すること
●第６条第２項　内閣の指名に基づき最高裁判所長官を任命すること
●第７条
①憲法改正、法律、政令及び条約を公布すること
②国会を召集すること
③衆議院を解散すること
④国会議員の総選挙の施行を公示すること
※注：この「総選挙」は衆議院議員総選挙のほか参議院議員通常選挙もふくむ。
⑤国務大臣及び法律の定めるその他の官吏の任免並びに全権委任状及び大使及び公使の信任状を認証すること
⑥大赦、特赦、減刑、刑の執行の免除及び復権を認証すること
⑦栄典を授与すること
⑧批准書及び法律の定めるその他の外交文書を認証すること
⑨外国の大使及び公使を接受すること
⑩儀式を行うこと
※注：この儀式は、天皇が主宰して行う国家的性格をもつ儀式をいう。

ここがポイント！

①天皇は歴代、政治権力に正統性をあたえる権威の役割を果たしてきた。②日本国憲法は、天皇について国民を統合する象徴であるとしている。

もっと知りたい

天皇のお仕事

日本国の象徴、日本国民統合の象徴である天皇はどんなお仕事をされているのだろうか。

文化勲章を授与される天皇陛下

天皇の第一のお仕事とは

憲法第６条・第７条による内閣の助言、承認に基づいた天皇の仕事を「国事行為」とよぶ。国事行為は国家運営上、重要なものが多く、内閣総理大臣、最高裁判所長官の任命、法律・条約などの公布、国会の召集、衆議院の解散、総選挙の施行の公示、国務大臣などの任免、大使、公使の信任、栄典の授与、外国の大使、公使の接受など、すべての国民を代表して行われる性格のものばかりである。象徴だからこそ可能な、大切な仕事といえる。

天皇陛下は、ほぼ毎日、皇居の「菊の間」で侍従が差し上げた書類を丹念にご覧になり、毛筆で署名（サイン）されたり、印を押される。その数は詔書、そして法律、政令、条約の公布、信任状など、内閣からのものだけで年間千数百件を数え、加えて、宮内庁関係の書類がほぼ同数ある。

わが国では、憲法の規定により、天皇の国事行為によって法律の公布などの手続きが完了する。そのほかにも、外国の要人とのご会見や地方のご視察、全国レベルの各種行事や大会に臨席されるなど、象徴という地位にふさわしい仕事として「公的行為」を精力的にこなされている。

大災害被災地へ両陛下のお見舞い

日本は地震や台風などの災害が多いが、深刻な災害にあった地域への天皇皇后両陛下のお見舞いは、被災者の心を慰め、復興にむけての励ましとなり、被災者は大きな勇気を与えられている。

2019（令和元)年、台風19号の被災者を見舞われた天皇皇后両陛下

平成の譲位

2016（平成 28）年、天皇は国民へのビデオメッセージを通して、「譲位」の意向を示された。翌年、皇室典範特例法が成立し、平成は 31 年で幕を閉じることになった。わが国の伝統をふまえて実に 200 年ぶりに上皇が復活した。今後も皇位を安定して継承できる仕組みの法制化が待たれている。

天皇の御製

いたづらにやすき我が身ぞ恥かしき苦しむ民の心思へば　**伏見天皇**

あさゆふに民やすかれと思ふ身のこころにかかる異國のふね　**孝明天皇**

とこしへに民安かれと祈るなる我が世を守れ伊勢の大神　**明治天皇**

身はいかになるともいくさとどめけりただたふれゆく民を思ひて　**昭和天皇**

歴代天皇の「民安かれ」の願いは、御製(天皇の詠まれた歌)によく表れている

主な宮中祭祀 （大きな祭祀は年間24回）

1月1日	四方拝
1月3日	元始祭
1月7日	昭和天皇祭
2月17日	祈年祭
2月23日	天長節
3月春分の日	春季皇霊祭・春季神殿祭
4月3日	神武天皇祭
6月30日	大祓
9月秋分の日	秋季皇霊祭・秋季神殿祭
10月17日	神嘗祭
11月23日	新嘗祭
12月31日	大祓

古来から続く天皇のおつとめ

古代から伝わる天皇の大切な仕事は、神々に祈りを捧げることである。その祈りの内容は、「国民の幸せ」と「平和な世の中」である。天皇がとり行う祈りを宮中祭祀という。

私たちは、今年の1月1日の午前5時ごろ、何をしていただろうか。このころ天皇陛下は未明の寒気のなか、皇居の庭に立たれていた。そして長い時間、屛風に囲まれた空間で、今年1年の平安と国民の幸せを四方の神々に祈られていた。これが「四方拝」という年初の大切なお祭りである。天皇陛下は国民からみえないところで日々、「国平らかに、民安かれ」とひたすら祈っておられる。

昭和天皇は1988（昭和63）年の秋、大量の血を吐かれて危篤状態になられた。一時、意識をとりもどされたときに言われた言葉は、「今年の米の作柄はどうか？」であった。このような「民安かれ」の願いは、実は歴代の天皇がもち続けてこられた真心であり、皇室の伝統といえるだろう。

石灰壇（写真は京都御所の清涼殿）

千数百年にわたり、歴代天皇は毎朝、石灰壇の上に直接座られ、「天下泰平」の祈りを続けてきた。明治以降、宮中三殿（皇居内の斎場）で侍従による毎朝御代拝にかわった。その時間に、天皇は御座所で祈られている。

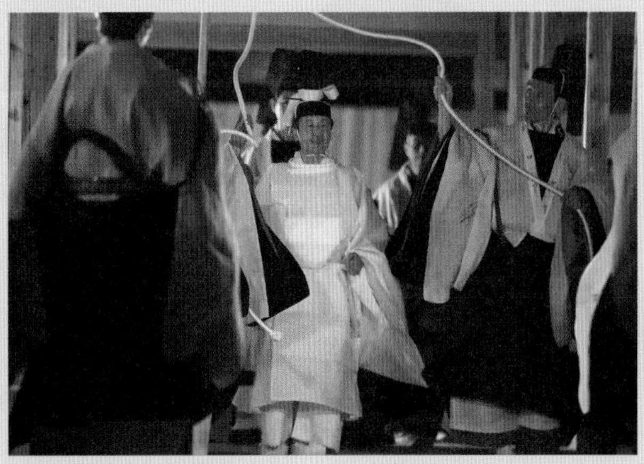

皇位継承儀式・大嘗祭の悠紀殿供饌の儀のため悠紀殿に向かわれる天皇陛下

基本的人権を定める憲法の条項

分類	権利	条
自由権	■身体の自由	
	奴隷的拘束及び苦役からの自由	18
	法定手続の保障（罪刑法定主義）	31
	不当な逮捕からの自由（逮捕令状主義）	33,35
	■精神の自由	
	思想・良心の自由	19
	信教の自由	20
	学問の自由	23
	集会・結社・表現の自由、通信の秘密	21
	■経済活動の自由	
	居住・移転・職業の自由	22
	財産権の保障（私有財産制度）	29
権利の平等	個人の尊重	13
	法のもとの平等	14
	両性の平等	24
社会権	生存権	25
	教育を受ける権利	26
	勤労の権利	27
	労働基本権（労働三権）	28
参政権	公務員の選定・罷免権	15
	選挙権	15,44,93
	最高裁判所裁判官に対する国民審査	79
	憲法改正の承認権	96
	地方自治の特別法に対する住民投票	95
	請願権	16
請求権	裁判請求権	32
	損害賠償請求権	17
	刑事補償請求権	40

23 基本的人権と公共の福祉

国民の基本的権利を保障する日本国憲法の根底にある思想とは何だろう。また、「公共の福祉」とは何だろう。

[1]カント（1724～1804）。ドイツの哲学者。「あなたの人格と他者の人格を、ともに等しくそれ自体として尊重し、人格を何かのための単なる手段としてのみ扱ってはならない」と述べ、人間一人ひとりの人格の尊厳を説いた。

国民の基本的権利

政治権力は法に基づいて行使されなければならないという立憲国家の法治主義は、政治権力の恣意的な支配から国民の自由と権利を守る役割を果たしてきました。この立憲政治の考え方は、憲法が、国民に保障される自由と権利を明確に規定することによって具体化されます。

日本国憲法は、第３章「国民の権利及び義務」（10条～40条）において、「自由権」「社会権」「参政権」「請求権」などの幅広い国民の基本的権利の保障を定めています。第11条では、これらの基本的権利を**基本的人権**とよび、これを「侵すことのできない永久の権利」として、現在および将来の国民にあたえられると宣言しています。

この基本的権利の保障の根底にある考え方は、「**個人の尊重**」の思想であり（13条）、人間一人ひとりの人格をかけがえのないものとして尊重するとともに、人格としての人間を平等に差別なく尊重する思想です。[1]

公共の福祉による制限

憲法は、人間一人ひとりを個人として最大限尊重することを政治権力に対して求めると同時に、国民に対しても求めています。第12条は、憲法が保障する自由と権利の濫用を戒め、国民は、常

自由や権利を濫用すると、他人の権利を侵すことがあります
表現の自由が他人の私生活を暴露して、プライバシーの権利を侵すことがあります

に**公共の福祉**のためにこれを利用する責任を負うと規定しています。

この公共の福祉の考え方も、人間個々人を尊重する精神に発するものです。すなわち、ある人の自由や権利の主張が、他の人々の自由や権利を不当に侵害、抑圧することのないよう、また国家や社会の秩序を混乱や崩壊に導き、結果として多くの人々の自由、権利や幸福を侵害することのないよう戒めるものです。私たちは一人で生きているのではなく、共同で社会生活を営んでいることを片時も忘れず、自由や権利を行使する必要があります。

一方で、「公共の福祉」の名を借りて、私たちの自由や権利が不当な制限を受ける可能性もあります。自由や権利の制限がなされることが正当か、またいかなる理由でどの程度制限されることが妥当かを判断するのは、裁判所の重要な役割の一つです。

国民の義務

憲法は、国民の健全な社会生活を成り立たせ、国家と社会を維持・発展させるために、国民が国家の一員として果たさなければならない義務を定めています。子供に**普通教育を受けさせる義務**[2]（26条）、**勤労の義務**（27条）、**納税の義務**（30条）の3つです。これらを国民の三大義務といいます。

やってみよう

次のことは、基本的人権のどの項目にあたる行為でしょうか。左ページの表から探しましょう。

行為	憲法の条項
①国会議員を選ぶために投票をする	
②神社を参拝する	
③中学校で勉強する	
④アメリカの国籍を取得する	
⑤自動車を運転して旅行にいく	
⑥デモに参加する	
⑦人にだまされたので裁判所に訴える	
⑧労働組合を結成する	
⑨本を出版する	
⑩無実の罪で罰せられたので補償を求める	

2 普通教育とは、子供が大人になるために共通して必要な基礎的、一般的な知識と技能を学ばせる教育のこと。わが国では、小学校と中学校の9年間の普通教育を受けさせることが義務づけられている。

ここがポイント！

①憲法は個人の尊重の思想に立ち、国民の幅広い基本的権利を保障する。②国民は自由と権利を濫用して公共の福祉を侵害してはならない。③憲法は、国家・社会と国民生活の維持と発展のため国民の義務を規定する。

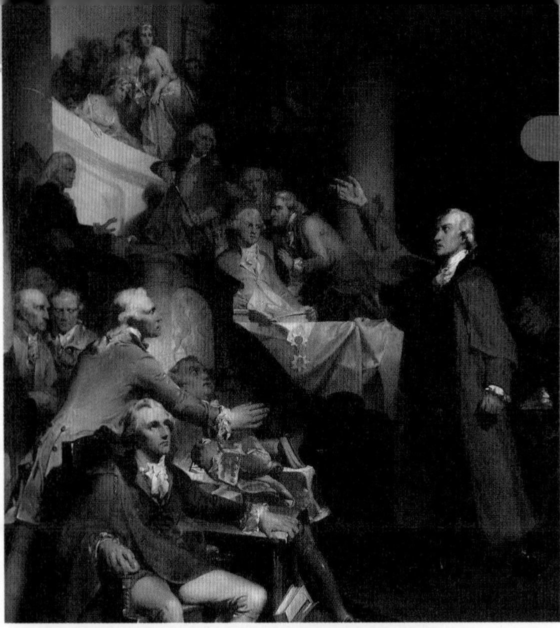

自由の大切さを説いた人たち

パトリック・ヘンリー（1736～1799）
アメリカの政治家。1775年3月23日、イギリスの暴政に抗議して、「我に自由を与えよ。しからずんば死を与えよ」と演説し、アメリカ独立戦争の火ぶたを切った。

板垣退助（1837～1919）
明治時代の自由民権運動を進め、最初の政党内閣を組織した。暴漢に襲われたとき、「板垣死すとも自由は死せず」との言葉を発した。

24 身体の自由と精神の自由

自由を欠く社会における苦しみはどのようなものだろうか。自由を欠く社会で民主政治が行えるだろうか。

1 思想・良心の自由とは、なにごとにも自由に考え、何がよいかを自由に判断できること。

2 信教の自由とは、だれからも強制されないで自分でよいと思う宗教を信仰できること。

3 集会・結社の自由とは、集会を自由に開き、団体を自由に結成できること。

自由の価値

自由であることは、人間にとって何にもまさる大切なことであり、また本源的で切実な要求です。しかし、今日でも、一部の支配者による**専制政治**や独裁政治が続く国々では、秘密警察や軍などの暴力によって、人々の自由への希求が抑圧され続けています。日本国憲法は、「わが国全土にわたって自由のもたらす恵沢を確保」することを前文で宣言しており、自由の価値を最大限に高く位置づける自由主義の思想に立脚した憲法です。以下にみるように、憲法は、国民の享受する**自由権**を具体的に規定し、手厚く保障しています。

身体の自由と精神の自由

私たちが自由であるためには、何より、私たちの身体が不当な拘束や侵害から免れている必要があります（**身体の自由**）。憲法は、何人も奴隷的拘束を受けず、意に反する苦役に服させられないと規定しています（18条）。また、どのような行為が犯罪とされ、いかなる刑罰が科せられるのかが法律で定められていなければならず（**罪刑法定主義**）、犯罪の容疑をかけられた場合であっても、警察による逮捕、取り調べ、および裁判は、法律の定める適正な手続きに基づいて行わなければなりません（31条～39条）。

ミニ知識

世論の専制

政治権力のみならず、社会も、人々の表現の自由を抑圧することがある。大多数の人の考え方とは異なる少数意見の持ち主は、発言の機会が封じられ、沈黙を強いられることがある。

今日のマスメディアの高度の発達は、皮肉にもこのような世論の専制（または多数者の専制）を強める傾向がある。このような表現の自由の抑圧の問題点は、抑圧された当人の苦痛だけではなく、批判的な意見や異質な考え方の多様な表明が抑圧されることによって、社会全体が画一化し、硬直化してしまい、社会の自由で健全な発達が止められてしまうことにある。

福澤諭吉は『文明論之概略』において、「人々が信じていることには実は間違いが多い」「異端妄説こそが科学や思想を発展させた」と指摘し、人々が心を広く開いて公正に語り合い、議論し合うことの重要さを説いた。

人間の人間らしさは、その自由で創造的な精神の活動にあります。憲法は、思想・良心の自由[1]（19条）、信教の自由[2]（20条）、集会･結社の自由[3]（21条）、表現の自由（21条）、学問の自由（23条）など、私たちの内心における思想や信教と、その表現にかかわる自由を広く保障しています**（精神の自由）**。

表現の自由は、
社会も大切に
しなければ
ならないのね

精神の自由を保障するためには、犯罪を犯したわけでもない人たちが身体を不当に拘束されるようなことがあってはなりません[4]。身体の自由さえ保障されない国では、そもそも自由にものを考えることもできず、精神の自由が保障されません。

民主政治と表現の自由

身体の自由が保障された国でのみ民主政治が行われますが、民主政治の健全な発展にとってとりわけ重要なのが、**表現の自由**です。表現の自由には、言論、出版、報道、学術活動、集会の開催やデモ行進、政党の結成などの結社、インターネットでの発言などがふくまれます。表現の自由は、特に政治権力からの干渉を受けやすいだけに、特別の保障が必要です。

他方で、表現の自由は、他者のプライバシーや名誉を傷つけたり、また社会の秩序や道徳を混乱や崩壊に陥れたりする危険性をあわせもっています。表現の自由といえども、つねに無条件に認められるわけではないことに留意する必要があります。

[4]中国では2013年に強制労働収容所は廃止されたとしているが、名前を変えて同様の施設がつくられていることがアムネスティ・インターナショナルなど人権団体により指摘されている。特に新疆ウイグル自治区では、「再教育センター」という名の強制労働収容所が増えている。

ここがポイント！

①日本国憲法は自由権を最大限に重視し、身体が不当な拘束や侵害を受けない身体の自由、内心における思想や信教と、その表現に関する精神の自由を保障する。②表現の自由は、健全な民主政治に不可欠である。

ミニ知識

居住及び移転の自由と人身の自由、精神の自由

居住及び移転の自由は、財産権や職業の自由とともに、資本主義経済の基礎的条件を整えたものである。したがって、居住及び移転の自由は、基本的に経済的自由の一つといえる。だが、自由に住居を定め、自由に動き回ることは、身体が拘束されていないことを意味するので、身体の自由と密接な関連をもつ。

また、居住及び移転の自由は、この自由が保障されてはじめて、いろいろな人と交わり、意見交換を行えるようになるから、精神的自由の要素ももつ。

上が中国、下が北朝鮮の強制労働収容所

国連などの報告によれば中国や北朝鮮では、居住及び移転の自由や人身の自由、精神の自由が尊重されないため、特に犯罪を行ったわけでもない多くの人が強制労働収容所に入れられ、過酷な労働を強いられ、理不尽な暴力を受けている。

25 経済活動の自由

精神の自由を支える経済活動の自由とはどういうものだろうか。

職業の自由

民主政治が行われるには、私たち個々人が自立した存在である必要があります。自立した存在であるためには、思想・良心の自由や表現の自由をはじめとした精神の自由がとても大切なものになります。精神の自由を支えるものとして、経済活動の自由があります。**経済活動の自由**には、大きく分けて、職業の自由、居住及び移転の自由[1]、財産保持の自由の3つがあります（22条、29条）。

職業の自由は、私たち個々人が従事する職業を選択する自由（職業選択の自由）と、選択した職業を行い続ける自由（営業の自由）から成り立ちます。職業への従事は、私たちにとっては、単に生計の糧を得るためのものではなく、生きがいともなり、自己実現という意味もあります。私たちが職業を自分の意思で選択し、その職業を行い続けることは、自由な精神をはぐくむことになるのです。[2]

居住及び移転の自由

居住及び移転の自由も、自由な精神と関連しています。居住及び移転の自由は、私たちが住む場所を自由に決定すること、そして自由に移動することを指します。当然、旅行の自由をふくみますし、外国旅行の自由、外国移住の自由も含みます。さらには、日本

[1] 前近代の社会では、住む場所を自由に決めることは許されず、他の土地に移住することもできなかった。また、身分や家がらで生まれながらに職業が固定されていた。

[2] かつてのソ連では、地域間の移動が管理されており、特に農村から都市への移住が困難であった。したがって、居住及び移転の自由だけでなく、職業の自由もきわめて不十分であった。経済発展を遂げた今日の中国も、同じことがいえる。精神の自由のない国では、民主政治は行われようがないのである。

ミニ知識

経済活動の自由、資本主義と信用

1991年のソ連崩壊以降、ほとんどの国が資本主義経済体制をとっている。資本主義経済は、職業の自由をはじめとした経済活動の自由が保障された社会で成立する。経済活動の自由が成立するには、人々の間に一定の信頼関係、信用というものが成立している必要がある。資本主義社会では、見知らぬ人同士の間でも一定の信頼関係が成立している。会ったことのない人同士でも契約を取り結んだならば契約が守られるものと信じることができる。購買した商品は当然に一定の品質を保っているものと考え、毒入りの食品や偽物の商品を売りつけられることは基本的にあり得ないと信じることができる。遠い外国から輸入された商品であっても、毒入りや偽物ではないと信じることができる。こういう信頼関係が成立して初めて、資本主義経済体制は順調に発達していくのである。

国籍から離脱する自由もあります。ただし、無国籍になる自由はありません。現代社会では、個々人の自由や権利の保障は国家なくしてできません。

財産権の保障と私有財産制

財産保持の自由は、憲法に「財産権は、これを侵してはならない」(29条第1項)と規定されています。**財産権**とは、所有権や知的財産権、債権、営業権など、すべての財産的権利のことを指します。これらの財産権に対しては、原則として、公権力による制限は許されません。

財産権の保障とは、私たち個々人がもっている具体的な財産権を保障するだけにとどまりません。生産手段の私有制を中心とした**私有財産制**の保障という意味ももちます。それゆえ、わが国は資本主義経済を採用して、民間の自由な競争[3]に基づき経済発展し、豊かな生活を維持してきました。ですから、生産手段の公有化体制をめざす社会主義制度は、違憲です。社会主義化しようと思えば、憲法改正が必要であることになります。

公共の福祉による制限

しかし、経済活動の自由は、経済発展をもたらしましたが、同時に、貧富の差を拡大してきました。そこで、今日では、公共の福祉の観点から、経済活動の自由に一定の制限を加えることによって、経済的不平等を緩和して国民にできるだけ経済的平等を確保しようとしています。

[3]「社会主義市場経済」を唱える中国では、そもそも企業の中心は国有企業である。また、国有企業はもちろんのこと、民営企業にも共産党支部が存在し、共産党支部が企業を統制している。

ここがポイント！

①民主政治の前提である自由な精神は、職業の自由や居住及び移転の自由を基礎にして成立する。②日本国憲法は私有財産制を維持する立場である。③経済活動の自由は公共の福祉による一定の制限を受ける。

市役所生活福祉課窓口
「健康で文化的な最低限度の生活を営む権利」憲法第 25 条

ハローワークでの求人情報の検索
「勤労の権利」憲法第27条

26 権利の平等と社会権

憲法は国民の幸福のために、自由権のほかにどのような権利を規定しているのだろうか。

[1]社会的身分とは、職業，資格、収入などの社会的地位を指す。

[2]門地とは、ある家や血筋に生まれたことを指す。

[3]憲法第14条はまた、貴族制度すなわち身分制度を否定し、勲章などの栄典も、授与された個人の功績への一代限りの顕彰であるとして、それが特権に結びつくことを否定している。

[4]国家が積極的に国民の社会権を保障する国家を、福祉国家という。社会権を初めて明文的に規定した憲法は、ドイツで第一次世界大戦後に制定されたワイマール憲法といわれている。

権利の平等

日本国憲法は、第 13 条で「すべて国民は、個人として尊重される」と規定し、第 14 条で「すべて国民は、法の下に平等であって、人種、信条、性別、社会的身分[1]又は門地[2]により、政治的、経済的又は社会的関係において、差別されない」と定めています。このように、国民のだれもが一個の人格として差別なく尊重され、自由な社会的活動の機会を等しく享受できることの保障を法のもとの平等、または**権利の平等**といいます。[3]

しかし、憲法が保障する平等とは、原則的には、あらゆる社会的活動への参加の機会が国民全員に平等に開かれている**機会の平等**です。各人の努力や、能力、適性の違いによって生じた社会的役割の違いや差を認めつつ、**結果の平等**をできるだけめざすこと、例えば障碍のある人に優先枠を設けて就労の機会を与えようとすることは、憲法の認めるところです。

社会権の保障

19 世紀に開花した経済活動の自由は、人々の競争を通じて社会を豊かにした反面、著しい貧富の差を生むことにもなりました。20 世紀に入ると、国家が国民の自由を保障するだけでは不十分であり、国民の生活に積極的に介入して貧富の差を緩和し、すべての国民に人間らしい生活を営む権利（**社会権**）を保障すべき

ミニ知識

教育の目的

1947（昭和 27）年に制定され、2006（平成 18）年に全面改正された教育基本法は、一貫して第 1 条に教育の目的として「教育は人格の完成を目指し」と規定している。「人格の完成」とは、人間らしく立派な人間になるという意味である。1948 年国際連合で採択された世界人権宣言にもほぼ同様の教育の目的の規定がある。

教育は一人ひとりの子供の能力を発達させ、個性を伸ばし、将来生きていけるように力をつけさせるという、個人の利益になる面と、そのような力をつけた人たちが社会を支え、貢献するので、社会の利益になる面とがある。この 2 つの面をもちながら、教育は子供たちを立派な人間にしていくために行うものなのである。

だという考え方が生まれました。[4] 日本国憲法も社会権の思想をとり入れ、第 25 条で「すべて国民は、健康で文化的な最低限度の生活を営む権利を有する」と規定して、国民の**生存権**を保障しています。生存権の保障のために憲法は、生活に困った人々に対する生活保護や、さまざまな年金、健康保険などの社会保障制度を整えること、また公衆衛生の向上・増進に努めることを政府に求めています。

私たちが人格を形成し、社会に参加していくための基礎的能力をつちかうのは教育によってです。第 26 条は、すべての国民に、その能力に応じて等しく教育を受ける権利を保障しています。そして、この権利を保障するために、親など保護者が子供に普通教育を受けさせる義務を課すとともに、義務教育を無償としています。したがって、義務教育期間である国公立の小中学校 9 年間の授業料と国公私立小中学校の教科書は無償になっています。

また、人は勤労を通じて社会的活動に参加し、生活の糧を得ます。第 27 条は、すべての国民に勤労の権利を保障しています。[5] また、使用者に対して弱い立場にある勤労者に、労働組合を結成する権利（団結権）、組合を通じて労使間の交渉を行う権利（団体交渉権）、ストライキなどの行動を通じて使用者に要求を行う権利（団体行動権）を保障しています（28 条）。これらの勤労者の権利を労働基本権とよびます。[6]

[5] 国家は、公共職業安定所(ハローワーク)を通じて、職を紹介する、失職者に雇用保険を給付するなど、国民の勤労の権利の実質的保障を行っている。

[6] 団結権、団体交渉権、団体行動権は労働三権ともよばれている。

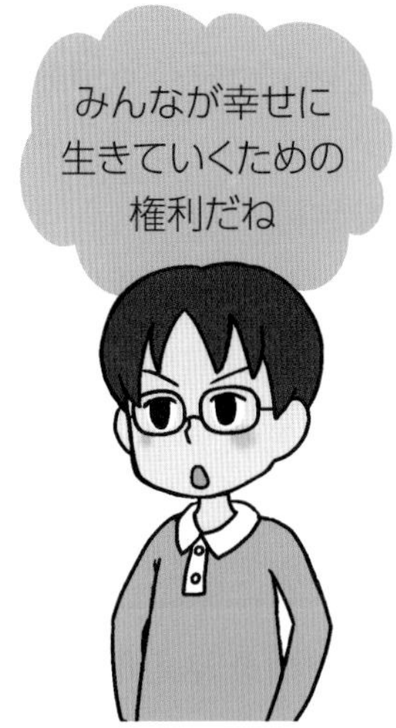

ここがポイント!

①法のもとの平等とは、国民が等しく尊重され社会的活動の機会を得る権利の平等である。②憲法は、自由権のほかに生存権を支える社会権の保障を規定している。

もっと知りたい

権利の平等に関する問題

国民の権利の平等を保障するうえで、現実にどのような課題があり、どのような議論がなされているだろうか。

部落差別問題（同和問題）

部落差別は、中世から江戸時代を通じて歴史的に形づくられてきたものであり、明治政府による身分制度の否定ののちも、根強く残ってきた。

1965（昭和 40）年、政府の同和対策審議会は、部落差別の廃絶が国の責務であり、国民の課題であると宣言した。それ以降、政府と地方公共団体は、部落差別の根絶と同和地区の生活環境の改善に向けて法律的・財政的な措置を積極的に行い、大きな成果をあげた。2002（平成 14）年には国の同和対策事業は終了している。しかしなお、同和地区の出身者に対し、結婚や就職などに関していわれのない差別が残存しているとも指摘されている。

外国人参政権

かつて、わが国が韓国を併合したいきさつなどから、今日、わが国には 2017 年現在、約 48 万人の韓国人と朝鮮人が在住している。これらの日本に在住する外国人に対しては、選挙権や公務員となる権利は基本的に保障されていない。これに対し、外国人に選挙権を与えないのは憲法第 14 条の法のもとの平等に反するとの訴えが起こされた。しかし、1995 年、最高裁判所は次のような主旨の判決を下し、訴えを退けた。「憲法は第 15 条で選挙権を日本国民固有の権利としている。また憲法第 93 条に規定された地方選挙権を有する住民とは日本国民である。わが国に在住する外国人に選挙権を付与しなくても合憲である」。

この判決は、日本の選挙権を日本国民に付与し外国人に付与しないことは、合憲であり、権利の平等・不平等の問題ではないことを示した。

ミニ知識

ヘイトスピーチ解消法

2016(平成28)年、「本邦外出身者に対する不当な差別的言動の解消に向けた取組の推進に関する法律」(ヘイトスピーチ解消法)が成立した。この法律は、本邦外出身者すなわち外国人に対するヘイトスピーチだけを解消すべきものととらえ、日本人に対するヘイトスピーチを見逃すものである。

第3条　国民は、本邦外出身者に対する不当な差別的言動の解消の必要性に対する理解を深めるとともに、本邦外出身者に対する不当な差別的言動のない社会の実現に寄与するよう努めなければならない。

本来、ヘイトスピーチを規制することは表現の自由を抑圧する危険性が高いから慎重にすべきであるとの意見は根強い。規制を認めるとしても、「本邦外出身者に対する不当な差別的言動」だけではなく「人種等を理由にする不当な差別的言動」全体を問題にすべきである。

もっと知りたい

新しい権利

現代の社会状況の大きな変化に対応した新しい権利を、日本国憲法の規定をふまえて、保障することが求められている。

知る権利

国民の参政権を実質的に保障するために、国や地方の政治に関する情報を得る「知る権利」が提唱された。1999年に情報公開法が制定され、地方公共団体も情報公開制度の整備を進めている。知る権利を保障するためには、マスメディアの報道の自由がきわめて重要である。また、個々人が医療機関において、自分の病状につき十分な説明を受け、そのうえで治療法を選択するインフォームド・コンセントの考え方も広く普及している。知る権利は、個々人が自分自身の生き方を決定する権利の保障にもつながる。

プライバシーの権利

個人生活について各自のおだやかな生活を保障するために、「知られない権利」ともいえるプライバシーの権利がある。情報化の進展によって、本人が知らないあいだに個人情報が流れ出し、勝手に利用されて苦痛や被害を生む問題が多発している。2003年には個人情報保護法が制定され、行政や企業における個人情報の厳正な管理義務が規定された。

一方、個人情報保護を理由にマスメディアが取材の制限を受ける事態も発生しており、知る権利とプライバシーの権利とのバランスが課題となっている。

プライバシーの権利と公共の福祉の調整

プライバシーの権利については、この権利を重視し個人情報保護法を推進した人たちからも、その過保護が問題とされている。例えば、学校においては、かつてはどこでも存在したクラスの連絡網が消えてしまった地域が多い。一部の保護者が他の子供の保護者に電話番号を知られたくないと考え、あるいは番号の流出を恐れて、連絡網に電話番号を掲載することを拒否するからである。このようなことでは、緊急事態に対応できない危険性が大きい。

また、運動会などの行事があった後、その行事と関連した写真や氏名を学校側が掲載するのも保護者の許可を必要とする場合も多い。保護者が拒否すれば、写真は掲載されず、氏名の箇所は「Aさん」「Bさん」になってしまう。

このように、プライバシーの権利の過剰保護が問題になっている。プライバシーの権利と公共の福祉のバランスを見極め、調整しなおす必要がある。

環境権

高度成長期には急速な工業化や都市への人口集中が進み、大気や水質の汚染、騒音や振動、日当たりや景観の悪化など生活環境の破壊が深刻な問題となった。そこで、「生命、自由及び幸福追求」(憲法第13条)の権利をふまえ、良好な生活環境を求める権利として環境権が提唱された。1993年に環境基本法が制定され、1997年には開発にあたって事前に環境への影響を調査することを義務づけた環境アセスメント法が制定された。しかし、経済活動の自由や生活の利便性の保障と環境権の保障は衝突することがしばしばあり、むずかしい問題となる場合が多い。

駅前で行われる選挙運動（参政権）

拉致被害者救出の署名目録の担当大臣への提出（請願権）

27 参政権と請求権

国民には政治に参加する権利と、権利を侵害されたとき、回復を求める権利がある。

[1]罷免とは、職をやめさせること。

[2]2015(平成27)年に改正された公職選挙法により、翌年の参議院選挙から、満18歳以上の国民に選挙権が認められた。また、国民投票法(日本国憲法の改正手続に関する法律)でも、満18歳以上の国民に国民投票の投票権を認めている。

参政権

福澤諭吉は『学問のすすめ』のなかで、国民は「客」として国の法律に従う存在であると同時に「主人」として国の政治を行う存在だ、と述べています。しかし、国民の全員が政治を行うことはできないから、代表者を選んで政治を任せる、とも述べています。

日本国憲法は、第15条で「公務員を選定し、及びこれを罷免[1]することは、国民固有の権利である」と規定し、国民がみずからの代表者を選ぶ**選挙権**を保障しています。また、「公務員の選挙については、成年者による普通選挙を保障する」と規定し、社会的地位、収入や性別などに一切かかわりなく、成年に達したすべての国民に選挙権をあたえる**普通選挙**を保障しています。[2]

選挙によって選ばれる公務員とは、具体的には国会と地方議会の議員、および地方公共団体の首長です。これらの職を目指して選挙に立候補する権利が**被選挙権**です。憲法第44条では、成年国民が、人種、信条、性別、社会的身分その他によって差別されることなく被選挙権を有すると規定しています。

以上のような議員と首長の選出と被選出以外にも、憲法は、憲法改正にあたって実施することが規定されている国民投票(96条)、最高裁判所裁判官の国民審査（79条)、特定の地域

ミニ知識

各国における普通選挙制度の確立

成年に達した国民の全員に選挙権が保障されるようになったのは、それほど昔のことではない。歴史をさかのぼると、どの国でも、女性であったり、特定の人種であったり、財産（納税額）が少なかったりした場合には選挙権が認められない制限選挙の時代があった。イギリスを例にとると、男子普通選挙権は 1918 年、女子選挙権の確立は 1928 年であった。アメリカでは、黒人は、1960 年代の公民権運動を通じて、ようやく選挙権を獲得した。

わが国の場合、大日本帝国憲法下、男子普通選挙権は 1925（大正 14）年、女子の選挙権は 1945（昭和 20）年に確立した。ただし、女子選挙権は戦後改革の中で確立した。

アメリカの公民権運動の指導者、キング牧師の『I have a dream…』の演説（1963 年）。黒人のための公民権法は、1964 年に制定された。

に実施される法律の可否について住民の意思を問う住民投票（95 条）、国民が政治的な要求を国や地方の機関に直接訴える**請願権**（16 条）など、国民が政治についての意思を表明し政治に参加する権利を広く定めています。これらの諸権利が、**参政権**とよばれるものです。そして、当然ながら、日本国民であるならば、国家や地方の公務員になる資格があります。[3]

参政権は、権利であるとともに義務としての性格ももっています。国民は、各自の私生活の範囲をこえる公共のことがらについて関心をもち、みずから判断し、積極的に発言していくことを通して、自分たちの国や地方をよりよく発展させていくことが求められます。

請求権

国民の権利を保障するためのさまざまな仕組みにもかかわらず、国民相互の権利の衝突や行政による権利侵害はありえることです。そのため、憲法第 32 条はすべての国民に裁判を受ける権利を保障しており、裁判によって権利の回復を求めることができます。また、公的機関による権利侵害に対する賠償請求権（17 条）、訴えられた人が裁判で無罪となった場合、国に補償を求めることができる刑事補償請求権（40 条）が規定されています。以上のような諸権利を、**請求権**とよびます。

[3] 公務員になることを、参政権の一つととらえる見解もある。

あと3年で、
僕たちも有権者だよ。
いろいろな形で政治に参加できるんだ

ここがポイント！

①国民には選挙権、被選挙権、国民投票、国民審査、住民投票、請願権など政治に参加する参政権がある。②国民には権利の回復のために、裁判を受ける権利、賠償請求権、刑事補償請求権など請求権がある。

自衛隊の装備品

次期戦闘機 F35
老朽化した F4EJ の後継機として導入される。ステルス性能、レーダー性能が高い。

イージス艦搭載の海上配備型迎撃ミサイル（SM3）
弾道ミサイルを迎撃するミサイルの配備が進められている。

新型戦車（10式戦車）
90 式戦車より小型軽量化。射撃･防御･走行･指揮統制の性能は向上している。

いずも型護衛艦
船首から船尾まで 248 m の甲板になっている。14 機のヘリが搭載可能。

28 平和主義と安全保障

戦争の放棄と戦力の不保持を規定する憲法第９条は、他国から攻撃を受ける場合をどのように想定しているのだろうか。

自衛権と平和主義

いかなる国家も、国民の安全と生存を外部からの侵害から守る権利（**自衛権**）をもつことが認められており、各国は自衛のために軍事力を保有しています。しかし、第二次世界大戦に敗れたわが国は、連合国軍による占領のもとで軍隊が解体されました。占領下につくられた日本国憲法は、前文で「平和を愛する諸国民の公正と信義に信頼して、われらの安全と生存を保持しようと決意した」と宣言し、**平和主義**の理想を打ち出しています。しかし、軍事力を保有することなくわが国の安全を保持することが可能かについては、長らく議論がなされてきました。

1946（昭和 21）年、最高司令官マッカーサーは、連合国軍のスタッフに日本国憲法の作成を指令したさい、「戦争を、国際紛争を解決する手段として[1]のみならず、自衛のためであっても放棄する」という原案を示しました。実際に成立した憲法は、第９条第１項で「国権の発動たる戦争と、武力による威嚇又は武力の行使は、国際紛争を解決する手段としては、永久にこれを放棄する」と定めており、マッカーサー原案の、自衛戦争をも放棄するという部分が消滅しています。第１項は、「国際紛争を解決する」ための戦争（侵略戦争）は行わないとする一方で、自衛のための戦争を行う権利、すなわち自衛権の保有

[1] 「国際紛争を解決する手段として」の戦争は、1928（昭和３）年のパリ不戦条約で禁止された。これは、国家間の紛争において、相手国を武力で屈服させ、自国の主張を相手国に押しつけるための戦争のことを意味しており、侵略戦争のことを指している。

ミニ知識

各国の憲法における国民の兵役、国防の義務

わが国では、かつて、大日本帝国憲法第 20 条で国民の兵役の義務を規定していた。

現在も、例えば、ドイツ連邦共和国基本法では、次のように国民の兵役や国防の義務を規定している。
①男子に対しては 18 歳から軍隊、国境警備隊、または民間防衛団における役務に服する義務を課することができる。
②良心上の理由から、武器をもってする戦争の役務を拒否した者には、代替役務に従事する義務を課することができる。

そのほかイタリア、スイス、韓国、中国でも同様の憲法の規定がある。

捜索活動

ヘリによる被災者空輸

については、特に定めがないのです。しかし、続く第２項は、「前項の目的を達するため、陸海空軍その他の戦力は、これを保持しない」と、**戦力の不保持**を規定しています。それでは第９条は、自衛権の保有を認めていないのでしょうか。

自衛隊

政府は、わが国が独立国である以上、憲法第９条の諸規定は、自衛権を否定するものではなく、自衛のための必要最小限度の実力を保持することは、憲法上認められるとして、1954 年に陸海空自衛隊を発足させました。今日では、**自衛隊**の主な任務はわが国の防衛、治安維持、災害などが発生した際の救援活動、国際平和協力活動の４つです。

わが国の防衛が最も重要な任務ですが、1957 年に定めた国防の基本方針を受けて、**専守防衛**[2]に徹し、軍事大国にならないという基本理念に従い、日米安全保障条約を堅持し、文民統制を確保して節度ある防衛力を整備しています。

しかし、世界的にも有数の実力を備えた自衛隊を「戦力に至らない」とする政府の憲法解釈には批判も多くあります。また、自衛隊は憲法違反であるから解散すべきだという主張もあります。しかし逆に、憲法改正を行って自衛権の保有を明確にするとともに、自衛隊をわが国の軍隊として位置づけるべきだという主張もあります。

2 専守防衛とは相手から武力攻撃を受けたときに初めて防衛力を行使することであり、その反撃も必要最小限、保持する防衛力も必要最小限とするなどの受動的防衛戦略の姿勢をいう。

やってみよう

外国から日本へミサイルが飛んで来たとき、あるいは飛んできそうなとき、わが国は何ができるのだろうか。調べてみよう。

ここがポイント！

①政府は憲法第９条第１項は自衛権の保持を認めていると解釈している。
②政府は第２項が禁じる戦力に当たらないとして、自衛隊を設置している。

もっと知りたい

わが国の安全保障の課題

国家の主権と国民生活の幸福を保ち、また国際社会の平和維持に貢献していくために、わが国および私たち自身が取り組むべき安全保障の課題は、どのようなものだろうか。

> 日本国憲法第９条
>
> （第1項）　日本国民は、正義と秩序を基調とする国際平和を誠実に希求し、国権の発動たる戦争と、武力による威嚇又は武力の行使は、国際紛争を解決する手段としては、永久にこれを放棄する。
>
> （第2項）　前項の目的を達するため、陸海空軍その他の戦力は、これを保持しない。国の交戦権は、これを認めない。

憲法第９条

憲法第９条には、大きく分けて、次のような４つの解釈がなされており、長らく議論されてきた。

第１の解釈　第１項は、侵略戦争のみならず自衛戦争も禁止している。第２項の戦力の不保持は、第１項の一切の戦争の禁止を確実にするための規定である。したがって、自衛隊は憲法違反である。

第２の解釈　第１項は侵略戦争を禁止しているが、自衛のための戦争は禁止していない。しかし、第２項で一切の戦力の保持を禁止しているので、自衛のためであれ戦力をもつことはできない。したがって、自衛隊の存在は、この第９条第２項に違反している。

第３の解釈　第１項は侵略戦争を禁止しているが、自衛のための戦争は禁止していない。また、第２項は、侵略戦争の放棄という第１項の「目的を達するため」の戦力不保持の規定であり、自衛のための戦力の保持を禁止したものではない。したがって、自衛隊の存在は憲法に違反しない。

第４の解釈　条文の解釈は第２の解釈と同じように、自衛戦争は禁止していないが、戦力の保持は禁止していると解釈する。けれども、自衛隊は、第２項が禁止する「戦力」には至らない必要最小限度の防衛のための「実力」にすぎず、したがって、自衛隊は憲法に違反しない。

第４の解釈が実は日本政府の解釈である。この解釈に対しては、言葉のうえの言いのがれの感が強く、現実に世界有数の能力をもつ自衛隊を「軍隊ではなく、戦力に至らない実力」と説明しても、国際的には理解を得られない、という批判がある。

憲法第９条は、いったい何を禁止し、何を認めているのだろうか。国民が広く関心をもち、議論していくことが求められている。

法制上は軍隊ではない

自衛隊は、外国の軍隊のような法制上の仕組みになっていない。その点では、軍隊ではない。

警察の場合は、職務上とりえる行動は法律によって決められており、それ以外のことを行うと法律違反となる。これをポジティブ・リスト方式（行ってよいことの列挙方式）という。

これに対して、軍隊は、国家の生存をかけて武力発動をするものであるから、武力発動のしかたについてあらかじめ制限を設けることはできないという考え方に立っている。ただし、戦争の被害の際限のない拡大を防ぐため、行ってはならない行動を国際法が列挙している。この方式がネガティブ・リスト方式（行ってはならないことの列挙方式）である。

わが国の自衛隊は、憲法上で軍隊として位置づけられていないことから、警察と同様にポジティブ・リスト方式で運用されている。たとえば、外国の軍艦や工作船によるわが国の領海の侵犯にさいして、軍事行動としてではなく、法律で定められた海上警備行動として対処している。

また、ＰＫＯ協力活動や人道復興支援などのために国際派遣されるさいには、活動できる地域が非戦闘地域に限られることに加えて、携行できる武器にも制限があり、しかも武器使用は正当防衛と緊急避難の場合に限られている。

このような現状に対して、自衛隊が確実にわが国の主権を守り、国際平和維持に効果的に貢献するためには、自衛隊の法的地位を改めるべきだという議論がある。

↑救難機　↓護衛艦いずも

↑ブルーインパルス　↓ペトリオット

自衛隊の演習

第2節 議会制民主政治

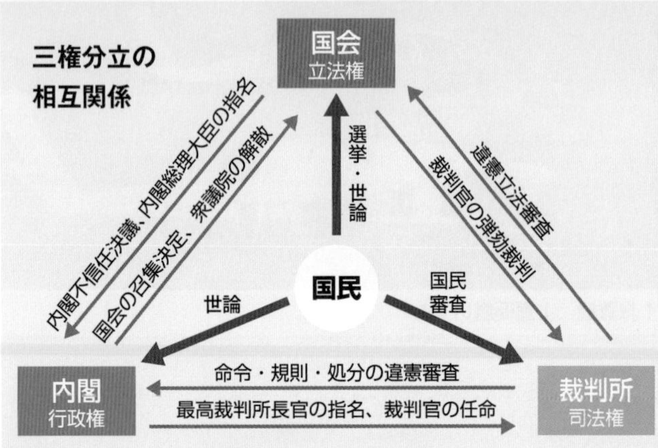

イギリス下院　与党と野党は向かいあって議論する。

29 議会制民主主義と権力分立

議会制民主主義の長所はなんだろうか。また、民主政治においては、議会が万能の権限をもつのだろうか。

[1]マックス・ウェーバー (1864～1920)
ドイツの社会学者。ウェーバーは、政治家に必要な能力として、自己の政治的理念を実現しようとする情熱、国民への責任感、冷静な現実判断力の3つをあげた。

議会制民主主義の意義

日本国憲法は前文で、「日本国民は、正当に選挙された国会における代表者を通じて行動し」と規定し、**議会制民主主義**をわが国の政治の原則と定めています。選出された代表者は議会（国会）に集まって政治のあり方を討議するので、議会制民主主義は間接民主主義、または代議制民主主義ともよばれます。

議会制民主主義は、国民全員が政治に参加する直接民主主義にはない長所をもっています。政治は、幅広い国民の利害や意見をふまえたうえで最善の決定をする仕事です。議会制民主主義における代表者は、政治を職業とする政治家として、その政治の能力を高度に磨きあげる機会があたえられるのです[1]。議会制民主主義のもとでの国民は、政治家を育てるとともに、その能力をみきわめ、本当に能力をもった政治家を代表者に選出することが求められます。

権力分立の重要性

議会が幅広い国民の利害や意見を反映して運営されていても、その決定が本当にあらゆる国民の自由と権利を尊重しており、また公共の福祉に合致しているかについては、注意深くみていく必要があります。日本国憲法は、国家の権力を**立法権**、**行政権**、**司法権**の３部門に分かち、この３部門が相互に抑制し合いながら

アメリカ合衆国下院　議席数は 435 で各州に対して人口比率に応じて議席配分されている。

均衡を保つ仕組みをとっています。この仕組みを、**権力分立**または**三権分立**とよびます。三権分立は、特定者や特定部門に権力が集中することを防止し、国民の自由と権利が侵害されることを防ぐ重要な工夫です。立憲主義の国家にとっては、三権分立は必ず必要な仕組みです。

　立法を司る国家機関が国会です。国会は、立法のほかにも国家の予算を決定する重要な権限があります。行政は、国会が定めた法律と予算に基づいて実際に政治を実行していく部門です。国の行政を担うのが政府であり、政府の中心にあって行政の最高決定権と責任をもっているのが内閣です。司法は、法律に基づいてさまざまの争いを解決したり、法律に違反する者を裁いたりすることによって国民の自由と権利を守るはたらきをする部門です。司法を担当する機関が裁判所です。

三権の関係

わが国における立法と行政との関係には、国会の多数派が内閣を組織し行政権をにぎる**議院内閣制**[2]という特徴があります。そのうえで、衆議院は内閣不信任決議権を、内閣は衆議院解散権をもち、相互にけん制し合っています。司法は、裁判官の採用や罷免について内閣と国会の統制を受けますが、国会と内閣に対して法律や行政処置が憲法に違反しないかを審査する権限をもっています。

ミニ知識

三権分立ではない中国

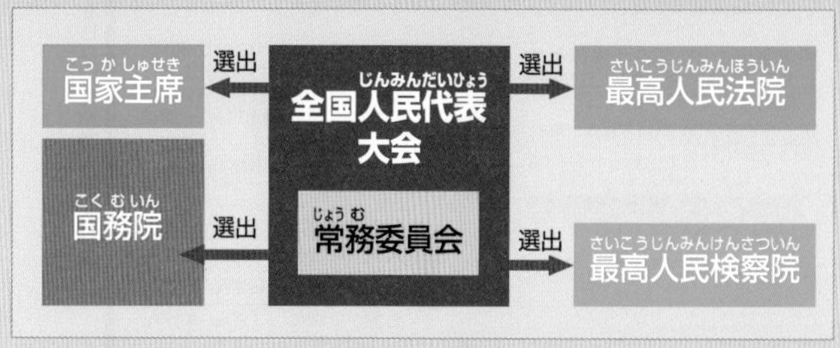

わが国の国会にあたる中国の全国人民代表大会（全人代）は、憲法上は国家の最高機関にあたる。中国共産党の指導のもとに、立法権を独占しているだけでなく、国家元首に当たる国家主席の選出、内閣にあたる国務院、最高裁判所にあたる最高人民法院と最高検察庁にあたる最高人民検察院などのメンバーを選出する。しかも、国家主席や国務院、最高人民法院や最高人民検察院などは、全人代に対して責任を負うとともに、全人代の監督を受ける。つまり、中国の政治制度は、立法権が行政権や司法権などに優越するものであり、三権分立の制度ではない。

全国人民代表大会　毎年3月に 15 ～ 20 日間開催される。約 3000 人の人民代表が集まる。

[2] 議院内閣制のことを政党内閣制ともいう。18世紀のイギリスにおいて成立し発展した。

ここがポイント！

①わが国の政治制度は、国民が政治家を代表者として選出する議会制民主主義をとっている。②ただし、議会の権限（立法権）は、政府・内閣の行政権、裁判所の司法権とたがいに抑制・均衡し合う（権力分立）。

衆参両院の選挙のしくみ

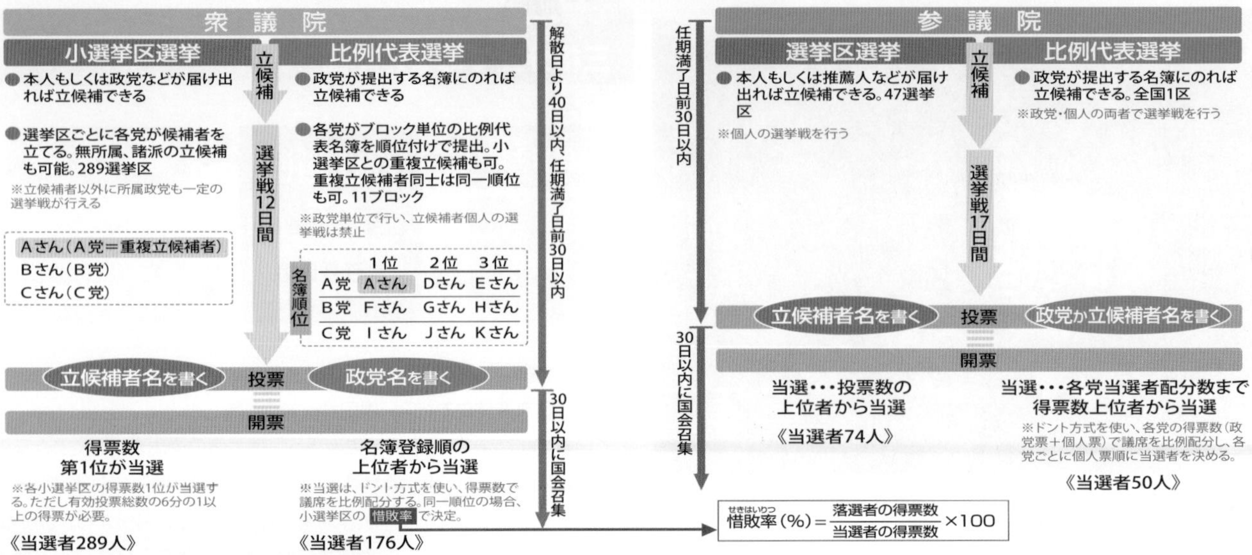
衆 議 院
小選挙区選挙
比例代表選挙
立候補
●本人もしくは政党などが届け出れば立候補できる
●選挙区ごとに各党が候補者を立てる。無所属、諸派の立候補も可能。289選挙区
※立候補者以外に所属政党も一定の選挙戦が行える
Aさん（A党＝重複立候補者）
Bさん（B党）
Cさん（C党）
●政党が提出する名簿にのれば立候補できる
●各党がブロック単位の比例代表名簿を順位付けで提出。小選挙区との重複立候補も可。重複立候補者同士は同一順位も可。11ブロック
※政党単位で行い、立候補者個人の選挙戦は禁止
選挙戦12日間
名簿順位
1位 2位 3位
A党 Aさん Dさん Eさん
B党 Fさん Gさん Hさん
C党 Iさん Jさん Kさん
解散日より40日以内、任期満了日前30日以内
立候補者名を書く
投票
政党名を書く
開票
30日以内に国会召集
得票数第1位が当選
※各小選挙区の得票数1位が当選する。ただし有効投票総数の6分の1以上の得票が必要。
《当選者289人》
名簿登録順の上位者から当選
※当選は、ドント方式を使い、得票数で議席を比例配分する。同一順位の場合、小選挙区の惜敗率で決定。
《当選者176人》
参 議 院
任期満了日前30日以内
選挙区選挙
比例代表選挙
立候補
●本人もしくは推薦人などが届け出れば立候補できる。47選挙区
※個人の選挙戦を行う
●政党が提出する名簿にのれば立候補できる。全国1区
※政党・個人の両者で選挙戦を行う
選挙戦17日間
立候補者名を書く
投票
政党か立候補者名を書く
開票
30日以内に国会召集
当選・・・投票数の上位者から当選
《当選者74人》
当選・・・各党当選者配分数まで得票数上位者から当選
※ドント方式を使い、各党の得票数（政党票＋個人票）で議席を比例配分し、各党ごとに個人票順に当選者を決める。
《当選者50人》
惜敗率（%）＝落選者の得票数／当選者の得票数×100

30 選挙による政治への参加

私たちは選挙によって国民の代表者を選ぶ。選挙の仕組みは、どのようになっているだろうか。

[1]選挙権年齢など選挙に関することは、公職選挙法によって詳しく規定されている。

[2]地方選挙の選挙権、被選挙権および任期は次のとおりである。

	議員 市区町村長	知事
選挙権	満18歳以上	
被選挙権	満２５歳以上	満３０歳以上
任期	４年	

[3]直接選挙とは議員や首長を直接に選ぶことである。議員や首長を選ぶ人を選ぶという間接選挙と対比される。

[4]大選挙区制のなかでも、1つの選挙区から2～5名を選出する制度は、特に中選挙区制とよばれる。

選挙権と被選挙権

議会制民主主義のもとでは、選挙に[1]よって私たちの代表を選出することが、最も重要な国民の政治参加の方法です。

国会議員を選ぶ選挙は国政選挙、地方議会議員および地方公共団体の首長を選ぶ選挙は地方選挙[2]とよばれます。いずれの選挙でも、選挙に投票する権利である**選挙権**は満 18 歳に達した国民に対してあたえられています。また、選挙に立候補する権利である**被選挙権**は、衆議院議員選挙については満 25 歳、参議院議員選挙については満 30 歳に達した国民に対してあたえられています。

選挙権、被選挙権はともに、「人種、信条、性別、社会的身分、門地、教育、財産又は収入によって」差別されることなく、日本国籍を有するすべての日本国民に対して認められています(44 条)。このように、国民に幅広く選挙権が認められている制度を**普通選挙制度**といいます。日本の選挙は、普通選挙に加えて、1 人 1 票の平等選挙、無記名で投票する秘密選挙、議員や首長を直接選出する直接選挙[3]の 4 つの原則のもとで行われています。

選挙区制度

選挙を行う単位の区域を選挙区とよびます。選挙区に関する制度は大き

比例代表選挙の議席配分の方式…ドント方式

名簿届出政党名	A党	B党	C党
名簿登載者数	4人	3人	3人
得票数	1 200 票	960 票	540 票
1で割る	① 1200	② 960	④ 540
2で割る	③ 600	⑤ 480	270
3で割る	⑥ 400	⑦ 320	180
4で割る	300		
当選者数	3人	3人	1人

上の表は立候補者 10 名、定員 7 名、有効投票 2700 の場合の議席数の決め方。得票数を、1、2、3、‥のように整数で割り、その商の大きい順に 7 番目にあたる人までが当選者となる。各党内での当選者の決め方は右の表により決める。

比例代表選挙の得票数と当選者の決め方

	衆議院	参議院
各党得票数	政党の得票数	政党票＋個人票
各党当選者数が決まった後の各党内での当選者の決め方	名簿登載順により決める。ただし小選挙区候補者が同一順位に登載された場合、惜敗率の高い順により決める。	候補者の個人票の多い順に決める。ただしある党が「特定枠」の活用を選んだ場合には、「特定枠」については、あらかじめその党が決めた順位により当選者が決まる。

く３つあります。１つの選挙区で１人を選出する小選挙区制、２人以上を選出する大選挙区制[4]、および、広域の選挙区を設定し、有権者は個人ではなく政党に投票し、各政党の得票率に応じて議席を配分する比例代表制の３つです。

現在の日本の選挙区制度は、衆議院議員選挙（総選挙）では、小選挙区制（定数 289 名）と、全国を 11 のブロックに分けた比例代表制（定数 176 名）を組み合わせて実施しており、**小選挙区比例代表並立制**とよばれます。参議院議員選挙では、都道府県単位の選挙区議員選出選挙[5]と、全国を１つの単位とした比例代表選出議員選挙の２種類の選挙によって定数 248 人の半数が３年ごとに改選されます。

選挙権の保障

選挙を棄権することは、結果として政治への参加権を一部の人たちに委ねてしまい、民主政治を根底から危機にさらすことになります。近年では、投票時間の延長、期日前投票や海外在住者のための在外投票など、これまで投票に行きにくかった人の選挙権を保障する制度が整備されてきています。また、各候補者や各政党は、選挙後の政策構想を**マニフェスト**[6]として具体的な形で公表し、有権者が政策構想の違いを判断しやすいような選挙運動を展開するようになってきています。

[5] 2016年の参議院議員選挙から、鳥取県と島根県を合わせて一つの選挙区に、徳島県と高知県を合わせて一つの選挙区とした(ともに一人区)。その結果、鳥取県と高知県を代表する議員が一人も選ばれなかった。自民党は、各県を代表する議員が必ず選ばれるべきだという考え方から、2018年の公職選挙法改正によって「特定枠」を設けた。公職選挙法によれば、各党は、「特定枠」を使うかどうかも、適用する人数についても自由に決められる。自民党は、「特定枠」を活用して、鳥取県、島根県、徳島県、高知県の4県すべてで議員を出せるようにしたいとの考えである。

[6] マニフェストとは、抽象的で美辞麗句の多かった従来の選挙公約と異なり、候補者が当選後に、どのような政策を、いつまでに、どのような手段で、どのような予算を組んで実行するかを具体的に明示したもの。政権公約ともよばれる。

ここがポイント!

①選挙権・被選挙権は、法で定めた年齢に達したすべての国民にあたえられている。②選挙の種類によって選挙区制度は異なる。③選挙権を実質的に保障し、民主政治の空洞化を防ぐための工夫はさまざまになされている。

もっと知りたい

選挙制度と政治参加

選挙は国民にとって、最も重要な政治参加の方法である。選挙制度と政治の関係はどうなっているだろうか。

投票所風景

衆議院選挙の投票率

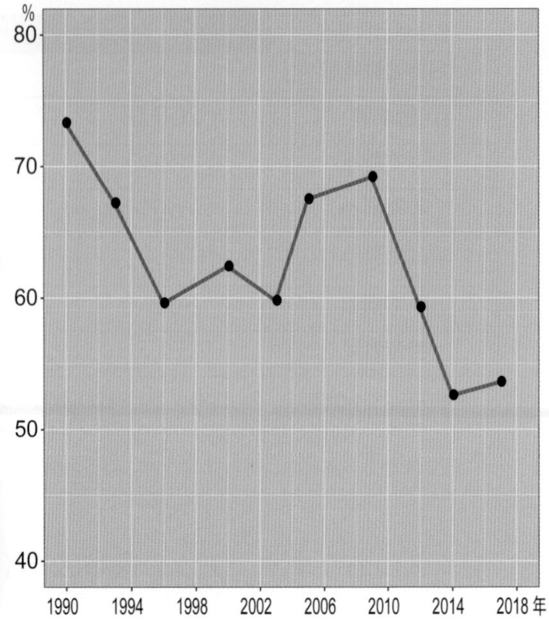

どうして投票率に変化があるのか考えてみよう。
(総務省資料)

選挙権の行使と投票率

選挙のたびに低投票率が話題になる。憲法では、投票は国民の権利となっているが、義務とも心得るべきであろう。また、衆議院の選挙制度が金のかからない制度になったはずなのに、選挙のたびに選挙違反行為が報じられているが、きれいな選挙実現のためには有権者の自覚も求められる。

投票率を上げるために、投票しやすい環境は整っている。投票締切時間は延長されて午後8時になり、また、投票日の前に期日前投票ができる。

投票を、権利ではなく義務としている国も少なくない。正当な理由がないのに投票を棄権する者には罰金を科している。それは、多くの国民が選挙や政治に無関心となると、民意を反映しない偏った政党や政治家が政権をとるかもしれないからである。

低い投票率は、有権者の責任放棄である。18歳になれば性別や納税の有無にかかわりなく投票に参加できる普通選挙が実現したのは、先人の努力の成果であることを忘れてはならない。

私たちは公民として政治の動向に深い注意をはらい、政党や政治家とその政権公約を厳しく検討しなければならない。国民は国民のレベル以上の政治をもてない、という言葉がある。国民の政治への知識や判断能力が高ければすぐれた政治家が多くなり、政治がよくなるという意味だ。お金で票を得る買収や、ご馳走して票を得る供応などの選挙違反は根絶されるべきである。

選挙区制度の問題

選挙区制度には一長一短がある。小選挙区制は、政治を活性化して二大政党制に向かわせる、といわれる。しかし、この制度では各選挙区で1人の当選者以外に投じられた票はすべて死票となるため、民意がきめ細かく反映しないとの指摘がある。一方、比例代表制は、多様な民意が各政党の議席数に反映

衆議院選挙結果（2017 年）にみる得票率と議席率の関係
（総務省資料）

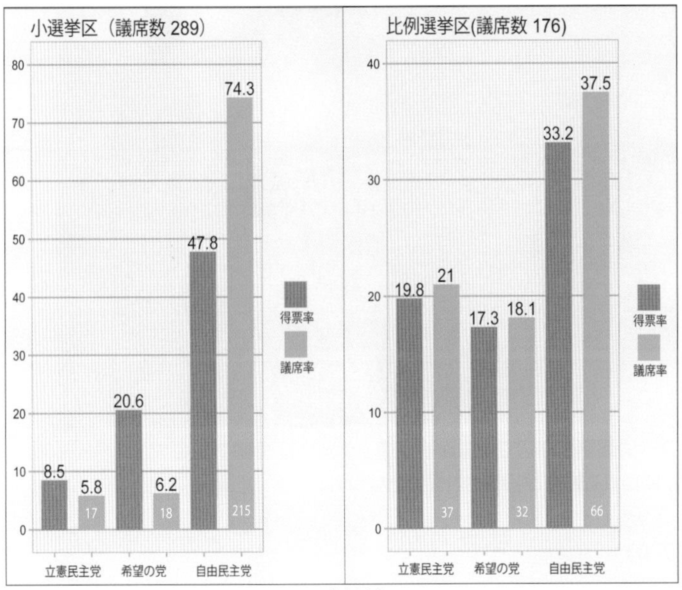

左の小選挙区選挙のグラフでは自民党と希望の党の得票率の差が27%であったが、議席率の差は 70%と極端に拡大した。右の比例代表選挙のグラフでは、得票率と議席率は近いといえる。黒数字は得票率や議席率、白数字は議席数。

されるが、小党が乱立し政治を不安定にすると指摘される。

また、選挙区制度には、選挙区ごとの有権者数と議員数との比率が大都市と地方とで大きく異なってしまうという「1 票の価値」の格差の問題がある。この点で、法のもとの平等の原則と大きな矛盾が生じている。しかし、選挙区割りの変更には議員や政党の利害、また地域の利害も関係し、解決のむずかしい問題となっている。

参議院議員の性格について議論しよう

二院制を採用している国では、上院と下院の性格を異なるものにするために、議員選出方法を異なるものにしている。一般的には、下院議員は、「国民の代表」と性格づけられているので人口に比例して選出される。対して上院議員は、貴族制度の存在するイギリスのような国では「階級の代表」という性格をもち、存在しないアメリカやフランスなどの国では「地域の代表」という性格をもつので、必ずしも人口に比例して選出される必要はない。アメリカでは、人口の少ない州も多い州と平等に 2 名の上院議員を選出する。

国会議員1人当たりの有権者数の最小と最大の選挙区の比較

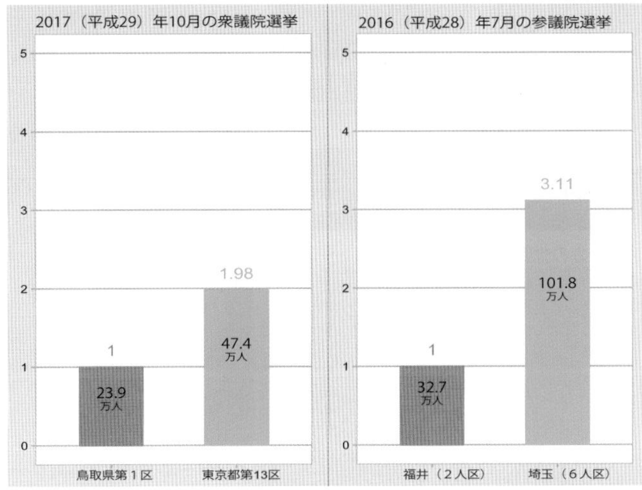

選挙区によって選出される議員 1 人当たりの人口（有権者数）が多い区と少ない区が出現する。この格差は憲法第 14 条の「法のもとの平等」に反するとして各地で訴訟が起こされ、違憲状態の判決や、選挙そのものが無効という判決も出ている。（総務省資料）

対してわが国では、衆議院議員と同じく「国民の代表」と位置づけられたため参議院議員も人口比例で選ばれており、上院である参議院は、下院である衆議院と重複するような機関になっている。この問題を解決するためには、参議院の性格をどう位置づけるか、「国民の代表」か「地域の代表」か、あるいは二つの性格をあわせもつのか、さらには他の性格をもつのか、大いに議論すべきであろう。

インターネットの活用

2013（平成 25）年の参議院議員選挙から、一定の制限のもとで、選挙運動でのインターネット使用が許可された。候補者や政党は、インターネット上で候補者の氏名や政権公約を公表することができる。これによって、有権者の政治への関心がどの程度高まるかが注目されている。

イギリス放送協会BBCのニュース番組

アメリカの代表的テレビCNNのニュースより

インターネット動画共有サービス　尖閣諸島周辺で中国漁船が海上保安庁巡視艇に衝突してくる様子。国家公務員法の守秘義務違反が問われる動画が投稿され問題となった。

31 マスメディアと世論の形成

テレビ、新聞、インターネットなどを通じて、私たちは世の中の動きを、どのようにして知ることができるだろうか

マスメディアのはたらき

私たちが、直接知ることができるのは、身の回りに起こることぐらいです。私たちにかわって、**マスメディア**[1]が、国の政治の動きや国の内外で起こっているできごとについて、幅広く情報を集め、それらを短時間のうちに多くの人々に伝える役割を果たしています。

マスメディアには、新聞、テレビ、ラジオ、月刊誌などの雑誌、インターネットなどがあります。マスメディアが伝える情報に基づいて、私たちは、国の政治や社会のできごとについての意見を形成することができます。

また、マスメディアを通じて政治や社会について世の中の人々のさまざまな意見を知ることができます。マスメディアは内閣への支持･不支持や支持政党など､または教育や医療といった特定の社会問題について広く**世論調査**[2]をしばしば実施し、その結果を報道します。

また、政治家や政党がマスメディアを通じて、自己の主張や政策の構想を国民にアピールし、**世論**の支持を訴える場合もあります。新聞、雑誌などには投書欄が設けられており、一般の読者が､そこに投稿して意見や主張を発表することができます。

民主政治は国民の意思に基づく政治ですから､世論の動向は､

[1]マスメディアのマスとは「大量の、大規模な」、メディアは「媒介、媒体」という意味である。マスメディアは単にメディアとよばれることも多い。また、マスコミュニケーション(マスコミ)とよばれることもある。

[2]世論調査は、マスメディア以外にも、政府機関や民間の調査機関などによって行われる場合がある。国民は、その調査結果の公表をマスメディアを通じて知ることができる。

やってみよう

どのような世論調査が行われているのか、新聞やインターネットを使って調べてみよう

ミニ知識

報道と真実

2004（平成16）年夏、欠陥自動車のリコール（商品回収）隠しが発覚したX自動車会社に対する非難が高まるなかで、マスコミは「X社の車が走行中に火を吹く」というニュースを連日報じ、「X社の車は危険だ」というイメージが定着した。このニュース自体にまちがいはない。しかし、日本では年間に7000件もの車両火災が起こっていると聞くと、さて、どんな印象をもつだろうか。
（池上彰『記者になりたい』による）

マスコミは嘘を報道したわけではないが、報道すべき他のことを報道しないで、まちがった印象をつくりあげ、結果として真実を歪めたのではないだろうか。

ある新聞は「こんなことしたのは誰だ」とKYという文字でサンゴ礁を傷つけた人を叱る記事を紙面のトップに出したが、その新聞社のカメラマンがみずから傷つけたと、のちに判明した。（1989（平成元）年4月20日）

政治の方向を左右する大きな力となります。マスメディアは、世論の形成に不可欠な役割を果たしています。

公正な世論形成のために

しかし、マスメディアは世論を特定の方向に誘導していくことも可能です。[3] マスメディアの機関は、政治についての特定の意見や主張をもっていることがあります。新聞の場合、同じできごとについての各社の社説を比較すると、意見の相違がはっきりと分かります。また、事実の報道においても、各マスメディアは「どの事実がより重要か」についての判断基準をもって記事をつくります。

メディア・リテラシーを

したがって、私たちがマスメディアの情報を批判的に読み解く視点を失ってしまうと、世論はマスメディアによって歪められたり、意図的に特定の方向に誘導されたりする危険性があります。公正で偏りのない世論を形成するためには、種類や立場の異なる複数のマスメディアを比較することや、マスメディアの情報について他の人と意見交換をすることなどの方法があります。何が確かな情報かをみきわめ、そのうえで、自分の意見を形成する**メディア・リテラシー**[4]の能力が大切です。

[3] マスメディアは、立法・行政・司法とならぶ「第4の権力」とよばれることもある。

[4] マスメディアの情報を批判的に読み解くとともに、マスメディアを活用して、みずから情報を発信していく能力のことをメディア・リテラシー（メディア情報読み書き能力）とよぶ。

ここがポイント！

①マスメディアは国や社会のできごとや世論の動向を知らせ、国民の世論形成に不可欠の役割を果たす。②同時にマスメディアは世論を特定方向に導く力をもつ。③そのため、メディア・リテラシーが大切である。

アクティブに深めよう 新聞を読み比べてみよう

日本には何種類かの全国規模の日刊紙が発行されています。その各新聞の基本的な姿勢を表すのが「社説」です。社説は、新聞社の論説委員という人たちが、社の基本的な精神に基づいて執筆しています。（産経新聞は、社説ではなく「主張」という表題になっています）

社説は、いま世間で話題になっているニュースについて、どう考えるべきかを問題提起することが役割です。インターネット上で社説を公開している新聞社が多いですから、皆さんも、興味あるニュースについて、各紙がどんな風に論じているか、その違いがどこにあるか、読み比べてみましょう。

今回は、新元号「令和」が 2019（平成 31）年４月１日に発表されましたが、その翌日である４月２日社説 (抄) について読み比べ、各班で話し合ってみましょう。

産経新聞【主張】

新元号に「令和」 花咲かす日本を目指そう

天皇陛下の譲位に伴い、5月1日からの新しい御代で用いられる元号が「令和」に決まった。

飛鳥時代に定められた最初の「大化」（645年）から数えて248番目の元号となる。出典は奈良時代に編まれた日本最古の歌集「万葉集」だ。元号が漢籍（中国古典）からではなく、国書（日本古典）から引用されたのは初めてであり、歓迎したい。……

古代中国の前漢王朝で始まった元号は、漢字文化圏の多くの国で使われてきた。西暦やイスラム暦などとは異なる、東洋の「時のものさし」である。

現在、元号を使用している国は日本だけになった。日本は、4つ目の「大宝」（701年）から、1300年以上、途切れることなく使い続けてきた。

日本が継承してきた東洋の生きた文化であるのはもちろん、日本自身にとっても極めて大切な未来へ繋ぐ伝統文化である。

元号を建てることは、国の独立の象徴でもあった。中国の歴代王朝は、傘下の国に中国の元号の使用を強いていた。日本の元号の歴史は、天皇を戴く日本の国が、途切れることなく独立を保ち続けたことを示している。

明治からは「一世一元」の制に基づき、天皇お一方に一つの元号が用いられるようになった。将来は、天皇のおくり名（追号）にも用いられる。

元号法の規定に基づき、内閣が政令で決める現代でも、御代替わりに限って改まる元号は、本質的に「天皇の元号」である。

天皇と国民が相携えて歴史を紡いできたのが日本である。だからこそ憲法は、第1条で天皇を「日本国民統合の象徴」と位置付けている。国民が一体感を持つための元号であり、憲法の精神に沿った存在といえる。……

朝日新聞社説（社説）

平成から令和 一人一人が時代を創る

新天皇の即位まであと1カ月となったきのう、新たな元号が「令和」に決まった。元号はこれまで中国の古典を典拠としてきたが、初めて国書の「万葉集」から選ばれた。

皇位継承前の元号発表は、憲政史上初となる。昭和天皇の病状悪化を受け、水面下で極秘に準備された30年前の平成改元と異なり、選定の日程や手続きは事前に公表された。

世の中が自粛ムードに覆われることもなく、元号予想があちこちで行われた。入社式で新入社員全員が、自分の「新元号」を披露した企業もあった。人々は思い思いに、この日を受け止めたのではないか。

中国に起源を持つ元号は、「皇帝による時の支配」という考えに基づく。明治以降に制度化された、天皇一代にひとつの元号という「一世一元」は維持されているものの、国民主権の現憲法の下、国民の間には、西暦との自然な使い分けが定着しているようにみえる。……

「日本人の心情に溶け込み、日本国民の精神的な一体感を支えるもの」。安倍首相は記者会見で自ら首相談話を発表し、元号が用いられることへの理解と協力を求めた。だが、元号への向き合い方は人それぞれであることは言うまでもない。

もとより改元で社会のありようがただちに変わるものではない。社会をつくり歴史を刻んでいくのは、いまを生きる一人ひとりである。

読売新聞社説

元号は令和
新時代を実感できるように

令和は、日本最古の歌集である「万葉集」の「初春の令月にして、気淑よく風和やわらぎ」から引用した。国民の理想としてふさわしく、読みやすく書きやすいなどの条件を踏まえたという。

安倍首相は「人々が美しく心を寄せ合う中で文化が生まれ育つという意味が込められている」と説明した。なじむまで時間はかかるかもしれないが、おおらかな情緒を感じさせる2字ではないか。

「大化」以来、248を数える元号の中で、日本の古典からの引用は初めてとなる。

万葉集は1200年余り前に編纂へんさんされ、天皇から農民まで幅広い層の人々の歌を収める。選んだ理由として、首相は「豊かな国民文化と長い伝統を象徴する国書」であるという点を挙げた。

長年育まれてきた日本の文化や美しい自然を、次の世代に引き継いでいくという願いを込めたことは理解できる。

元号は戦前、皇位継承の儀式を法文化した登極令に基づき、新天皇が最終的に定めていた。戦後の憲法では、天皇は国政に関する権能を有しないことになり、1979年制定の元号法で「元号は、政令で定める」と規定された。

令和は、平成に次いで、国民主権のもとでの二つ目の元号となる。新天皇が即位する前に元号を定める初のケースだ。……

漢字文化圏に見られる元号は紀元前2世紀に中国の前漢で生まれたとされ、日本や朝鮮半島、ベトナムなどに広がった。日本だけが元号を残し、西暦と併用する。

元号は、日本人に共通の時代意識を生み出してきた。明治以降、天皇一代に一つの元号となり、代替わりと合わせて、人心の一新が図られた歴史がある。……

毎日新聞社説

新しい元号は「令和」
ページをめくるのは国民

新元号が令和に決まった。

安倍晋三首相は記者会見で「広く国民に受け入れられ、日本人の生活に深く根ざしていくことを願っている」と述べた。

元号はこれまで「五経」の「書経」や「易経」など、中国の古典が出典だった。しかし今回は初めて、日本最古の和歌集である「万葉集」が典拠となった。

首相は、万葉集が日本の悠久の歴史や薫り高い文化、四季の美しい自然を象徴しているとして「日本の国柄はしっかりと次の時代に引き継いでいくべきだと考えている」とも語った。

保守的な安倍カラーのにじみ出る選考だったのだろう。ただし、新しい元号に意味づけをしていくのは、あくまで国民である。

……かつての元号は権力者が時間を支配する意味を持っていた。しかし象徴天皇制の現代においては、元号は一つの「文化」であろう。

時代を区切る「句読点」や「しおり」ともいわれる。それは、どんな時代だったのかという認識を国民が共有することにつながる。

平成を振り返りつつ、令和の時代をどう築いていくのか。国民自身が考えながら、時代のページをめくっていくことになる。

話し合いが終わったら、各班でまとめましょう。また、各自の見解を400字程度でまとめましょう。

深めよう

各班で、最近のニュースで一番気になったものを一つ選んでみてください。その上で、そのニュースについて、各新聞の記事と社説がどう報じているかを調べてみましょう。そして、その報じ方の違い、社説での違いを比べてみましょう。

2017年衆議院選挙 各党党首がネット番組で党首討論　（左から）中野正志：日本のこころ代表、枝野幸男：立憲民主党代表、志位和夫：日本共産党委員長、小池百合子：希望の党代表・都知事、安倍晋三：自民党総裁・首相、山口那津男：公明党代表、松井一郎：日本維新の会代表・大阪府知事、吉田忠智：社民党首

32 政党と政党政治

政治家の多くは政党に所属しているが、政党は政治においてどのような役割を果たしているだろうか。

政党の役割

私たちが国や社会のあり方に疑問をもち、それを変えていこうとするとき、その方法には、マスメディアを活用して主張をアピールする、社会運動に参加する、投票を通じて自分の考えの実現を政治家に託すなどがあります。なかでも有力な方法が、みずから政治家を目指すことです。議会制民主主義をとる日本の政治では、政府は国会で定めた法律に基づいて行政を実施していきます。したがって、自分の考えを実現する最も効果的な方法は、国会議員となって、自分の考える政策を盛りこんだ法律を国会で可決させ、政府に実施させることです。[1]

しかし、国会で法律を通すためには、出席議員の過半数の賛成が必要です。そのため、政治家は、自分と共通の考えをもつ他の多くの政治家と共同して、政策の実現を目指します。そのような政治家を中心につくられる集団が**政党**です。政党を結成する目的は、**国会**の多数派となって政権を担当することです。そのために政党は、選挙で自分たちの主張する政策の実施を約束し、有権者の支持を求めます。選挙の結果、国民の幅広い支持を獲得し、国会（衆議院）の議席の過半数を占めた政党は**与党**とよばれます。[2] 与党となった政党の党首が内閣総理大臣となって内閣を組織し政権を担当します。一方、政権を担当しな

[1] 経済団体など、国会議員以外の団体が、希望する政策の実施を議会や政府に求める場合もある。このような団体を圧力団体とよぶ。

[2] 1つの政党だけで過半数に達しないときは、複数の政党が与党となり内閣を組織する場合もある。これを連立政権という。

[3] 現在の中国のように、共産党の一党独裁制は、国民からみて政治について自由に意思を表明する選挙の手段がなく、議会制民主主義のもとでの政党のあり方とは異なっている。

<政党の変遷>

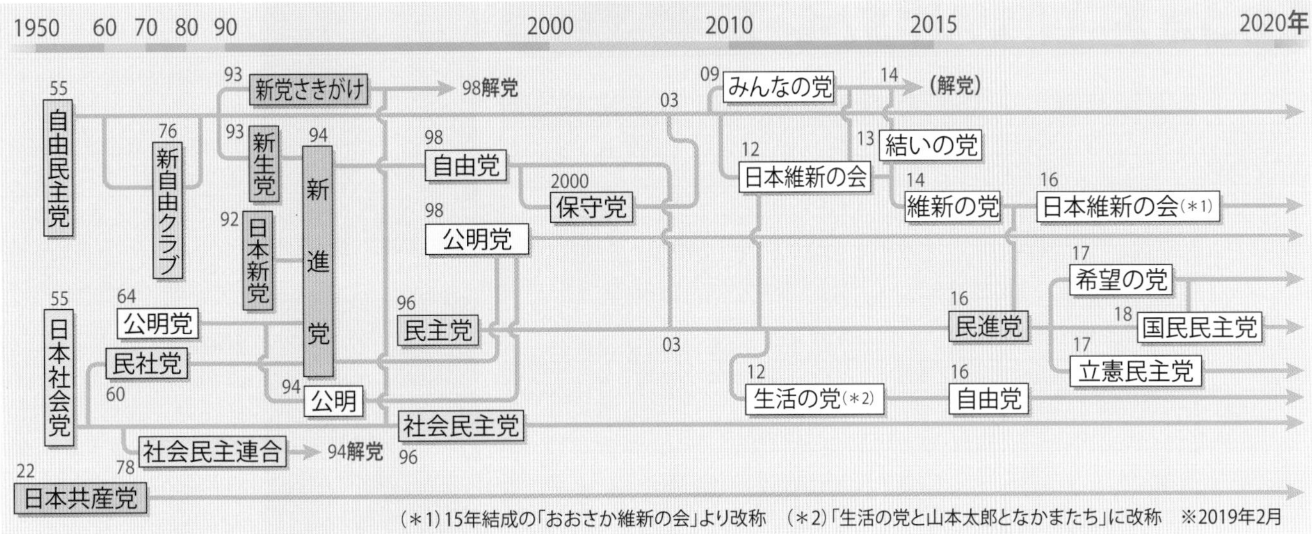

い政党は**野党**とよばれ、与党の政策への批判や対案の提示を通じて、与党の政治をチェックする役割を果たします。

政党政治

国民一人ひとりの政治に対する願いは千差万別であり、政治はそのすべての要求に細かく応じることはできません。政党は国民の多様な願望のうち、大きく共通する部分を集約し、国民のあいだにある対立から合意を形成します。そしてそれを政策として実施していく役割を担っています。国民は、選挙で自分の考えに最も近い政党を選び、その政党や候補者に投票し、その政党の国会での活動を通じて自分の考えの実現を目指します。このように、政党の活動を中心にして運営されていく政治のことを**政党政治**とよびます。

政党政治には、ヨーロッパの多くの国でみられるような、有力な政党が3つ以上ある多党制と、イギリスやアメリカのような、2つの大政党が存在する二党制（二大政党制）の2種類があります[3]。わが国は、政権交代が起きやすく、長期政権に発生しがちな腐敗を防止する長所をもつ二大政党制を理想としてきました。しかし、自由民主党以外に安定的に政権を担うことができる政党が形成されなかったため、2012年と2014年、2017年の衆議院議員選挙で勝利した自由民主党が中心となって**連立政権**の与党となる一方、複数の野党が存在し、多党化しています。

日本で政権を担える
野党ができないのは
なぜだろう

ここがポイント!

①政党結成の目的は、国会の多数派となり与党となって政権を担当し、自分たちの政策を実施することである。②政党を中心にして行われる政党政治では、多党制と二党制（二大政党制）の2種類がある。

第3節 三権のはたらき

	衆議院	参議院
選挙権	18 歳以上	18 歳以上
被選挙権	25 歳以上	30 歳以上
議員数	465 人	248 人
任期	4 年 （解散の場合は任期中でも資格を失う）	6 年 （3 年ごとに半数を改選）
選挙区	小選挙区…全国を 289 区 比例代表…全国 11 区 （小選挙区比例代表並立制）	選挙区…各都道府県を 1 区 （高知と徳島、島根と鳥取は合区） （6、4、3、2、1 人区あり） 比例代表…全国を 1 区
解散	あり	なし （衆議院が解散のときは閉会）
緊急集会	なし	あり （衆議院の解散中に内閣が要求）

衆議院と参議院の比較（2018 年以降）

尾崎行雄（1858 ～ 1954）
政治家。わが国の議会政治の初めから戦後まで衆議院議員を長期にわたり務め、「憲政の神様」とよばれる。

斎藤隆夫（1870 ～ 1949）
政治家。帝国議会で軍部に抵抗した。議会の審議なしで国民を統制する国家総動員法案の危険性を指摘した。

33 国会の仕組み

日本の国会には、衆議院と参議院の２つの議院がおかれているが、その役割の違いは何だろうか。

二院制

憲法第 41 条は、**国会**を、「国権の最高機関であり、国の唯一の立法機関」と定めています。これは、国会が国家の最も上位の意思決定機関であり、国の法律を制定する唯一の機関であることを意味しています。また、第 43 条は、国会が「全国民を代表する選挙された議員によって」組織されるとしています。これは、国会議員が、単に当選した選挙区を代表するのではなく、国民の全体を代表する存在であることを意味しています。

国会は、**衆議院**と**参議院**の両議院から成り立っています。国会が２つの議院からなるしくみを**二院制**といいます[1]。衆議院と参議院では、議員定数、議員の任期、被選挙権者の最低年齢、選挙の方法などに違いがあります。二院制の利点は、審議を２回にわたって慎重に行い、また２つの議院が相互にチェックし合うことによって、国会の議決を誤りや偏りのないものにすることができる点にあります[2]。

衆議院の優越

両院のうち衆議院は、議員の任期が短く、また任期満了前でも、しばしば解散による総選挙が行われます。これは、衆議院に、国民の意思を反映させる機会をより多くもたせることを意図したためです。国民の最新の意思が反映したとみなされる衆議院は、い

[1] 一院制をとる国も存在するが、イギリスやアメリカなど多くの国で二院制をとっている。

[2] 参議院のほうが議員の任期が長く、また解散がないため、より長期的な視点から調査と審議を行うことが期待されている。

ミニ知識

衆議院の優越

対象	条件	結果
①法律案	衆・参議院で異なった議決をした場合（両院協議会を開くこともできる） 衆議院が可決した法案を参議院で６０日以内に議決しない場合	衆議院で再び出席議員の３分の２以上の多数で可決して成立（59条）
②予算案＊ ③条約の承認 ④内閣総理大臣の指名	衆・参議院で異なった議決をし両院協議会でも一致しない場合 衆議院が可決した議案を参議院で30日以内（内閣総理大臣の指名の場合は１０日以内）に議決しない場合	衆議院の議決を国会の議決とする（60、61、67条） ＊衆議院が予算を先に審議する（先議権）
⑤内閣不信任決議	内閣不信任の決議案可決や内閣信任の決議案否決は衆議院のみで行われる（69条）	

ミニ知識

国会議員の特権

国会議員が外部からの干渉や圧力を受けず、独立して自由な調査と審議を行うことを保障するために、国会議員には、議員活動に必要な経費として国庫からの歳費を受けとることができる（憲法第49条）、国会の会期中は法律の定めがない限り逮捕されない（50条）、議院での演説・討論・表決について議院の外で責任を問われない（51条）、という特権があたえられている。

国会議員にこのような特権があたえられているのは、議員が院内で良心に従って、自由に審議できるようにするためである。

くつかの点で、参議院よりも強い権限が認められています。これを**衆議院の優越**といいます。

国会の議決は、両院の議決が一致することが原則ですが、法律案が衆議院で可決され参議院で否決された場合、衆議院の出席議員の３分の２以上の賛成で再可決すれば法律になります（59条）[3]。予算案は、先に衆議院が審議する権限をもち、衆議院が賛成した予算案を参議院が否決した後に両院協議会[4]を開いても両院の意見が異なるときは、また参議院が議決しないときは、衆議院の議決が国会の議決となります（60条）。条約の承認、内閣総理大臣の指名についても、予算案と同様の衆議院の優越が認められています（61条、67条）。また、内閣の不信任決議は、衆議院だけが行うことができます（69条）。

国会の種別

国会には、毎年１月から150日の会期で開かれる常会（通常国会）、国政に重要、緊急の課題が生じたときなどに召集される臨時会（臨時国会）、衆議院が解散し総選挙が行われてから30日以内に開かれる特別会（特別国会）の３つの種類があります[5]。特別国会では、内閣総理大臣の指名などが行われます。国会の会議は公開が原則ですが、出席議員の３分の２以上の多数で議決したときは秘密会を開くことができます（57条）。

[3] 法律案の審議に関しては、衆議院で可決されたが、参議院で否決され、衆議院に戻された法律案は、衆議院で3分の２の賛成が得られないと、成立しない。このため与党としては、衆議院で過半数を占めていても、参議院で過半数を占めていなければ、国会運営は厳しいものとなる。

[4] 衆参両院の議決が異なるときに開かれる協議会。衆参各院から10名ずつ選ばれた議員で構成する。予算案の議決、条約の承認、内閣総理大臣の指名については、必ず協議会を開く必要がある。

[5] 衆議院の解散中は参議院も閉会となるが、衆議院の解散中に緊急の必要がある場合、参議院は緊急集会を開くことができる(憲法54条)。

ここがポイント！

①国会は法律案などの審議に慎重を期すため、衆議院と参議院からなる二院制をとる。②参議院とちがい衆議院には解散がある。③国民の最新の意思を反映したとみなされる衆議院は、参議院に優越した権限をもっている。

法律ができるまで（衆議院先議の場合）

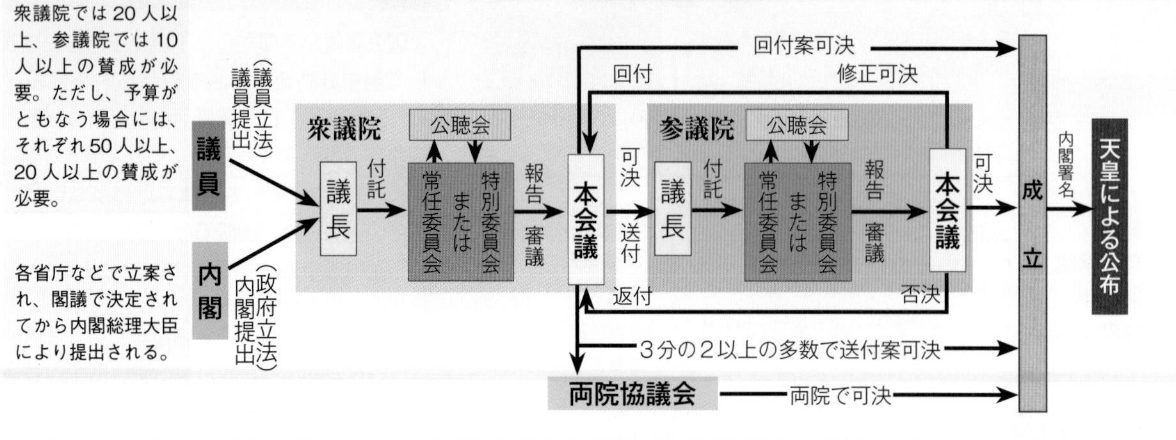

34 国会のはたらき

国会の最大の仕事は、法律を制定することである。国会はそのほかにどのような権限をもっているだろうか。

法律の制定

国会の最大の仕事は、**法律**を制定することです。法律は、国家のあり方を基本的に形づくり、方向づけると同時に、国民生活と密接に結びつき、人々の権利・義務や利害関係を大きく左右するものです。したがって、法律の制定には公正な手続きと十分な審議が必要です。法律ができるまでの過程を追ってみましょう。

法律案は、議員か内閣によって、国会のどちらかの議院の議長に提出されたのち、まず専門の**委員会**で審議されます。[1] そのさい、必要な場合は、公聴会を開いて専門家や国民の意見を聞きます。委員会で議決された法律案は、本会議[2]に送られます。本会議で賛成・反対の両立場から討議された法律案は、採決が行われ、出席議員の過半数の賛成をもって可決されます（56条）。可決された法律案は、もう一つの議院に送られ、そこでもう一度同じ手続きがとられたのち、議決されます。その後、天皇がこれを公布し、官報に掲載されて法律となります。

議員による法律案の提出を**議員立法**とよびます。法律案の提出には、発議者以外に、一定数の議員の賛同者を必要とします。わが国では従来、議員による法律案提出が少なかったのですが、近年は増加の傾向にあります。[3]

[1] 委員会は、審議を能率的に進めるために設けられている。両院ともに、予算、外務、法務などの常任委員会と、特定の問題について開かれる特別委員会とがある。

[2] 本会議は、衆参両院とも、議院の全議員で構成される。

[3] 近年成立した議員立法として、臓器移植法、青少年ネット規制法、国民投票法(憲法改正手続法)、肝炎対策基本法などがある。

予算ができるまで

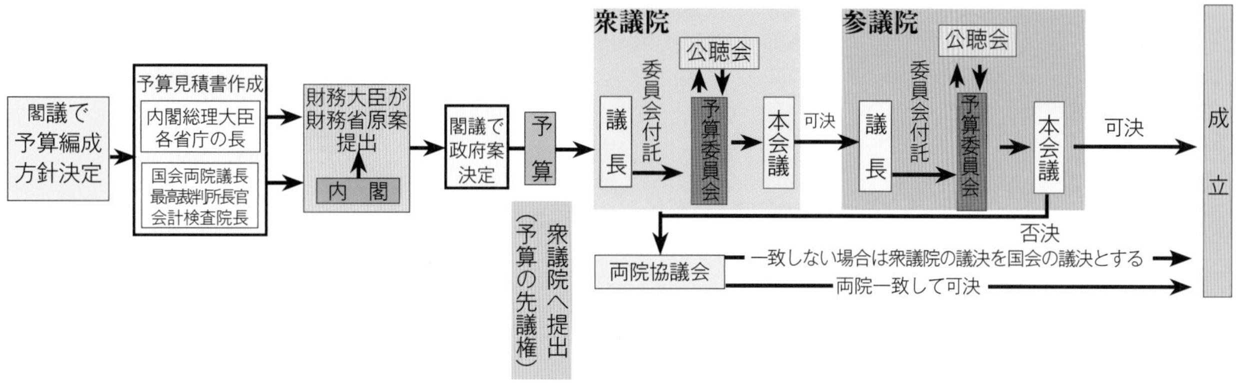

予算の議決

法律とならんで、予算の議決も国会の重要な仕事です（60条、86条）。**予算**とは、租税（税金）など国家の歳入（収入）と、政府が行政のために歳出（支出）する費用の見積りの、次年度[4]の1年分の計算書のことです。予算は、政府の行政に対する費用の裏づけであり、どのような予算が組まれるかは国民生活に大きな影響をおよぼします。予算案は内閣が国会に提出し、国会は、予算案の議決を通して内閣の行政を監視する役割を果たします。

予算委員会

[4]年度とは、4月1日から翌年の3月31日までの1年間。予算、決算に関しては会計年度という。

内閣総理大臣の指名

国会は、**内閣総理大臣**の指名を行います。内閣総理大臣は、通常、衆議院において多数を占める政党の党首が指名されます。ただし、衆議院と参議院で異なった人を指名した場合は、衆議院での指名が国会の指名となります（67条）。内閣総理大臣は、国務大臣を任命して内閣を組織する権限をもつ日本の行政の最高責任者です。したがって、内閣総理大臣の指名権は、国会が内閣の行政権を監視する強力な手段です。もし国会が、内閣総理大臣の行う行政を信任できないときには、衆議院において内閣の不信任決議を行うことができます（69条）。

ほかに国会は、条約の承認（61条・73条）や憲法改正の発議（96条）、裁判官の罷免を決める弾劾裁判所の設置（64条）を行います。そして衆参各院は国政調査権をもっています（62条）。

やってみよう

平成に入ってから内閣総理大臣に指名された人は誰か、調べてみよう。また、その人が所属する政党は何か、調べてみよう。

ここがポイント！

①国会は法律の制定を行うとともに、予算の議決、内閣総理大臣の指名、内閣の不信任決議の権限をもつ。②これらの権限を通じて、政府・内閣の行う行政を監視している。

閣議前の顔合わせ

全閣僚が集まり、内閣の政策を決定する閣議

35 内閣の仕組みと議院内閣制

政府・内閣は、どのような仕組みで国の行政全般を行っているのだろうか。もし国会が内閣を信任しないとき、内閣はどう対応するのだろうか。

内閣の構成

国会で制定された法律と議決された予算に基づいて行われる実際の政治のことを、**行政**とよびます。行政を担当するのが**政府**であり、政府の行政全体を統括していく行政の最高責任機関が**内閣**です。内閣は、**内閣総理大臣**（首相）の指揮監督のもと、各**国務大臣**（閣僚）によって構成されます。内閣総理大臣は国務大臣を任命し、また罷免することができます。

内閣総理大臣は国会議員でなければならず（憲法67条）、内閣における国務大臣の過半数も国会議員でなければなりません（68条）[1]。また、内閣総理大臣と国務大臣は、ともに文民[2]でなければなりません（66条）。

各国務大臣は、各省庁の大臣または長官として、各省庁の行政を指揮監督します。内閣総理大臣と国務大臣は、**閣議**を開いて行政の方針を決定します。定例閣議は毎週２回開かれ、内閣官房長官が司会を行います。閣議は非公開で行われ、閣議決定は慣例として全員一致が原則となっています。

議院内閣制

行政府と立法府の関係のあり方としては、大きく、アメリカに代表される大統領制とイギリスや日本に代表される**議院内閣制**とがあります。大統領制では、大統領も議員と同じく、国民の選挙によっ

[1] この第67条、第68条の規定は、国会に立脚する内閣という議院内閣制の原則をふまえたものと考えられる。

[2] 文民とは軍人でない人のことである。この規定はシビリアン・コントロール(軍に対する文民による統制)の原則とよばれる。わが国では、自衛隊の最高指揮・監督権を文民である内閣総理大臣がもっている。

[3] 内閣の衆議院解散権の行使は、憲法第69条による解散の場合もふくめて、第7条が規定する内閣の助言と承認に基づく天皇の国事行為として行われる。

[4] 内閣自身の判断による解散権の行使は、憲法第7条の規定のみに基づくため、特に「7条解散」とよばれることがある。

ミニ知識

内閣不信任決議と衆議院の解散

戦後、総選挙は 20 数回行われているが、そのほとんどが任期満了ではなく、内閣の衆議院解散による総選挙である。衆議院の内閣不信任決議に対抗して行われた解散は 4 回だけであり、内閣独自の判断による解散 (7 条解散) の事例がほとんどである。近年では、2005(平成 17) 年の郵政民営化法案の是非を問う解散 (自由民主党・小泉純一郎首相)、2017 年の国難突破解散 (自由民主党・安倍晋三首相) がこれにあたる。

戦後の主な総理大臣

吉田　茂

岸　信介

佐藤　栄作

田中　角栄

中曽根　康弘

小泉　純一郎

安倍　晋三

て直接選出され、議会に対して責任を負いません。

これに対して議院内閣制では、内閣総理大臣も国務大臣も国民の選挙により直接選出されるわけではなく、内閣は国会に対して、行政権の行使に関する責任を連帯して負っています（66 条)。このように議院内閣制では、国会の信任に立脚する内閣という原則をとっています。内閣の行政権は、国家のあり方や国民生活に絶大な影響力をもつ強力な権力です。この権力が濫用されることを防ぐために、内閣を国民の代表者からなる国会の統制のもとにおいているのです。

衆議院は、内閣が国会の信任に背いて行政を行っていると判断したときには、**内閣の不信任決議**を行うことができます。内閣不信任決議案が可決された場合、または内閣信任決議案が否決された場合には、内閣は、10 日以内に衆議院を解散する権限（解散権）をもちます。[3] しかし、**衆議院の解散**を行わない場合には、内閣は**総辞職**しなければなりません（69 条)。

一方、内閣による衆議院の解散権は、内閣不信任決議案の可決または信任決議案の否決に対抗し、これをけん制するために内閣がもつ権限です。また、衆議院解散権は、衆議院の内閣不信任決議がなくとも、政治的に重要な局面で、国民の判断をあおぐために内閣自身の判断で行使される場合があります。[4]

イギリスや日本では、なぜ議院内閣制が採用されているのでしょうか

ここがポイント！

①内閣は、内閣総理大臣によって任命された閣僚から構成され、国の行政の全般をつかさどる。②衆議院が内閣不信任を決議したときには、内閣は総辞職する場合と、衆議院を解散する場合とがある。

総理大臣が執務する総理大臣官邸

ミニ知識　公務員

内閣の指揮監督のもとで、実際の行政の仕事を担当する職員が公務員である。公務員には、国の機関で働く国家公務員と、地方公共団体の機関で働く地方公務員の2種類がある。憲法は公務員について「全体の奉仕者であって、一部の奉仕者ではない」と定め（15条）、公務員が職務上もつ権限を特定の人の利益のために用いることを禁じている。公務員は、国民全体の生命、安全をはじめとする基本的権利にかかわる重要な仕事を担当するため、労働基本権のうち団体行動権（ストライキ権）が認められていない。

36 内閣の仕事と行政の課題

内閣の仕事には、どのようなものがあるだろうか。わが国の行政が直面する課題は、何だろうか。

内閣の仕事

内閣の主要な仕事は、行政各部門の仕事を指揮監督し、法律で定められたことがらを**予算**に従って執行することです。

内閣は国会に提出する法律案や予算案を作成し、内閣総理大臣が議案として国会に提出します（憲法72、73条）。行政上必要な場合には、内閣は法律を実施するための細かい事項を政令として制定します（73条）[1]。天皇の国事行為には、内閣が助言と承認を行います（7条）。内閣は国家の対外関係に責任をもち、外交関係を処理し、外国と条約を結びます（73条）。内閣は**最高裁判所長官**を指名し、天皇がこれを任命します（6条）。他のすべての裁判官は、内閣が任命します（79、80条）。内閣は、刑に服している人の減刑や刑の免除を決定することもあります（73条）。

行政改革とその課題

行政機関は、国民生活を基本的に成り立たせるため、多岐にわたる仕事を行っています。また、国民生活の質をたえず向上させていくことが求められるため、行政の仕事はますます増加する傾向にあります。しかし、その結果として、行政組織が複雑化し、行政の権限、費用、人員がとめどなく肥大化するという問題が起こっています。

1 国の法規は憲法を最高法規として、その下に国会の定める法律があり、その下に内閣の定める政令があり、その下に各省で定める省令がある。

2 財政赤字は深刻ではないとする指摘が根強くある。その理由としては、外国から借金をして財政赤字が深刻になっている諸外国と異なり、わが国の借金は日本国民からのものであること、政府が持っている金融資産が600兆円以上に達すること(2015年)等が挙げられている。

国の借金の総額の推移
(財務省)

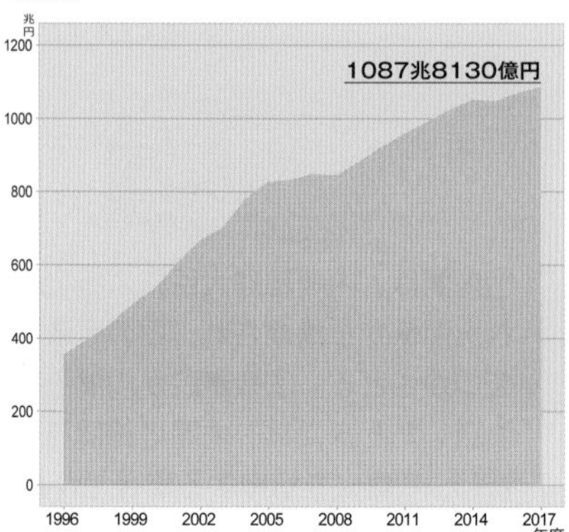

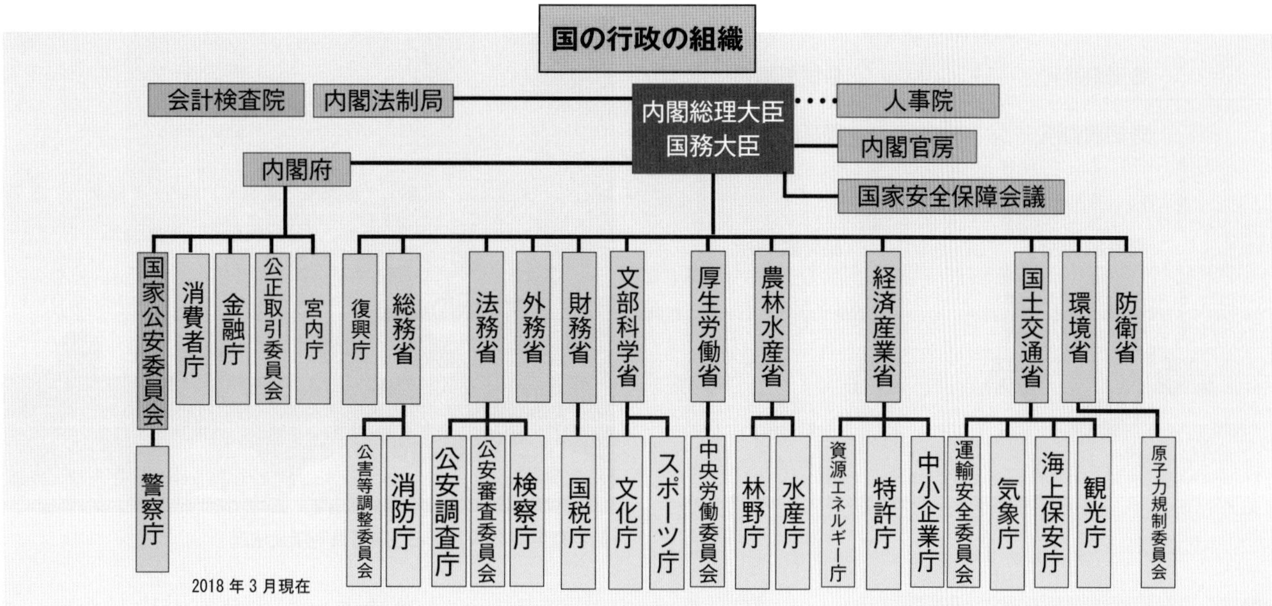

それによって、国家の財政が圧迫され（財政赤字）、細分化された行政組織の相互の意思疎通がなされず（縦割り行政）、専門知識と技術をもつ行政官が、政府の行政や国会の立法について事実上の決定権をもってしまう（官僚支配）といった問題も生じています。このような**行政の肥大化**は、多くの国が共通にかかえる問題ですが、わが国の場合、特に財政赤字の深刻さが指摘されます[2]。

国家財政の基本は、一家の家計と同じように1年間の収入と支出のバランスがとれていなければなりません。今日のわが国の財政は、年間30兆円をこえる国債の発行による借入金[3]に依存しており、問題となっている状態です。

近年、行政の仕事の整理と縮小を目指して、行政のもつ許認可権をみなおす（**規制緩和**[4]）、国の権限と業務を地方に移す（地方分権）、行政の仕事を民間に委ねる（**民営化**[5]）などの行政改革が活発に行われてきました。しかし他方で、行政改革の行きすぎや弊害を指摘する声もあがっています。行政の効率化をはかりながら、経済の安定と雇用の促進、高齢者や低所得層などの生活の保障、教育や医療の充実など、国民生活の質の向上と国民の社会権の公正な保障を適確に行っていくことが求められます。

[3] 2017(平成29)年度末に、国債および借入金などからなる国の借金の総額は1087兆8130億円に達している。

[4] 規制緩和の事例として、薬局でしか購入できなかった風邪薬や胃腸薬、ドリンク剤などが、2004年よりコンビニエンスストアで販売されるようになったことがあげられる。

[5] 民営化の事例としては、明治以来国家の事業であった郵政が、2007年、民間に移管され、2010年10月から、政府が100%の株を持つ日本郵政株式会社と3つの株式会社に分割されて再発足した。

ここがポイント！

①内閣の仕事は、行政部門の仕事を指揮監督し、その他、法律案や予算案の作成、外交、最高裁判所長官の指名など多岐にわたる。②わが国の財政赤字は深刻で、行政の効率化をはかりながら、国民の社会権を適確に保障する行政が求められている。

三審制のしくみ

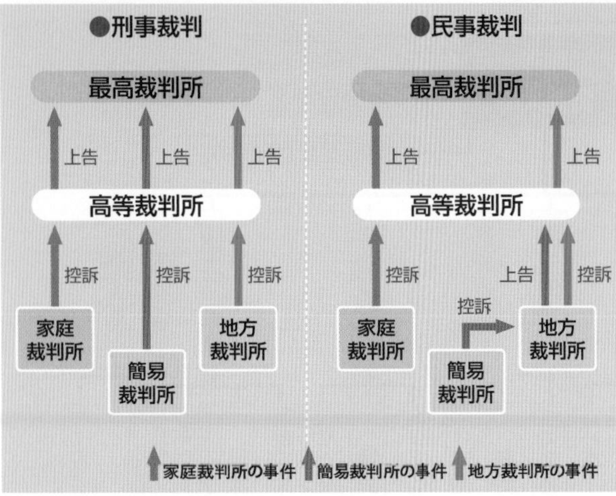

裁判官全員15人がそろう最高裁判所大法廷

37 司法権の独立と違憲審査権

公正な裁判、誤りのない裁判が行われるために、どのような工夫がなされているだろうか。

法と裁判

人々のあいだで争いが生じたり、また犯罪が起こった場合、それらを解決するための明確で公正な判断基準をあたえるのが法[1]（法令）です。法に基づいて人々のあいだの争いを解決したり、犯罪者を裁くはたらきを**司法**（裁判）といい、司法・裁判を担当する機関が裁判所です。裁判所には、**最高裁判所**と**下級裁判所**があり、下級裁判所には、高等裁判所、地方裁判所、家庭裁判所、簡易裁判所の４つの種類があります。

司法権の独立

裁判所が公正に司法権を行使するためには、裁判所が、国会や内閣、またはマスメディアなど外部から圧力や干渉を受けず、独立した存在であることが必要です。これを**司法権の独立**といいます。司法権の独立を維持するために、裁判官は身分が保障されており、国民審査[2]によって不適任とされるか、弾劾裁判所によって罷免されるなど特別の場合でないかぎり罷免されません。この身分保障によって裁判官は、みずからの良心に従い、憲法と法律のみに拘束されて、国民の司法への信頼を裏切らないように、公正で厳正な裁判を行うことが求められます。

三審制

裁判において、第一審の判決に不服である当事者は、上級の裁判所に控

[1]法には、最も広い意味では、言葉で明文化されていない慣習法や条理なども含まれる。法令とは、成文化された法である。民事裁判では、争いごとを解決するにあたり、従う法律がない場合、慣習法や条理に基づいて判決を下す必要が出てくる。

[2]最高裁判所の裁判官は、衆議院選挙のさいに国民審査によって適任・不適任が審査される。

ミニ知識

裁判官の任命

最高裁判所の長官は、内閣の指名に基づいて天皇が任命する（憲法第６条）。他の最高裁判所の裁判官は内閣が任命する（79条）。下級裁判所の裁判官は、最高裁判所の指名した名簿に従って内閣が任命する（80条）。

裁判官はだれが
任命するんだろう

ミニ知識

最高裁判所の違憲判断

事例として、1973（昭和48）年「尊属殺事件」違憲判断がある。「尊属」（親など）を殺害した場合、その他の殺人よりも量刑が重いという規定をもつ刑法第200条を、憲法第14条（法のもとの平等）に反すると判断した。

また、選挙における「1票の格差」違憲判断というものがある。1票の格差とは、立候補者に対する有権者数の比率の差である。最高裁は憲法第14条および第44条（選挙人資格の平等）に基づき、衆議院では2.30倍（2011年判決）、参議院では5.00倍（2012年判決）で違憲状態であるとの判決を下している。

訴し、さらに不服である場合には上告することができます。原則として、一つの事件について３段階の裁判を受けることができ、これを**三審制**とよびます。これは、裁判をできる限り慎重に行って、誤りのない判決を下すための仕組みです。また、判決が確定しても、裁判のやり直しを求める再審請求が認められる場合があります。[3]

違憲審査権

憲法は国家の最高法規ですから、国会の制定した法律、地方公共団体の制定した条例、行政機関の発した命令や行った処分などはすべて憲法に違反してはなりません。裁判所は、法令や処分が憲法に違反していないかどうかを審査し決定する権限をもっており、最高裁判所がその最終決定権をもっています。この権限を違憲審査権（**違憲立法審査権**）とよびます（81条）。違憲審査権は、国民が選挙で選んだわけでもない裁判官の権力が強くなりすぎないよう、慎重に行使しなければなりません。

違憲審査は、具体的な事件の審理のなかで必要となった場合に限り行われ、ある法令や処分を違憲とする判決が下されても、違憲判決の効力はその事件にしかおよばず、その法令自体や他の場所での同じ種類の処分については無効になりません。しかし、その判決は、判例として、その後の裁判が従う基準となりますから、結局、違憲とされた法令は改正されていくことになります。

最高裁判所は
「憲法の番人」って
よばれているんだ

[3] 再審請求ができるのは、有罪判決を受けた者の利益となる新たな証拠が発見されたときや、有罪の根拠となった証拠が虚偽であると証明されたときなどの場合である。

ここがポイント！

①裁判所が公正な裁判を行うためには、司法権の独立が不可欠である。②可能な限り誤りのない裁判を保障するしくみが三審制である。③最高裁判所は、法律が憲法に違反しないかを最終審査する違憲審査権をもつ。

刑事裁判の手続き

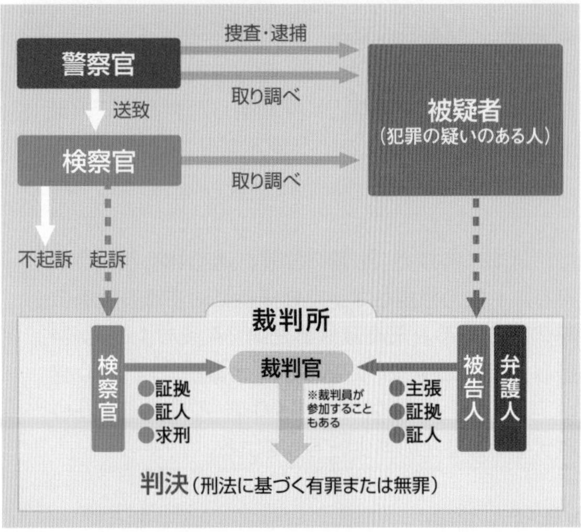

民事裁判の手続き

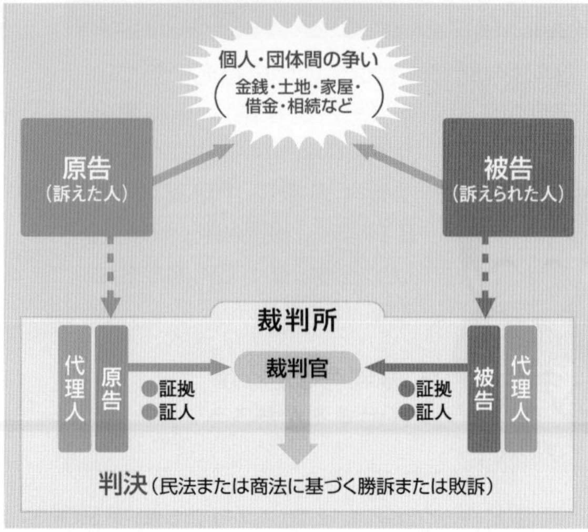

38 裁判の仕組みと人権の保障

民事裁判と刑事裁判における仕組みと人権の保障は、どうなっているだろうか。

裁判のしくみ

裁判には、民事裁判と刑事裁判があります。[1] **民事裁判**は、お金の貸し借りや遺産の相続といった、生活のなかで起こる争いやもめごとを解決に導くものです。裁判の審理は、自分の権利を守ろうとする人が裁判所に訴えることによって開始されます。訴えた側（**原告**）と訴えられた側（**被告**）がそれぞれの意見を主張し、裁判官は両方の言い分をよく聞き、証拠を調べたうえで、法令に照らして判決を下します。裁判は時間と費用がかかるため、当事者が話し合って**和解**したり、調停委員が両者のあいだをとりもって調停に導くことも行われます。

刑事裁判は、盗み、殺人、傷害などの犯罪行為を裁くものです。犯罪が発生すると、警察官は罪を犯した疑いのある者（**被疑者**）を逮捕し、取り調べ、犯罪を裏づける証拠や証言を集めます。被疑者の容疑が固まると、警察官は**検察官**に事件を送致します。検察官は事件の解明を行い、起訴すべきと判定したとき、被疑者を被告人（刑事被告人）として裁判所に起訴します。裁判官は、検察官、被告人および被告人の弁護人それぞれの主張を聞き、証拠や証人の証言を吟味し、法律に照らして、有罪か無罪の判決を下します。有罪の場合には、刑罰を言いわたします（量刑）。

[1] 民事裁判、刑事裁判ともに法律や裁判手続きなどの専門的知識が必要となるため、一般に弁護人(弁護士)が訴訟当事者や被告人の利益を弁護する。

[2] このほか、国民が課税や土地の収用などに関して行政が行う処分を不服として起こす行政裁判があるが、民事裁判に準じた手続きがとられる。

[3] 警察官は裁判所の発行する令状がなければ、現行犯を除いて逮捕や捜査をすることはできない(33条、35条)。被疑者は自己に不利な供述を強要されず、拷問などによる自白は証拠とならない。被疑者の自白だけで有罪とすることはできない(38条)。刑事被告人は、公平な裁判所の迅速な公開裁判を受ける権利をもつ(37条)。

ミニ知識

刑罰の種類

死刑	監獄内において絞首する（殺人罪、強盗殺人、放火罪など）
懲役	受刑者を監獄内に入れ、一定の労働をさせる（１か月以上２０年以下。無期もある）
禁錮	労働をさせず、受刑者を監獄に入れる（期間は懲役と同じ）
罰金	犯罪の罰として金銭を国に納める（１万円以上）
拘留	主に軽犯罪に対して、科せられる（１日以上３０日未満、刑事施設に入れる）
科料	最も軽い刑罰で、罰として金銭を国に納める（１０００円以上１万円未満）
没収	犯罪行為に関するものをとりあげる（例えば、ピストル、盗品の売却代金）

ミニ知識

犯罪被害者の人権保障の動き

近年は被疑者の人権のみでなく、犯罪被害者の人権を十分に尊重しているかが問われている。2004（平成 16）年には犯罪被害者等基本法が成立し、2008 年から、重大犯罪の被害者やその遺族が裁判に出席し、被告人に対する質問や、量刑などへの意見表明を行うことができる被害者参加制度が発足した。

そのほか、家庭内の争いや少年犯罪などについては家庭裁判所が、比較的低額の金銭上の争いや軽微な犯罪に関しては簡易裁判所が担当します。[2]

裁判と人権

憲法は、刑事事件の捜査にあたって国民の自由権が不当に侵されることのないよう、捜査の手続きを定めています。[3] 刑事裁判においては、どのような行為が犯罪であり、それに対してどのような刑罰を科すかについて、あらかじめ法律で定められていなければなりません（**罪刑法定主義**）（31 条）。ある行為が、その後にできた法律で犯罪とされても、行為の実行時点で適法であれば刑事責任を問うことはできません（遡及処罰の禁止）（39 条）。また、検察官が、被告人が犯罪を行ったことを十分に証明しない限り、単に疑わしいというだけでは被告人を有罪にすることはできません（疑わしきは罰せず）。無実の人に罪を着せること（冤罪）が起こらないようにするためです。

司法改革

国民との距離を縮めて司法を身近なものにするために、2006(平成 18) 年からは、だれもが司法に関する情報やサービスを手に入れやすいように、日本司法支援センター (法テラス) が設立されました。2009 年からは、国民が裁判員として司法に参加しています（裁判員制度）。

法テラスのコールセンター

やってみよう

裁判の傍聴は誰でもできます。実際に裁判所に行って裁判を傍聴してみましょう。

ここがポイント！

①裁判には、民事裁判と刑事裁判がある。②刑事裁判では、検察官が被疑者を起訴する。③裁判官は、検察官と被告人・弁護人双方の主張を聞き、証拠や証言を吟味し、法律に基づいて判決を下す。

もっと知りたい

裁判員制度

裁判員裁判とは、何を期待されて始まったのであろうか。どんな仕組みなのだろうか。

裁判員裁判の法廷のようす（イメージ）

裁判員裁判は、殺人など一定の重い犯罪について、専門の裁判官3人と、法律の専門家ではない民間の裁判員6人の、計9人で行われる。

法律の専門家ではない者がなぜ裁判にかかわるのか。最高裁判所は、裁判員制度について「国民が刑事裁判に参加することにより、裁判の内容や手続きに国民の良識が反映されるとともに、司法に対する国民の理解が深まり、その信頼が高まる」と述べている。専門的な法律の知識がなくても、文書や証人尋問などの証拠や、検察官と弁護士の主張などを、専門の裁判官とはちがった目で見て、国民の信頼を高める公正な裁判ができるのではないかと期待された。

そしてこの制度の導入当初はいろいろな意見も

裁判員制度の趣旨

犯罪を犯していないのに、犯したとして刑を科す冤罪は絶対に起こしてはならない。しかし、犯罪を犯した人を逮捕し、犯罪に応じた刑を科すことは、社会の平和と安全を維持するために不可欠なことである。

刑事裁判は犯罪を犯した人に対し、犯罪の事実を確定し、犯罪に応じた刑罰を決める裁判である。この刑事裁判は従来、犯罪を犯したとされる被告人に対し、起訴する検察官と弁護する弁護人と判決を下す裁判官とのあいだで行われ、いずれも法律の専門家であった。しかし、専門家による刑事裁判が国民から分かりにくい方法で行われており、公正な判決と効率的運営が行われていないのではないかと懸念されてきた。

そこで、2009（平成21）年から実施されたのが、法律の専門家でない国民も参加する裁判員制度である。

陪審制、参審制、裁判員制度の比較表

制度	陪審制度	参審制度	裁判員制度
実施国	イギリス アメリカ	北欧　ドイツ フランス	日本
裁判官の関与	関与せず	裁判官と共同	裁判官と共同
権限	有罪か無罪かの決定	量刑も決定	量刑も決定
選び方	抽選	抽選または団体等の推薦	抽選
任期	事件ごと	任期制	事件ごと

あったが、現在は多くの裁判員の誠実な努力によって、国民に評価されてきている。

裁判員の選任、権限など

裁判員は、一つの事件ごとに、選挙人名簿から抽選で選ばれた候補者のなかから、支障のある者などを除いて選別される。選ばれた場合には、特別の理由がない限り、辞退することができない。また、被告人側も、裁判員裁判を拒否することはできない。裁判員は、裁判官と一緒に、有罪か無罪かだけではなく、死刑か懲役何年にするかなどの量刑も相談して決めている。

専門の裁判官以外の一般国民が裁判に関与する制度は、世界各国において採用されている。

前ページの表から分かるように、わが国の裁判員制度は、陪審制度よりも参審制度に近いことがわかる。だが、事件ごとに裁判員が抽選で無作為に選抜される点は、陪審制度に近いものである。

裁判員裁判の流れ

裁判員裁判は、以下の順に行われる。

公判前整理手続→冒頭手続→証拠調べ手続
→弁論手続→評議→判決宣告

裁判員が関与する前に行われる公判前整理手続で、裁判官、検察官、弁護人とのあいだで争点が整理される。その後、裁判員の参加する裁判の手続きが始まる。

冒頭手続とは、検察官が起訴状を朗読して、弁護人が弁護の基本方針を述べることである。証拠調べは、検察官と弁護人の冒頭陳述から始められる。検察官の冒頭陳述は、証拠によって証明しようとする具体的な事実を述べるものである。

その後、裁判長から公判前整理手続で整理された争点が明らかにされ、まず、被告人や関係者をとり調べた調書などの文書が提出される。次に、証人尋問や、被告人質問などが行われて、証拠調べが終了する。

次の弁論手続では、まず、検察官が論告とよばれる被告人をどうすべきかの理由と求刑を述べる。次に、弁護人も、被告人をどうすべきか意見を述べることになる。

弁論手続が終わると、裁判官と裁判員とが評議室に入り、被告人をどうすべきか討論する。これを評議という。そして、全員が法廷にもどって、被告人に対して出た結論（判決）を伝える。これを判決宣告という。

裁判員の守秘義務

裁判員は、裁判が続いているあいだも、裁判が終わったのちも、裁判の内容をしゃべってはいけないことになっている。これを守秘義務といい、裁判員は絶対に守らなければならない。

裁判員制度の問題点

現在、裁判員裁判が始まっておよそ10年経過している。裁判員裁判については、裁判員に選ばれたとき原則として拒否できない点や、専門家ではない者による裁判である点で、憲法違反ではないかとの反対論もある。

また、特別な事情がない限り、裁判員を辞退できないとされているにもかかわらず、辞退が認められた裁判員候補者の割合が年々増加していることが問題になっている。

さらに、被告人が望まない場合にも裁判員裁判を強制する必要があるのかどうか、等々について議論されている。

第4節 地方公共団体の仕組みと課題

首都東京都の**都議会本会議場**　議員定数は議長をふくめ127名（2018年6月現在）。

わが国最西端の沖縄県八重山郡与那国町の町議会本会議場　議員定数は議長をふくめ10名（2018年9月現在）。

39 地方公共団体の役割

地方自治の意義とは何だろうか。国家レベルの行政や立法だけでは、どうして不十分なのだろうか。

[1]東京都の23区は地方自治法において特別区とされ、市とほぼ同等の権限をもつ。

[2]戸籍、住民登録、生活保護、国民年金、パスポートの交付、国政選挙などは法定受託事務とよばれている。

[3]条例は、法律の範囲内で制定され、その地方自治体のなかでは法律と同じはたらきをする。

地方自治

私たちは日本国民であると同時に、必ずどこかの都道府県民であり、またどこかの市町村（または区）民でもあります。このような都道府県、および市（区）町村を**地方公共団体**または**地方自治体**とよびます[1]。憲法は、第92条で「地方公共団体の組織及び運営に関する事項は、地方自治の本旨に基いて、法律でこれを定める」と規定しています。この規定に基づいて、1947（昭和22）年、地方自治法が制定されました。

行政には、国家が一律に行うよりも、各地方がそれぞれの特性や実情をふまえて行うほうが効率的なものが多くあります。地方自治体が設置、運営、管理を行うものには、多くは生活関連のもので、道路、上下水道、学校、図書館、公園、病院、介護・福祉施設、交通、警察、消防、ごみ処理などですが、ほかに、法定受託事務もあります[2]。

地方政治の仕組み

地方自治体の立法機関と行政機関は、それぞれ議決機関、および執行機関とよばれます。執行機関の長は**首長**とよばれ、都道府県知事と市（区）町村長がそれにあたります。首長は、自治体住民の直接選挙によって選ばれ、執行機関の最高責任者として地方行政を統括し、予算や条例[3]の案を**地方議会**に提出します。一方、議

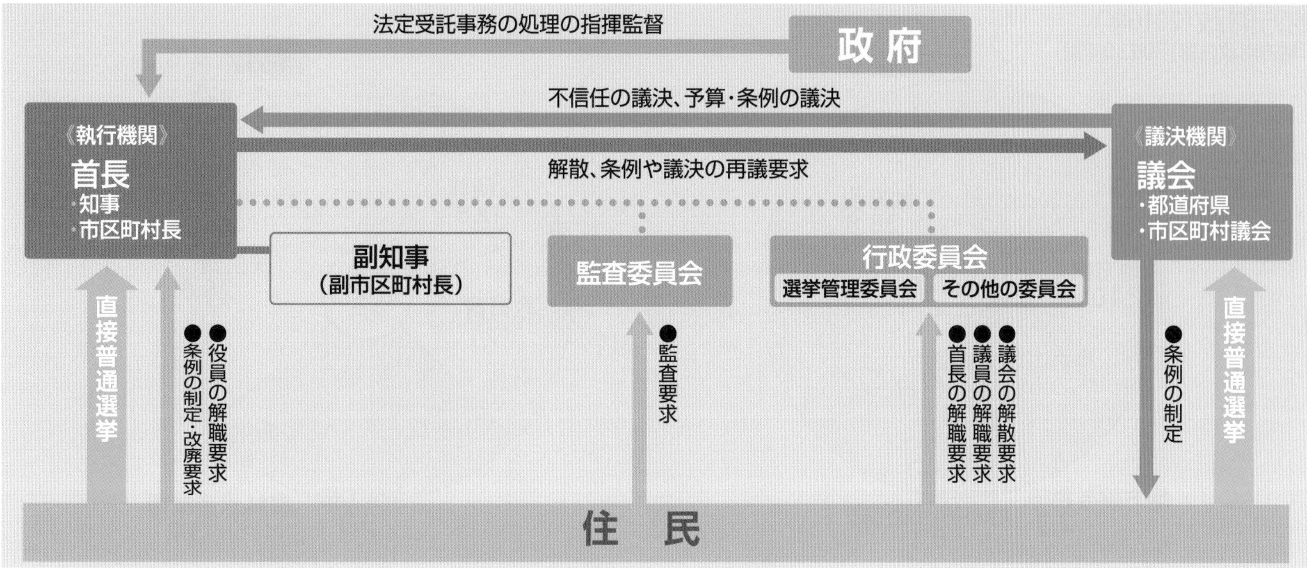

地方政治の仕組み

決機関である地方議会の議員も住民の直接選挙によって選ばれます。地方議会は一院制であり、予算の審議と決算の承認、および条例の制定・改廃について議決を行います。

ともに住民の直接選挙で選ばれる首長と地方議会は、対等の立場にあり（**二元代表制**）、たがいにけん制し合う関係にあります。首長は、議会の議決が不服であるときには議決を拒否して再議を要求することができます。一方、議会は首長に対し、行政に関する説明を要求でき、議会が首長の方針に反対ならば不信任の決議をする権限[4]があります。

住民の意思の反映

地方自治の意義は、住民の意思を、自分たちの住む地方の政治に適確に反映させること（住民自治）ができる点にあります。住民は、首長や議会に対し陳情したり、紹介議員の署名を得て請願を行うことができます。また、首長や議員の解職（**リコール**）、議会の解散や条例の制定・改廃などを求める直接請求権[5]も認められています。国が特定の地方自治体にだけ適用される法律（地方自治特別法）をつくるさいには、その地域の**住民投票**による承認が必要です（95条）。近年、地方自治体のなかには、独自の住民投票条例をつくり、地域の政策に関する是非を問う住民投票を実施しているところがあります。

[4]議会の首長に対する不信任決議が可決されたときには、首長は10日以内に議会を解散できるが、解散しないときには首長はその職を失う。

[5]直接請求権の行使

内容	必要な署名	請求先
条例の制定、改廃	有権者の50分の1以上	首長
事務の監査		監査委員
議会の解散	有権者の3分の1以上	選挙管理委員会
議員・首長の解職		
主要な職員の解職		首長

ここがポイント！

①地方自治体の政治は地方自治の本旨に基づく。②首長と地方議会の議員はともに住民の直接選挙で選ばれ、地方議会は条例を制定する。③地方の住民は、首長の解職や条例の制定などを求める直接請求権をもつ。

地方財政(2016年)
(「地方財政白書」平成30年版)

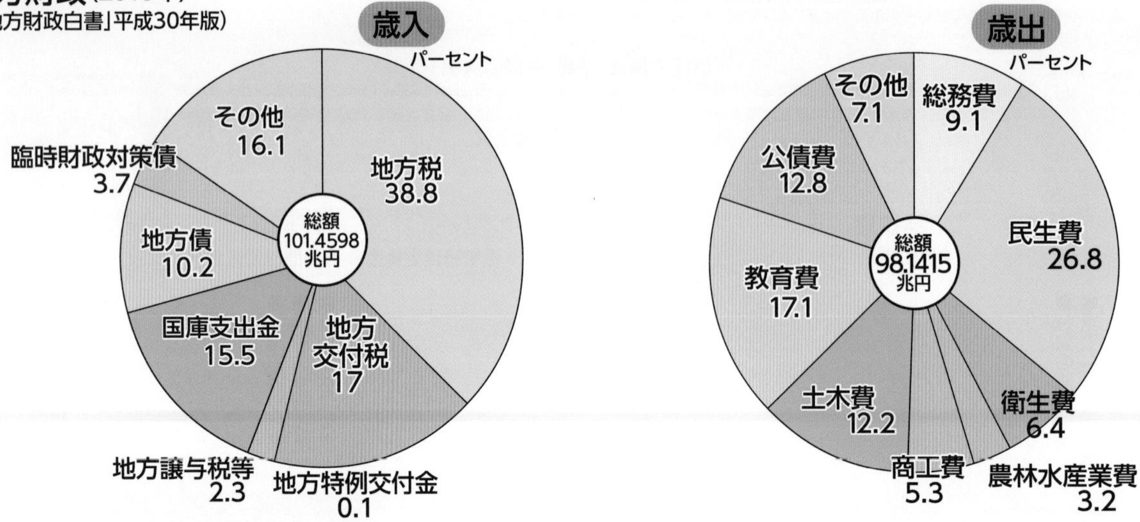

40 地方自治の課題

地方自治体の財源は、どう確保されているだろうか。地方と国との関係は、どう変わってきただろうか。

[1]地方交付税は、国が地方間の収入格差を是正する目的で支出し、その使用のしかたは地方自治体に任される。地方交付税と地方税とをあわせて、地方自治体に使用のしかたが任される財源を一般財源とよぶ。

[2]国庫支出金は、義務教育の実施、道路整備などの公共事業、社会保障関係の業務などに使用のしかたが指定されている。このほか、地方自治体の収入には、長期借入金である地方債がある。

[3]被災地の地方自治体には、復興支援のため、あらたに震災復興特別交付税の配分や国庫支出金の増額などが行われている。

地方財政とその課題

地方自治体が住民への行政サービスを行っていくためには、財政の裏づけが必要です。**地方財政**の収入には、地方自治体の住民や事業者が納める**地方税**のほか、国からの**地方交付税**[1](地方交付税交付金)や**国庫支出金**[2]などがあります。各地方自治体独自の収入である地方税は**自主財源**、国からの補助である地方交付税と国庫支出金は依存財源とよばれます。

近年、地方自治体の支出は、**高齢社会**に対応した福祉の充実、環境問題への対応の必要などからふくらみ続けています。一方、過疎化、高齢化や長引く不況のため、歳入は伸びなやんでいます。そのため、多くの地方自治体が、職員の削減や事業の廃止・縮小などを行って行政の効率化と財政の建て直しにとり組んでいます。また、2011(平成23)年に発生した東日本大震災によって被害を受けた地方自治体には、国を挙げての復興支援が行われています。[3]

地方分権の推進

1995(平成7)年には、それまで国の役割とされてきた権限と業務の多くを地方自治体に移す地方分権推進法が制定されました。1999年には、各地方自治体が特性を生かし、みずからの判断と責任に基づいて地方行政を行うための地方分権一括法が制定

彦根市の
ひこにゃん

熊本県「営業部長」
くまモン

新撰組隊士が集う日野市の新撰組祭り

幕末と明治時代の偉人の銅像が立つ鹿児島市。大久保利通の像。

三陸鉄道が東日本大震災での被害から2014(平成26)年4月に完全復旧して、全国からの観光客を運んでいる。

町おこしと観光

境港市は漫画家水木しげるがつくりだした妖怪たちの約150体の銅像を駅前の大通りに並べ、観光客を楽しませている。

され、国と地方は対等な関係とされました。

しかし、**地方分権**を推進していくために地方自治体は、できる限り自主財源を豊かにし、財政的に自立していくことが求められます。このため、地方分権一括法では、国税収入を地方税収入へと移す、地方自治体が独自の税を設定できるなどの対応がなされています。また、市町村合併によって地方自治体の規模を大きくし、財政を豊かにするとともに、それまで各自治体が行っていた行政の業務を集約して効率的にしようとする動きが活発化しました。[4]

民主政治の学校

このように現在、地方に自立性が求められ、地方自治体の権限と責任が大きくなっています。住民も、自分たちの地方の行政と財政に、いっそう積極的な関心をもつことが求められます。自治体のなかには、条例を制定して行政の情報公開を制度化したり、オンブズマン制度[5]を導入するところが増えています。

私たちが、自分たちの住む地域に愛着をもち、地方議会や行政に積極的な意思表示を行うことは、公民として、国家の民主政治を運営していくときに役立つ、大切な学習経験となります。それで、地方自治は「**民主政治の学校**」とよばれることがあります。

[4]市町村合併は、1995年の市町村合併特例法の改正によって促進された。「平成の大合併」とよばれるこの合併により、1995年から2007年までの12年間で、1400以上の地方自治体の名前が消えた。

[5]オンブズマンとは、苦情処理人、行政監視人という意味で、行政におけるお金の使われ方、不正の有無、仕事の効率性などを監視する個人や委員会組織をさす。

ここがポイント！

①地方財政は地方税と国からの地方交付税、国庫支出金などで成り立つ。②地方分権や市町村合併の推進によって、国からの地方の自立が促進され、地方自治への住民の積極的関わりがいっそう大切となった。

もっと知りたい

地方自治と防災

災害に襲われたときの地方自治体の務めとは何だろう

伊勢湾台風

避難よびかけ、犠牲となった職員

2011（平成23）年3月11日午後、東日本大震災に襲われた直後、宮城県南三陸町の危機管理課に勤めていた遠藤未希さん（当時24歳）は、防災対策庁舎にある放送室に飛びこんだ。

「6ｍ強の津波が予想されます」「早く逃げて下さい」。遠藤さんは防災無線のマイクをにぎりしめ、町民に避難をよびかけ続けた。多くの住民は放送を聞いて高台に逃げた。ところが予想をはるかに上回る巨大な津波は防災庁舎をのみこみ、遠藤さんも命を落とした。その尊い犠牲が町の人たちの命を救ったのだ。

震災をはじめ台風、豪雨、火山の爆発など大きな自然災害が起きると、自衛隊や近隣地域の消防隊、警察などが住民の救済のため派遣される。しかし、発生直後に住民を避難誘導したり、助けたりするのは、地元市町村や消防職員たちの大きな務めだ。

それはみずからの身にも危険がともなう仕事で、東日本大震災のときには、遠藤さんだけでなく、多くの地方自治体の職員や消防署員、警察官らが犠牲となり、町長が津波に流され亡くなったという町もあった。

住民の命守るのは最大の任務

自然災害の多い日本では、1人でも多くの住民の命と財産を守ることは、地方自治体にとって、最大といってもいいほどの任務である。特にいつ襲ってくるか予測がむずかしい地震や、それにともなう津波に対しては、どれだけ早く住民に正確な情報を伝え、安全な場所に避難させられるかが、カギとなる。

このため各市町村では、都道府県や国とも協議しながら、事前に避難場所の設定から誘導の仕方など綿密に計画を立てる。また、自衛隊の派遣の要請のタイミングなども検討している。災害に襲われても、被害を少しでも小さくするために大小河川の改修や、堤防の強化、建物の耐震化など社会基盤の整備も進められている。

むろん災害が起きた後の復旧も自治体の大きな仕事だが、これには都道府県や国の援助も不可欠だ。

大災害からの教訓

地方自治体がこうした防災対策に本腰を入れ始めたのは1959（昭和34）年9月の伊勢湾台風からだといわれる。紀伊半島から東海地方を襲っ

阪神・淡路大震災

東日本大震災

たこの台風で愛知県を中心に5千人以上が犠牲になり、阪神・淡路大震災が起きるまでの戦後最大の自然災害となった。被害者の多くは伊勢湾から堤防を乗り越えてきた高潮にのみ込まれたのだった。

被害をこれだけ大きくした要因は、避難誘導の遅れにもあった。台風が襲ったのは土曜日の夜だった。当時の土曜日は午前中だけ働く「半ドン」が普通で、名古屋市など多くの自治体でも職員は帰宅した。このため想像を上回る伊勢湾台風に襲われたとき、市町村は避難命令どころか、正確な情報すら住民に知らせることができなかった。また住民の命を守るための防潮堤もほとんど役に立たなかったことがわかった。

今、どんな災害時も比較的迅速に避難命令や勧告が行われるシステムができたのも、こうした大災害の教訓によるものだ。また政府も伊勢湾台風の後、「治水事業十カ年計画」をたて、防潮堤の整備などにあたった。

それでも、東日本大震災のように、想定をはるかに上回る大災害に襲われる可能性は否定できない。警報などが出たときには、すでに避難が困難になっていたケースもある。

また宅地開発にともなう局地的大水害も増えている。大都市で交通機関が全面ストップし、帰宅困難者が多数でるなど、都市化による新たな難問にも対応を迫られている。私たちも国や自治体任せではなく、みずから被害を最小限にとどめるための日ごろの準備が必要である。

戦後日本を襲った主な自然災害

災害名	発生年月	主な被災地	死者数（人）
福井地震	1948年6月	福井県等	3769
諫早豪雨	1957年7月	長崎県等	586
狩野川台風	1958年9月	静岡県等	888
伊勢湾台風	1959年9月	愛知県等	4697
三八豪雪	1963年1月	北陸地方	228
長崎大水害	1982年7月	長崎県等	427
阪神・淡路大震災	1995年1月	兵庫県等	6434
東日本大震災	2011年3月	岩手・宮城・福島等	19667
熊本地震	2016年4月	熊本県等	272
北海道地震	2018年9月	北海道	41

「消防白書」平成30年版

アクティブに深めよう 総合的な安全保障問題を考えよう

国家の安全保障というと、国防とか軍事のことばかり考えがちですが、それ以外にも重要なものがたくさんあります。どんなものがありますか。

国家の安全保障って何ですか。国や国民を守ることと考えれば良いですか。

そうだね。

だったら、僕たちが食べるものの多くの原材料が外国産だということが真っ先に問題です。

なぜ、そう思うのかな。

だって、外国と対立して、その外国が例えば小麦を輸出してくれなくなったら、小麦を元につくるパンやうどんが食べられなくなるではないですか。食料がなくなれば国民は生きていけませんから、軍事力をいくら付けても意味がなくなりますよ。食料問題は、国民の生存問題ですよ。ですから、食料を基本的に自給できるようにするのが国家の基本ではないですか。

そうだね。食料問題は重要な安全保障問題の一つだね。他に、重要だと思う問題はないですか。他の人の意見はどうかな。

私は、防災問題だと思います。日本は地震も多いし、毎年、台風がやってきますし、梅雨があります。風水害が毎年あります。特にこの数年は被害が大きくなっています。人が多く亡くなっていますし、電気やガスが止まって生活が成り立たなくなります。食料問題よりもリアルな安全保障問題だと思います。

それに、せっかく育った農産物がダメになったり、道路や鉄道が寸断され、ものが生産できなくなったり、食料などの消費物資が届かなくなったりします。僕も防災がもっとも深刻な安全保障問題だと思います。

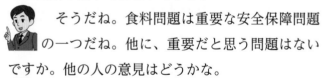

私は、水問題こそ、これから重要な安全保障問題になっていくと思います。これから各国は水をめぐって争うようになると言われています。それに、イギリスや南アフリカをはじめとした世界各地では水道が民営化された結果、初めは安かった料金がどんどん値上げされていき、高すぎて料金を払えなくなった住民が、水道を止められたケースが多く報告されています。ボリビアでは、水道の水を飲めないため川の水を飲んで病気になり死亡していくケースも報告されています。ひどい話です。

僕も、水問題は問題だと思います。人間は水がなければ生きていけませんし、水がなければ日本人の主食である米もつくれません。わが国でも水道を民営化する自治体が増えています。外国で起きた悲劇が日本でも起きてくる可能性が高いと僕は思います。これからは、一番切実な安全保障問題になっていくかもしれません。水を安価に安定的に国民に供給することは、国民の生存問題じゃないですか。だから、水問題も重要な安全保障問題だと思います。

そうだね。防災問題も水問題も大きな問題だね。ここまで、食料安全保障、防災安全保障と水の安全保障の問題が出て来たけれども、他に重要な問題がないかな。

――何人かが発言し、エネルギー問題、医療保険問題、防犯問題が重要問題として浮かび上がってきました。

皆さんの発言から、防衛問題だけではなく、①食料問題、②防災問題、③防犯問題、④水問題、⑤医療保険問題、⑥エネルギー問題が広い意味の安全保障問題として考えられるね。④水問題と⑤医療保険問題とは第４章で、⑥エネルギー問題は第５章で学びますから、残りの３つの問題について研究しましょう。

４～６人の班を作って、図書室やインターネットを利用し、わが国の現状について調べ学習をしましょう。各々が調べた内容を持ち寄り、話し合って、600 字程度で班としての研究結果をまとめましょう。

食料問題について

1. 食料問題はなぜ安全保障問題といえるか

2. 食料問題にはどういう具体的な問題があるのか

3. 食料問題の解決策とは何か

防災問題について

1. 防災問題はなぜ安全保障問題といえるか

2. 防災問題にはどういう具体的な問題があるのか

3. 食料問題の解決策とは何か

防犯問題について

1. 防犯問題はなぜ安全保障問題といえるか

2. 防犯問題にはどういう具体的な問題があるのか

3. 防犯問題の解決策とは何か

最後に、班でまとめた成果を発表しましょう。

第3章 学習のまとめと発展

学習のまとめ

●最重要語句

(　) 単元22　天皇の役割と国民主権
日本国憲法　象徴　国民主権
(　) 単元23　基本的人権と公共の福祉
基本的人権　個人の尊重　公共の福祉
(　) 単元24　身体の自由と精神の自由
身体の自由　精神の自由　専制政治　自由権
(　) 単元25　経済活動の自由
職業の自由　居住及び移転の自由　財産権　私有財産制
(　) 単元26　権利の平等と社会権
権利の平等　機会の平等　結果の平等　社会権
(　) 単元27　参政権と請求権
参政権　請求権　選挙権　請願権　普通選挙
(　) 単元28　平和主義と安全保障
平和主義　自衛隊　自衛権　戦力の不保持
(　) 単元29　議会制民主主義と権力分立
議会制民主主義　権力分立　議院内閣制
(　) 単元30　選挙による政治への参加
選挙権　被選挙権　普通選挙制度　マニフェスト
(　) 単元31　マスメディアと世論の形成
マスメディア　世論　メディア・リテラシー
(　) 単元32　政党と政党政治
政党　政党政治　国会　与党　野党
(　) 単元33　国会の仕組み
国会　衆議院　参議院　二院制　衆議院の優越
(　) 単元34　国会のはたらき
国会　法律　予算　内閣総理大臣
(　) 単元35　内閣の仕組みと議院内閣制
内閣　政府　内閣総理大臣　議院内閣制
(　) 単元36　内閣の仕事と行政の課題
内閣　予算　最高裁判所長官　行政の肥大化
(　) 単元37　司法権の独立と違憲審査権
司法権の独立　最高裁判所　違憲立法審査権
(　) 単元38　裁判の仕組みと人権の保障
民事裁判　刑事裁判　和解　罪刑法定主義
(　) 単元39　地方公共団体の役割
地方公共団体　首長　地方議会　住民投票
(　) 単元40　地方自治の課題
自主財源　高齢社会　民主政治の学校

最重要語句を手がかりに「各章末の『学習のまとめと発展』の取り組み方」（ixページ）に示してある３つの問題に挑戦してみよう。

学習の発展

第３章の学習を発展させるために、次の課題のうち１つを選んで、約400字でまとめてみよう。

❶立憲君主制の国にはどのような国があるか、調べてみよう。
❷罪を犯した人に刑罰を言い渡す刑事裁判と、人々の争いごとを解決する民事裁判がなかったら、社会がどのように混乱するか、考えてみよう。
❸普通教育、勤労、納税が義務ではなく、自由でよいとされたら、どのような問題が生じるか、考えてみよう。
❹法律で少年とされる者が犯罪を犯した場合、成人とはどのように扱いがちがうかを調べ、どうしてそのような違いがあるのか、考えてみよう。
❺友だちと手分けして、同じ日のいろいろな新聞を持ち寄り、第１面をみて、記事の内容や配列の違いを調べてみよう。

第4章

国民生活と経済

私たちの豊かな生活を支える
経済の仕組みは、どうなっているのだろうか。
幸せな経済生活とは、
いったいどのようなものなのだろうか。

第1節 豊かさを生む経済の仕組み

大型電器店のテレビ売り場

スーパーマーケットの食品売り場

社会の経済活動は、３つの経済主体が結びつき、私たちの豊かな生活を支えている。

41 私たちを支える経済活動

経済とは何だろう。経済活動とかかわって社会はどのような仕組みになっているのだろうか。

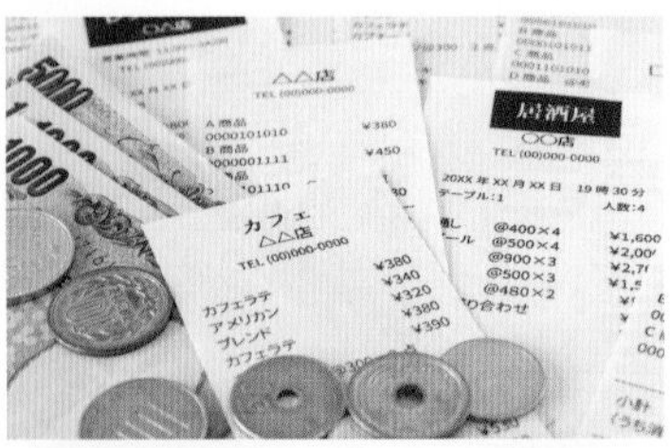
消費の単位としての家計

生活に必要なものをつくり出す企業

税金を集めて仕事をする地方公共団体や国の政府（写真は東京都庁）

経済活動と3つの経済主体

私たちは、毎日、生きていくために食べるもの、着るものなど、たくさんのものを消費しながら生活しています。その消費するものはお金を出して買って手に入れます。しかしお金には限りがあり、私たちの限られたお金を有効に使うため、たくさんあるもののなかから、自分に必要なものを選択しながら買っています。そしてその必要なものは、社会のなかで別なところで生産されています。

このように社会のなかで人々が生きていくために行っている活動を**経済活動**といいます。そこで家庭に注目すると、家庭は消費の場になっていることが分かります。そこで家庭を消費の単位とみて家計といいます。これに対し、生活に必要なものを生産する場が企業です。社会の経済活動は、大きくは、生活に必要なものを企業で生産し、家計で消費することになりますが、もう１つ大きな働きをするのに政府があります。

国や地方自治体の政府は、家計や企業が納める税金を使って、社会に必要な道路や橋を作ったり、そして社会全体の経済活動が公正にして効率的に運営できるようにしたり、また、人々の幸せのために福祉を向上させたりするなど、人々が生きていくために必要なさまざまな仕事をしています。

企業が生産する私的財			
有形財	・衣服 ・食料 ・住居	サービス	・医師の患者（かんじゃ）を治療（ちりょう）する仕事 ・タクシー運転手が人を運ぶ仕事

政府が提供する公共財			
有形財	・道路 ・橋 ・公園	サービス	・警察・消防・救急隊の仕事 ・国公立学校の教師の仕事 ・公務員のしている多くの仕事

私たちは、道案内をしたり、犯罪をとりしまったりするサービスを提供しています。

私たちは、火事を消すというサービスを提供しています。

私たちは、急病患者（きゅうびょうかんじゃ）を急いで病院に運ぶというサービスを提供しています。

生きていくための経済財（けいざいざい）

人間が生きていくためには空気のように一時（いっとき）もなくなってはならないものがありますが、しかし自然界にいくらでもあり、人間が改めてつくり出す必要はありません。こうしたものを自由財（じゆうざい）といいます。しかし食料などは自然界に十分に[1]なく人間が努力してつくり出さなければなりません。このように自然界に十分になく人間が努力してつくり出すものを**経済財**といいます。

経済財は、衣服・食料・住居などのように形のあるものと、医師や教師の仕事などのように形のないものとに区別することができます。この有形のものを**有形財**（ゆうけいざい）、無形のものを**サービス**とよびます。また、経済財は、衣服・食料・住居などのように、企業が生産し、必要に応じて購入して消費する**私的財**（してきざい）と、道路や公園のように、社会全体で共有し、社会のだれもが自由に利用できる**公共財**（こうきょうざい）とに区別することもできます。

したがって、衣服・食料・住居などは、有形財であると同時に私的財であり、また道路や公園などは、有形財であると同時に公共財でもあるわけです。サービスにも私的財と公共財があります。例えばタクシーに乗るのは、私的財としてのサービスの購入（こうにゅう）です。公務員の仕事の多くは、ものをつくり出しているわけではありません。しかしいずれも、公共のために必要な仕事です。したがって、公務員の仕事の多くは、公共財としてのサービスということになります。

[1] 人間の生活にとって価値がありながら自然界に十分にない状態にあることを希少性（きしょうせい）という。

ここがポイント!

①社会全体の経済活動には、家計、企業、政府の３つの主体がある。②幸せに生きていくためにつくり出していくものを経済財という。③経済財は有形財とサービスとに、また私的財と公共財とに分けることができる。

自動車塗装ロボット
ロボットによる自動車生産は生産性向上の究極の姿を示している。

42 豊かな社会と生産性の向上

豊かな社会とは、どんな社会のことをいうのだろうか。どのようにして実現するのだろう。

生産性1のとき

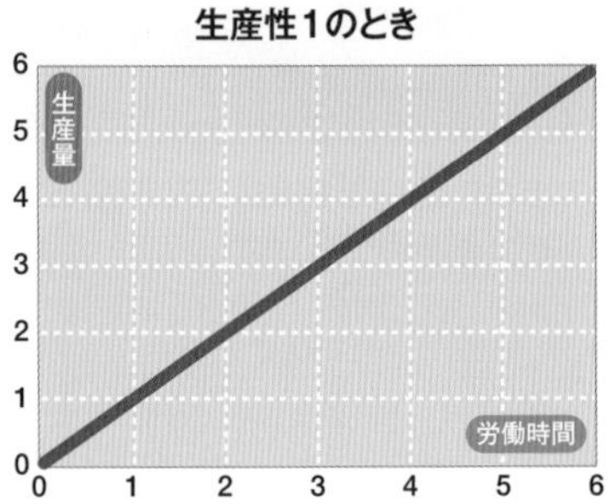

1時間の労働で、1単位の経済財を生産している。

生産性2のとき

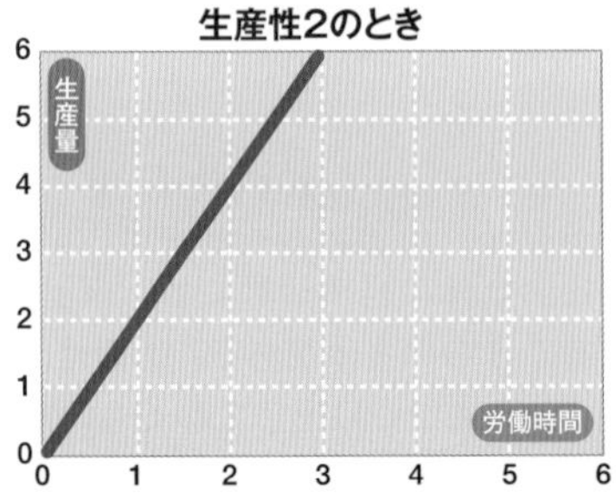

1時間の労働で、2単位の経済財を生産できるようになり、生産性が2倍に向上した。

豊かな社会とは

わが国は豊かな社会であるといわれます。豊かさの基準とは、衣・食・住をはじめ生きるために必要な経済財を、社会のすべての人々が十分に利用できる状態になっているかどうかです。このように社会が豊富な経済財で満たされると、経済財を豊かに消費でき、余暇と文化生活を楽しみ、精神的に豊かに暮らせるようになります。

労働と生産性

経済財を生産する人間の活動を**労働**といいます。労働は、同じ時間で、より多くの経済財を生産するほうが効率がよいということになります。労働の効率は**生産性**とよばれます。同じ時間内の労働で2倍の経済財を生産できるようになったとき、生産性が2倍になったといいます。

生産性が向上し、同じ時間でより多くの経済財を生産できると、経済的にはそれだけ豊かになります。そして節約できた時間に、別の経済財を生産すれば経済財の種類も増え、それだけ豊かになります。経済的に豊かになっていくことを**経済成長**といいます。

生産性の向上

では、労働の生産性が向上するのはどのような理由によってでしょうか。

スーパーマーケットのレジ風景　スーパーマーケットによる大量販売方式は、金銭処理の効率のよい機械を使い、なおかつ支払いを一か所でまとめてすませるという社会的仕組みによって、販売における生産性を向上させた。

道の駅内部　道の駅は、国により登録された、休憩施設と地域振興施設が一体となった道路施設で、地元の農産物などが新鮮で、ドライブの休憩の客だけでなく近隣の住民にも喜ばれている。農産物に特化した施設としては他にファーマーズセンター（農産物直売所と農家と近隣市民の交流の場を兼ねる）がある。

例えば、裁縫の縫い針で考えてみます。昔、縫い針は、まず砂鉄を集め、木から炭をつくり、炭を燃やして、砂鉄を溶かし、鉄をとり出し、鉄を鍛えて針をつくりました。わずか数 cm の鉄の棒ですが、昔は大変な作業が必要でした。現在は、機械にかけてわずかな時間で大量の針を生産できます。生産性が何百倍、何千倍と向上しています。

このように生産性は効率のよい機械の開発によって向上します。農業や牧畜業の場合は品種の改良によっても向上します。そして生産のための技術が向上し、生産性[1]が向上します。

また、生産性の向上は、社会的にみると、さまざまな人がさまざまな仕事に分かれて生産活動に従事するという**分業**によってももたらされます。現在、お米をつくるには、肥料も使い、田植え機や脱穀機も使って稲を育てて生産しています。１人の人が肥料もつくり田植え機や脱穀機もつくって稲を育てて生産するということはできません。肥料をつくる人、田植え機や脱穀機をつくる人、それらを使って稲を育てる人がそれぞれ働き、お米を生産しています[2]。

また、社会にはさまざまな**職業**があります。それぞれの職業は他の職業にない専門性をもち、関連しあって、さまざまな経済財を生産し、人々が、それぞれ得意な職業に専念していることはつまり、分業していることになり、社会的な生産性をいちじるしく向上させています。

[1]生産性を飛躍的に向上させる技術革新を、イノベーションとよぶことがある。

[2]航空機は胴体、主翼、尾翼、計器などが世界各国で作られ、航空機製造工場で組み立てられる。分業も国際化してきている。

ここがポイント!

①豊かな社会とは、豊富な経済財でみたされている社会である。②豊かな社会は労働の効率である生産性の向上による。③生産性の向上は、生産技術の向上のほかに分業も重要な要素である。

どの2人が出会っても交換は成立しない。

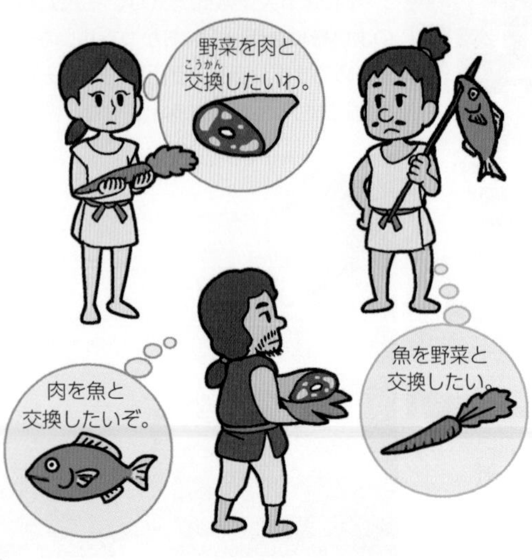

野菜を肉と
交換したいわ。
魚を野菜と
交換したい。

交換したいぞ。

お金があればどの2人が出会っても交換が成立する。

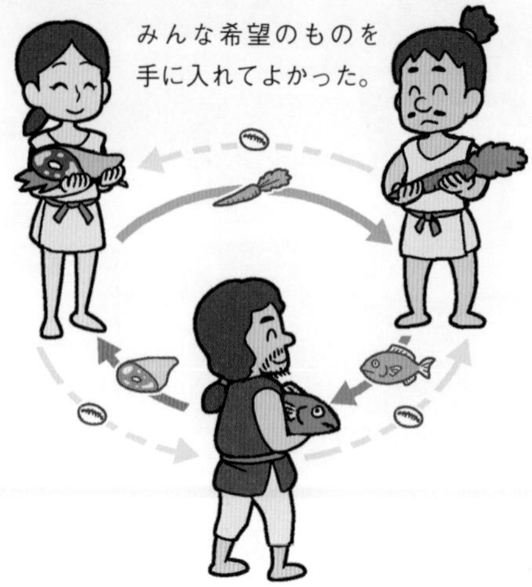

みんな希望のものを
手に入れてよかった。

43 生産と消費の調整

社会全体からみて、生産と消費はどのように調整されているのだろうか。

3500年前、中国ではタカラガイが貨幣として使われていた。そのために「貨幣」とか「買う」とか「貯金」など、お金に関係する字には「貝」の字が入っている。

金属の金は装飾にも使われ使用価値もあるが、希少性があり、持ち運びに便利なので、歴史的に見ると、世界中で貨幣の最もすぐれた素材として使われた。

使用価値と交換価値

例えば、おなかがすいたときにパン（経済財）を買って食べる（消費）と満足が得られます。こうして経済財を消費するときの満足の度合いを、経済財の**使用価値**といいます。使用価値は、同じ経済財でも、消費する人によって異なります。例えば、釣り道具は、釣りの好きな人にとっては使用価値は大きいのですが、釣りをしない人にとっては使用価値はありません。社会で経済財を交換するときの価値を**交換価値**といいます。釣りをしない人が高級な釣り用具をもらっても、その釣り用具の使用価値はゼロですが、友達にプレゼントしたり、売ったりするなどして交換価値は残ります。交換価値は、経済財の量が少なくて、欲しい人が多くなれば大きくなります。逆に量が多くて欲しい人が少なければ、交換価値は下がります。

ところで貨幣とは何でしょうか。**貨幣**は、交換の手段として使われるもので、それ自体には原則的に使用価値はありません。貨幣で表した経済財の交換価値が**価格**です。

需要と供給

社会全体では、きわめて多様な種類の経済財が商品として生産、販売され、また購入、消費されています。ある一つの種類の商品について、人々がそれを購入し消費しようとする商品の総量を、そ

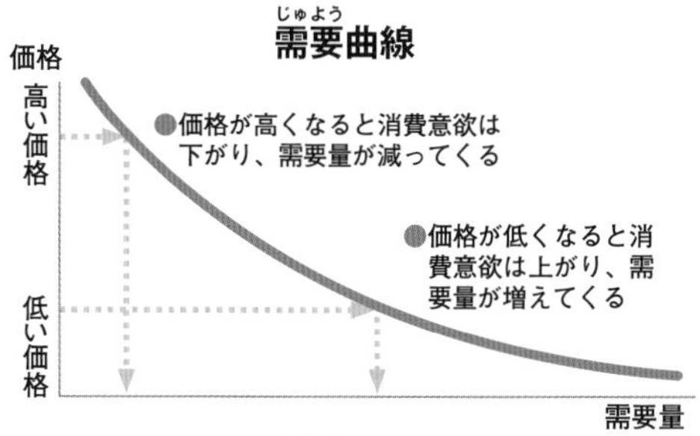
需要曲線
価格
高い価格
低い価格
需要量
●価格が高くなると消費意欲は下がり、需要量が減ってくる
●価格が低くなると消費意欲は上がり、需要量が増えてくる

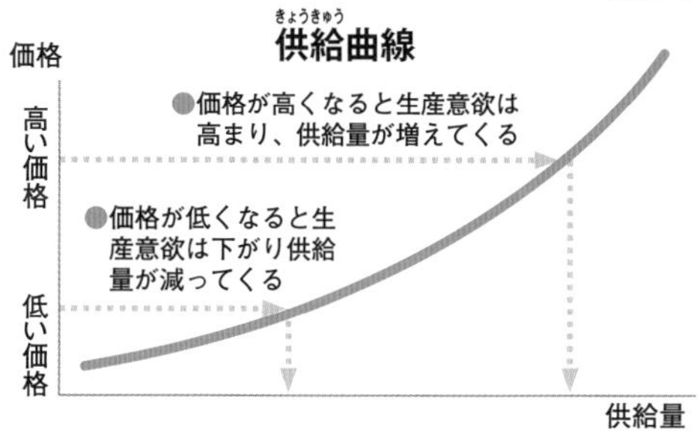
供給曲線
価格
高い価格
低い価格
供給量
●価格が高くなると生産意欲は高まり、供給量が増えてくる
●価格が低くなると生産意欲は下がり供給量が減ってくる

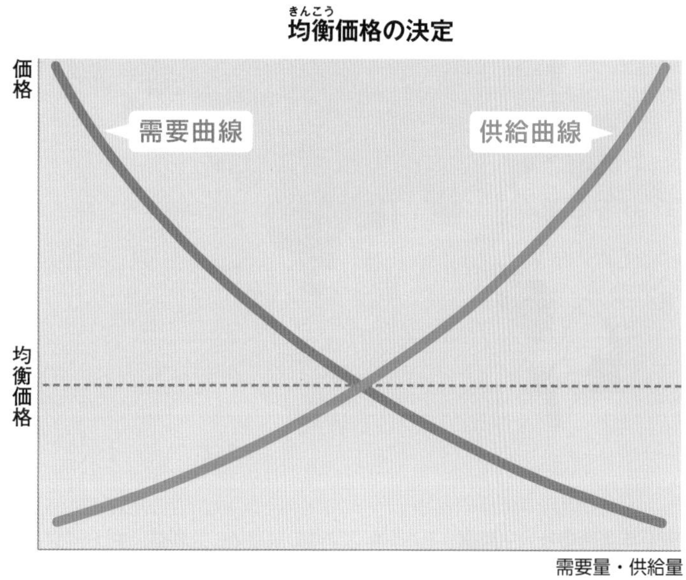
均衡価格の決定
価格
均衡価格
需要曲線
供給曲線
需要量・供給量

需要曲線と供給曲線が一致するところの価格を均衡価格という。市場価格は、通常、均衡価格の近辺でたえず動いている。

の商品の需要量といいます。逆に、それを生産し販売しようとする商品の総量を、その商品の供給量といいます。**需要**と**供給**は、その商品の交換価値を示す価格によって変化します。価格が高いと、販売のもうけが大きくなるので、生産し販売しようとする人が増え、供給が増えます。

しかし、価格が高いと、それほど使用価値を認めない人は買い求めなくなり、需要は減ります。その結果、供給が需要を上回るようになり、商品が余るので、供給する側は価格を下げてでも売ろうとします。価格が下がると、その価格ならば買ってもよいと考える人が増えるため、需要が増えていきます。しかし、価格が低いともうけは少ないため、生産し販売しようとする人は減り、供給は減っていきます。この需要と供給の一致する価格を**均衡価格**といいます。

商品の売手と買手とが、売り買いを自由に繰りひろげる場を**市場**といいます。市場には多数の売手と買手が参加し、より有利な商品売買をしようとたがいに自由競争をします。この自由な競争を通じて、さまざまな商品の需要の量、供給の量、および市場価格が決まります。政府は、このような市場のはたらきを守るための仕事をします。

魚を競りにかけている風景
一番高い取引価格をつけた者が、その魚を買いとることになる。欲しい人がたくさんいれば取引価格は上がる。

ここがポイント！

①経済財には、使用価値と交換価値がある。②経済財の価格とは、貨幣で表された交換価値を示したものである。③価格の変動によって需要と供給が変動し、結果として生産量と消費量が調節される。

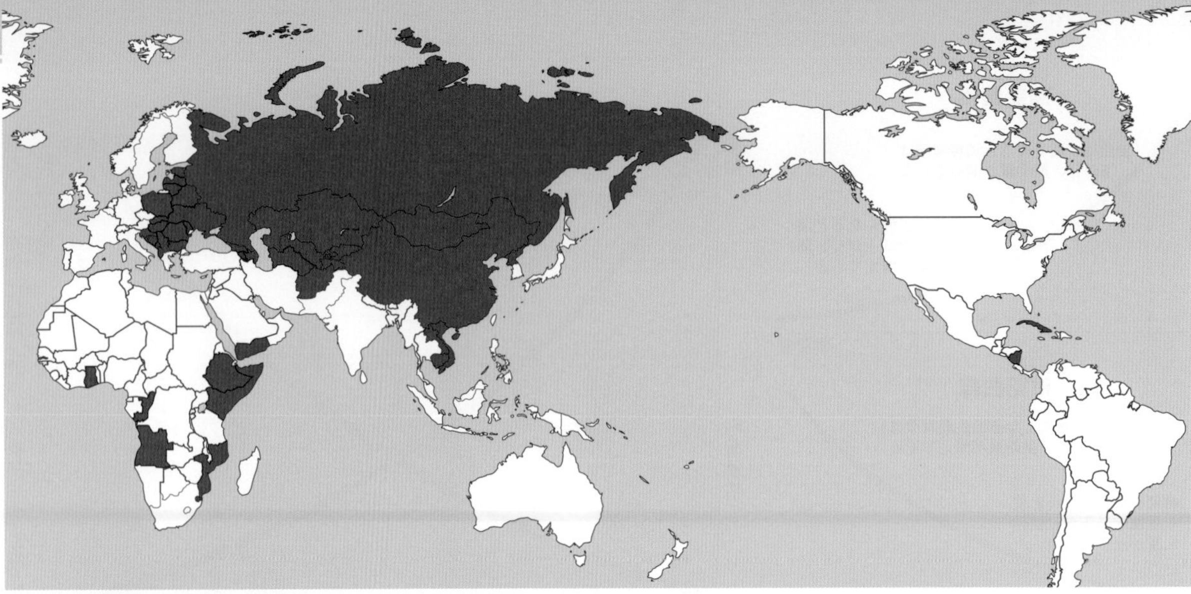

1980年当時の社会主義国　1991年のソ連の崩壊後、北朝鮮、キューバなどを除き自由主義経済に移行した。

44 市場経済の特色

市場経済のすぐれたところはどこか考えてみよう

■1アダム・スミス（1723～1790）
イギリスの経済学者。スミスは『国富論』（1776年）において、市場経済のこのような仕組みを、だれの計画の結果でもなく「（神の）見えざる手」のしわざである、と表現した。

市場経済と計画経済

市場での**自由競争**にまかせて社会全体の経済を運営していく仕組みが市場経済です。市場経済では、常に市場価格をふまえて生産量と消費量が調節される結果、各種の商品が市場の価格で社会のすみずみまで効率的にいきわたっていきます。また、生産者同士の自由競争を通じて、消費者の需要に合った新商品がたえず開発され、生産技術の向上も常に行われていきます。こうして市場経済は、経済成長と豊かさの増大を社会にもたらします。[1] しかし、自由競争にまかせるわけですから、その結果として豊かになったり、貧しくなったりして、貧富の差が生じます。

この市場経済に対して、各種の経済財の生産量と価格、さらには消費量までを国家の計画に基づいて決めていく**計画経済**があります。計画経済は、理論上は、経済財の生産量に過不足が起こらず、競争がないため平等で貧富の差のない社会を築くことができるとされました。しかし、実際は、消費者にとっては消費する経済財の種類や量の違いがあり、その違いが無視され、また、競争がないため生産技術の開発も停滞し、計画を決める国家官僚に権力と特権が集中し、独裁政権が生まれやすくなるなど、非効率的で不公正な経済制度であることが明らかとなりました。

ミニ知識

市場経済の公正と効率

旧ソ連をはじめとする社会主義国家を建設した人たちは、市場経済は人々の自由な利潤追求と競争が社会に勝者と敗者を生み出し、貧富の差を拡大すると考えた。そのため、一切の生産活動を国家の計画のもとにおき、国家の計画にしたがって国民を生産活動に従事させ、賃金を平等に配分する計画経済を採用した。

しかし、このような計画経済の生産の仕組みでは、労働者は努力や工夫の有無にかかわらず賃金が同じであるため、労働意欲が減退し、技術の発展も停滞してしまった。また、複雑で予測しにくい経済の動きをあらかじめコントロールすることは不可能なことでもあった。計画経済の考え方としては賃金を平等にし、公正な経済の運営を目標としたのだが、効率が悪く、国民の豊かな経済生活を実現することはできなかった。しかも、国民の自由に対する欲求を抑圧してしまった。

市場経済では、計画はしないが、競争を公正に行わせることによって、自由を抑圧せず、結果として、豊かな生活を効率よく実現することに成功した。

経済の外部効果

市場経済では、商品は生産者と消費者との間の関係だけで生産され消費されるのが原則ですが、その生産と消費の効果が個人をこえて他の人におよぶことがあります。これを経済の**外部効果**といいます。外部効果には、マイナスのものとプラスのものがあります。例えば、自動車は、個人が購入し個人が消費する典型的な私的財ですが、走行中に有害な排気ガスを出せば、そのガスを、道路の近くに住む人々が吸うことになります。このように、ある商品の消費が、生産者と消費者の関係をこえて第三者に害をもたらすことを、市場経済におけるマイナスの外部効果といいます。

一方、プラスの外部効果がある場合があります。新しい鉄道が敷設され新しい駅ができると、駅の周辺の土地は値上がりします。駅は建設会社が建て、鉄道会社が購入してできるものですが、その生産と消費には直接関係していない周辺の土地所有者の財産を豊かにします。皆さんが受けている義務教育は、子供が大人になるため誰にとっても必要なものですから、憲法により、誰でも受けられるように無償となっています。この義務教育も、経済学的にとらえれば、外部効果の大きい経済財です。教育ですからサービスとしての経済財ですが、教育を受けた皆さんは将来、有能な社会人になって社会を支えます。これは明らかに教育におけるプラスの外部効果です。

プラスの外部効果とマイナスの外部効果を整理してみよう

やってみよう

マイナスの外部効果	
プラスの外部効果	

ここがポイント！

①市場経済は貧富の差が生じるなどの欠陥もあるが、消費者の要望が反映しやすく、効率のよい経済の仕組みである。②経済の外部効果には、プラスの場合とマイナスの場合とがある。

私的財としての商品が自由競争の市場を通じて生産と消費が行われている。

音楽会もサービスの私的財として市場を通じて市場価格で提供されている。

45 市場経済と公共財

市場はどのようにすれば機能を十分に果たすことができるだろうか。市場のなかで供給できない経済財は何だろうか。

主な公共料金表

国が決定	診療報酬、介護報酬など
国に届ける	電話料金・郵便料金
国が認可または上限認可する	電気料金・都市ガス料金・鉄道運賃・乗り合いバス運賃・タクシー運賃
地方公共団体が決定する	水道料金・公立学校授業料

寡占と独占

市場では、生産者は、消費者のニーズに最も合うものをより安い費用で生産し、買ってもらおうと競争しています。消費者のニーズに合わないものを生産したり、ニーズに合っていても安く生産できず高く売らなければならなくなれば買われなくなります。そうすれば、企業は倒産することになります。そのため、企業は絶えず良い商品を開発し、それをできるだけ安い費用で生産するよう、努力しています。

こうして市場ではたえず競争が行われているのですが、その競争がなくなったり、弱くなったりすることがあります。

例えば、ある市場で、自動車を生産する企業、つまり会社が1社しかない場合、消費者はその会社の生産する自動車しか購入できないわけですから、その企業は競争のない状況で自動車を生産し売ることになります。そうすると販売価格も自由につり上げることができ、不当に高い価格で売りつけることが起こります。また、競争がないわけですから、それ以上に良い自動車を開発する努力もしなくなります。

このようにある経済財について、1企業しか生産していなくて競争のない状態を**独占**といい、競争のない状態で決めた価格を**独占価格**といいます。少数の企業によって生産され、競争がなくなっ

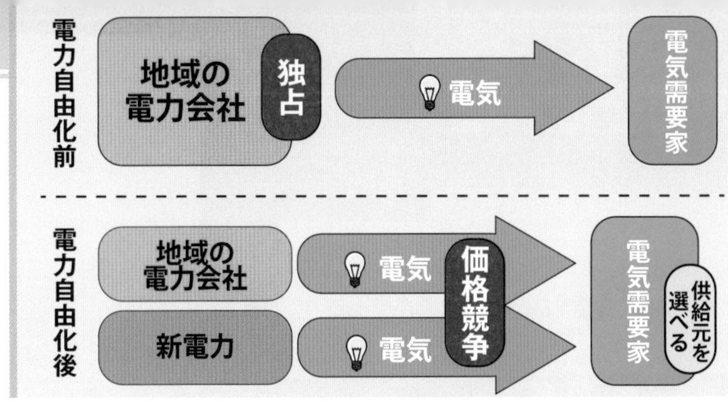

電力自由化の仕組み　電気は地域独占の経済財であるけれども、電力そのものの生産には多様な企業が参加し、同一の送電線を通じて各家庭に小売りで供給することが可能となり、2016（平成 28）年４月１日より、市場価格で販売されるようになった。地下にガス管を敷く都市ガスもガスそのものの生産に多数の企業が参加することになり、2017 年４月１日より、市場価格で販売されるようになった。

てはいないけれども弱くなっている状況を**寡占**といいます。

そこで、消費者の利益を守るためには、市場において独占状態が起こらないようにしなければなりません。市場が健全に機能し競争が健全に行われるように、日本では、**独占禁止法**が施行され、たえず健全な競争が行われるように、**公正取引委員会**によって、監視が行われています。

公共財と公共料金

また、経済財のなかには、社会の多くの人が同時に利用できるか、あるいは料金を支払わずに利用する人を排除できない財があります。[1] これを**公共財**といいます。こうした公共財を私企業が供給するのは困難です。公共財は原則的に政府が供給しなければなりません。水道などの例で考えるとよく分かりますが、水は誰にとっても必需品であり、またその自然的性質から、初期に巨大な費用をかけて水道管を地下に敷設しなければなりません。そういった財の供給を私企業に任せると、やがて独占形態になるため、１つの企業に独占を認めるかわりに、政府があらかじめ価格を決めたり認可したりします。このように地域的な独占を認め、安定供給を重視しなければならない経済財は、鉄道や乗り合いバスのように私企業によって供給する場合と水道の例のように地方公共団体によって生産し供給するものとがあります。これらの経済財の価格は市場のなかで決められないので、国や地方公共団体が認可したり、決定したりして価格を決めています。これを**公共料金**といいます。

[1] **公正取引委員会**　市場で公正で自由な競争が促進されるようにと、1947（昭和22）年に発足した。独占禁止法に定められる不公正な取引が行われていると判断すれば調査し、公正取引に違反があると認定すれば「排除措置命令」を出すことができる。（公正取引委員会資料）

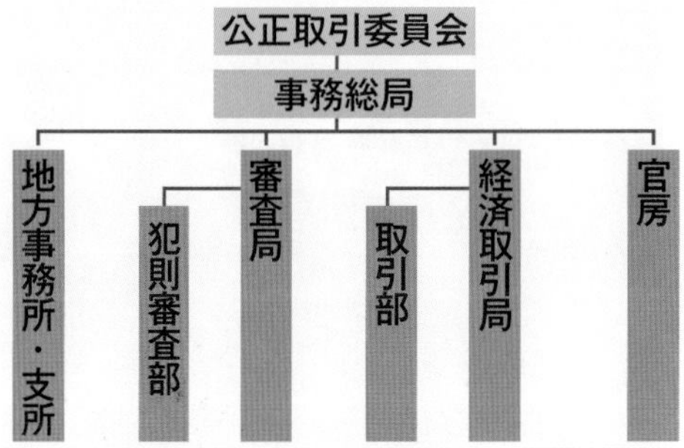

地下の水道管
水は私的財であるが、供給するのに地域的独占が必要なので、地方公共団体によって、生産され、管理され、供給されている。ただし、最近では運営だけ私企業にまかせる場合もある。

ここがポイント！

①市場のなかで１企業だけが生産し競争のない状態を独占といい、独占が起こらないように、わが国では独占禁止法がある。②市場を通して供給できない公共財の料金は公共料金といい、国や地方公共団体によって決められる。

株主総会

46 企業の仕組みとはたらき

生産の単位である企業はどんな仕組みで、どんな役割を果たしているか、みてみよう。

市場経済のなかの企業

市場経済のなかで人々は、たがいにさまざまの生産と消費の関係を結びあいながら、豊かな経済生活を送っています。私たちの共同生活の場である家庭は消費の単位としては**家計**といいますが、家計で消費するさまざまな経済財を生産するのは企業です。**企業**は株式会社や個人商店もふくめた大小さまざまなものがあります。[1]

そのような企業が経済財を生産していくようになるためには、何が必要でしょうか。まず、生産する場所が必要です。次に生産のための原料と道具や機械などの施設・設備が必要です。こうしたものをあらかじめ準備するために用意される資金を、**資本**といいます。また、実際の生産活動を進めるためには、生産を担当する労働者と、生産活動の方針を決める経営者が必要です。

株式会社

新しい事業を起こし企業を立ち上げることを**起業**といいます。新しい時代のなかでこれまでの発想とは違う新たな財やサービスが必要にもなっています。起業は最初の資金を銀行から借りることがふつうです。銀行は返済が可能かどうかを確かめてお金を貸します。また、起業のために必要な資本が、個人では負担しきれない巨大な場合があります。そのためにヨーロッパで生み出された**株式会社**という企業組織が活用されるようになりました。

---

1 企業の分類

[私企業]

- 個人企業
- 会社企業（株式会社、合名会社など）
- 協同組合
- 非営利法人（財団法人、社団法人、学校法人、医療法人、社会福祉法人など）
- 特定非営利活動法人（NPO 法人のこと）

[公企業]

- 国営企業
- 地方公営企業
- 独立行政法人
- 特殊法人

自作農業を営む農家は、企業と家計が同じ場である。

東京証券取引所　略して「東証」。日本を代表する金融商品取引所で、日本経済の発展に寄与してきた。

出資額を募り、出資者は出資額に応じて株式（株券）を受けとり、**株主**となります。株主は定期的に株主総会を開き、企業経営の最高方針を決めます。その最高方針のもとで、会社は企業活動を行います。[2]

株式会社は、**商品**（経済財）を生産、販売します。売上金のなかから、生産に必要な材料費や、労働者に支払う賃金をふくめ必要な経費を差し引くと、その商品の生産と販売によって得た利益（利潤）が出てきます。利益の一部は、**配当金**として株式の持ち分に応じて株主に配分されます。利益が大きければ、それだけ配当金は大きくなります。利益のその他の部分は税金の支払いや将来の事業拡大のための内部留保などに使われます。

一方、株式は株式市場に上場[3]されると、自由に売買されます。配当金が大きいか、将来、配当金が大きくなる見込みのある企業の株式は高く売買されます。このように発展し、大きく利益が出ている企業の株主は、株式のより大きな配当金を得たり、高くなった株式を売ったりすることによっても利益を得ることができます。

企業は消費者の需要に合わせた商品を生産すれば、販売が伸びて、利益は大きくなり、株式の配当金も大きくなり、株価も高くなります。すると資本は、消費者の需要のない商品を生産する企業には集まらず、需要のある商品を生産する企業に集まるようになり、株式会社というシステムは消費者からみても合理的だということになります。

現代社会では、
生産活動の中心は
企業が担って
いるんだね

[2] 株式会社は、株主の出資による資本金とともに、銀行からの融資を受けることも多い。

[3] 上場とは、株式市場で自由に売買できるものとして登録すること。

ここがポイント!

①消費生活の単位を家計といい、生産する場の単位を企業という。②株式会社は、企業の一種。株券を発行して、企業立ち上げのときに必要な巨大な資本を集めやすい。③資本は、消費者の需要に合わせた商品を生産する企業に集まりやすい。

もっと知りたい

企業はだれのものか

企業とは、いったいだれのものだろうか。
企業の最も代表的な形態である株式会社を例にして考えてみよう。

株式会社は株主のものである

株式会社は、株主が資金を出し合って、経営者と労働者を雇い、施設・設備を整え、社会的に需要のある商品を生産し販売して、その利益を配当金として配当していく。その会社の最高の意思決定は株主総会の決議によるので、この点では株式会社は株主のものである。

しかし、会社は経営者や労働者が施設・設備のあるところに集まっただけでは動かない。経営者と労働者と施設・設備が生産技術とかかわって一体化して初めて企業活動は始まる。労働者は年をとると退職し、かわりの新しい人が加わり、技術が伝えられる。こうして労働者が全員入れかわっても、会社は存続していく。

個々の労働者は社会に必要なものを生産する仕事を得て、企業の支払う賃金としての収入を得ている。労働者は会社の仕事を通じて、 社会的に必要なものの生産活動に従事しているのだから、社会的には分業を担っていることになる。

企業が存続していくためには、社会的に必要なもの、需要のあるものを生産しなければならない。社会的に需要のないものを生産したら、販売できず、会社は倒産する。株主はもっている株券が無価値となり、最初に出した資金を失い、経営者も労働者も働く場を失うことになる。

会社という組織は、市場のなかでは社会的に必要なものを、商品として市場で認められる妥当な価格で提供するため、激しい競争を強いられながら、生産活動をしているのだ。その結果として、株式会社は資本を提供した株主には配当金を支払い、経営者や労働者に仕事と収入をあたえているということになる。

このような努力を重ねて、株式会社は、株主や経営者や労働者が交替しても存続していくのである。

会社は従業員全体のものである

法律上は、株式会社は株主の所有物であり、その目的は株主の利益を追求するためのものである。しかし、大会社でもその歴史をさかのぼれば、家族や友人たちが協力して、資金や技術や労力を出し合ってつくった小さな会社であることが多く、そこから大きく成長した例が多い。また、日本では、会社内部から昇進して経営者になる例が多く、経営者自身も従業員として会社に帰属意識をもっている。

このような理由から日本では、株式会社は株主だけのものではなく、経営者や労働者をふくむ従業員全体のものとして考えられている。

そのため、会社の存続と発展を重視し、従業員全体の利益を追求することが経営者の大きな目的となる。経営者は株主に対して、安定的に配当金を支払うが、その配当率は低くおさえ、そのかわりに会社の内部にお金を多く残したり、研究開発や設備投資などのために使おうとする。したがって、長期的で安定した企業となる。

また、労働者全体の賃金もできるだけ労働者の生活にあわせて、年功序列と終身雇用の賃金体系

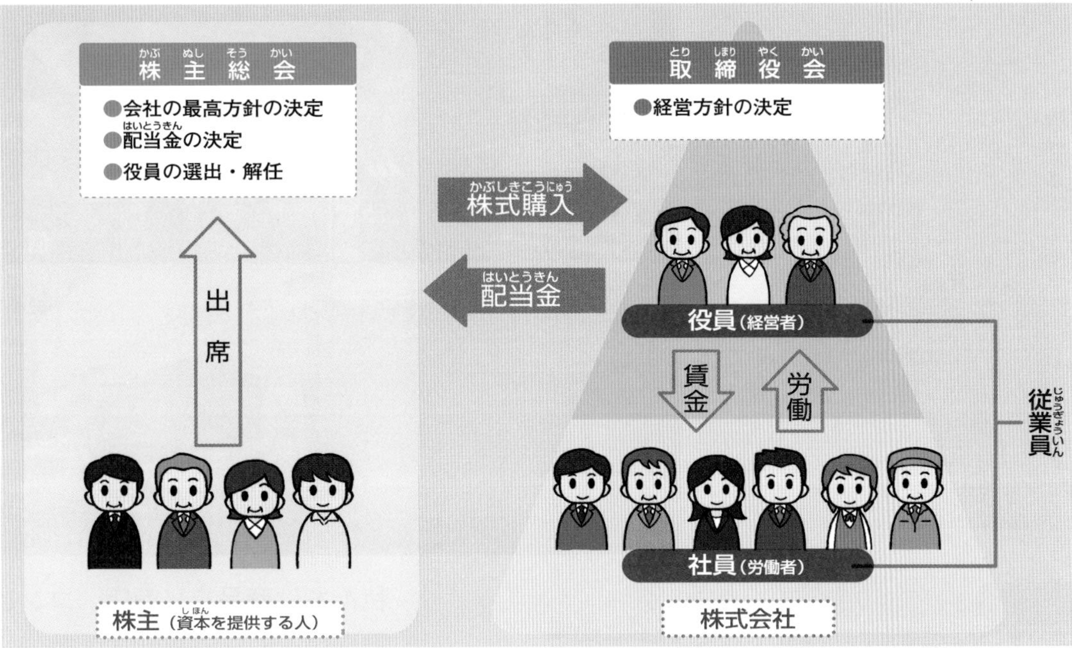

株式会社の仕組み　会社は社会に必要なものを生産しながら、経営者と労働者に働く場と収入を得る場を提供している。

を築いてきた。仕事が減っても労働者の解雇は安易には行わず、できるだけ雇用を維持しようとする。それゆえ、特に1980年代までの日本社会では失業者が少なく、経営者をふくむ全従業員のあいだの賃金格差はきわめて小さいものであった。

会社は社会のものである

会社は社会の構成員である社員に収入を得る場と働く場と生きがいをあたえ、また同じく社会の構成員である消費者に必要な商品を生産し、提供している。その他、会社は税金を負担し、国家、社会の費用の一部を担っている。さらに最近では自然環境保護、慈善事業、地域の伝統文化活動支援など企業の社会的責任（CSR）が問われるようになっており、会社は社会全体のものであるという考え方が広がっている。

中国の会社は共産党のもの

中国の会社法第19条には、「中国共産党規約に基づき、会社内に中国共産党の組織を設立し、党の活動を行うものとする。会社は党組織のために必要な条件を提供しなければならない」とある。また、共産党規約第29条第1項には「企業、農村、政府機関、学校、科学研究機関、住民区・コミュニティ、社会組織、人民解放軍の中隊およびその他の末端組織で、正式党員が3名以上いるところには、すべて党の末端組織を作るものとする」とある。

したがって、中国国内では、原則として、共産党員が3名以上いる会社では共産党支部をつくらなければならない。国有企業や国内の民営企業では、この原則通り、共産党支部がつくられており、共産党支部が経営者の上位に位置し、いろいろ経営をめぐって指図や干渉をしている。さらに中国は、この原則を外資系企業にもあてはめて、共産党支部を置くことを強要している。中国では、会社は、何よりも共産党のものなのである。

ショッピングモール

個人商店街

物流センター

47 流通と金融の役割

商業はどんな役割を果たしているのか。そして金融の役割を考えてみよう。

流通と商業

私たちは**商品**を、商店、コンビニエンス・ストア、スーパーマーケット、デパートなどの小売店で購入します。野菜や魚などの場合は、生産者から青果市場や魚市場に出荷され、そこから小売店は商品を仕入れます。衣服や家電製品などの工業生産品の場合は、商品は問屋を経由して小売店に渡ります。このような、商品が生産者から消費者に渡るまでの道筋を**流通**といい、流通にかかわる仕事を**商業**といいます。

ふつう生産者と消費者は遠く離れているため、消費者が生産者から直接商品を購入することはできません。直接購入が可能な場合でも、日常生活の多様な必要を満たす商品をいちいち生産者から購入するのは困難です。困難でない場合でも手間がかかり、効率は悪くなります。小売店は、消費者が必要とするさまざまな商品をいろいろなところから仕入れ、さまざまな工夫を行って消費者が購入しやすいようにしています。商業は、多様な商品を生産者から消費者の手もとまで届けるサービスを行っており、私たちの生活に不可欠の産業です。

金融

ふつう私たちは、商品を購入するさい、必要なお金を準備して支払います。しかし、住宅のような高額の商品を購入する場合には、必

1 決済とは、代金の支払いを完了することをいう。今日、私たちは、手持ちのお金がある場合でも、支払いの決済をクレジット会社に依頼することが多い。クレジットカードやキャッシュカード、またプリペイドカードは、電子マネーとよぶことがある。

ミニ知識

3種類の産業

産業とは、人間の生活に役立つ経済財を生み出す活動のことである。産業は次のように3つに大別して考えることが多い。商業は有形の「もの」を作り出すわけではないが、産業であることにはかわりない。

第1次産業：農業、林業、漁業のように、人間が自然のサイクルに合わせながら、自然に対してはたらきかけて人間に必要な経済財を生産する産業をいう。

第2次産業：鉱業、工業など、自然にある資源をとり出して、これに加工して人間の使う経済財を生産する産業をいう。

第3次産業：商業、医療、教育、そして公務員の仕事など第1次産業、第2次産業を除いたすべての産業をいう。サービス産業ともいわれる。

要なお金をためてから購入するよりも、先に**銀行**からお金を借りて購入し、住みながら銀行にお金を返済するほうが合理的です。また、**企業**の場合も、ある商品を生産したいがその時点では資金が足りないということがあります。この場合も、銀行から資金を借りて商品を生産し、その利益が上がってから銀行にお金を返済すれば、企業も助かり、その商品を必要とする消費者も助かります。

社会には、お金を必要としているところと、お金が使われないで**貯蓄**となってたまっているところとがあります。この2か所をつなげば、お金の貸し借りが行われ、上にみたように生産や消費の活動は活発になり、お金を借りた人に限らず多くの人が利益を受けます。このようなお金の貸し借りや、そこから発展した商品売買の決済[1]に関することを**金融**といい、そのサービスを行っているのが、銀行や証券会社などの金融機関[2]です。

金融には、直接金融と間接金融とがあります。例えば、企業が借用書に相当する社債を発行して資金を集めたり、新たに株式を発行したりして資金を集める仕組みを直接金融といい、銀行などを通じて、人々が銀行に預けた預金を借りて資金を調達するのを間接金融といいます。

やってみよう

自分の住んでいるまちにある産業についてタウンページを利用しながら分類して書き出してみよう。

第1次産業	
第2次産業	
第3次産業	

[2] 主な金融機関の種類

中央銀行	日本銀行
普通銀行	都市銀行、地方銀行、ゆうちょ銀行
中小企業金融機関	信用金庫、信用組合
政府系金融機関	日本政策投資銀行 住宅金融支援機構など
農林漁業金融機関	農業協同組合、漁業協同組合など
証券関係金融機関	証券会社など
保険会社	生命保険会社、損害保険会社
ノンバンク	クレジットカード会社、消費者金融など

ここがポイント！

①どんなにいろいろな商品が生産されても商業がなければ、実際の豊かな生活は成り立たない。②お金の貸し借りや決済の金融も、豊かな生活を支えるために大切な役割を果たしている。

自動車の輸出

成田空港にて牛肉の輸入検査

48 貿易と為替相場

貿易によって、生活はどのように豊かになっていくのだろうか。

[1] わが国の貿易にとっては、①安心して貿易のできる平和な状態にあること、②各国が、他国の製品を締め出すといった政策（保護貿易）をとらず、自由に輸出入できる自由貿易体制が維持されることが、重要である。

[2] 通貨とは国によって発行され、管理されている貨幣のことである。通貨は原則として発行している国のなかだけで通用するものであるが、アメリカのドルのように国境をこえて世界的に通用している通貨もある。

貿易

世界規模で経済をみると、世界の国々は、各地域の気候や生産技術・文化の関係で、それぞれ得意な生産品と不得意な生産品とがあります。また、石油や鉱石や森林などの資源は、どこの国にもあるものではなく、特定の地域で産出されます。したがって、一国内だけで生産し消費する経済活動を営むよりも、世界各国のあいだで商品を売り買いしたほうが、どこの国にとっても、はるかに豊かな経済生活ができることになります。一つの国から他国に商品を売ることを**輸出**といい、他国から買い入れることを**輸入**といい、あわせて**貿易**といいます。

わが国は石油や鉄鉱石などの資源に乏しく、また食料も国内生産ではまかないきれません。そのかわり、自動車、家電製品、電子部品などの工業生産品は世界最高の水準にあります。そこで、工業生産品を輸出する一方で、資源や食料を輸入するのが、わが国の基本的な貿易形態です。[1]

為替相場

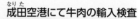

貿易のときに問題となるのが**通貨**[2]のちがいです。例えば、日本からアメリカやヨーロッパに自動車を輸出した場合、アメリカの人はドル、ヨーロッパの人はユーロで購入します。そのドルやユーロを日本の円に交換すれば、日本の売り上げになります。このド

為替相場による車の価格

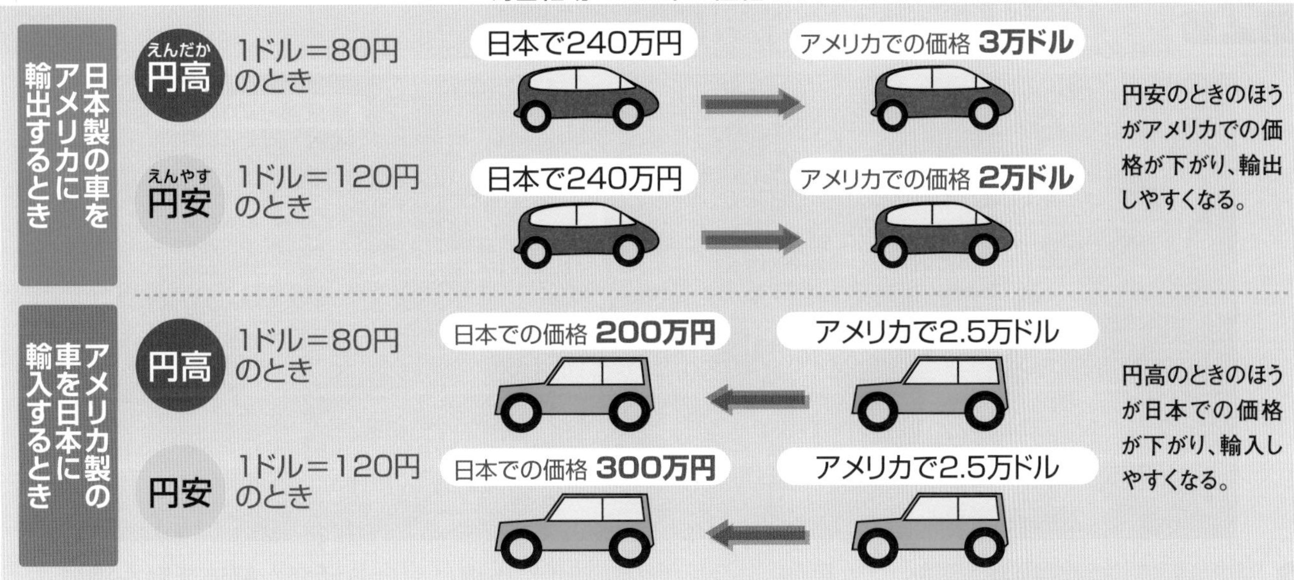

ルと円、ユーロと円のように、異なる通貨の交換比率を**為替相場**といいます。

為替相場は、国際市場における日本の通貨の国際的な需要と供給の関係で変動します。日本の経済に国際競争力があるとみられるときは、日本の通貨をもっていることは有利ですから円の需要は大きくなり、**円高**になります。逆に日本の経済力が低くみられるときは、**円安**になります。

円高の場合、相手国で販売する日本の商品の価格は高くなり、相手国でそれを買う人が少なくなるため、日本からの輸出はしにくくなります。逆に、円安の場合、相手国で日本の商品は安くなり、買ってくれる人が増え、輸出しやすくなります。

また、為替相場で低く評価された通貨の国は、その国の労働者の賃金は国際的に比べると安くなるため、経済的に豊かな国から工場が移転してきて、そこで安い賃金の労働者を雇用し生産することが起こります。そうすると経済的に豊かな国から豊かでない国に資本と技術が移り、その国の経済活動が活発になり、経済的に発展していくことになります。為替相場と、それに基づく貿易の流れを大きくみると、経済は国際的に豊かさが平均化する方向で動いています。

ミニ知識

世界のいろいろな通貨単位

日本	円
アメリカ	ドル
イギリス	ポンド
インド	ルピー
中国	元
EU	ユーロ
ロシア	ルーブル
インドネシア	ルピア
タイ	バーツ
メキシコ	ペソ

ここがポイント!

①貿易は世界各国が得意なものを生産して輸出し、不得意なものを輸入するので、世界全体を見れば経済的に豊かになる。②貿易の決済は、為替相場によって通貨を交換して行う。③為替相場は、大きくみれば、世界各国の豊かさが平均化する方向で動いている。

第2節 政府の経済活動

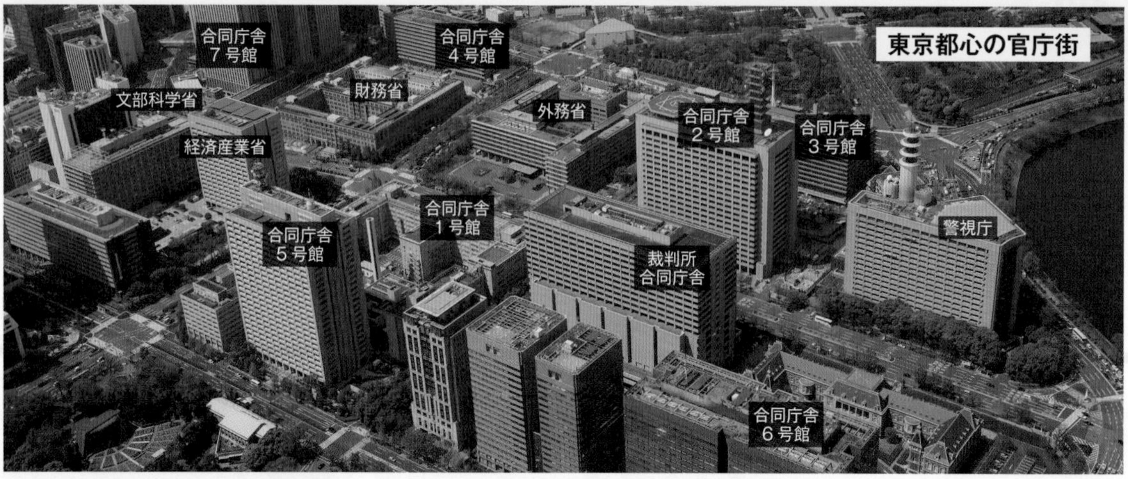

49 経済活動と政府の役割

国や地方公共団体は、経済活動にどんな役割を果たしているのか考えてみよう。

財政とは何か

市場における活発な**経済活動**を維持していくためには、人々の自由な生産、流通、消費の活動に加えて、国や地方公共団体の経済活動が重要なはたらきをしています。まず、道路や橋や港など、基本的に政府[1]によってしか提供できない経済財があります。また、市場の管理と調整も政府にしかできない経済活動です。

家計にも企業にも収入と支出があります。政府も同じであり、政府の収入を歳入、支出を歳出といいます。[2] 歳入の大部分は、国民や住民の**税金**に依存しており、歳出によって、国民や住民の安全で豊かな生活と活発な経済活動を支えます。このような歳入と歳出を通じた政府の経済活動を**財政**といいます。

財政の役割

財政の第1の役割は、**公共財**の生産と提供にあります。道路、橋、港湾施設、上水道、下水道などの公共財は、だれもが自由に使え、基本的に国や地方公共団体が生産、提供する経済財です。それらは、国民の生活基盤であるだけではなく、広く社会の経済活動の不可欠の基盤となります。

また、警察や国防、保健衛生、医療、教育、公園の整備なども、私たちの生活に必要なサービスとしての公共財となります。

財政の第2の役割は、**所得の再配分**[3]です。市場経済におけ

[1] ここでは、「政府」に、国と地方公共団体の行政府の両方をふくめている。したがって、「国民」も国における国民と地方公共団体における住民をふくめている。

[2] 家計や企業の収入と支出（収支）は1か月、半年または1年といった複数の期間を単位として計算することが多い。一方、政府の歳入と歳出は、1年を単位として計算する。

政府・企業・家計の最も基本的な関係

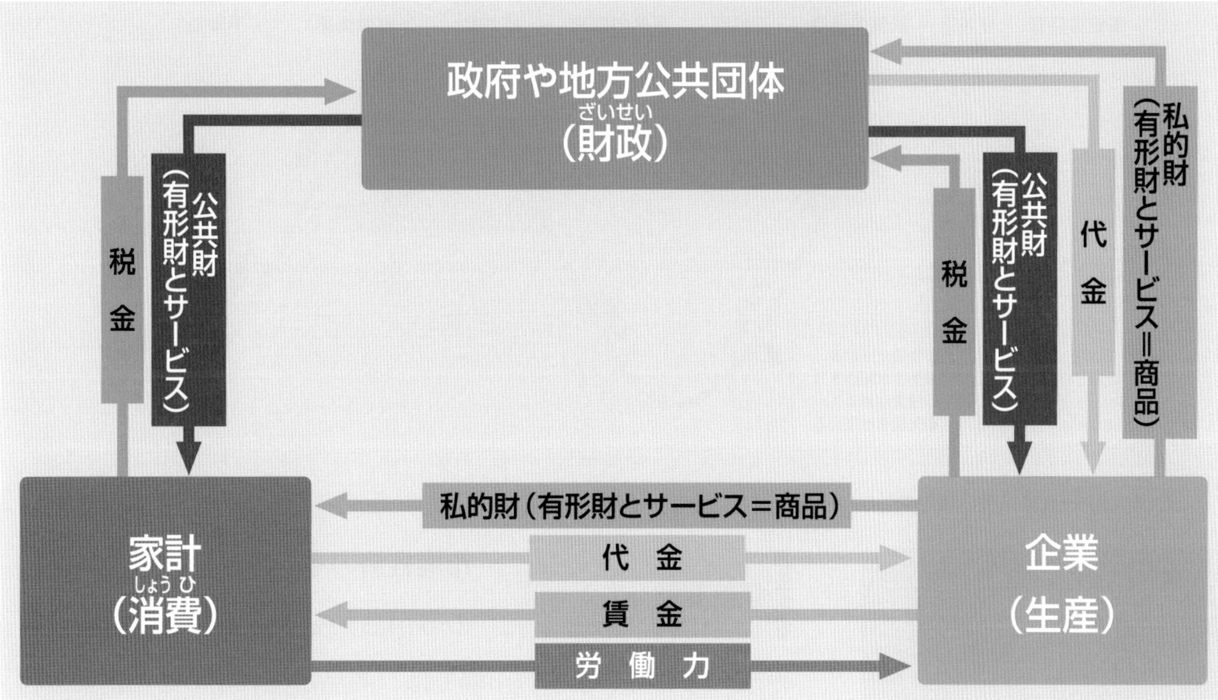

政府、企業、家計の関係は複雑であるが、最も基本的な関係を示すと、この図のようになる。

る国民の自由な経済活動のなかでは、貧富の差が生まれることがあります。事業に成功した企業では労働者が豊かな収入を得ることができ、事業に失敗し、倒産した企業からは失業する人が出ます。また、病気や障害で働けなくなる人も出ます。その人々の生活が成り立つように生活を保護しなければなりません。豊かな人からたくさん税金をとって収入の少ない人の生活を支える所得の再配分は、政府しか果たせない大切な役割です。

財政の第３の役割は、社会の経済活動を安定させる役割です。特に市場経済では景気が良くなったり、悪くなったりする景気変動が起こります。その調整をすることは財政の大切な役割です。

財政の第４の役割としては、財政投融資があります。政策上の観点からは必要でありながら、一般の金融機関によっては十分に投資[4]や融資[5]が行われない事業へ、国債（財投債）などを発行して、資金を調達し、投資や融資をして、例えば、巨大なダムの建設、高速道路の建設、また宇宙開発、環境保全などを行います。

[3] 所得の再配分のために、所得の高い人に高い税率で税金を負担させる累進課税については、137ページ参照。

[4] 投資とは、必要な資金を提供することをいう。株式会社を起こすとき、株式を買って資本を提供するのは投資である。

[5] 融資とは、必要な資金を貸しつけることをいう。

ここがポイント！

①市場の活発な経済活動において政府は重要な役割を果たしており、その活動にかかる費用の大部分は国民の税金によってまかなわれている。②政府の経済活動である財政には、大きくは公共財の提供、所得の再配分、景気変動の調節、財政投融資の４つの役割がある。

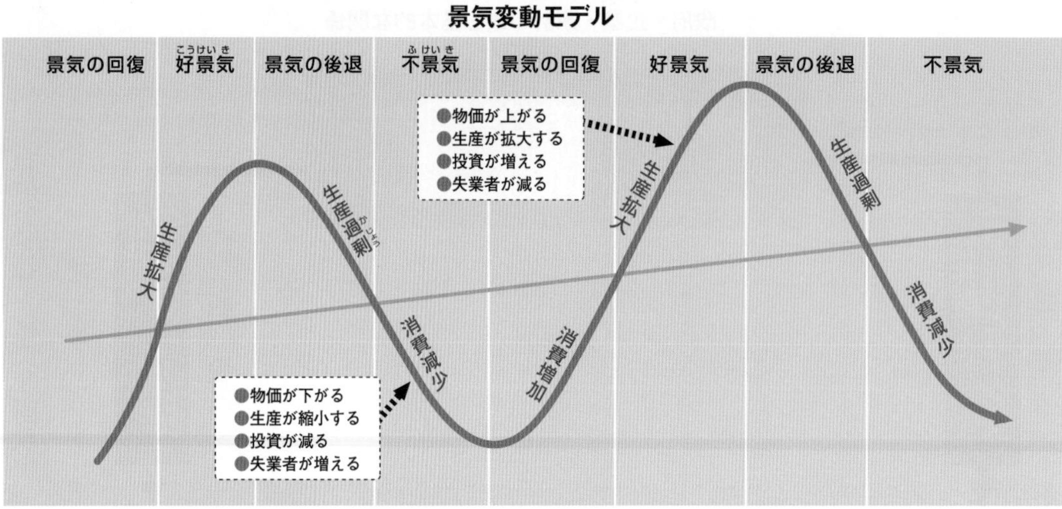

黄緑色の矢印は、景気変動をしながら経済は拡大していくことを表す

50 景気変動とその調整

景気変動はどのようにして起こるのか、そしてその調整と日本銀行の役割を考えてみよう。

景気変動

市場経済のもとでは、政府には社会の経済活動を安定させる大切な役割が求められています。市場では、商品が売れ始めると企業の利潤が増えます。そのため従業員の賃金も上がり、お金に余裕のできた人々は新たに商品を購入し、これが企業の売り上げをいっそう伸ばします。この状態が**好景気（好況）**です。好景気のさいには、人々にお金の余裕があるため、商品の価格が高くても人々は買い求めます。

さらに商品全体の価格（**物価**）が上がり続け、通貨の価値が実質的に下がることがあります。これがインフレーション（インフレ）とよばれる状態です。

好景気のさいには、企業は強気で商品生産を増やします。ところがその結果、ある時点で商品の供給が需要を上回って過剰になり、商品が売れなくなり始めます。こうなると、企業は生産を縮小し、従業員の賃金も低くおさえるようになります。さらには、企業の倒産が[1]発生して失業する人も出てきます。この状態が**不景気（不況）**で、商品が売れないため物価が下がります。

さらに商品全体の物価が下がり続け、通貨の価値が実質的に上がることがあります。これがデフレーション（デフレ）とよばれる状態です。

[1] 特に、急激にまた大規模に不況となった場合は、恐慌とよばれる。歴史的には、1929年、アメリカから始まった大恐慌が最も有名である。

[2] 「景気の循環」ともよばれる。

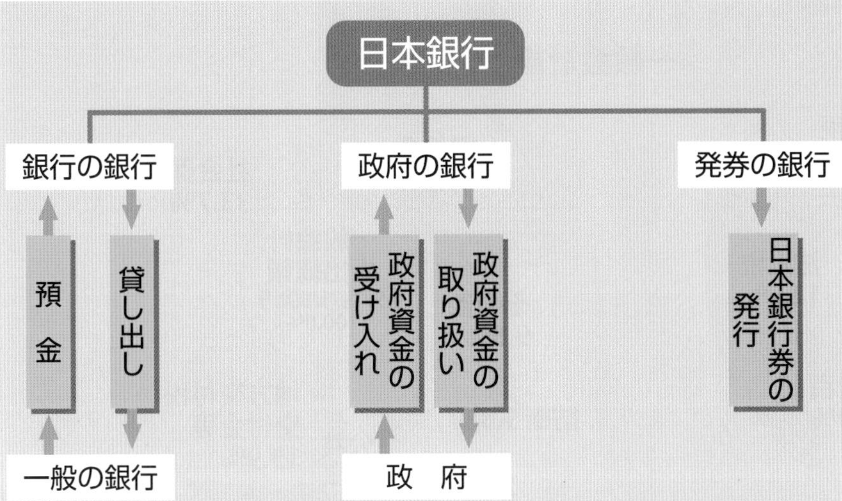

日本銀行券は、日本銀行が発行する世界に通用する正規の日本の貨幣である。硬貨は、政府が発行する日本国内だけで通用する補助貨幣である。

東京都中央区日本橋にある日本銀行本店。1882年に創設された。

市場経済は、このような好景気と不景気が波のように繰り返される性質をもっており、これが**景気変動**[2]です。景気が悪くなると、多くの国民が苦しむことになりますし、景気がよいときでも、それが過熱すると大きな過剰生産が起こり、かえってそれが深刻な景気悪化の原因になります。そこで、景気の変動を調節し、その影響をやわらげるのが政府の重要な役割になります。

日本銀行の役割

通貨の発行は国内経済に重大な影響をおよぼすので、どの国でも一般行政とは関連させないように中央銀行という独立の機関を設けて行っています。中央銀行は紙幣を発行する発券銀行で、日本でその銀行にあたるのが**日本銀行（日銀）**です。日銀は、通貨の発行、政府のお金の出し入れとともに、一般銀行へのお金の貸し出しや受け入れを受けもち、銀行の銀行ともよばれる役割を果たしています。

また、日銀は市場に出回る通貨の量を操作して、景気変動を調節する大きな役割を果たしていることも見落としてはなりません。そのために一番よく使われている操作の方法[3]は、日銀が保有する国債など[4]の売買などによって行う公開市場操作です。

[3] 国債とは、国が借金をするときに発行する借用証書のような意味をもつ債券のことである。債券は、借用証書とちがって自由に売買できる。

[4] 日銀が保有している国債などを銀行に売れば、代金が銀行から日銀に支払われるので通貨量が減る。逆に日銀が銀行から国債を買いもどせば、通貨量は増える。通貨が増えれば、銀行が一般の企業などに貸し出すときの利子が下がる。そのため企業などの借金の調達が容易になり、景気を回復させるはたらきが出てくる。

やってみよう

次の表に［増やす／減らす］のどちらかを書いてみよう

	好景気のとき	不景気のとき
公共投資		
税金		

ここがポイント！

①市場経済には景気変動が起こる。②政府には景気変動を調節する重要な役割がある。③日本銀行は日本銀行券を発行し、銀行の銀行として経済活動に重要な役割を果たしている。

日本の国家予算の内訳 （出典：財務省資料）

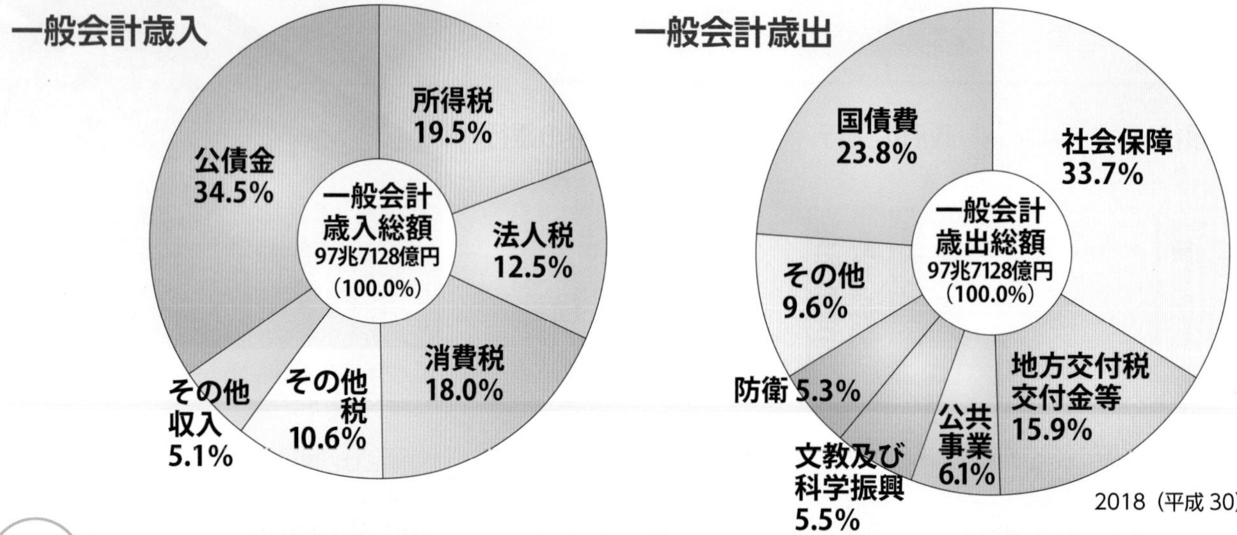

2018（平成30）年度

51 政府の財政と税金

政府の経済活動は税金によってまかなわれていることを理解し、税金の種類と公平な税負担を考えてみよう。

所得額による累進税率

（国税庁資料）

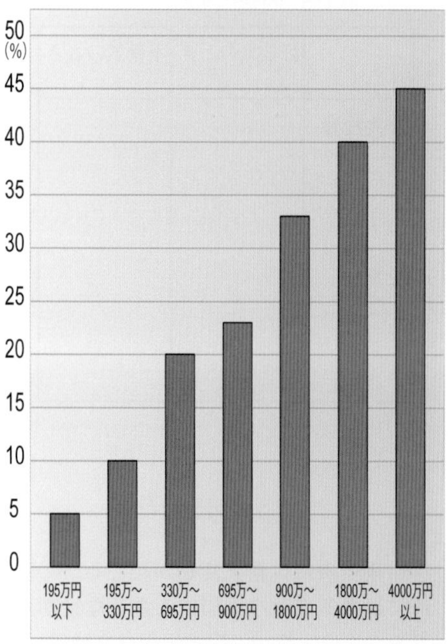

政府の財政を支える税金

政府の行う**経済活動**は大規模なので、そのためには莫大なお金が必要です。では、政府はどうやってお金を集めるのでしょうか。政府は企業のように経済財を販売して利益を上げることはありません。そのため、政府の使う費用は、原則として国民の支払う**税金**でまかなっています。国民は税金を支払って、政府の提供する**公共財**を購入し消費しているとみることもできます。

税金はさまざまに分類できます。まず、納税者が直接、国や地方公共団体に納める**直接税**と、消費税のように商品の購入を通じて間接的に納める**間接税**とに分けられます。また、納める先が国か地方公共団体かによって、**国税**と**地方税**に分けられます。

このような税金収入によって財政支出のすべてをまかなえない場合には、国や地方公共団体は公債（国債、地方債）を発行して民間から借金をすることもあります。公債は将来の税金によって返還されることになり、結局は政府の**財政**は税金によってまかなわれていることになります。

公平な税負担とは

では、その税金は、国民のあいだでどのように負担すれば公平なのでしょうか。

主な税金の種類

		直接税	間接税
国税		所得税 法人税 相続税 贈与税	消費税 酒税 揮発油税 たばこ税 関税など
地方税	都道府県税	都道府県民税 事業税 自動車税など	地方消費税 都道府県たばこ税 ゴルフ場利用税など
	市（区）町村税	個人市民税 法人市民税 固定資産税 都市計画税など	市町村たばこ税 など

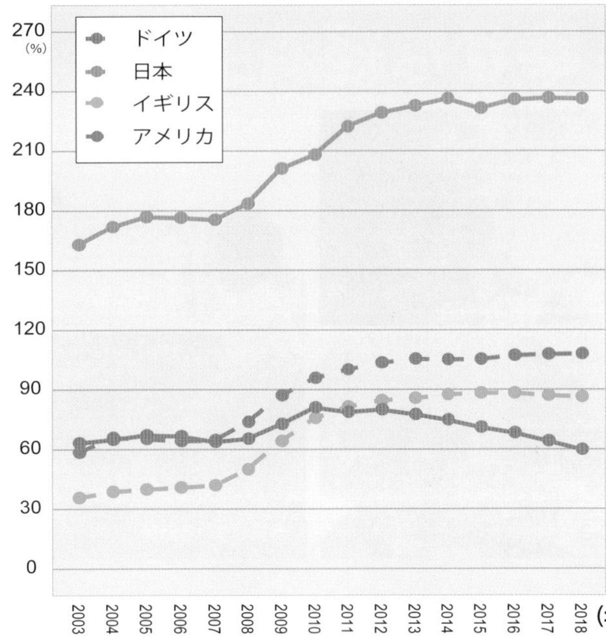

各国の債務残高の対GDP比（IMF資料）

一つの考え方として、所得の少ない人は少なく、所得の多い人は多く負担すべきだという考え方があります。この方法は、低所得者の生活を保障するという**所得の再配分**の意味をもっています。現在では、個人の所得に対する所得税は、所得に対する一定税率で負担するのではなく、所得の多い人ほどいっそう高い税率で負担することになっています。これを**累進課税**といいます。

また、税金は公共財の利益を受ける人が負担すべきだという考え方もあります（受益者負担）。例えば、道路整備の結果、主に自動車を使う人が利益を得ているのだから、道路整備の費用は自動車を使う人が負担すべきだとして、ガソリンに税金をかけるといった方法です。

さらに、国民から広くうすく徴税する方法として、国民一人ひとりの消費生活における消費に一定の税率をかける消費税という方法があります。この方法は現在、多くの国で実行されています。

こうして政府に集められた税金は、国民、住民のために効率よく、計画にしたがって使われる必要があります。そのため政府には、１年ごとの歳入と歳出の内容を明らかにし、国は国会で、地方公共団体は地方議会で承認を得ることが義務づけられています。

各国の消費税率

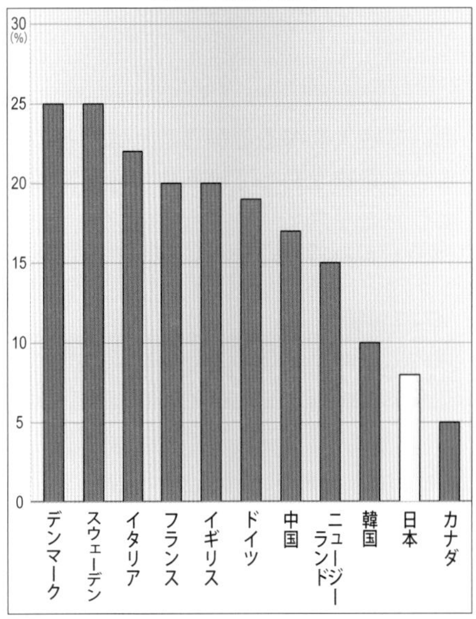

（国税庁資料）

ここがポイント！

①政府の経済活動は国民の税金によってまかなわれている。②税金は大きく分けると直接税と間接税に分かれ、納付先で分けると、国税と地方税に分かれる。③税金は豊かな人が多く負担するので、所得の再配分の効果をもっている。

第3節 幸せな経済生活

工場で働く人

生徒を特訓中の先生

診察している医師

店で働く人

建築現場で働く人

52 働くことの意味

働いて収入を得るということは、どのような意味をもっているのか考えてみよう。

ミニ知識

ワークシェアリング

企業内で残業や休日出勤などで過重労働が行われる一方で、企業外では失業者があふれているというようなことが起こらないように、企業内の労働者1人あたりの労働時間を減らして、その分、雇用者の数を増やすことも考えられる。このように仕事や賃金を分かち合い、働くことの意味を分かち合おうとする考え方を、ワークシェアリングという。

働くとは

私たちは、**企業**に雇われて**労働者**として働く場合と、個人商店や医師・弁護士などのように雇われないで独立して働く場合とがあります。継続的に働く場合は、その仕事は**職業**となります。

私たちはなぜ働くのでしょうか。私たちは働いて収入を得て、それが本人や家族の生活費となります。働くことができなければ、原則的に収入は得られず、生活はできなくなります。だれにでもわかるように、私たちは、収入を得て生活するために働いているのです。

一方、働くということを社会全体からみると、社会の人々が生きるのに必要な経済財を生み出す社会全体の生産活動を分担（**分業**）しあっているということになります。そして、分担して社会に貢献した分だけ報酬（労働者の場合は賃金）として支払われ、生活できるようになっています。

結局、働くというのは、報酬の分だけ、社会のなかのだれかのために役立っている仕事をしており、社会参加をしているということになります。それゆえ、働くということは、働く人にとって誇りとなり、生きがいになるのだといえます。

働くことと生活のバランス

私たちの生涯を振り返ってみると、最初は両親のもとで誕生することか

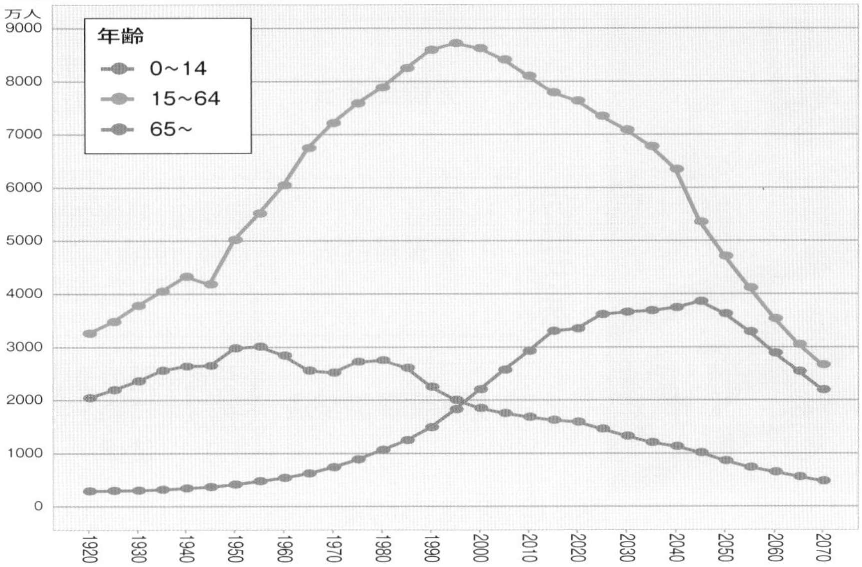

年齢3区分別人口の推移（総務省資料）
子供たちが健やかに育ち、健全に家庭を営み、健全で活力あり持続可能な社会を維持するためには、労働人口の推移を見据えた長期の政策が必要である。2020年以降は推測。

ら始まります。そして子供の時代は親の得た収入のもとで養育され、その間に立派な人間になるために教育を受けますが、働くということについては心身の力が不足し働きません。

しかし大人になれば、親から独立し、自ら収入を求めて働かなければならなくなります。そして結婚し、子供が生まれ、その子供を育てていかなければなりません。そして趣味や芸術をもたしなみ充実した人生を送ろうとします。

老いると、働く力も弱くなり、働くことをやめ、年金や蓄えた財産を使って生活します。

このようにみてくると、働くということはこのような生涯の大きな流れに沿ったものでなければならないということが分かります。とくに若い大人の時期には、働く力も旺盛ですが、同時に子供を生み、子供を育てるというとても大切なことをしている時期です。この時期にあっては働くことと子育てとは、その大人にとっても、育てられている子供にとっても十分に調和のとれたものでなければなりません。

生涯を通じて、働くこと（ワーク）と生活（ライフ）とが調和していること（バランス）を、**ワーク・ライフ・バランス**といい、このことを大切にしようということが強く言われるようになってきました。[1]

[1]「ワーク・ライフ・バランス」社会の実現を目指して、「仕事と生活の調和（ワーク・ライフ・バランス）憲章」と「仕事と生活の調和のための行動指針」が2007(平成19)年に策定され、2010年に改定されている。実現目標として次の3点をあげている。
①就労による経済的自立が可能な社会
②健康で豊かな生活のための時間が確保できる社会
③多様な働き方・生き方が選択できる社会

ここがポイント！

①働くということは、必要な生産活動を社会的に分担しているという意味がある。
②働くことによって収入が得られ、経済生活が可能になっている。
③ワーク・ライフ・バランスが大切である。

求職者の相談に応じるハローワークの職員

労働三法	労働基準法	労働条件に関する最低基準を定めた法律
	労働組合法	団結権、団体交渉権、団体行動権について規定した法律
	労働関係調整法	労働争議の予防や解決を目的とした法律

働く人を保護する3つの法律

53 働く人の保護

労働は社会を支え人を支えている。そのため働く人は常に適度に保護されていなければならないことを学ぼう。

働く人の保護

働くことは、社会参加であり、大人のときには原則としてだれもが働かなければならないとすると、働く人の保護は国家の大切な仕事となります。働きたい人には働く機会をあたえ、企業のなかで働くとき、企業の利益ばかり優先されて、不当に安い賃金(ちんぎん)で働かされたり、事故の発生しやすい危険な状況のもとで働かされたりするようなことがあってはなりません。

そのため、政府は、まずは働く意思をもっている人のために、職業につけるように**ハローワーク**(公共職業安定所(こうきょうしょくぎょうあんていじょ))を設置し、職業技術にかかわる訓練施設を設けています。

また、企業に雇用されて働く労働者は、ほかに働く場がないとき、低い賃金や悪い条件で働かされるということが起こりえます。そこで、働く場の条件の改善をはかることも政府の重要な役割です。わが国には、労働者の保護のため、**労働基準法**(ろうどうきじゅんほう)、労働組合法、労働関係調整法[1]という3つの重要な法律があります。

これらの法律に基づいて、国は最低限の労働条件を定め、また労働者は労働組合を結成し(**団結権**(だんけつけん))、賃金、労働時間、職場の安全などの労働条件の改善を求めて交渉し(**団体交渉権**(だんたいこうしょうけん))、必要によってはストライキなど団体行動を行うことができる

[1] 3つの法律をまとめて、労働三法という。

[2] 終業と始業とのあいだに十分な睡眠時間が取れないままに長期に働き過労死する事例が起こり、このようなインターバル制度が重視されるようになった。

[3] アルバイトもふくめ、1週間の労働時間が正規労働者より短い労働者をパートタイム労働者という。雇用契約を結んだ派遣(はけん)会社の指示で派遣先の企業で働く労働者を派遣労働者(派遣社員)という。そのほか有期契約社員などもふくめ非正規労働者は増えている。身分は必ずしも安定せず、正規労働者とくらべ収入が低く、同一労働同一賃金の原則のもと、格差の是正が進められている。

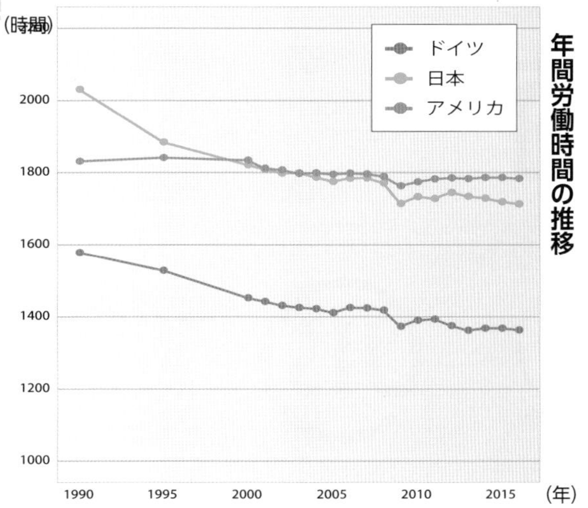

フルタイム労働者、パートタイム労働者をふくむ。(OECD資料)

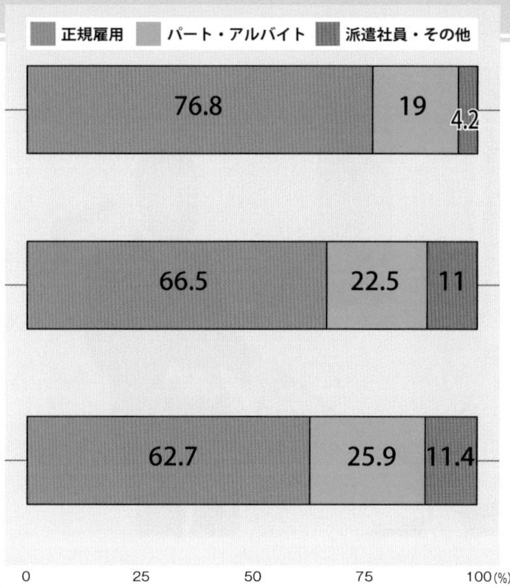

増える非正規労働者
非正規労働者が増え、正規労働者は減ってきている。
(総務省資料)

(**団体行動権**または**争議権**) ことを保障しています。

1985(昭和60)年には、男女の雇用差別をなくすため、男女雇用機会均等法が制定されました。1997(平成9)年に改正され、男女を限定した募集・採用や配置・昇格は原則禁止となりました。2017年には妊娠・出産等に関するハラスメントを防止するための規定が加わりました。また、1991年には出産・育児と両立させるための育児休業法が制定され、1995年には介護での休業もふくめ育児・介護休業法となりました。

進む働き方改革

働く人の心身にわたる健康を守り、子育てや介護など個々の状況に応じて積極的に働くことができ、子供が健全に育ち、家族が一緒に幸せに暮らせるようにすることは大切です。

そこで2018(平成30)年、**働き方改革**が行われました。労働基準法を改正して**時間外労働**に上限を設けました。また、過労死[2]を防止するため、終業から次の始業までに一定の休息をとる**インターバル制度**の努力を企業に要請しました。また、**同一労働同一賃金**の原則のもと、パートタイム労働者や派遣社員、契約社員などの**非正規労働者**[2]と正規労働者との間の著しい賃金格差の是正に取り組むことになっています。さらに働き方の多様化として、高収入の専門職については勤務時間でなく成果で賃金が決められる制度も2019年から始まりました。

やってみよう

なぜ、働き方改革が行われたのでしょうか。働き方改革について調べ、その理由について話し合ってみよう。

ここがポイント!

①国は働く人が安心して、明るく働けるように働く人の保護に努めなければならない。②多様な働き方が保障されるように、働き方改革が進められている。

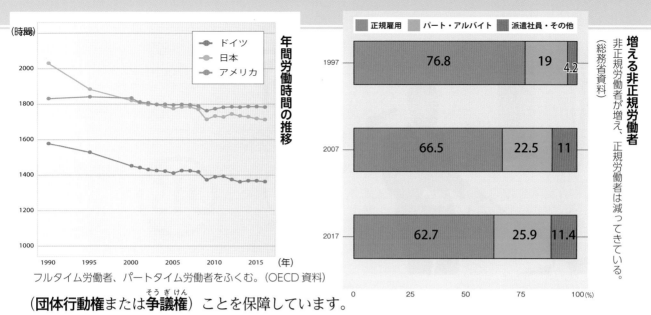

消費者庁

SGマークは安全な製品の略称で、財団法人製品安全協会が定めたものである。

その他の品質保証マークの例

日本農林規格に合格した農・林・畜・水産物のマーク	日本工業規格のマークで工業標準化法に基づき制定される国家規格	国際羊毛事務局が中心として認めた高品質のウール製品のマーク

54 消費者の保護

消費者としての国民を保護することが、いかに大切か考えてみよう。

[1]広告は、商品について適正に表示される必要がある。不当表示による誇大広告をとりしまる法律として、1962(昭和37)年に制定された「不当景品類及び不当表示防止法」がある。

ミニ知識

サリドマイド訴訟

1950年代後半には、世界でも日本でも、サリドマイドという化学物質が睡眠薬や胃腸薬として使われていた。妊婦が使った場合、手足に障害のある子供が生まれた。国は、最初それはサリドマイドのせいではないと言っていた。だが、1963年に63被害者家族より訴訟が起こされ、国は1974年ついに因果関係を認めて、損害賠償をして和解した。

消費者の方は有害な商品について十分な知識をもてないわけだから、国がしっかりしなければならない。

消費者保護の必要性

国民はすべて**消費者**の立場にもあります。消費者の消費する経済財は企業によって生産され提供されます。経済財を生産する企業は常に激しい競争を強いられており、そのために企業は不当に利益を上げようとしたり、企業の存続をはかろうとしたりして粗悪な**商品**を作り、広告[1]等で誤った情報をあたえて、消費者に購入させ、消費者に損害をあたえることがしばしば起こります。

しかし消費者が商品を購入するとき、商品について企業の側は知識や情報を十分にもっていますが、消費者はそうではありません。そのため企業の提供する情報に頼らざるをえず、その情報が適正なものかどうか、判断することは困難です。そのため、消費者の**消費生活**を守るために、国家において保護をあたえなければなりません。国や地方公共団体は、消費者が安心して消費生活を送れるように、いつも活動しています。

消費者を保護する決まりと仕組み

消費者の安全と保護を直接の目的とした初めての法律として、1968（昭和43）年に消費者保護基本法が制定され、商品による危害の防止、計量や規格の統一、表示の適正化、公正かつ自由な競争の確保などが定められました。1994（平成6）年には、欠陥商品によって消費者が被害をこうむったとき、企業に過失がな

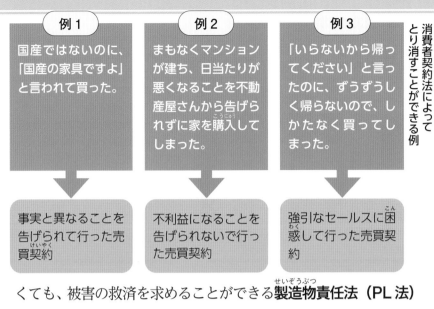

消費者契約法によってとり消すことができる例

例 1

国産ではないのに、「国産の家具ですよ」と言われて買った。

↓

事実と異なることを告げられて行った売買契約

例 2

まもなくマンションが建ち、日当たりが悪くなることを不動産屋さんから告げられずに家を購入してしまった。

↓

不利益になることを告げられないで行った売買契約

例 3

「いらないから帰ってください」と言ったのに、ずうずうしく帰らないので、しかたなく買ってしまった。

↓

強引なセールスに困惑して行った売買契約

くても、被害の救済を求めることができる**製造物責任法（PL 法）**が制定され、さらに 2000 年には、消費者を保護するための消費者契約法[2]や訪問販売や街頭のキャッチセールスなどによる悪徳商法から消費者を守るための特定商取引法が制定されました。この法律では、訪問販売などで、いったん購入の契約を結んでも、一定の期間内であれば、消費者は一方的に契約を解除できる**クーリングオフ**の制度が強化されました。

2004 年には、消費者保護基本法が全面的に改正され、**消費者基本法**が制定されました。この法律では、消費者の保護に加えて消費者の自立の支援が掲げられるようになり、消費者の安全の確保や被害の補償に加えて、消費者に対して必要な情報や学習の機会があたえられること、消費者自身が自主的、合理的に商品を選択することなどが定められました。

2007 年には、1 人当たりの被害額は小さくても多数の消費者が被害を受けている商品に対して、それを販売している企業に向けて、一定の資格を得た消費者団体が、訴訟を起こすことのできる**消費者団体訴訟制度**が発足しました。

また、2009 年には、それまで各省庁でばらばらに行われていた消費者行政を統一的・一元的に推進するため、消費者庁が新たに設置され、消費者の自立の支援も含めて、消費者が安心、安全に消費生活が送れるよう、地方とともに取り組んでいます。

消費生活に関する出来事

1962	不当景品類及び不当表示防止法
1968	消費者保護基本法
1973	消費生活用製品安全法
1994	製造物責任法（PL 法）
2000	消費者契約法 特定商取引法
2001	日本で狂牛病発生
2004	消費者基本法（消費者保護基本法改正）
2007	中国の毒餃子事件
2009	消費者庁設置
2010	宮崎県で口蹄疫流行

[2]消費者と販売者が商品売買を契約するとき、商品に関する知識、情報は、消費者と販売者とのあいだで大きな差がある。このことによって消費者が不利益を被らないように消費者を保護する法律。この法律によって、商品売買におけるトラブルは大いに減少した。

ここがポイント！

①国民の経済生活は、最後には消費者として豊かで安全な生活をするかどうかにかかっている。②消費する製品の品質や安全を保証するために、いろいろな消費者保護制度が整備されている。③ 2009(平成 21) 年に消費者庁が発足した。

社会保障の仕組み

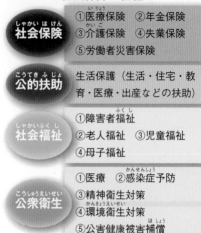

社会保険	①医療保険　②年金保険 ③介護保険　④失業保険 ⑤労働者災害保険
公的扶助	生活保護（生活・住宅・教育・医療・出産などの扶助）
社会福祉	①障害者福祉 ②老人福祉　③児童福祉 ④母子福祉
公衆衛生	①医療　②感染症予防 ③精神衛生対策 ④環境衛生対策 ⑤公害健康被害補償

主要国の国民負担率（2015年）（財務省資料）

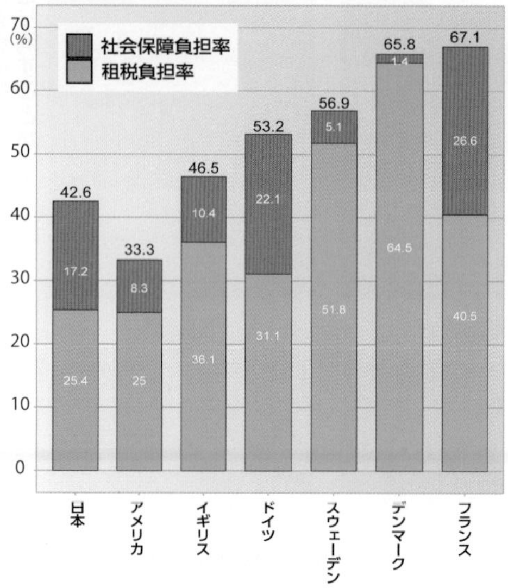

スウェーデンは、先進国で最も社会保障の充実した国とされる。しかしそのために国民は高い税や保険料を負担しなければならず、労働意欲の低下が問題となっている。他方、アメリカは先進国のなかで最も社会保障の充実していない国とされている。現在も約９％の国民が医療保険に入っていない。

国民負担率とは租税負担と社会保障負担（公的年金や医療保険の保険料など）の合計が国民所得に占める割合のこと。

55 社会保障制度の充実

社会保障制度は国民が安心して暮らすための制度であり、国民の努力によってできたことを学ぼう。

年金機構事務所窓口

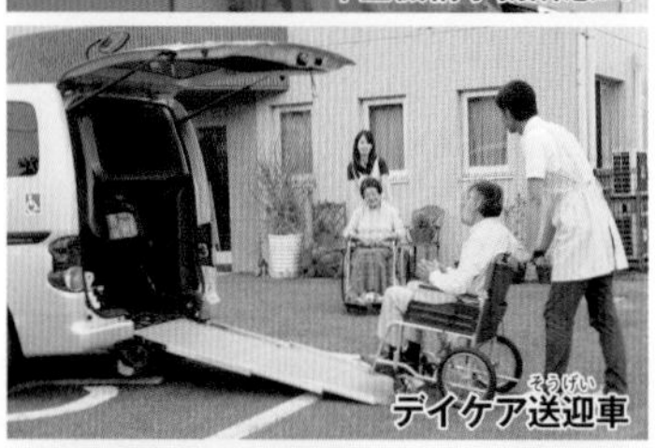
デイケア送迎車

保健所の防疫作業

社会保障制度の必要性

私たちは、しばしば生活のうえで困窮におちいることがあります。勤めていた企業が倒産したり、けが、病気、障害あるいは高齢のために働けなくなる場合があります。また、働いても生活に十分な収入が得られない場合もあります。さらに、けがや病気の場合、病院に行けば医療費を負担しなければなりません。このような国民生活の困窮を避けるためには、そのための制度を整えていく必要があります。その制度が社会保障制度とよばれるものです。日本国憲法第 25 条は「すべて国民は、健康で文化的な最低限の生活を営む権利を有する」とうたっていますが、この権利は、実際には政府が中心となって**社会保障制度**を充実させていかなければ実現できません。

社会保障制度のさまざま

社会保障制度は、**社会保険**、公的扶助、社会福祉、公衆衛生の四つに分けて考えることができます。社会保険は、国民に加入が義務づけられている保険です。社会保険には、医療保険、年金保険、労働災害保険、雇用保険、介護保険などがあります。国は、個人とその雇い主が支払う保険料をたくわえておき、必要なときに国庫からの支出も加えて保険金として支給します。この保険によって、例えば病気になっても、保険証をもっていけば医療

社会保障給付費の内訳（2016 年度）
（国立社会保障・人口問題研究所資料）

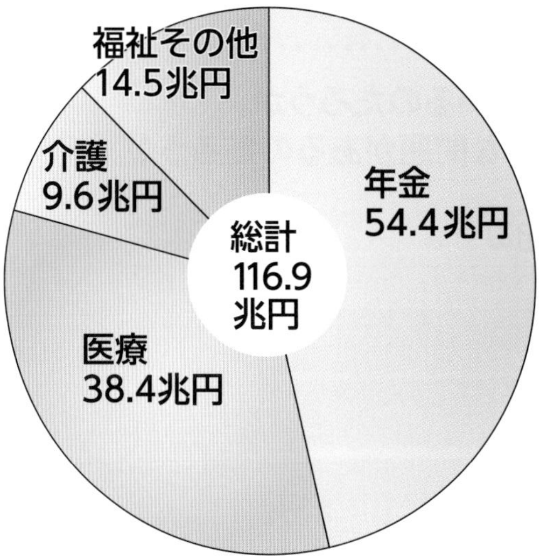

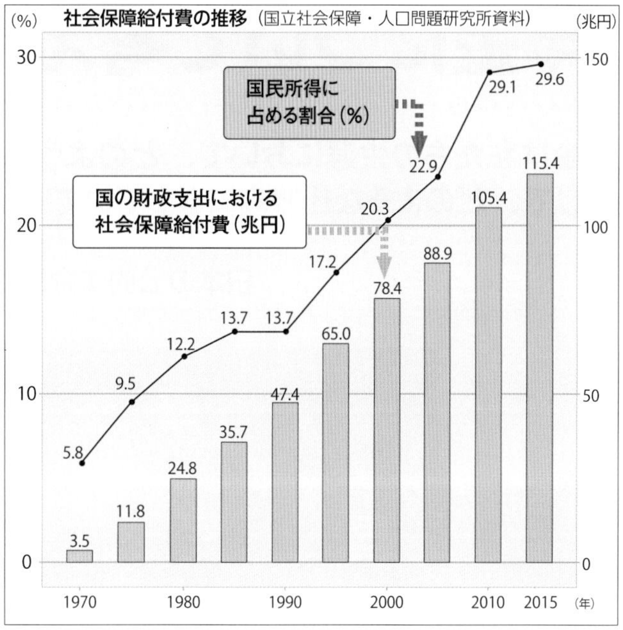

社会保障給付費とはILO（国際労働機関）が定めた基準に基づいて、社会保障制度を通じて、1年間に国民に給付される金銭またはサービスの合計額である。

費の大部分を保険で負担してくれることになります。公的扶助は、生活保護法に基づき、収入がなく生活に困っている人を公費で救済する制度です。社会福祉は、高齢者や障害者、保護者のいない児童などに対して、保護し、自立のための援助をあたえる制度です。

公衆衛生は、直接に病気になったり、生活に困窮している人の救済ではありませんが、感染症の予防、食品衛生の管理、そして上下水道の管理やごみ処理などの環境衛生の維持と向上をはかる取り組みであり、国民が健康で文化的な生活を送るためにかけがえのないものです。

社会保障制度の問題点と改革

社会保障制度は、国民が安心して豊かに生活していくために不可欠な仕組みですが、その維持には莫大なお金が必要です。わが国では、急速に**少子高齢化**が進んでおり、労働人口が減りながら、他方で**年金**の給付を受ける人や、保護や援助を必要とする人が増えています。増大する社会保障費を国民全体でどのように負担していくのか、重要な問題です。

また、社会保障制度などをいっそう整備するために、個人情報管理のためのマイナンバー制度が、2016 年から始まりました。[1]

[1] 住民票をもつすべての人に一生変わらない 12 桁の番号（マイナンバー）があたえられ、社会保障・税・災害対策などに共通に利用される。公平・公正な運用、行政手続きの効率化、国民の利便性の向上などが期待されているが、個人情報の流出を起こさない仕組みが社会全体で要求されている。

やってみよう

左ページにある「主要国の国民負担率」のグラフをみながら、増大する社会保障費を国民全体でどのように負担していくべきか、話し合ってみよう。

ここがポイント！

①社会保障制度は国民が安心して暮らすための制度である。②社会保障制度をどの程度充実させるかは国民の選択による。

もっと知りたい

年金について考えてみよう

年金は私たちの生涯において、どのように役立っているのだろうか。そして、どのような仕組みになっていて、どのような問題があるのだろうか。

日本の公的年金制度の仕組み

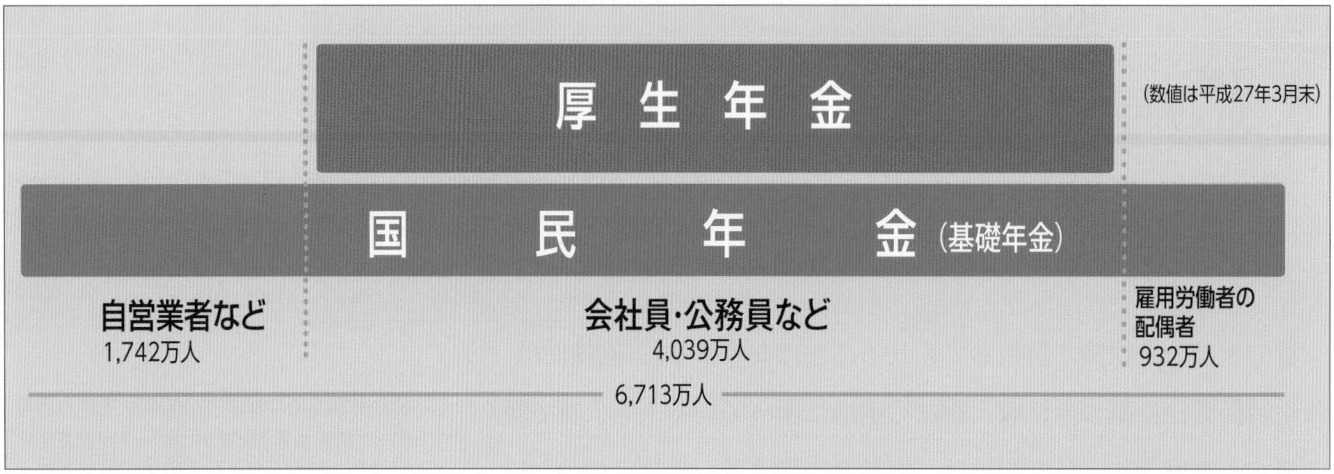

安心して暮らせる年金制度

私たちの多くは、大人になったら、就職して働きます。働いて収入を得て、生活する。しかし、いつまでも働けるわけではない。いつかは高齢になって働けなくなる。あるいは事故や病気によって働けなくなることがある。そうなったとき、どうやって生活のためのお金を得たらよいのだろうか。

そうした心配をなくしていくためにできたのが、年金制度である。高齢になって働けなくなって収入のない状態になったとき、生活のために支給するのが年金である。わが国では、国家の制度としてすべての国民をカバーする公的(こうてき)年金制度が整っている。

この年金は税金によってもまかなわれている部分があるが、基本的には、働いているとき納付した保険料が財源となっている保険である。つまり公的年金制度は、働いている期間にお金を出し合っておいて、そのお金を基にして高齢になったときに支給を受ける一種の保険金のようなものである。そしてこの保険に国家として国民を強制的に加入させる「国民皆保険(こくみんかいほけん)」にすることによって、すべての国民がその恩恵(おんけい)を受けることができるようになっている。このような強制加入の保険を社会保険といって、社会保障制度の大きな柱としている。

現在の日本の年金制度

現在、わが国では、すべての国民が国民年金（基礎年金）に加入することが義務づけられ、20 歳から 60 歳まで保険料を支払わなければならないことになっている。

さらにこれに積み重ねる公的年金として、民間で雇用されている人が使用者と折半して保険料を負担する厚生年金と公務員等がやはり使用者と折半して保険料を負担する共済年金が存在した。

支給される年金の種類

老齢年金	原則として65歳以上の高齢者に支給される
障害年金	病気やけがで障害を負った人に支給される年金
遺族年金	加入者や受給者が、死亡すると遺族に支給される年金

国民年金納付率の推移

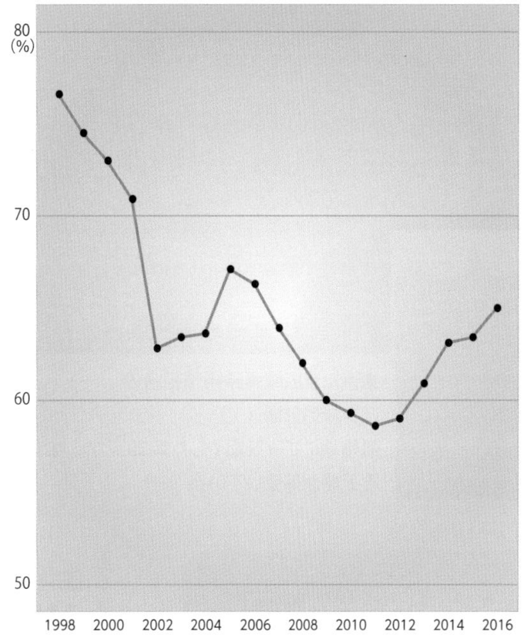

(厚生労働省資料)

国民年金は加入を義務づけられているものなので、だれもが保険料を支払わなければならないが、残念ながら未納付の人がいる。このところ納付率は下がっていたが、この数年では少しずつ上がってきている。

2015（平成27）年、共済年金は廃止され厚生年金に統合された。

このように公的年金制度は、強制加入の国民年金と厚生年金から成り立っているが、さらにそれらの上に積み重ねる年金として、任意に加入する私的年金が存在する。私的年金には、国民年金基金、厚生年金基金、確定給付企業年金などがある。

支給される年金は、高齢になり働けなくなった場合の保障であるから、原則として65歳を経て支給される老齢年金が中心になるが、そのほか病気やけがで働けなくなった場合の障害年金、遺族が受けとる遺族年金がある。

年金制度のこれからの問題

こうしてわが国では、社会保障制度の大きな柱の一つとして、安心して働ける年金制度ができあがっているわけである。年金制度は国家としてあまりにも大きな制度であり、税金で負担する部分もふくめて納付する保険料はいつ、いくら支払うのか、そしてそのとき、支払うことができなかった人をどうするのか、また支給する年金はどのような状態でいくら支給するのか、大変に複雑で大きな問題をかかえている。

特にわが国では、子供が少なく、高齢者の多い少子高齢社会となっており、働く人が少なくなり、入ってくる保険料は少なくなってきている。

しかし、高齢者は増え、支給しなければならない保険金は大きくふくらんできている。いかに公平な負担と支給にするか、いかに支給の財源を確保していくか、深刻な問題である。これは若者の年金不信、低所得者の増加という構造的な原因によるともいわれている。

東京たま広域資源循環組合の二ツ塚処分場（上）
隣接地にごみを燃やした焼却灰からセメントをつくる工場が稼働している（左）

東京国際空港
通称、羽田空港ともいう。24時間運用可能な空港として日本最大かつ東京、首都圏を代表する空港。

56 社会資本の充実

社会資本とは何だろうか、幸せな経済生活のために欠かせないものであることを考えよう。

生活と生産を支える社会資本

みなさんの住む地域には、古くからある道路や橋、ため池や用水、堤防などがありますか。そのそばにその完成を祝ったり、建設を指導した人を讃えた石碑がありませんか。昔から人々は、生活と生産のために必要な大規模な工事を、地域の共同体で協力して行ってきました。そうしてつくられ、社会が共同で利用する施設・設備・財産を総合して**社会資本**[1]（インフラストラクチャー）といいます。

今日の社会資本には、上下水道、ごみ処理場のように国民の日々の生活に欠かせないもの、港湾施設、工業用水など産業基盤として生産活動に欠かせないもの、さらには道路、鉄道、空港、電気の供給、電話やインターネットなどの通信の施設・設備など、国民生活にも生産活動にもともに欠かせないものがあります。

また、学校、図書館、博物館、公園、運動場などのように多くの人が使う教育・文化施設も社会資本です。保健所や病院のような保健・医療施設も社会資本です。そのほか、**自然環境保護**の観点から行う自然環境の補修・整備や、遺跡、寺院などの**文化財・文化遺産**の保護・整備なども、過去から未来へと持続していく社会のための社会資本の整備[2]として考えられます。

[1]社会資本の種類

産業基盤に関するもの	道路、鉄道、港湾、空港、土地改良など
生活基盤に関するもの	上下水道、公園、学校、図書館、病院、廃棄物処理施設、老人福祉厚生施設など
国土保全に関するもの	治山、治水、海岸整備、森林資源など
文化遺産に関するもの	遺跡、文化財など

[2]わが国は高度成長期に建設されたさまざまな社会資本が数十年を経て老朽化し、大規模な事故も発生し始めており、その修理や改築が重要な課題となっている。

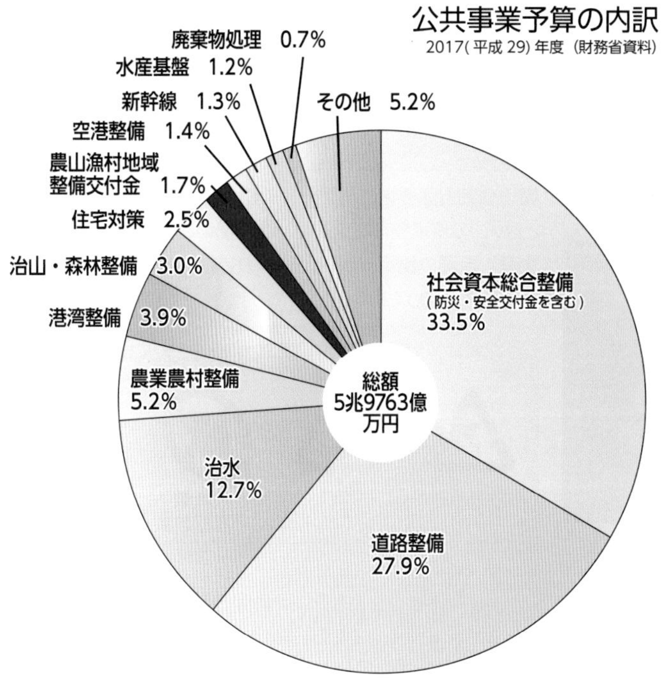

最近の公共事業予算額は2000年あたりの半分の水準に落ちてきている。また社会資本の老朽化対策、防災対策への配分が増えている。

教育関連施設数

幼稚園	10878
幼保連携型認定こども園	3673
小学校	20095
中学校	10325
高等学校	4907
特別支援学校	1135
高等専門学校	57
短期大学	337
大学	780
公民館（公民館類似施設を含む）	14841
博物館（博物館類似施設を含む）	5690
美術館	1064
動物園	94
水族館	84
歴史資料館	3302
その他	1146

学校は2017年、公民館以下は2015年の数（文部科学省資料による）

社会資本充実のための費用

社会資本の建設と維持には巨額の費用がかかるため、多くの場合、通常の収益事業として行うことができません。なかには、電気・ガス・水道や公共交通機関などのように、使用料金を徴収して施設・設備の建設費や運用の費用をまかなう場合もありますが、多くのものは、国や地方公共団体によって**税金**や公債からなる公的資金を投入して整備されています。特に道路、港湾施設、ダムなど長期にわたって巨額の費用がかかる建設事業は**公共事業**とよばれ、公的資金を主な財源として、長期にわたって投資したり融資したりしてまかなわれます。

求められる質の充実

快適な生活という意味から、最近では、社会資本の質も問われるようになりました。公共交通機関や公共の施設・設備は、高齢者や障害のある人たちも利用しやすいように、段差をなくしたり、点字の併記を設けたりする、生活上の危険や不便をなくすためのバリアフリー化が進んでいます。2000（平成12）年には、高齢者や障害者も公共交通機関を利用しやすくするため、交通バリアフリー法が制定されました。

ここがポイント!

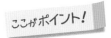

①社会資本とは、社会共同で利用する施設・設備・財産である。②社会資本は豊かな経済生活のために欠かせないもので、整備のためには巨額の費用と長い年月がかかる。

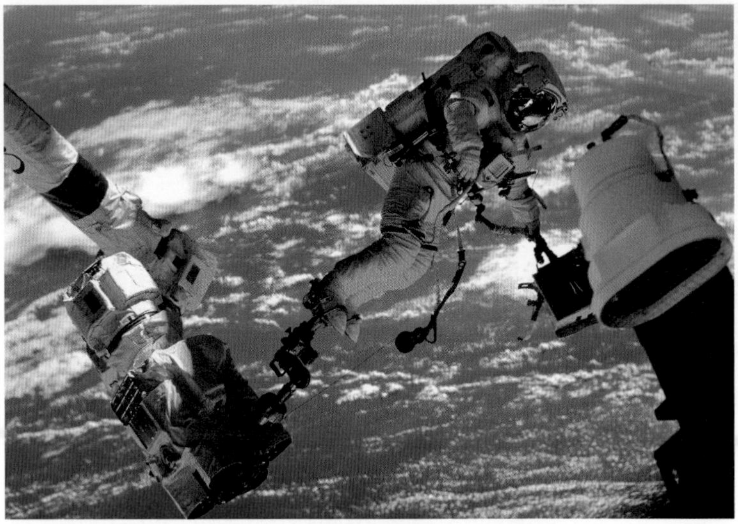

宇宙ステーションから見たかけがえのない青い地球

環境負荷低減製品を示すラベル

エコマーク　PC グリーンラベル　再生紙使用

環境負荷とは環境に与える負の影響をいう。環境負荷低減製品とは、この環境負荷を低減させた製品のことで、製品の原料調達、生産、流通、使用、回収、分解の過程でできるだけ負荷を低減させる努力をしている。

リサイクル製品を示すラベル

アルミ缶　PET ボトル　紙製容器包装　プラスチック製容器包装

57 環境保全と私たちの責任

環境保全は私たちのためにだけではなく、次の世代に生きる人たちのために、いかに大切かを考えてみよう。

[1] CO_2 の排出規制は石油や石炭などの化石燃料の使用を抑制することになるので、経済発展と両立しないことがある。そのため、CO_2 排出削減の目標額は世界各国間で足並みがそろいにくい。

[2] 現在、地球の温暖化は確実に進んでいるが、それが進んだ場合、極地の氷がとけ、海面が上昇し、大気の対流現象が激しくなり、気候変動を引き起こす。また海流の流れが変わり、ヨーロッパは逆に寒冷化するともいわれている。

環境破壊

社会のなかで、生産者は消費者の必要に合わせてさまざまな商品を大量に生産し、消費者はそれらを消費しています。この活発な経済活動のマイナスの**外部効果**として**環境破壊**があります。わが国では、1960 年代の高度経済成長の時期に、いくつもの企業が有害な物質を工場の外に排出し、水質汚染や大気汚染などの公害を引き起こし、深刻な生活環境の悪化をまねきました。

また、都市における自動車の排気ガスや大量に排出されるごみなど、企業の生産活動だけでなく消費活動からも、環境破壊は生み出されました。

近年では、世界規模での経済の活性化にともなって、CO_2[1] などの温室効果ガスの排出による気候変動[2]や、木材など天然資源の大量消費による資源枯渇と砂漠化など、地球規模での環境破壊が進行していると指摘されています。

環境保全のための法整備

わが国では、公害の発生を契機として、1967（昭和 42）年、公害対策基本法が制定され、1968 年には大気汚染防止法が、1970 年には水質汚濁防止法が制定されました。そして、1993（平成 5）年には、それまでの公害対策基本法を廃止し、公害対策にとどまらず、山林・湖沼・湿原・河川など広く自然を保護し、

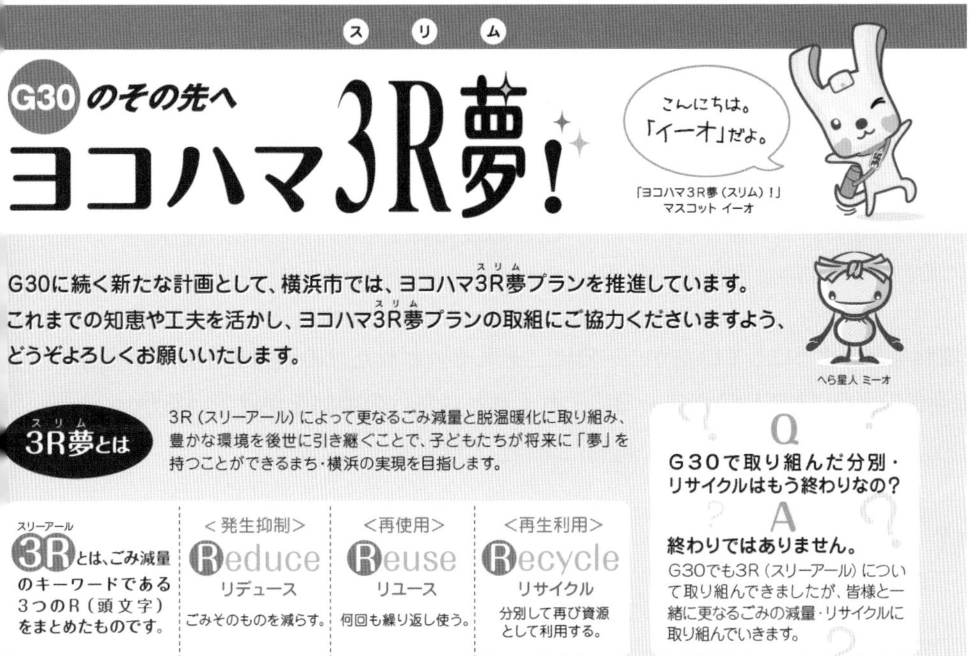

スリム
G30のその先へ
ヨコハマ3R夢!
こんにちは。「イーオ」だよ。
「ヨコハマ3R夢(スリム)!」マスコット イーオ
G30に続く新たな計画として、横浜市では、ヨコハマ3R夢プランを推進しています。
これまでの知恵や工夫を活かし、ヨコハマ3R夢プランの取組にご協力くださいますよう、
どうぞよろしくお願いいたします。
へら星人 ミーオ
3R夢とは
3R(スリーアール)によって更なるごみ減量と脱温暖化に取り組み、豊かな環境を後世に引き継ぐことで、子どもたちが将来に「夢」を持つことができるまち・横浜の実現を目指します。
Q
G30で取り組んだ分別・リサイクルはもう終わりなの?
A
終わりではありません。
G30でも3R(スリーアール)について取り組んできましたが、皆様と一緒に更なるごみの減量・リサイクルに取り組んでいきます。
スリーアール
3Rとは、ごみ減量のキーワードである3つのR(頭文字)をまとめたものです。
<発生抑制> Reduce リデュース ごみそのものを減らす。
<再使用> Reuse リユース 何回も繰り返し使う。
<再生利用> Recycle リサイクル 分別して再び資源として利用する。

370万人をこえる横浜市民が豊かな地球、美しい自然を守るため循環型社会の形成を目指して、2001年度に対し2010年度のごみ排出量を30%削減するという「G30(ジーサンジュウ)プラン」を2003年度からスタートさせ、達成年度に43.2%の削減に成功した。現在は2010年度から2025年の16年間を見通して、ごみ処理にともなう温室効果ガスの排出量50%以上削減の「ヨコハマ3R夢(スリム)プラン」を進めている。

わが国土を守ることを目的として、**環境基本法**が制定されました。

エネルギー資源の節減のためにも、1979年に省エネ法が制定され、現在では、主要先進国では最も効率的にエネルギーを使用する国となっています。国際的にみると、2005年に発効した京都議定書では不十分でしたが、2016年に発効したパリ協定では、すべての国が地球温暖化の原因となる温室効果ガスの削減にとりくむことになり、画期的な協定ができました。

環境保全は国民の消費生活も密接にかかわっています。大量のごみをつくりだし、捨てる社会は、環境汚染にとどまらず、資源の浪費になり、やがて資源の乱掘・乱伐につながり、環境破壊を引き起こします。したがって、国民は消費者の立場に立ったとき、できるだけ資源の再利用の製品を購入し、ごみを出すときにはごみが再利用できるよう、ごみの分別収集を徹底し、3R活動[3]を推進しなければなりません。そして「地球にやさしい」**資源循環型の社会**の形成を目指し、次代の国民に健全な自然環境を残していかなければなりません。そのような社会の形成を目指して2000年に循環型社会形成推進基本法[4]が制定されました。

リサイクル法の歴史

年	法　律
1995	容器包装リサイクル法
1998	家電リサイクル法
2000	循環型社会形成推進基本法
2000	建設リサイクル法
2000	食品リサイクル法
2001	資源有効利用促進法
2002	自動車リサイクル法
2013	小型家電リサイクル法

3 3R活動はリデュース(廃棄物を減らす)、リユース(再利用)、リサイクル(再資源化)活動のこと。

4 持続可能な社会を目指して、循環型社会の形成を推進する基本的枠組みを定めている法律。この法律の周辺に、循環型社会の形成のためにさまざまなリサイクル法が制定され、資源の有効利用が促進されている。

ここがポイント!

①経済成長はよいとしても、環境破壊をすることは許されない。②次世代の国民に健全な自然環境を残すため、循環型社会の形成を目指して努力していかなければならない。

アクティブに深めよう 家事方法の進歩は私たちの生活にどのような影響を与えただろうか

江戸時代の家庭では、料理、洗濯、掃除などの家事にかける時間がたくさんありました。今日では、冷蔵庫や洗濯機、掃除機などの発明その他により、家事の方法が大きく進歩し、私たちの生活は変化してきました。次の３点について、各班で話し合いながら、以下の表にまとめてみましょう。

1、江戸時代の家庭では、料理、洗濯、掃除をどのようにしていたか、一日に、それぞれどれだけの時間をかけていたか。

2、現代の家庭では、料理、洗濯、掃除をどのようにしているか、一日にそれぞれどれだけの時間をかけているか。

3、江戸時代と現代では、家事はどのように変化しただろうか、特に時間に着目して話し合ってみよう。

家事	江戸時代		現代
料理		仕方 時間	
洗濯		仕方 時間	
掃除		仕方 時間	

江戸時代と比べると、現代における家事のための時間は、大きく減少したといえます。時間は資源の１つであり、有限であるため、希少性があります。家事のための時間を省くことができたのは、どんなことのおかげでしょうか。例のように、書き出してみよう。

（例）洗濯機の登場で洗濯にかかる時間が短くなった。

次は、家事以外の分野で時間を効率的につかうことができるようになった例をさがしてみましょう。移動手段や通信技術などの観点からも考えて、各班で話し合いながら、思いつくだけ書き出してみましょう。

上の表に書き出したものは、時間を省くこと、つまり効率がよくなることの例です。効率だけでなく、公正の観点からもみる必要があります。便利になった一方で、新たな問題が起きていないか考えてみましょう。

（例）洗濯機のおかげで、頻繁にあるいは大量に洗濯をすることができるようになった。
そのため、洗剤の使用量が増え、環境に悪影響を与えている可能性がでてきた。

経済活動の変化が社会にもたらした影響について、今までにでてきた具体例を用いて、600 字程度で文章にまとめてみましょう。その際、効率と公正の両方の観点を入れましょう。

アクティブに深めよう　お店を出店しよう

　あなたは、ある町でお店を出そうと考えました。そのためには、どのようなことを調べ、考え、準備しなければならないのでしょうか。班のメンバーを共同経営者とします。これまで学習してきたことを生かして、自分たちのお店を企画してみましょう。

話し合おう

①いま、あなたが住んでいるまちには、どのようなお店があるだろうか。思いつく限り、書き出してみよう。書き出したら班で共有しましょう。

②班で、何のお店を出すか決めましょう。

★何屋ですか。　★お店の名前を決めましょう。

③事業内容を具体的に考えてみよう。

★どんなサービスを提供しますか。　★お店のコンセプト

★他のお店と違うことは　★アピールポイントはなに

④お店を経営するのに必要なことを考えよう

★組織（人数と役職）　★資金はいくらいるだろう。

★資金調達の方法　★給料はどれくらいかな？

⑤主力商品を考えよう。

★商品名　★商品の特徴　★価格　★販売数（顧客数）

⑥企業の社会的責任

★社会に対してどのような貢献ができるだろうか

調べてみよう

⑦出店するお店が決まったら、特に主力商品について調査しよう

調査方法→　1　家族と話す　2　まちの人からアンケートをとる

調査のポイント→　1　主力商品を買いたいと思うか　2　商品名への好感度　3　価格は適切かどうか

書いてみよう

⑧企画書にまとめてみよう

企画書			
何のお店		お店の名前	
事業内容			
サービス	コンセプト	他店との違い	PR ポイント
経営方針			
人数と役職	給料はどれくらい	資金はいくらいる	資金調達の方法
主力商品			
商品名	特徴	価格	販売数（顧客数）
企業の社会的責任			
社会に対してどのような貢献ができるだろうか			

発表しよう

⑨班で企画書を完成させたら、プレゼンテーションをしてみよう。

第4章 学習のまとめと発展

学習のまとめ

●最重要語句

(　) 単元 41　私たちを支える経済活動

経済活動　経済財　有形財　サービス　私的財　公共財

(　) 単元 42　豊かな社会と生産性の向上

生産性　労働　経済成長　分業　職業

(　) 単元 43　生産と消費の調整

使用価値　交換価値　貨幣　価格　需要　供給

(　) 単元 44　市場経済の特色

市場経済　自由競争　計画経済　外部効果

(　) 単元 45　市場経済と公共財

独占　独占価格　寡占　独占禁止法　公共財　公共料金

(　) 単元 46　企業の仕組みとはたらき

市場経済　家計　企業　資本　株式会社　商品

(　) 単元 47　流通と金融の役割

流通　金融　商品　商業　銀行　企業　貯蓄

(　) 単元 48　貿易と為替相場

貿易　為替相場　輸出　輸入　通貨　円高　円安

(　) 単元 49　経済活動と政府の役割

経済活動　税金　財政　公共財　所得の再配分

(　) 単元 50　景気変動とその調整

景気変動　市場経済　好況　不況　日本銀行

(　) 単元 51　政府の財政と税金

財政　税金　経済活動　公共財　所得の再配分

(　) 単元 52　働くことの意味

企業　労働者　職業　分業

ワーク・ライフ・バランス

(　) 単元 53　働く人の保護

ハローワーク　労働基準法　働き方改革

インターバル制度　同一労働同一賃金

(　) 単元 54　消費者の保護

商品　消費者　消費生活　消費者基本法

(　) 単元 55　社会保障制度の充実

社会保障制度　社会保険　少子高齢化　年金

(　) 単元 56　社会資本の充実

社会資本　自然環境保護　税金　公共事業

(　) 単元 57　環境保全と私たちの責任

環境保全　外部効果　環境破壊　資源循環型の社会

最重要語句を手がかりに「各章末の『学習のまとめと発展』の取り組み方」(ⅸページ) に示してある３つの問題に挑戦してみよう。

学習の発展

第４章の学習を発展させるために、次の課題のうち１つを選んで、約 400 字でまとめてみよう。

❶江戸時代の家庭にはなくて、現代ではどこの家庭にもある家庭用品を10ほどあげ、それらがなければ、生活がどのように変わるか考えてみよう。

❷新しく開発された商品は経済生活を豊かにすると同時に、社会に悪い影響をあたえることがある。そのときは規制が必要となる。そのことを、携帯電話を例にして考えてみよう。

❸市場経済では、商品を売るために莫大な宣伝費をかけるのに対して、計画経済では宣伝費はあまりかけない。宣伝費の得失について、考えてみよう。

❹高齢者が増え、働いている若い世代が少なくなる高齢社会の中で、年金制度に問題が生じることを確かめ、その解決法にはどんなものがあるか、いろいろ考えてみよう。

❺わが国は循環型社会をさらに進めるために、どのようにしていかなければならないか、考えてみよう。

第5章

国際社会に生きる日本

日本をとりまく国際社会の情況は
どうなっているのだろうか。
日本が国際社会と全人類のために
できることは何だろう。

第1節 国際社会の仕組み

リオデジャネイロオリンピック開会式

58 国家と国際関係

国々の集まりである国際社会は、どのような原則で成り立っているだろうか。

主権国家

現在、世界には、面積、人口、言語、宗教、伝統や生活習慣などがそれぞれ異なる、約 200 の独立国家があります。国家の独立の権利を**国家主権**といい、国家主権をもつ国家を**主権国家**とよびます。主権国家は主権平等の原則に基づき、内政に干渉されない権利や、領土不可侵の権利をもっています。

また、他国からの緊急・不正の侵害に対する防衛の権利である**自衛権**[1]が認められています。主権国家の集まりである国際社会は、たがいに主権を尊重しあうことが原則となっています。

国家の三要素

主権国家は、主権をもち、一定の領域を支配し、そこには国民が存在します。これを**国家の三要素**といいます。国家の領域とは、歴史的に形成されてきたその国の主権がおよぶ範囲のことで、領土、領海、領空からなります。また、領海の外側に排他的経済水域（EEZ）を設け、その水域にある天然資源（漁業資源や鉱物資源など）を、独占的に採取する権利が認められています。EEZ の外側は公海と呼ばれ、どの国も自由に航海し、漁業操業などの資源採取ができます（公海自由の原則）[2]。

わが国の領域に関する課題

一定の地域を、複数の国家が自国のものと主張して対立する問題が、**領**

[1] 個別的自衛権と集団的自衛権の2種類があるとされる。

[2] 国連海洋法条約による。なお、南極条約は、南極地域に対する領土主権を凍結したので、南極海は公海と位置づけられている。また、宇宙条約により、宇宙空間はどこの国にも属さないことが定められている。

各国がお互いに領域を尊重することが大切です

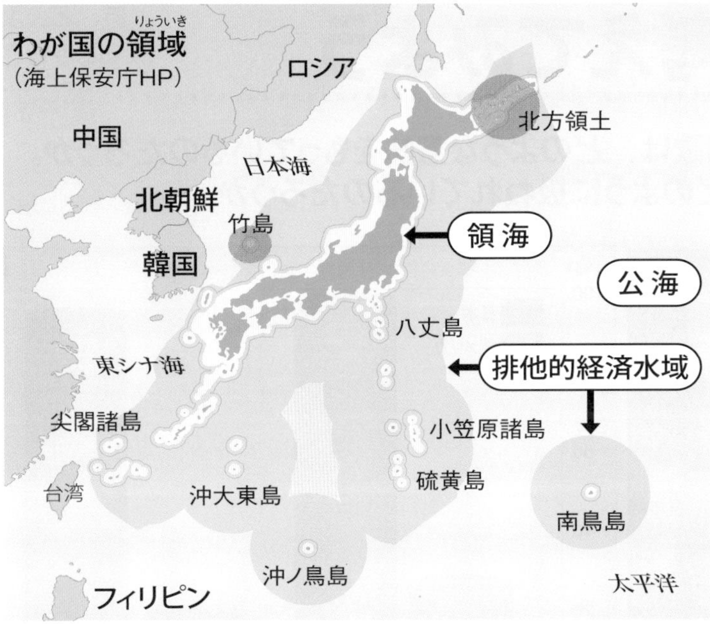

わが国の領域　国連海洋法で、領土から12海里（22・5㎞）の範囲を領海、領土及び領海上の大気圏内を領空、領土から200海里（約370㎞）の範囲を排他的経済水域と決められている。

土問題あるいは領土紛争です。わが国には、北方領土問題、竹島問題の２つの重大な領土問題があり、いずれも、歴史的にも国際法的にもわが国固有の領土ですが、ロシアと韓国が不法にそれぞれ占拠しています。そのほかわが国の尖閣諸島を中国が領有権を主張し、公船が領海侵犯、航空機が領空接近を繰り返しています。また、海底ガス油田が発見された東シナ海で[3]、日中中間線がＥＥＺの境界線であるとするわが国の主張や、沖ノ鳥島[4]に関するわが国の権利を認めないとする中国とのあいだで対立が起きています。

わが国は、外交交渉や国際司法裁判所での平和的解決に努めています。これらの問題解決は、経済的権利を確保し、国の主権と尊厳を守るうえで重要です。

国旗と国歌

主権国家の独立と尊厳を表し、国家の掲げる理想や、国民が共有する誇りや連帯心を象徴するものとして国旗と国歌があります。国旗と国歌に対する敬愛は、国を愛する心情につながっています。また、国際社会では、他国の**国旗**と**国歌**に対して、自国のそれと同等に敬意を表するのが基本的礼儀となっています。オリンピックやワールドカップでも、各国の国旗が掲揚され、国歌が演奏されています。

[3] 2000年ごろから、日中のEEZが重なるこの海域の中間で、中国が海底ガス田を開発し、わが国と対立している。

中国の天然ガス採掘施設

[4] 東京都小笠原村に属するサンゴ礁の島であり、この島があることで周囲42万㎢のわが国のEEZが確保されている。

同じく小笠原村に属している南鳥島があることで、周囲43万㎢のEEZが確保されている。

ここがポイント！

①国際社会で主権国家が相互に守らなければならない原則は主権尊重、内政不干渉、領土（領域）不可侵である。②わが国には２つの領土問題がある。さらにわが国の尖閣諸島に対して中国が領有権を主張している。③国際社会では相互に国旗・国歌への敬意が求められている。

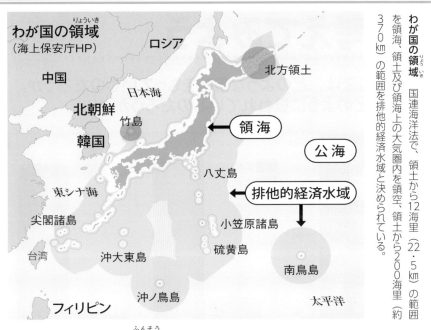

もっと知りたい　国旗と国歌を考えてみよう

国旗掲揚や国歌斉唱
時、どのような態度
るのがふさわしいの
話し合ってみよう

私たちにとって日本の国旗や国歌は、どのような意味をもっているのだろうか。また外国では、国旗や国歌はどのように扱われているのだろうか。

アメリカ市民権獲得宣誓式の模様

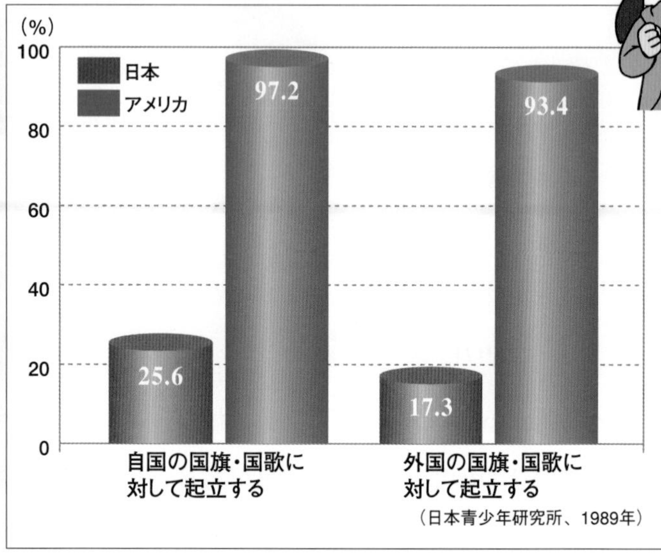

国旗・国歌に対する日米の高校生の差

国旗が揚がり、国歌が演奏されるとき、多くの国では、だれもが起立して姿勢を正している。国旗・国歌に敬意を表すことを憲法で定めている国もある。なぜなら、国旗と国歌は、その国の「建国の由来、国家の目標、宗教、伝統・文化、性格、国民の願い」などを表すとともに、あらゆる場面で国の「独立・主権の存在」を示しているからである。わが国では「国旗は日章旗とし、国歌は君が代とする」という国旗国歌法が1999（平成11）年に制定された。

「日章旗」の意味

聖徳太子が「日出る処の天子」で始まる手紙を隋の皇帝に送ったように、古代から、わが国を太陽の昇る国だという考えがあり、日の本という意味の「日本」となった。日の丸はその太陽を象ったものといわれている。

「君が代」の意味

君が代は千代に八千代にさざれ石の
巌となりて苔のむすまで

これは古い和歌であり、天皇を国および国民統合の象徴とするわが国が、小さな石が固まって大きな岩となり、その上に苔が生えるまで、長く栄えますようにという意味だといわれている。

国旗掲揚の国際儀礼

1. 門外（正面）から見て左が上位。
2. 国旗はヒモのついているほうを向かって左に掲げる。
3. 常に旗ざおの最上部に接して掲げる。
4. 国旗は汚れたり、破れたものを使用しない。
5. 国旗の掲揚は通常、日の出から日没までとする。
6. 雨の日は国旗を外に揚げない（汚してはいけない）。
7. 外国国旗の掲揚には、必ず自国の国旗も掲げる。
8. 1本の旗ざおに異なる国旗を揚げてはいけない。
9. 悲しみのときには、弔旗を掲げる。
10. 自国・外国にかかわらず、国旗掲揚のときは起立して目礼、または脱帽して敬意を表す。

（岩田修光『国旗の知識』より）

ミニ知識

どこの国の国歌だろう？

（①　　　　　　　　　　　）

神よ　我らが慈悲深き女王を守りたまえ
気高き女王よ永遠に　神よ女王を守りたまえ
勝利と幸福と栄光とともに　永久に我らを導く
神よ　女王を守りたまえ

（②　　　　　　　　　　　）

東海が干上がり　白頭山がすり減るほど
神が守ってくださる　我が国　万歳
むくげ　三千里 華麗な山河
大韓の人　大韓として　いつまでも　守ろう

（③　　　　　　　　　　　）

おお　夜明けのほのかな光の中でも　はためいていると伝えてくれ
黄昏の最後の輝きを浴びて　誇り高く掲げられた我らの旗　危険きわまりない戦闘の最中にも
我らが死守する砦の上に星条旗は雄々しくひるがえっていただろうか？
赤き閃光を引く砲弾の降りそそぐ夜を徹して　おお　我らの星条旗は揺るぐことなく
いまだ　そこにはためいていた　自由の地　勇者の故郷に

（④　　　　　　　　　　　）

起ち上がれ　祖国の子供たちよ　栄光の日は来たり
圧政に抗する我らのもとに　血まみれの旗ひるがえり
聞け　戦場にあふれるおびえた敵兵たちの叫びを　彼らは我らの陣地に攻め入り
子供たちや妻の喉をかききろうとしている　市民たちよ 武器を取れ！ 隊列を組め！
進め進め　我らの土地に奴らの穢れた血を降らせろ

（大泉書店『世界の国旗国歌』より）

「君が代」と比べて、どんな印象をもったか感想を発表しよう。

国際人として心がけなければならないことは、外国の国旗・国歌にも敬意を示すことである。外国人も自分たちと同様に自国の国旗・国歌に誇りをもっているからだ。諸外国では、こうした国際社会のマナーを幼少のときから家庭や学校でしっかりと身につけさせている。

ブラジル生まれで1990年代、サッカー日本代表として活躍したラモス瑠偉さんは、次のように語っている。

「心を込めて思いっきり、君が代を歌いましたね。それは、日の丸も国歌も愛しているから。不思議なんだけれど、まじめに歌えば、いろんな人がぼくにエネルギーを与えてくれるような気がしてくる。何だか鳥肌が立つような感じ。そして、やってやろう、がんばろう、という気持ちがわいてくる。

魂で歌っている選手もいるけれど、口でぱくぱくしているだけの選手もいる。昔はガムをかんでいる選手もいた。やっぱり、日本人としての誇りを持って歌わないと。ぼくなら選手以下、コーチも監督もみな姿勢をただして歌わせる。代表の義務だと思う。」（平成17年4月17日　産経新聞より）

◆答え：①イギリス　②韓国　③アメリカ合衆国　④フランス

もっと知りたい

わが国の領土問題

わが国は北方領土問題と竹島問題という二つの重大な領土問題をかかえている。二つの問題のいきさつについて、詳しく調べてみよう。

北方領土　ロシアが占領中

旧ソ連による侵略

歯舞群島・色丹・国後・択捉、4島からなる北方領土は、これまで一度も外国の領土になったことのないわが国固有の領土である。例えばアメリカ政府も日本の立場を一貫して支持している。

しかし、第二次世界大戦末期、旧ソ連軍は日ソ中立条約を破って、1945（昭和20）年8月9日に満州、次いで8月11日に南樺太に侵入した。そして8月18日に、千島列島の北端、占守島に侵入、この地域を守備していた日本軍との激戦をへて、9月5日までに北方四島を占領した。それ以降、ロシアになった現在まで不法占拠を続けている。当時、四島には約1万7千人の日本人が住んでいたが、1949年までに全員が強制退去させられた。また、しばしば領海を侵したとして日本漁船が銃撃、拿捕、抑留されている。2006年には、銃撃を受けた漁船の乗組員1人が死亡している。

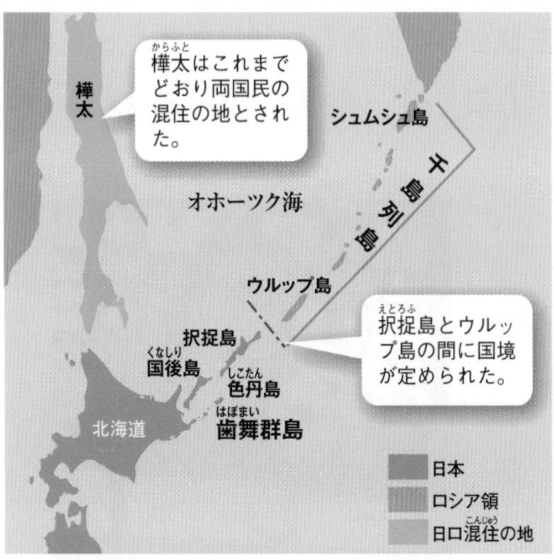

1855年の日露通好条約で決められた国境

返還要求の努力

北方四島の総面積は千葉県とほぼ同じで、近海は世界有数の豊富な漁業資源に恵まれている。これをとりもどすことは旧島民をはじめ日本国民全体の悲願である。

そこで、1955年6月から、日本は旧ソ連との間で平和条約交渉を行う中で、北方領土問題に関する交渉を行った。翌年10月には日ソ共同宣言に署名し、両国は戦争状態を終了させ、外交関係を回復させた。と同時に、平和条約締結交渉の継続、条約締結後に歯舞群島と色丹島を日本に引き渡すことに同意した。

現在、日本政府は、四島全体に対する日本の主権が確認されれば、実際の返還時期や態様については柔軟に対応するという方針である。しかし、ロシアは、交渉には応じているが、「第二次世界大戦の結果として法に基づいてロシアへと移った」とし、かたくなな態度を続けており、進展はみられていない。この一方で、四島に住むロシア人との交流事業、人道支援事業が行われている。

竹島　韓国が占領中

江戸時代からわが国が領有

島根県隠岐の島町に属する竹島は、女島（東島）と男島（西島）とその周辺の数十の小島からなる群島であり、北方領土と同じく、わが国固有の領土である。各島は、断崖絶壁の火山島で、人が住むことはできないが、その周辺は海流の影響で豊富な漁場となっている。

北方領土問題の主な歴史

江戸時代中期	幕府、四島の実効支配確立
1855年	日露通好条約で四島は日本領土に
1875年	樺太・千島交換条約で千島を領有
1905年	日露戦争後のポーツマス条約で日本は南樺太を領有
1945年	ヤルタ密約、ポツダム宣言受諾、旧ソ連が対日参戦し、四島占領
1952年	サンフランシスコ講和条約で日本は千島と南樺太を放棄（帰属未定）
1956年	日ソ共同宣言

17 世紀前半には、鳥取藩の町人が幕府の許可を得てアワビ漁やアシカ漁などを行っていた。わが国は、遅くとも江戸時代初期にあたる 17 世紀半ばには、竹島の領有権を確立した。

近代になると、1900 年代初期に本格的に行われるようになったアシカ漁は、間もなく過当競争となった。そこで、事業の安定をはかるために、アシカ猟の業者から竹島の領土編入願いが出された。この出願を受けて、1905（明治 38）年、日本政府は、竹島に対する領有意思を再確認し、島根県に編入した。以後、わが国は、実効支配を行ってきた。第二次世界大戦後も、サンフランシスコ講和条約で日本の領土と確認されている。

実力で不法占拠

ところが、1948 年に成立した韓国の李承晩政権は、歴史上初めて、竹島を韓国領ととらえるようになる。そして対日講和条約が発効する直前の 1952(昭和 27) 年 1 月、「海洋主権宣言」を行い、一方的に国際法に反して「李承晩ライン」を設定しライン内に竹島をとりこんだ。

そして、ライン内の広大な水域への漁業管轄権を一方的に主張し、ライン内で操業する日本漁船に対して、銃撃、拿捕、抑留などを実施した。1965 年の日韓基本条約締結で「李承晩ライン」がなくなるまでに拿捕された漁船は 328 隻、抑留された船員は 3929 名、死傷者は 44 名におよぶ。

また 1954 年には、沿岸警備隊を派遣し、竹島を実力で不法占拠した。現在も、警備隊員を常駐させ、実力支配を強化している。

韓国政府の見解

韓国が竹島の領有を主張する理由は、①竹島は韓国名独島で、固有の領土である、②日本は力で日本領に編入した、③ GHQ の指令で韓国領土とされていた、などとするものである。

国際司法裁判所への提訴

①の主張に対し、1905 年のわが国への領土編入前に、韓国の竹島領有の明確な根拠がなく、他の 2 つの主張は、事実と国際法に照らして成り立たないとわが国は反論している。そして、国連憲章に従い問題を平和的に解決するために 1954 (昭和 29) 年、1962 年、2012(平成 24) 年の 3 回、国際司法裁判所へ付託することを提案しているが、韓国政府は応じていない。

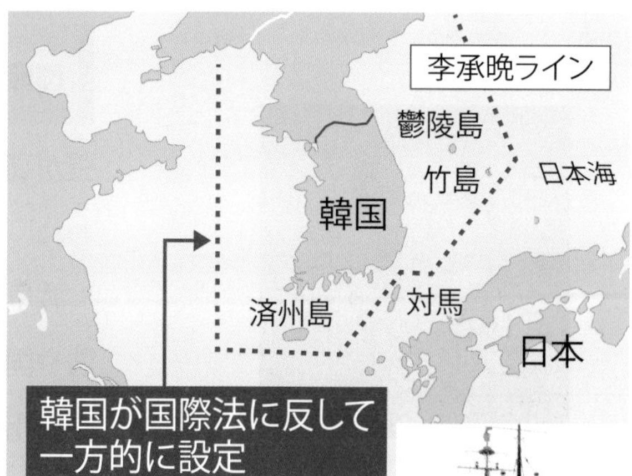

➡銃撃された日本の海上保安庁の巡視船　1953 年 7 月、竹島周辺で不法操業をしていた韓国漁船に竹島からの退去を要求した海上保安庁の巡視船が、韓国漁民を援護していた韓国官憲によって銃撃された。

ミニ知識

国際社会は「弱肉強食」

福澤諭吉は、フランスがベトナムを植民地にした時期、1883（明治16）年9月29日の『時事新報』社説「外交論」で、「国際社会は、日本の戦国時代のように、弱肉強食の社会であり、日本も強い国には食われてしまうかもしれない。

今は欧米の強国がアジアを食っている時代である。日本中の国を愛する精神を持っている者は、日本が食われないように力を合わせなければならない」と説いた。

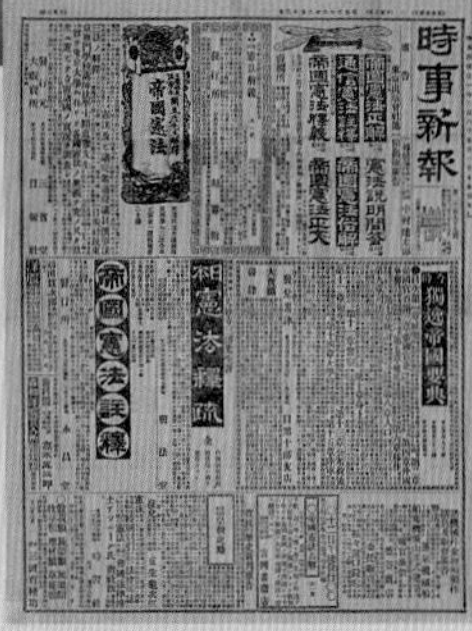

『時事新報』は、1882年、福澤諭吉によって創刊された。

主な地域連合

名称（開始年）	加盟国数	主な加盟国
北大西洋条約機構 NATO（1949年）	29	アメリカ、イギリス、ドイツ、カナダ、イタリア、フランスなど
東南アジア諸国連合 ASEAN（1967年）	10	インドネシア、フィリピン、シンガポールなど　日本はASEANプラス3として参加
独立国家共同体 CIS（1991年）	9	ロシア、カザフスタンなど。準加盟国であるトルクメニスタンを入れると10か国
欧州連合EU（1993年）	28	イギリス、ドイツ、イタリア、フランスなど
上海協力機構 SCO（2001年）	8	ロシア、中国、カザフスタン、インド、パキスタンなど
集団安全保障条約機構 CSTO(2002年)	6	ロシア、アルメニア、ベラルーシ、カザフスタン、キルギス、タジキスタン
アフリカ連合 AU（2002年）	55	エジプト、南アフリカ共和国、エチオピアなど
南米国家共同体 CSN（2004年）	12	ブラジル、ボリビア、チリなど

59 国際協調と国際政治

国際社会では、どのようなルールに基づき国際政治が行われ、国際協調をはかっているだろうか。

1 クラウゼヴィッツ(1780～1831)
ドイツの軍事学者。「戦争論」の著者。交渉が成功せず、武力で争いを解決するのが「戦争」であるとした。

2 条約は、各調印国において批准(承認)されなければ効力が出てこない。

昔も今も外交の背景にはパワーがあるんだね

国益の追求と外交

国際社会では、主権国家は相互に自国の**国益**を追求し、国の存続と発展を目指す権利を認めあっています。この権利に基づき各国が、自国の国益の実現を目指しながら、他国の国益とのあいだで調整しあう営みを国際政治といい、通常、**外交**とよばれます。外交は話し合いで行われますが、その背後ではしばしば軍事力や経済力などの力（パワー）が外交手段として用いられています。

国際協調の必要性

しかし、このような国家間の対立と競争を放っておくと、国際社会の緊張が高まり、戦争[1]になることもあります。その結果、人命が失われ、国土が荒廃し、国益を損なうことになりかねません。

戦争を引き起こすような事態を防ぐために国際社会は、国際法や国際機構を設けて、国家間の利害対立を調整し、合意形成を目指して国際協調体制を築いてきました。さらに、各国民の相互理解と協力の増進に努めてきました。

国際法

国際法は、国家間で長いあいだに認めあい、守られてきたしきたりである国際慣習法と、国家間や国際機構での合意を文書で確認した条約[2]とからなります。また、やむをえず戦争状態になったさいのルールとして戦時国際法がつくられています。

ミニ知識

地域的経済協力機構とわが国

FTA と EPA　今世紀に入ると、世界各国は２国間や多国間で自由貿易協定 (FTA) と経済連携協定 (EPA) を締結するようになった。FTA は、貿易の自由化を目指すもので、関税の撤廃や削減などを取り決める協定である。EPA は、貿易の自由化とともに幅広い経済関係の強化を目指すもので、投資や人の移動、知的財産や経済制度のルールづくりなど、いろいろな分野に関する協定である。

TPP と RCEP　わが国が進めている EPA のうち、環太平洋経済連携協定 (TPP) と東アジア包括的経済連携 (RCEP) が重要である。TPP は、2016 年、太平洋を囲むシンガポール、マレーシア、日本、オーストラリア、カナダなどの 12 か国が調印した。だが、2017 年１月、TPP 交渉を主導してきたアメリカが離脱したため、2018 年３月、残る 11 か国が環太平洋経済連携協定に関する包括的及び先進的な協定 (CPTPP) に調印した。そして同年 12 月、日本を含む６か国で発効した。RCEP は、ＡＳＥＡＮ全加盟国と中国、韓国、日本、インド、オーストラリア、ニュージーランドの計 16 か国が交渉を重ねている。

　わが国は TPP にも RCEP にも中心的に関与している。TPP には自由民主主義の先進国が多いのに対して、RCEP には中国やラオスなどの独裁体制の国が多いので、TPP と RCEP とが対立し競争するとも指摘されている。また TPP も RCEP も、日本農業の弱体化、食品の安全度の低下、特許の強化により医薬品が高くなり普及しなくなる恐れのあること、などのリスクをかかえている。議会や国民に十分に情報を開示しないまま秘密交渉を進める非透明性や非民主性も問題にされている。

国際機構と地域機構

国際機構としては**国際連合**、国連専門機関として国際通貨基金（IMF）などがあり、そのほか世界貿易機関（WTO)、経済協力開発機構 (OECD) などもあります。

　また、さまざまな**地域機構**が機能し、地域での繁栄と安全に役立っています。欧州連合 (EU) や東南アジア諸国連合 (ASEAN) などは、安全保障や経済、文化交流など広い分野での地域協力を進めています。なかでもＥUは、議会や行政組織をもち、単一通貨ユーロを導入するなど地域統合を進めています。[3]

　他には、北米自由貿易協定 (NAFTA) などの自由貿易協定（FTA）や環太平洋経済連携協定 (TPP) などの経済連携協定（EPA）に基づく地域的経済協力機構や、北大西洋条約機構 (NATO）や集団安全保障条約機構（CSTO)[4] などの地域的集団安全保障機構もつくられています。加えて、主要国首脳会議（サミット）をはじめ、金融や環境などの問題解決のために行われる国際会議も、国際協力を促進しています。現代の国際政治と外交は、このような仕組みのなかで行われます。さらに、国家とは別の **NGO**（非政府組織）が協力し、軍縮や人権問題、貧困や飢餓､環境保全などの問題解決にとりくむ活動を活発化しています。

[3] EUでは、欧州中央銀行(ECB)がEU全体に対して金融政策を統一的に行うのに対して、財政政策はEU各国が国家主権として行う。この金融政策と財政政策の不統一から、EUは常に解体の危機をかかえているとも指摘されている。

[4] CSTOは、2002年に成立したロシアを中心とする東欧・中央アジア地域の集団安全保障機構。

ここがポイント!

①国益の追求の相互承認のもとに国際間でさまざまな国際協調が行われている。②国際協調のため、戦時国際法をはじめとしてさまざまな国際法がある。③世界の国々の繁栄を促進するために、さまざまな機構があり、活動が行われている。

もっと知りたい

海をめぐる国益の衝突

東アジアでは、中国を中心にした諸国家が、海洋をめぐり激しく国益を争っている。その争いはどのようなものか、なぜ起きるのか、みていこう。

◎尖閣諸島をめぐる危機

海洋をめぐる争いの激化

南シナ海に点在するパラセル諸島（西沙）とスプラトリー諸島(南沙)は、戦前は日本領であった。戦争に敗れたわが国は、サンフランシスコ平和条約で領土権を放棄したが、島々の帰属先は決まっていない。

そこで、中国は、1974年、南ベトナム軍と戦い、パラセル諸島（西沙）を占領した。1988年には、中国から遠く離れたスプラトリー諸島(南沙)にまで侵出し、ベトナムが事実上支配していたジョンソン南礁を軍事占領した。また、1995年、フィリピンからアメリカ軍が撤退した機会に、スプラトリー諸島のミスチーフ礁を占拠した。2012年には、フィリピンが領有権を主張するスカボロー礁も占拠した。2015年には、スプラトリー諸島の海域に7つの人工島を建設し、軍事基地化しつつある。

このように中国は、経済成長と軍事力を背景に、南シナ海における海洋秩序を力によって変更してきた。また1992年、「領海及び接続水域法」を国内法として制定し、南シナ海のパラセル諸島とスプラトリー諸島ばかりか、東シナ海の尖閣諸島さえも一方的に自国の領土と定めたのである。

日本固有の領土

尖閣諸島は、魚釣島、北小島、南小島、久場島、大正島などからなる島々であり、沖縄県石垣市に属する、わが国固有の領土である。

日本政府は、1885（明治18）年から調査し、他の国に属していないことを確認したうえで、1895年､閣議決定で日本領土に編入した。編入後、沖縄県在住の古賀辰四郎が政府から許可を受け尖閣諸島に移住し、かつお節工場や羽毛の採集などの事業を展開した。一時は、200名以上の住人が尖閣諸島で暮らし、古賀村という村もできており、税徴収も行われていた。

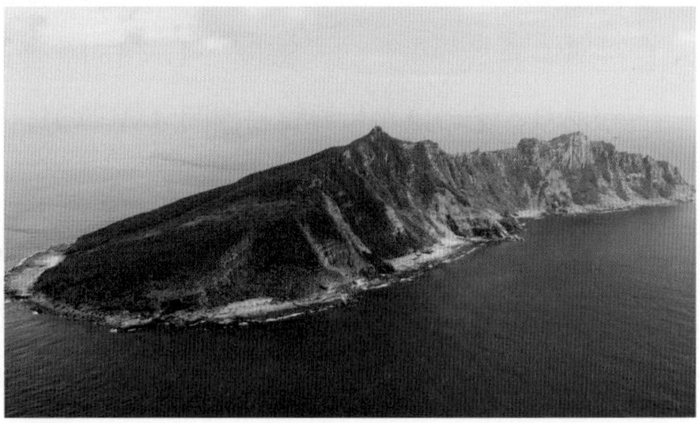

魚釣島

戦後はアメリカの施政下にあったが1972(昭和47)年沖縄返還にともない日本に戻り、今日にいたる。歴史を振り返ると、中国政府は、1895年の日本領への編入から1970年代初めまで、約75年もの間、尖閣諸島に対する日本の支配に対し、一切の異議を唱えなかった。ゆえに、尖閣諸島が日本固有の領土であることは明確で、領土問題は存在しない。

尖閣諸島を狙う中国

ところが、1970年代初め島周辺で有望な油田が確認されると､突然､中国は自国の領土だとして、周辺海域を自国のＥＥＺ内であると主張し始めた。そして、2004 (平成 16) 年ごろから日中中間線付近のガス油田採掘を始めた。油田はわが国の EEZ 内の海底につながっており、わが国はそれを日本のＥＥＺ内の資源の横取りだと抗議している。

それればかりではなく、違法操業する中国漁船はますます増加し、2010 年にはわが国の巡視船に故意に衝突させた。漁船と連動して 2008 年、史上初めて中国の公船が尖閣周辺の領海に侵入し、2012 年以降、頻繁に領海侵入するようになる。2013 年には、中国は防空識別圏を設定し、一方的に緊張を高めている。中国の漁船や公船による領海侵犯を防ぐのが、海上保安庁の巡視船である。

◎海洋資源大国日本の防衛

沖ノ鳥島と南鳥島によるＥＥＺの広さ

わが国は四囲を海に囲まれており、99.7％の物資を海上輸送に依存している。また、世界第６位の海洋大国であり、領海と排他的経済水域をあわせた面積は、447 万㎢ある。この範囲の海に関しては、独占的に、漁業や海底資源の開発を行うことができる。

領海は海岸線を基線として 12 海里 (22.2㎞) まで、排他的経済水域は 200 海里 (370㎞) まで設定できる。したがってわが国は、南鳥島や沖ノ鳥島といった孤立した小島を領有することによって、それぞれ 43 万㎢と 42 万㎢の排他的経済水域面積を得ている。

南鳥島の実効支配

わが国の最東端に位置する南鳥島は、東京都小笠原村に属し、都心から 1860 キロ離れた絶海の孤島である。白いサンゴ礁に囲まれ、まっ平らで１辺が約２キロのほぼ正三角形の島である。現在、民間人は住んでいないが、海上自衛隊や気象庁などの政府職員が 20 数名常駐している。

南鳥島近海では、中国や台湾、北朝鮮の漁船が日本のＥＥＺ内で違法操業している。また最近 EEZ 内で高濃度のレアアース（世界需要の数百年分）が発見されたが、中国が無断で採取しているともいわれる。

沖ノ鳥島の実効支配

最南端に位置する沖ノ鳥島も、東小島と北小島からなり、小笠原村に属する。東京から 1700 キロ離れ、サンゴ礁に囲まれた絶海の孤島である。海抜は０メートルで地球温暖化の影響で消失の危機があるので、日本政府は 300 億円近く使って護岸工事を行い、サンゴの増殖と港湾設備などのインフラ整備の計画を進めている。

鉱物資源が豊富な日本近海

南鳥島や沖ノ鳥島などの小笠原海域や沖縄海域を中心にした日本の近海では、ニッケル、コバルト、白金、レアアースその他のレアメタルや金銀銅亜鉛などが埋蔵されている。また、日本海や南海トラフでは、シャーベット状になった天然ガスであるメタンハイドレートが海底に眠っている。その埋蔵量は、日本人が消費する天然ガスの 100 年分以上である。

海上保安庁の役割

このように豊かな鉱物資源をもつ日本近海をパトロールし、秩序を維持するのも、海上保安庁の巡視船である。海上保安庁は、少ない人数 (2018 年１万４千人弱) と巡視船 (2016 年 430 隻強) で、24 時間 365 日、休むことなく働いている。

第2節 国際連合のはたらきと国際政治

国際連合本部ビル（アメリカ・ニューヨーク）

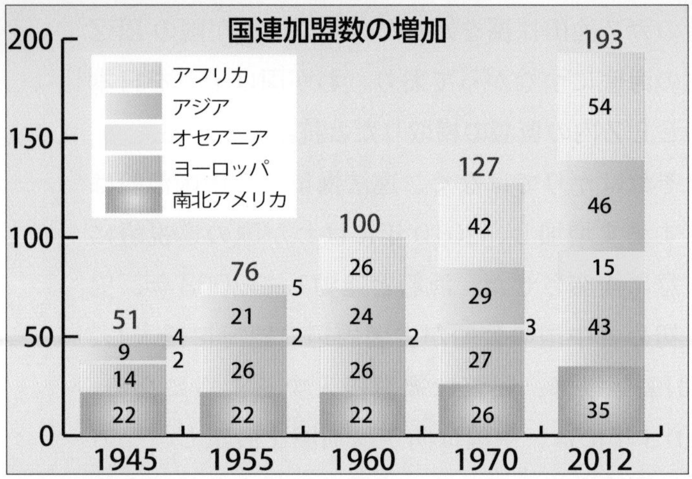

60 国際連合の成立と機構

国際連合はどのように成立し、どのようなはたらきをしているだろうか。

[1]このころ、産業革命以来の技術革新が兵器におよび、機関銃の出現など戦争の機械化と大規模化が進んだ。このため戦争が一国の総力をあげて行われるようになり、同時に国民全体に被害がおよぶようになった。

[2]世界のすべての国が参加して安全保障の枠組みを構成するという考え方。いくつかの国が協力して安全保障を行うのが集団的自衛である。

[3]安全保障理事会で常任理事国([4]参照)のすべてが賛成してつくられた正式な国連軍は、今日まで編成されていない。

国連の成立と意義

第一次世界大戦は、近代兵器による総力戦[1]がいかに悲惨であるかを明らかにしました。国際社会はこれを反省して、1920年**国際連盟**を結成し、世界戦争を防止する試みとして**集団安全保障**[2]を宣言しました。しかし、国際連盟は、実効的な国際協調体制を確立できず、第二次世界大戦を防げませんでした。

第二次世界大戦の末期、連合国51か国は、戦勝国による戦後国際社会の管理を目的に、1945年国際連合憲章を採択し、**国際連合（国連）**を創設しました。その憲章では、集団安全保障体制による世界の平和と安全の維持と、国際協力による人類の福祉や人権の向上をうたいました。

憲章は、国際紛争は**安全保障理事会**や国際司法裁判所を通して平和的に解決するよう導くと定め、これに従わず安全保障理事会が侵略国と決定した国に対しては、経済制裁や、新設される国連軍[3]による軍事制裁を行うと定めました。そのさい、侵略された国は、安全保障理事会が必要な行動をとるまで、主権国家の固有の権利として個別的自衛権および集団的自衛権を行使してもよいとしました。

国連は今日、世界のほとんどの国が加盟する国際機構に成長し、国際世論を形成する共通の場となっています。

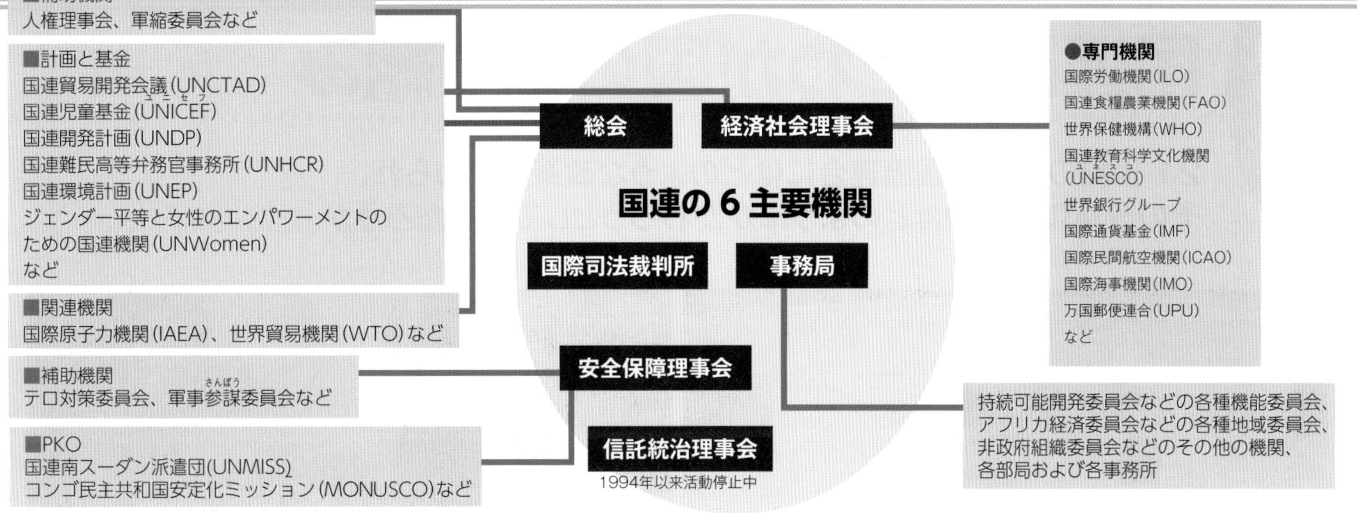

国際連合の主な組織(2018年、国連広報センター資料による)

国連の組織

国連は、安全保障理事会(安保理)、総会、経済社会理事会、国際司法裁判所、信託統治理事会、事務局の6つの主要機関からなっています。さらに、国連と連携している専門機関がおかれています。

安全保障理事会は、国連の最も重要な機関で、常任理事国[4]と非常任理事国で構成され、国際社会の平和と安全の維持にあたり、必要に応じて国連としての制裁発動を決定することができます。常任理事国には重要な議題で**拒否権**が認められており、1国でも反対すると否決されます。

総会は、全加盟国で構成され、世界の諸問題に勧告や決議を行い、また軍縮や環境問題などの重要問題で特別総会を開きます。1国1票制で、重要な問題は3分の2の多数決で決めます。また経済社会理事会は、総会選出の54か国で構成され、世界の福祉、教育、文化などの向上を目指し、多くの専門機関とつながって活動しています。

わが国と国連

わが国は1956(昭和31)年に加盟が認められ、以来、安保理の非常任理事国にたびたび選出されるなど、主要メンバーとして責任を担っています。また、分担金などの拠出金額も世界有数です。しかし、現在にいたるまで**旧敵国**[5]とされています。

[4] 常任理事国は、アメリカ・イギリス・ロシア(旧ソ連)・フランス・中国(1971年までは中華民国(台湾))の5か国。非常任理事国は、総会で選出される任期2年の10か国。わが国は2017年まで国連加盟国で最多の11回、非常任理事国に選出されている。

[5] 国際連合の正式名はUnited Nationsだが、これは第二次世界大戦のときのイギリス・アメリカなどの「連合国」を意味する。国連発足時、日本などは敵国として位置づけられ、今日もなお、敵国条項が残っている。

やってみよう

なぜ敵国条項があるのだろうか。また、わが国はどうしたら敵国条項を撤廃できるだろうか、話し合ってみよう。

ここがポイント!

国際連合は、①国際社会の平和と安全の維持、人類の福祉の増進や人権の向上を目的として1945年創設された。②主要機関として安全保障理事会、総会、経済社会理事会などのほか、専門機関が存在している。

もっと知りたい

国連改革とわが国の取り組み

21 世紀の現在、国際連合にはどのような改革が求められ、その改革にわが国はどのようにかかわろうとしているだろうか。

第 1 回国連総会　1946 年1月 10 日に 51 か国の代表がロンドンのウェストミンスター・セントラルホールに集まった。

現在の国連総会（ニューヨーク）

国連改革の必要

国際連合が誕生してから 2015 年で 70 年たった。この間、加盟国数は 51 から 193 か国に増え、世界の多様な課題を扱う巨大な国際組織に成長してきた。

ところが、国連の仕組みは、発足当時とほとんど変わっていない。他方、冷戦終結後、21 世紀に入り、核拡散やテロなどの平和に対する新たな脅威や環境問題など、1 国では解決不可能な地球規模の新たな課題が表面化している。

アナン報告書

2005 年 3 月、当時の国連事務総長アナンは、総会に対して「より大きな自由を目指して（In Larger Freedom）」と題する報告書を提出した。

この目的は、2000 年の国連総会で採択されたミレニアム宣言の実施状況と今後の課題を勧告することであった。

このなかでアナンは、21 世紀の人類の課題に立ち向かうためにも国連改革が必要だと、次のように訴えた。

①総会の権威を高め、またＮＧＯなど市民社会との交流を拡大する。②安全保障理事会の理事国間の責任分担はバランスを欠いているので、より幅広く代表するように改革し、その正当性を高める。③信託統治理事会を廃止し、ジェノサイド（大量虐殺）などに対するための人権理事会を新設する。④事務組織の浪費と無駄を省く。⑤憲章にある敵国条項などを削除する。

国連改革の現在

国連はこれに基づき、現在、人権理事会（総会補助機関）の設置や、国連の開発諸機関の調整・連携の改革を進めてきた。しかし、主要な機構の改革はまだ行われていない。

何よりも問題なのは、国連職員の腐敗である。国連が行うもろもろの事業をめぐって贈収賄事件が何度も摘発されているし、発展途上国への食糧支援においては、職員が食糧を横流しする問題が指摘されている。

また世界各地に派遣された国連ＰＫＯ隊員による性的暴力も大きな問題となっている。例えば、キリスト教とイスラム教の対立を背景に政治的混乱が続く中央アフリカでは、治安維持のために国連から派遣されたＰＫＯ部隊の隊員が、地元の女性等へ性的暴力をはたらいた事件が報告されている。

国連関係者には、職務に対する使命感や責任感が求められる。

国連改革とわが国

報告書の国連改革勧告には、わが国の長年の主張が大きく反映されている。わが国がとりわけ強く訴えてきたのは、わが国が安全保障理事会の常任理事国となることと、憲章に残されている敵国条項を削除することであった。

敵国条項の削除

国連憲章の第53条、第77条、第107条には、「旧敵国条項」といわれる規定がある。なかでも第53条は、加盟国は、第二次世界大戦中の連合国の敵であった国の行為が侵略と判断できる場合は、安全保障理事会の許可なく、軍事的制裁をすることができると規定している。この敵国は、ドイツ、日本、イタリアなど７か国とされている。大戦が終結してすでに70年以上もたちながら、いまだにこのような「敵国」という差別の仕組みが憲章に残っているのは、わが国の国際社会での名誉と尊厳を侵している。

このような立場から、わが国は国連総会に対し、削除を求め続けてきた。そして、1995（平成７）年総会と2000年総会で、この規定はすでに「死文化」しており、削除を求めるとの決議が多数で可決された。しかし、憲章の改正手続きが複雑であり、また、特にわが国を「旧敵国」に残しておきたいと考える加盟国があり、いまだ削除は実現していない。

安全保障理事会の常任理事国へ

わが国は、安全保障理事会の常任理事国入りを求めている。

これは、わが国が、世界の安全の維持に主要な役割を果たす意思と能力があり、現に多額の分担金義務を誠実に果たしている国として、正当な国際的地位を占めるためである。

この安保理改革は2005年総会でも、最重要課題として議論された。しかし、５大国間や加盟国間にさまざまな意思がはたらき、実を結ばなかった。

国連分担金額（2018年）

	分担率 (%)	分担金額
アメリカ	22	591.4
日本	9.68	235.3
中国	7.921	192.5
ドイツ	6.389	155.3
フランス	4.859	118.1
イギリス	4.463	108.5
ブラジル	3.823	92.9
イタリア	3.748	91.1
ロシア	3.088	75.1
その他	34.029	827.1

（百万ドル）
(国連文書より)

「ベルリンの壁の崩壊」（1989 年）

1980 年代なかばから、ソ連がアメリカとの軍拡競争で弱体化するなか、東側では自由を求める人々の声が高まり、1989 年には「ベルリンの壁の崩壊」となった。この壁は、東ドイツ国民が西側に逃亡するのを防ぐために作られたもので、東西冷戦の象徴だった。壁の崩壊を受けて自由化の流れは一挙に進み、1991 年にはついに一党独裁体制のソ連が崩壊してロシアになり、東ヨーロッパ諸国も一党独裁体制を捨てて自由民主主義の体制を選択した。こうしてヨーロッパでは冷戦が終結したが、アジアでは中国、北朝鮮で一党独裁体制が続いている。

61 冷戦終結後の国際社会

冷戦終結で変化した国際社会は、どのような体制となったか。

[1] 通常、党は国家の中の存在であり、国家・国民より下位の存在である。例えば2018年現在わが国の自民党やアメリカの共和党が政権を担っているのは、選挙を通じて国民に信任されているからである。

これに対して、中国では、共産党は、国家・国民より上位の存在として、政権を維持し国家と国民を指導しているのである。

冷戦終結後の国際社会

1991 年、ソ連の崩壊による冷戦終結後の世界では、**グローバル化**による世界の一体化と相互依存関係が深化し、ほとんどの問題が地球全体に網の目のように広がり、つながりをもつようになりました。国際政治は、冷戦終結後しばらくはアメリカが唯一の超大国としてリードしましたが、2000 年ごろから、**多極化**が進み、ブラジル、ロシア、インド、中国、南アフリカのＢＲＩＣＳを中心とした中進国が国力を増し、影響力を強めてきました。

なかでも、2010 年に日本を追い抜いて世界第 2 位の経済大国となった中国は、2012 年頃から、「中国の夢」と称して、2020 年代前半にアメリカを抜いて世界一の経済大国になり、中華人民共和国建国 100 周年の 2049 年までに軍事や科学技術をふくめてあらゆる面で世界一の国家になり、世界の標準になるという計画を出し、国力を増強させてきました。

中国の政治経済体制

しかし、中国は、欧米や日本などの自由民主主義の国とは異なり、共産党が指導する国家です。政治的には共産党による**一党独裁**国家です。[1] 共産党の方針に反する表現、思想、言論の自由などは認められず、特にチベットやウイグル、内モンゴルにおける民族運動に対して激しい弾圧がなされていることが、国連や世界の

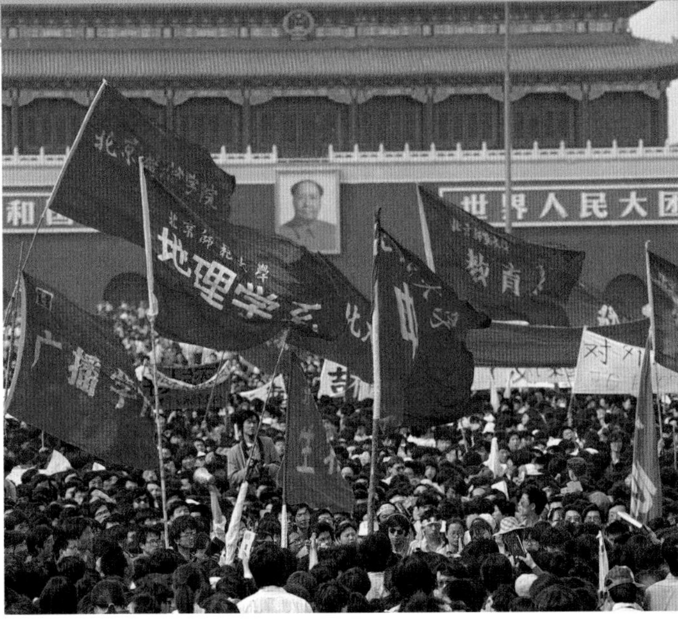

ミニ知識

天安門事件と劉暁波

中国では1980年代から経済は自由化されていったが、建国以来の一党独裁は変わらなかった。民主化を求める学生や市民たちが、1989年、中国北京の天安門広場に集まり、民主化と言論の自由を訴えた。しかし、6月4日、中国政府は、軍隊を送り込んで学生と市民を強制的に排除した。この時、武器を持たない数多くの市民が犠牲になった（天安門事件）。

この天安門広場で民主化を訴えた指導者の一人が、作家の劉暁波だった。劉暁波は天安門事件以後も中国にとどまり、民主化運動を続け、世界人権宣言60周年にあたる2008年に、「08憲章」を起草し、中国社会の民主化を訴えたが、直ちに逮捕されてしまった。2010年、獄中の劉暁波は、長年の平和的な民主化運動への努力が評価され、ノーベル平和賞を受賞したが、投獄されたまま、2017年に病気で亡くなった。

人権団体により指摘されています。

また、中国では、欧米や日本などと異なり、経済活動の中心は党の方針が直接反映される国有企業であり、民有企業も党の統制に服しています。社会主義市場経済をうたっていますが、民間企業が自由な発想に基づき自由に競争する市場経済とは異なるものになっています。要するに、自由民主主義の国家とは異なり、政治と経済は分離しておらず、両者とも共産党が強権的に支配しているのです。

法の支配をめぐる対立

対外的にも、中国は強権的な姿勢を強めており[2]、2013年、フィリピンが、スカボロー礁の領有権や漁業権について、常設仲裁裁判所[3]に仲裁を依頼した時には、仲裁に応じること自体を拒否しました。そして、2016年に仲裁裁判所が中国の領有権主張に国際法上の根拠がないと決定した時には、この決定を「紙くず」だと言って無視しました。

この中国の拡大を抑え込む動きがアメリカを中心とする諸国の間で世界に広がり、21世紀の「**新冷戦**」ともいわれるようになりました。わが国は、自由、民主主義、人権という価値を共有する国々と協力して、国際社会において法の支配を守っていこうとしています。

[2] スリランカ南部のハンバントタ港は、中国の資金と企業によって建設され、2010年に開港した。スリランカは通常より高い金利の借金を返却できず、2017年、中国に99年契約で港の経営権を譲渡してしまった。

[3] 国際紛争を平和的に解決する国際組織として、オランダのハーグに常設仲裁裁判所が存在する。常設仲裁裁判所は、国際紛争が生じて仲裁が申し立てられると、その個別事案ごとに仲裁裁判所を設ける。南シナ海の事例では南シナ海仲裁裁判所がハーグに設置された。仲裁裁判所は、国際司法裁判所の場合と異なり、相手国が参加を拒否しても手続きを進めることができる。

ここがポイント！

①冷戦終結後、アメリカの一極支配から多極支配へと動いてきた。②2010年代になって、一党独裁の中国がアメリカに挑戦し始めた。③アメリカや日本などの自由民主主義の国が、中国の拡大を抑え、法の支配を守ろうしている。

世界の対立・紛争地域
『ミリタリーバランス 2012』などによる

1	カシミール紛争	1947 ～
2	少数民族問題（ロヒンギャ等）	1948 ～
3	パレスチナ問題	1948 ～
4	朝鮮戦争	1950 ～
5	東トルキスタン独立運動	1955 ～
6	東ティモール独立運動	1975 ～ 99
7	クルド民族紛争	1979 ～
8	アフガニスタン紛争	1979 ～ 2001
9	チベット独立問題	1987 ～
10	ソマリア内戦	1988 ～
11	コソボ紛争	1989 ～
12	ルワンダ内戦	1990 ～ 94
13	クリミア帰属問題	1992 ～
14	チェチェン紛争	1994～96､1999～
15	コンゴ民主共和国内戦	1996 ～ 2003
16	シリア内戦	2011 ～

世界の宗教の分布図
（石川純一「宗教世界地図」などによる）
宗教は人を救おうとするものであるが、激しい対立の原因にもなる。

62 多発する紛争と国連

冷戦終結後に多発した地域紛争やテロに対処するために、国連はどういう活動をしているだろうか。

1 1948年のイスラエル建国から続くユダヤ人とアラブ人の対立(パレスチナ問題)、その他、朝鮮戦争以来続く韓国・北朝鮮の対立、インド・パキスタン紛争など、長期にわたり解決をみない紛争もある。

2 兵力の引き離し、停戦の監視や紛争の拡大防止、選挙管理など国家再建のための援助、地雷の除去や難民の救済などの活動を行っている。

3 これらの多くは、過激なイスラム原理主義を掲げる国際テロ組織を背景として引き起こされている。

湾岸戦争と国連

冷戦が終結過程に入ると、冷戦構造のなかに隠されていた民族や宗教の対立が表面化し、また国際的需要が増した資源をめぐる争いが深刻化し、**地域紛争**[1]が多発するようになり、世界の平和と安全を危うくするようになりました。こうした現状に対して、国連は、ソ連とその後継国家であるロシアが拒否権発動を控えるようになったため、平和と安全を維持する活動を活発に行うようになりました。その最初の事例が 1991 年の**湾岸戦争**です。

1990年8月、イラクは、石油利権と地域覇権を求めてクウェートに侵入しました。この行為は国連が最も重視する国家主権の尊重と領土保全の原則を破るものでしたから、ただちに安保理は、イラクに対して石油の輸入禁止、資金や金融の供給禁止などの全面的経済制裁を行いました。そして同年 11 月、安保理は、国連加盟国に対してどのような措置を取ってでもクウェートの主権と領土を回復することを要請しました。この要請にこたえる形で、アメリカを中心とする**多国籍軍**は、1991 年 1 月イラクを攻撃し、クウェートの主権と領土を回復しました。

多国籍軍と国連PKO部隊

多国籍軍は、内戦の当事者間でなされた停戦合意を監視するために設置された**国連平和維持活動 (PKO)**[2] を行う場合でも派遣されるよ

アメリカ同時多発テロ(2001年9月11日)　2001年9月11日、ハイジャックされた4機の旅客機のうち2機がニューヨークの世界貿易センターの2つのビルに、1機がバージニア州アーリントン郡の国防総省に自爆攻撃した。死者総数は、日本人24人をふくめて3025人である。

主なテロ事件

1995年	日本、地下鉄サリン事件、13人死亡
1997年11月	エジプト、ルクソール観光客へのテロ、63人死亡
1998年8月	ケニアとタンザニアのアメリカ大使館爆破事件、224人死亡
2001年9月	アメリカ同時多発テロ事件、3025人死亡
2002年10月	インドネシアのバリ島、自動車爆弾テロ、202人死亡
2005年7月	ロンドン同時多発テロ、50人以上死亡
2008年11月	インド・ムンバイ同時多発テロ、160人以上死亡
2013年1月	アルジェリア人質拘束事件、日本人10人など37人死亡
2015年11月	フランス・パリ同時多発テロ、130人死亡
2017年11月	エジプト・シナイ半島モスク襲撃事件 、300人以上死亡

(注) この表はほんの一部である。

うになりました。ソマリアやルワンダ、1999 年の東ティモール、ボスニア・ヘルツェゴビナ、2011 年のリビアなどで、多国籍軍が活動しました。そして、ボスニアやコソボなどでは、人民保護等のため強制行動まで行うようになりました。

多くの国連ＰＫＯの経験の中で、内戦を抑えるためには、国連**PKO部隊**自身が戦闘権限をもち、派遣された国に対して「平和強制」を行う必要があるという考え方に基づき、例外的ではあるが、2013 年にはコンゴ民主共和国に「平和強制」の権限を与えられた部隊が派遣されました。

対テロ戦争

地域紛争に続いて、冷戦後にはテロも多発するようになりました。2001 年９月 11 日、国[3]際テロ組織アルカイーダは、アメリカ同時多発テロ事件を起こし、世界に衝撃をあたえました。そこで、アメリカ軍とイギリス軍は、アフガニスタンを攻撃しました。これが**対テロ戦争**の始[4]まりです。次いで、アルカイーダと連携している、大量破壊兵器を保有しているとの疑いをかけ、イラクを攻撃しましたが、2011 年にイラクから全面撤退しました。撤退後も、アルカイーダからの派生組織 ISIL(ISIS、ダーイシュ) が勢力を伸ばして、一時はイラクとシリアにまたがる領土を支配したり、世界中でテロ事件が頻発したりしており、対テロ戦争は継続しています。

[4]アメリカとアルカイーダとの対立をたどると、1998年8月7日、アルカイーダは、ケニアのナイロビとタンザニアのダルエスサラームのアメリカ大使館を自爆攻撃した。安保理では、1999年11月、アフガニスタンのタリバン政権に対して、アルカイーダの指導者ウサマ・ビン・ラディンらの引き渡しを求めた。しかし、タリバン政権はこれを拒否したため、安保理は経済制裁を行った。

こうしたいきさつの上に、同時多発テロ事件が起きたため、アメリカはアフガニスタンを攻撃したのである。

テロリストは人々に
恐怖を与えることに
よって支配しようと
するのね

ここがポイント!

①冷戦終結後の国際社会では、地域紛争が多発するようになった。②地域紛争を抑えるために、多国籍軍と国連 PKO 部隊の活動が活発化した。③冷戦終結後にはテロも多発しており、国際社会は対テロ戦争を継続している。

ロヒンギャ難民　ミャンマー西部で暮らすイスラム系少数民族ロヒンギャは、1990年代から差別と迫害に苦しみ、多くの人が隣のバングラデシュに逃れた。

ネルソン・マンデラ（1918～2013）
南アフリカのアパルトヘイト（人種隔離政策）撤廃に力を尽くし、ノーベル平和賞を受賞した

63 国際社会における人権

国際社会では、どのような人権問題があり、国連を中心にどのような取り組みがなされているか、みていこう。

[1]世界人権宣言は、世界各国が国民の人権を共通して保障していくために、1948 年12月10 日に採択された。宣言では、すべての人間は、生まれながらにして自由であり、かつ、尊厳と権利とについて平等であり、人種、性別、宗教、政治的意見の違いなどで人間を差別してはならないことをうたっている。

[2]国連人権理事会には、一党独裁の国や、国内に重大な人権問題をかかえているとされる国家がいくつか理事国として参加している。そして、日本に対し、過去の歴史問題などにおいて、一方的な勧告がなされ続けている。2018年、アメリカは、人権理事会に政治的な偏りがあるとして人権理事会を脱退した。

[3]わが国のはたらきかけにより、禁止される行為の中に、国境を越えて他国の国民を強制的に連れ去る行為もふくまれることになった。

国際的な人権保障

第二次世界大戦後、国連総会で**世界人権宣言**[1]が採択されました。その後、各国に人権の保障を義務づけた国際人権規約（1966 年）が採択され、また現実の人権侵害に有効に対処するため、国連人権理事会[2]が 2006 年発足しました。

人権問題における国連の最高の成功例が、南アフリカの**アパルトヘイト**（白人と黒人の人種隔離と差別を合法化した政策）をやめさせたことです。国連はアパルトヘイトを「人道に対する罪」とみなし、経済制裁を中心とした圧力を加えました。その結果、南アフリカ政府はアパルトヘイト廃止に向かい、1994 年、初めて人種平等の選挙が行われ、黒人大統領ネルソン・マンデラが選出されました。

また、2006 年、「強制失踪からのすべての者の保護に関する国際条約」（**強制失踪防止条約**）が国連総会で採択されました。これは、国家機関などが人の自由を剥奪し失踪者の所在を隠すことを犯罪と位置づけ禁止する条約です。[3]

少数民族の弾圧

一つの国家にいくつもの異なった民族が住んでいる場合、同じ国民でありながら、多数派の民族により少数派の民族が弾圧を受ける例がしばしば国際社会ではおこっています。アメリカでは 1960

ミニ知識

「子供の兵士」

世界の内戦や紛争地域では、18歳未満の少年少女が約25万人、強制的に武器をもたされ、兵士として最前線に送られているといわれる。2000年に採択された、「児童の権利に関する条約」の追加議定書である「武力紛争への児童の関与に関する児童の権利条約の選択議定書」では、18歳未満の子供の強制徴兵を禁止した。この議定書は2007年までに119カ国が批准している。

ミャンマーの少数民族カレン族の少年兵

年代まで、特に南部では、バスなどの乗り物からトイレまで、黒人用と白人用に分けられ、黒人には公民権[4]もあたえられない時代がありました。

現在でも中国では、圧倒的多数である漢民族が、ウイグル、チベット、満州、内モンゴルなど、それぞれの民族の住む地域を統治し、**少数民族の人権**が侵害されています。ロシアでは独立を求めるチェチェン民族とロシア政府軍の間に、1994年から2009年まで紛争が続きました。ミャンマーにおけるロヒンギャ問題、中東におけるクルド人問題など、国家内で少数民族が迫害、差別される事態は後を絶ちません。

[4]選挙権・被選挙権を通じて政治に参加する権利、公務員として任用される権利を指す。南北戦争後、アメリカの奴隷制度は廃止されたが、現実には、貧困や差別から、黒人は職業や居住、教育などの自由を奪われ、選挙などの公民権を剥奪される状態が続いていた。

難民と人権

政治的な意見の違いで迫害を受け、また、戦争や紛争、飢餓などにより、自分の国にいられなくなった人たちを**難民**とよびます。2011年以後、内戦が続くシリア、および周辺諸国から、大量の難民が現れました。

ヨーロッパ各国政府は、この難民を受け入れる国と、それに消極的な国とに分かれ、受け入れた国の中でも、生活習慣や言語、宗教の違いなどからさまざまな問題が起きています。

1951年に国連で採択された難民条約により、難民保護は条約批准国の責務とされています。しかし、各国はそれぞれの立場があり、難民問題は今世界的に困難な課題の一つです。このように国際人権問題には、多くの課題が残されています。

やってみよう

世界の難民問題のうち1つを選んで調べ、難民はなぜ発生するのか話し合ってみよう。

ここがポイント！

①国連は世界の人権問題に取り組んでいる。②国内の少数民族が多数派に差別、弾圧される傾向は、今も世界中で起きている。③国際紛争で多くの難民が出現しており、難民問題は国際的な課題になっている。

もっと知りたい

近隣諸国の人権問題

日本の近隣諸国には深刻な人権問題をかかえている国がある。その実態とはどういうものであろうか。

中華人民共和国の人権問題

1949年に中華人民共和国が建国されてから、国内のチベット、ウイグル、モンゴルなどの各民族の深刻な人権侵害が報告されている。各民族はそれぞれ、チベット自治区、新疆ウイグル自治区、そして内モンゴル自治区に多く住んでいる。中国の法律でも、各民族の自治権が認められているが、実際には多くの漢民族（中国の中の多数派民族）が移民し、言語教育は中国語が優先され、チベット亡命政府、世界ウイグル会議などの海外の亡命者たちの訴えによれば、言論・結社の自由は奪われ、民族伝統 に基づく生活や信仰は事実上禁じられている。

チベット

チベットは第二次世界大戦まで独立を保っていたが、中華人民共和国成立後の1959年、中国軍がチベットに侵攻し、チベットの宗教・政治における伝統的な指導者ダライ・ラマ14世は、インドに亡命した。その後、中国はチベットを「自治区」として編入し、また、本来はチベットの領土だった地域を、四川省、青海省に分割してしまった。

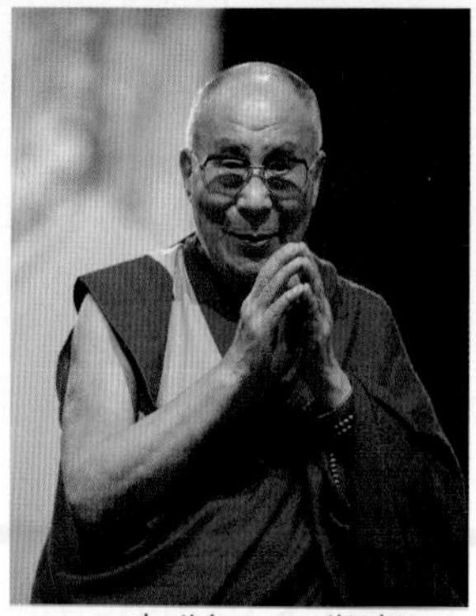

ダライ・ラマ14世 (1935～)
チベット仏教指導者でインド北部のチベット亡命政府政治指導者。中国によるチベットの人権侵害の状況を世界に訴えている。1989年にノーベル平和賞を受賞。

そして、チベット自治区では、仏教寺院が破壊され、チベット亡命政府の発表では、餓死、自殺を含む、120万人（チベットの人口は600万人）が虐殺された。

チベット民族は今も、国内外で、信仰の自由、ダライ・ラマの帰還、チベットにおける民族自治権を求めている。中国政府に対する焼身抗議（自らの体を焼いて抗議する）も行われている。2008年には、チベットにおいて人権弾圧を行う中国（北京）でオリンピックが開催されることに抗議するデモや集会が、日本をふくむ全世界で行われた。

ウイグル

かつて、東トルキスタン共和国として独立した（1944～46）ウイグル地域は、中華人民共和国時代に併合され、新疆ウイグル自治区となっている。ここに住むウイグル民族は伝統的にイスラム教を信仰している。

この地域では、1964年から1996年まで、40数回にも及ぶ核実験が行われ、住民に重大な健康被害が起きているといわれている。しかし、適切な調査や治療は行われていない。

2018年8月、国連の人種差別撤廃委員会は、ウイグルでは約100万人のウイグル民族が「再教育センター」という政治犯収容所に入れられている危険性があることを、中国政府に対し勧告した。中国政府はこれに対し、再教育センターの存在は認めたが、それは、過激なイスラム教を信じる一部のテロ分子を隔離しているだけで、ウイグル地域は平穏だと反論している。

モンゴル

内モンゴル自治区におけるモンゴル民族は、古くから伝統的な遊牧生活（羊を飼い、草原を旅する生活）で暮らしてきた。しかし、中華人民共和国建国以後、同地には大量の中国人が移住した。彼らはモンゴル民族に遊牧を禁じ、強制的に草原を耕して畑にした。草原は降水量が少なく、農業に適さないため、草原は荒れ果ててしまった。

特に1960年代、モンゴル民族は、中国政府に反抗し独立を求めているとみなされ、無差別に投獄され、ひどい拷問を受け、多くが殺傷されたといわれている。中国政府によれば約3万人が死亡した。しかし、拷問や暴行の後遺症で死んだり、障害者となったりした人々をふくめれば、学者の中には、数十万人が犠牲になったという説もある。

現在の内モンゴルでは、漢民族のほうがモンゴル民族より多くなり、大地の乱開発が続き、草原の砂漠化が進んでいる。

砂漠化が進む内モンゴル

北朝鮮および韓国の人権問題

北朝鮮は1948年の建国以後、金日成、金正日、金正恩と、金一族による世襲の体制が続き、労働党の一党独裁体制が敷かれている。

1959年に日本で始まった北朝鮮帰還事業では、朝鮮総連と共に、日本に住む朝鮮人の北朝鮮帰還をよびかけ、結果として9万3千人が北朝鮮に渡った。その中には、朝鮮人と結婚した日本人（ほとんどは女性）約1800名もいた。彼らの多くは貧困と自由のない生活に苦しみ、政治犯収容所に入れられた人も多数いる。

この政治犯収容所には、帰国者や日本人だけでなく、政治に不満をもつ人々が多数送り込まれ、そこでは乏しい食糧で強制労働が強いられている。

2014年、国連調査委員会は、北朝鮮政府が「人道に対する罪」を犯していることを指摘する人権報告書を提出し、そこでは日本人拉致問題も取り上げられている。

韓国においては、日本の朝鮮統治時代を評価するなど、歴史問題で韓国政府の公式見解と異なる言論活動は激しい攻撃を世論から受ける傾向がある。また、2005年に成立した「親日反民族行為者財産の国家帰属に関する特別法」により、日本統治下に日本に協力した人たちの財産を国家に帰属させることが法律で定められた。

以上のような近隣諸国の人権問題については、しっかり改善を求めることが、真の意味での友好であることを忘れてはいけない。

第3節 世界と日本の安全保障

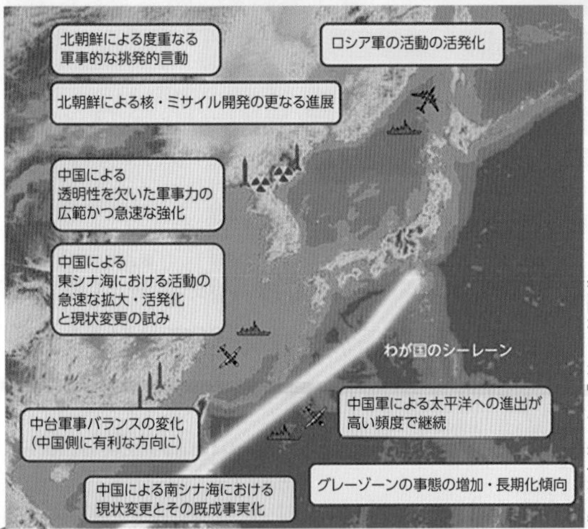

（「防衛白書」平成30年版）

主な兵力の状況（「防衛白書」平成30年版）

	陸上兵力（万人）	艦艇（隻数／万t）	作戦機数（機数）
極東ロシア	8	260/64	400
中国	98　海兵隊 1.5	750/178.7	2850
北朝鮮	110	780/11.1	550
韓国	49　海兵隊 2.9	240/21.5	640
在韓米軍	1.5		80
米第７艦隊		30/40	50
台湾	13　海兵隊1	390/20.5	500
在日米軍	2.1		150
日本	14	135/48.8	400

64 安全保障への努力と日本

世界各国とわが国は、平和と安全を維持するために、どのような努力をしているだろうか。

1 この法律によって、国際連合平和維持活動(ＰＫＯ)を中心に、人道的な国際救援活動などの国際平和協力業務に自衛隊を派遣することができるようになった。

2 食糧や水、石油など必要な物資の補給・輸送、建設、医療衛生などの業務のこと。

3 正式名称は「国際平和共同対処事態に際して我が国が実施する諸外国の軍隊等に対する協力支援活動等に関する法律」

国連の集団安全保障

今日では、各国は、国連による**集団安全保障**の考えを共通に受け入れ、自国の安全や国益だけではなく、国際平和を共同責任で創出し維持する体制をとっています。特にグローバル化が進展した現代では、自国とは直接かかわりのない地域へも軍隊を派遣し、共同で問題解決にあたっています。

国連は、「平和に対する脅威、平和の破壊又は侵略行為」があった時には、安保理の決議に基づき、経済制裁と軍事的措置という強制行動をとることができます(国連憲章第７章)。軍事的措置は多国籍軍によって行われてきました。

また国連は、紛争を平和的に解決するために、中立的な立場から、停戦監視や治安維持、選挙管理などの平和維持活動(PKO)を行ってきました。平和維持活動は、国連PKO部隊によって、行われてきました。

集団安全保障とわが国

わが国は、国連に加盟してから30数年間、1954年の参議院での海外派遣しないという決議により、多国籍軍にもPKOにも参加してきませんでした。しかし、国際社会では、国連加盟の普通の国家は、軍隊を持っており、PKOだけではなく多国籍軍にも参加する用意があるものです。それゆえ、湾岸戦争で多国籍軍

国連PKO部隊と多国籍軍の違い

	国連PKO部隊	多国籍軍
本来の目的	紛争の平和的解決	侵略等への強制行動
派遣される国の同意	同意が必要	同意は必要なし
部隊の性格	平和維持目的の部隊	戦闘能力のある軍隊
装備	必要最小限の装備	大規模で高度の装備
武力行使できる場合	自衛目的で武力行使	攻撃できる
指揮権	国連事務総長がもつ	参加国がもつ
資金	国連が出す	参加国が出す
活動開始までの時間	活動開始が遅い	活動開始が早い

に自衛隊を派遣しなかったわが国は、クウェートからも感謝されず、国際社会からも評価されませんでした。

そこでわが国は、湾岸戦争後の1992年、「国際連合平和維持活動等に対する協力に関する法律」(**PKO協力法**[1])を制定し、世界各地に自衛隊を派遣し、PKO部隊に対する後方支援[2]を行ってきました。そして、2015年、国際平和支援法[3]を制定し、個別法律をつくらずとも多国籍軍に対する後方支援も行えるようにしました。同年にはPKO協力法を改正し、「駆け付け警護[4]」も「宿営地の共同防護[5]」もできるようになりました。

わが国の安全保障

わが国は国連を中心とする国際平和の増進に貢献しながら、自衛隊と、**日米安全保障体制**によって安全を確保しようとしています。

わが国周辺には軍事大国が存在し、潜在的な脅威となっています。冷戦終結後は、北朝鮮による**拉致事件**や核ミサイル開発[6]、中国の軍備増強、国際テロなどの新たな脅威が出現し、防衛力の役割は増しています。また、わが国は資源の自給自足ができないため、世界の平和がわが国の存立と繁栄にとって不可欠です[7]。このためわが国では、防衛力の整備とともに、諸外国との信頼をつちかい、世界平和の推進に努めることが、いっそう大切になっています。

[4] PKO活動をしている自衛隊が、近くで活動している国連職員などが武装集団に襲われたとき、職員などの緊急要請を受け、駆けつけて警護するもの。

[5] 自衛隊が、他の国の部隊と宿営地を共同にしていて、暴徒らに襲撃されたとき、自衛隊と他国の部隊が連携して防護活動を行うもの。

[6] わが国は、ミサイル防衛(MD)システムで対抗しようとしている。

[7] 資源を日本に運んでくるシー・レーン(海上交通路)の安全を確保することは、日本にとって死活問題である。

やってみよう

世界の平和と安定のために、日本国ができること、私たち一人ひとりができることを、話し合ってみよう。

ここがポイント!

①国連の集団安全保障の中心は多国籍軍と国連ＰＫＯ部隊である。②わが国は、少しずつ国連ＰＫＯ部隊と多国籍軍に協力するようになってきた。③わが国は、自衛隊と日米安保体制によって安全保障を確保しようとしている。

もっと知りたい

日本人拉致問題

北朝鮮は、なぜ日本人を拉致したのであろうか。
この重大な人権侵害と国家主権侵害を、日本はなぜ防げなかったのであろうか。

5人は帰国したけれど

1977（昭和52）年以来、北朝鮮は、日本政府認定だけで17人、特定失踪者問題調査会の推計では約100人、一説では数百名ともいわれる日本人を拉致してきた。2002年9月17日、小泉首相が北朝鮮を訪問したさい、北朝鮮は13人の日本人拉致を認めて謝罪し、「5人生存、8人死亡」と日本側に通知した。その後、地村保志さんら5名は帰国したが、「8人死亡」の根拠はきわめて乏しい。13人以外にも多数の拉致被害者がおり、拉致実行犯の引き渡しもなされていない。日本人拉致問題は、依然として未解決のままである。

なぜ、多くの日本人が拉致されたのか

日本人拉致問題の背景には、朝鮮半島における北朝鮮と韓国との対立がある。北朝鮮は韓国に対していろいろな破壊活動をしかけるために、工作員教育を行ってきた。その工作員教育の一つに、日本人化教育課程があった。日本人化計画のためには、日本語や日本の生活習慣を教える日本人教官が必要となり、日本人を拉致してきた。

辛光洙事件の場合は北朝鮮工作員の辛光洙が原敕晁さんになりすまし、日本での工作活動を行っていたのである。

容易に日本に潜入できた北朝鮮工作員

多くの拉致被害者は、北朝鮮の工作船に乗せられて拉致されていった。横田めぐみさんは、真っ暗な船倉に40時間以上閉じこめられて北朝鮮まで運ばれていった。「お母さん、お母さん」と叫んで壁などをあちこち引っかいたので、到着したときには爪がはがれかけて血だらけだったといわれる。当時、北朝鮮の工作船は何ら支障なく日本沿岸にまでやってきて、工作員が容易に日本国内に潜入できたのである。

最初の本格的な拉致事件である宇出津事件のとき、日本の警察は、久米裕さんを能登半島の宇出津海岸まで連れていき北朝鮮工作員に引きわたした在日朝鮮人を逮捕し、拉致の事実を自白させていた。だが、スパイ防止法がない日本では、工作員を罰することができなかった。そこで、捜査当局は、国外移送目的拐取罪での起訴を考えた。ところが、被害者である久米裕さんが見つからないと証拠が出てこないと判断して、不起訴にしてしまったのである。

レバノンは自力で取り戻した

同じ頃、レバノン人女性も北朝鮮によって拉致されている。1978年8月、レバノン人女性4人が、ベイルートから平壌に連れて行かれる。4人のうち2人は、1年後にベオグラードに連れて行かれたさい、隙を見てクウェート大使館に駆け込み、レバノンに帰国した。レバノン政府は、2人から女性4人が拉致された事実を知るや、残る2人の女性の解放を厳しく北朝鮮に対して求めた。その厳しい態度に接して、1979年11月、北朝鮮も2人を解放した。

国家にとって自国民が拉致されるということは国家主権を侵害されることを意味する。したがって、どうしても拉致被害者を取り戻さなければならない。わが国は、問題発生以来20年間も、有

北朝鮮による日本人拉致事件の流れ

1977（昭和52）年 9月19日	久米裕さん、能登半島の宇出津海岸で拉致される。（宇出津事件）
10月21日	松本京子さん、自宅近くの編み物教室に向かったまま失踪。（女性拉致容疑事案）
11月15日	横田めぐみさん、新潟市で、中学からの帰宅途中に拉致される。（少女拉致容疑事案）
1978（昭和53）年 6月	田中実さん、ヨーロッパに向け出国した後失踪。（元飲食店店員拉致容疑事案）
6月	田口八重子さん、東京高田馬場のベビーホテルに幼児２人を預けたまま拉致される。（李恩恵拉致容疑事案）
7月〜8月	地村保志・浜本富貴恵、蓮池薫・奥土祐木子、市川修一・増元るみ子さんたち3組が拉致される。（アベック拉致容疑事案）
8月12日	佐渡で曽我ひとみ・曽我ミヨシさん母娘が拉致される。（母娘拉致容疑事案）
1980（昭和55）年 5月	石岡亨さん、松木薫さん、ヨーロッパ滞在中拉致される。（ヨーロッパにおける日本人男性拉致容疑事案）
6月	原敕晁さん、宮崎県青島海岸で、拉致される。（辛光洙事件）
1983（昭和58）年 7月	有本恵子さん、ヨーロッパで拉致される。（ヨーロッパにおける日本人女性拉致容疑事案）
1985（昭和60）年	北朝鮮工作員の辛光洙が、原敕晁さんの拉致を供述。マスコミ各社は１回小さく報じた。
1988（昭和63）年 1月	前年11月の大韓航空機爆破事件で逮捕された金賢姫、拉致された日本人「李恩恵」について語ったが、拉致問題は社会問題にならなかった。
3月	参議院予算委員会で、梶山静六国家公安委員長が、アベック行方不明事件は北朝鮮による拉致の疑いが濃厚であると言明したが、ほとんど報道されなかった。
1999（平成11）年5月2日	拉致被害者救出のための第1回国民大集会。
2002（平成14）年9月17日	小泉首相が北朝鮮を訪問し、最高指導者金正日に謝罪させ、５人を帰国させた。
2006年（平成18） 12月	強制失踪防止条約、国連総会で採択。
2014年（平成26）	「北朝鮮の人権に関する最終報告書」。北朝鮮による拉致などを「人道に対する罪」と認定。

救出運動のシンボル、ブルーリボン

行方不明になった横田めぐみさんを探すポスター

効な手を打つことができなかったのはなぜだろうか。

2002年以降のわが国の努力

それでも、2002年の小泉訪朝以降、わが国は、サミットなどの国際会議や各種首脳会談を通じて、拉致問題を重要な人権侵害の問題として国際社会に訴えてきた。そのなかで、日本やレバノン以外にも、韓国、中国、タイ、ルーマニアなど10以上の国の人々が拉致された事実が知られるようになった。

また、わが国からのはたらきかけにより、2006年国連総会で採択された強制失踪防止条約で禁止される行為のなかに拉致がふくまれることになった。そして2013年、「北朝鮮における人権に関する国連調査委員会」がつくられ、2014年、この調査委員会は、「北朝鮮の人権に関する最終報告書」を国連の人権理事会に提出した。この報告書は、北朝鮮における生命の権利の侵害、拘禁施設や拷問など身体の自由の侵害、表現の自由や移動の自由の侵害とともに、日本人をはじめとした外国人拉致をふくむ強制失踪を「人道に対する罪」に当たると断定した。

このように国際社会にはたらきかけながら、わが国は、北朝鮮に対しては、拉致被害者全員の帰国、拉致事件の真相究明、拉致実行犯の引き渡しを求め続けている。

私たちは、日本人拉致被害者全員を返せと、強く北朝鮮に迫っていかなければならない。

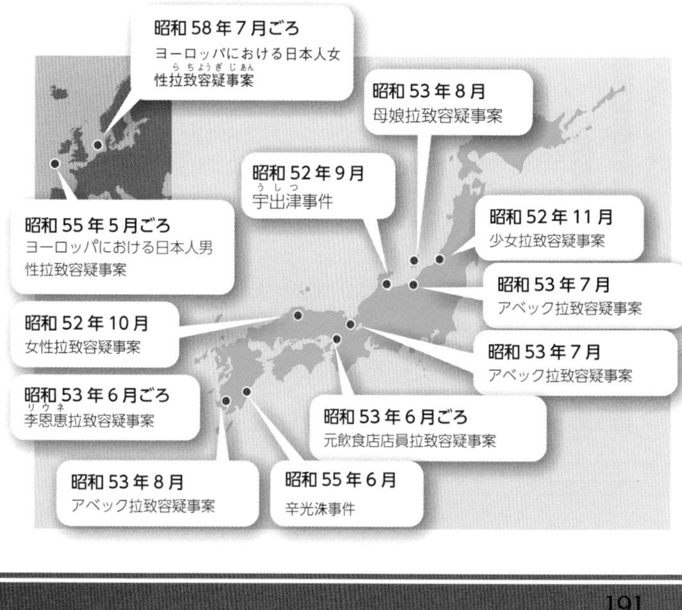

ミニ知識

集団的自衛権

　集団的自衛権は、個別的自衛権とともに国連憲章で認められている。自国と密接な関係にある他の国家が武力攻撃を受けた場合に、自国が直接攻撃されていなくても、共同で防衛を行う国際法上の権利のことである。いかなる国も保有している権利である。

国際連合憲章第51条

この憲章のいかなる規定も、国際連合加盟国に対して武力攻撃が発生した場合には、安全保障理事会が国際の平和及び安全の維持に必要な措置をとるまでの間、個別的又は集団的自衛の固有の権利を害するものではない。

65 自衛隊と日米安全保障条約

自衛隊と日米安保体制によるわが国の安全と防衛は、どのようにはかられているだろうか。

[1]連合国軍の占領は、1945(昭和20)年から52年までの約7年にわたった。

各国の国防予算（2017年）

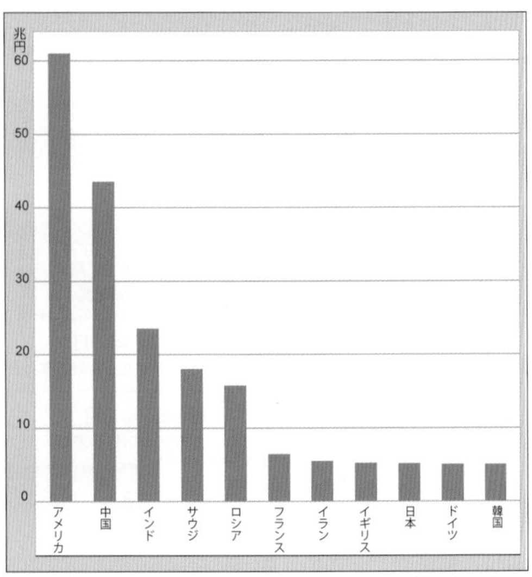

（世界銀行資料）

個別的自衛権と自衛隊の発足

第二次世界大戦に敗れたわが国は連合国軍に軍事占領[1]されました。このとき、連合国軍総司令部（GHQ）は、わが国の軍隊を解体し、非武装としました。しかし、1950（昭和25）年の朝鮮戦争にさいし、方針を変更し、警察予備隊の創設を日本政府に命じました。

　占領解除後の1954年には自衛隊法が制定され、陸・海・空の自衛隊が発足しました。同時に、防衛庁が設置されました。わが国は**個別的自衛権**をもち、自衛のための必要最小限の実力組織は当然にもつことができると考えたからです。

自衛隊の発展

1957年には、「国防の基本方針」が定められ、自衛隊の活動は**専守防衛**が基本であるとされました。以来、防衛大綱に基づき防衛力の計画的な整備・増強がはかられてきました。その後、2007年には、防衛庁が防衛省に昇格し、防衛省・自衛隊体制となりました。これによって防衛大臣が直接、予算や閣議決定を求めることができるなど、国の政治に占める国防の地位が強化されました。

　現在の自衛隊の本来任務は、わが国の防衛、治安出動や海上警備行動といった警察的な任務、国連PKOを中心にした国際

在日アメリカ軍の配置図

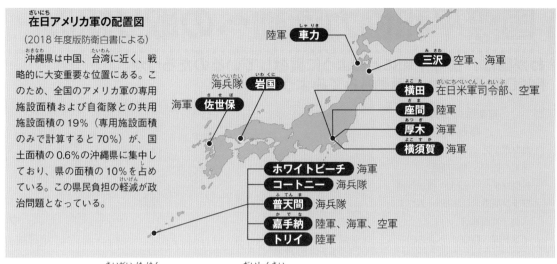

（2018年度版防衛白書による）

沖縄県は中国、台湾に近く、戦略的に大変重要な位置にある。このため、全国のアメリカ軍の専用施設面積および自衛隊との共用施設面積の19%（専用施設面積のみで計算すると70%）が、国土面積の0.6%の沖縄県に集中しており、県の面積の10%を占めている。この県民負担の軽減が政治問題となっている。

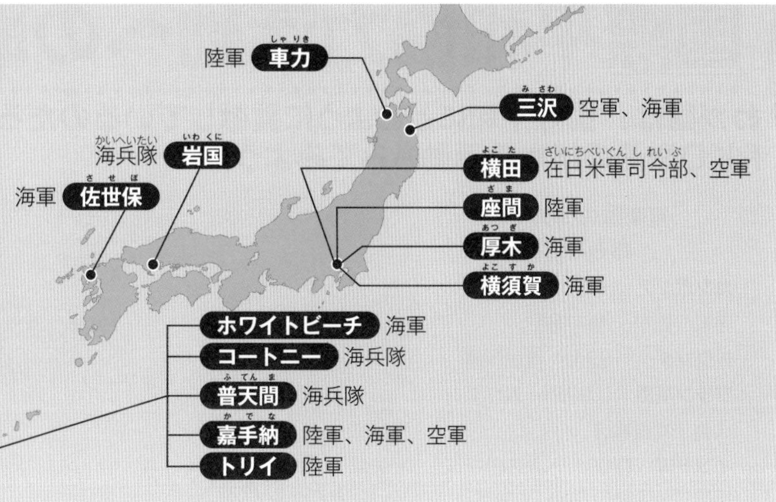

平和協力活動、そして災害派遣です。東日本大震災などの自然災害における救助活動など、国民の生命と財産を守る活動にも挺身し、これに対し多くの国民が共感と信頼を寄せています。

集団的自衛権と日米安保条約

日米安保体制（日米同盟）の柱である日米安全保障条約（日米安保条約）は、1951年に締結[2]され、1960年の改定で、わが国が攻撃を受けたとき、自衛隊とアメリカ軍との**日米共同防衛**と、わが国からアメリカ軍への**基地貸与**などがとり決められました。1996年の日米首脳会談で、安保条約の適用範囲がフィリピン以北の極東地域から「アジア・太平洋地域」に拡大され、これに基づき、1999年には周辺事態法が成立し、自衛隊は、周辺地域で重大な脅威となると思われる事態にアメリカ軍と共同で対処し、アメリカ軍の後方支援を行えることとなりました。

2014年には、それまで個別的自衛権に限られていた憲法解釈を変更し、**集団的自衛権**の限定的行使の容認が閣議決定され、新しい武力行使の三要件[3]が決められました。2015年、武力攻撃事態対処法が改正され、わが国と密接な関係にあるアメリカ等への武力攻撃があり、わが国の存立が脅かされた場合（存立危機事態）には、自衛隊が武力行使できるようになりました。また同年、**重要影響事態法**（周辺事態法改正）がつくられ、アメリカ軍等に対する後方支援の地理的制限がなくなりました。

[2] 1951年、サンフランシスコ講和条約と同時に締結された。この条約では、アメリカ軍は、日本国内の基地を使用する権利を認められたが、わが国を防衛する義務がなかった。明らかな不平等条約だった。

[3] ①我が国に対する武力攻撃が発生したこと(武力攻撃事態)、又は我が国と密接な関係にある他国に対する武力攻撃が発生し、これにより我が国の存立が脅かされ、国民の生命、自由及び幸福追求の権利が根底から覆される明白な危険があること(存立危機事態)。②これを排除し、我が国の存立を全うし、国民を守るために他に適当な手段がないこと。③必要最小限度の実力行使にとどまるべきこと。

ここがポイント！

①わが国の平和と安全の基本は、日米安全保障条約によっている。②安保条約は、自衛隊とアメリカ軍の共同行動と、アメリカ軍への基地貸与を定めている。③重要影響事態法と集団的自衛権によって日米防衛協力を緊密にした。

もっと知りたい

国際平和協力活動への取り組み

わが国は、国際平和にどのように貢献しているのだろうか。PKOやそのほかの活動もみてみよう。

自衛隊の海外でのおもな活動

1 **カンボジア**　(1992～1993)
停戦の監視、道路補修

2 **ルワンダ**　(1994)　難民救援

3 **ゴラン高原**　(1996～2013)
人員・物資輸送

4 **インド洋**　(2001～2010)
テロ対策活動のアメリカなど多国籍海軍艦船への給油

5 **東ティモール**
(2002～2004) 道路、施設補修
(2010～2012) 軍事監視要員

6 **イラク**　(2003～2008)
道路・施設補修、輸送、給水

7 **インドネシア**　(2004)
地震、津波被災地救援

8 **スーダン**　(2008～2011)　国連スーダン・ミッションへ司令部要員

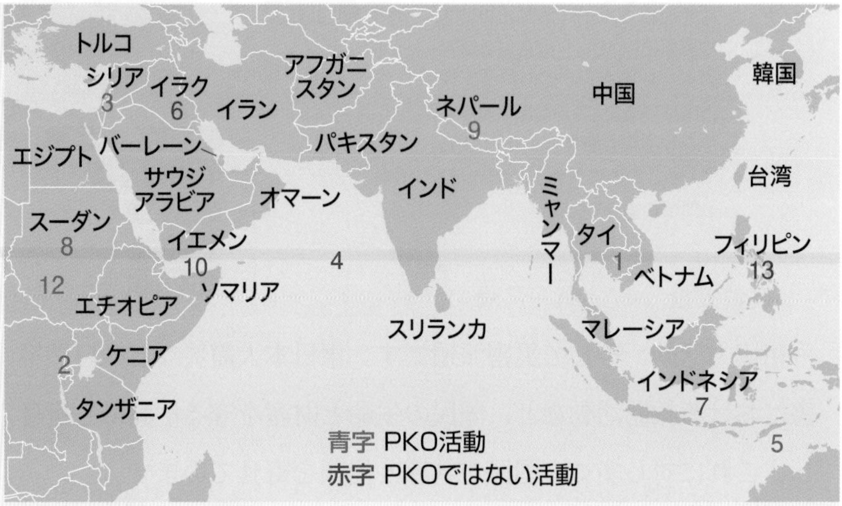

9 **ネパール**　(2007～2011)
国連ネパール政治ミッションへ軍事監視要員

10 **アデン湾**　(2009～)
海賊対処行動・船団護衛

11 **ハイチ**　(2010～2013)
瓦礫撤去、道路の補修（地図表示省略）

12 **南スーダン**　(2011～)
施設整備と司令部要員

13 **フィリピン**　(2013) 台風被災地救援

初めての自衛隊海外派遣

わが国は、1991（平成3）年の湾岸戦争のさい、国際平和を守る貢献として、135億ドルという資金援助を行ったが、多国籍軍に自衛隊を派遣しなかった。憲法第9条の趣旨からいって、軍隊ではない自衛隊は海外での武力行使は許されない、と判断されたからである。しかし、このような国内事情など、国際社会には理解されるはずもなく、国際的に厳しい批判を浴びた。

停戦後になって、ペルシャ湾の機雷除去を目的とする海上自衛隊の掃海艇を自衛隊として初めて派遣した。その後、この反省から、わが国は翌1992年、PKO協力法を制定し、武力行使をともなわないという条件の下で、自衛隊をはじめとして、国際平和協力活動に人を派遣して貢献できる体制をつくった。

PKOとしての最初はカンボジアに

ＰＫＯ協力法に基づき、最初に人を派遣したのが、カンボジアの国家再建を支援する活動であった（1992年）。カンボジアは中国に支援されたポル・ポト政権が行った民族大虐殺で荒廃していた。このとき、民間要員とともに、陸上自衛隊が初めて海外派遣された。その後、世界各地での国連平和維持活動に対し、人的・物的双方の面から協力を行ってきた。これらのうち、カンボジア、モザンビーク、ゴラン高原、および東ティモールのPKOには自衛隊の部隊が参加した。

イラク復興人道支援

PKOとは別に、2003年にはイラク復興のために、陸・海・空の3自衛隊が派遣され、イラク復興の人道支援と多国籍軍への物資輸送の支援を実

国際平和協力活動の種類

国連平和維持活動（PKO）
国際緊急援助活動：PKO 以外の形で、紛争や災害で生まれた被災民の救援や被害の復旧に当たる。
国際的な選挙監視活動 :PKO 以外の形で、紛争地域での選挙監視を行う。
国際テロ阻止活動：旧テロ特措法や新テロ特措法（いずれも失効）、海賊対処法に基づく活動

施した。派遣された地上部隊は、サマーワで給水、医療支援、学校・道路補修などの活動を成功させ、その高い規律と献身的な活動に、現地の人々から感謝と賞賛を浴び、国際的に高い評価をうけた。

「駆け付け警護」の問題

しかし、2004年2月、地上部隊の主力がクウェートからサマーワに進出する際、サマーワの治安維持を担当していたオランダ軍に警護してもらった。この写真が報道されると、自衛隊は世界の笑い者になった。軍隊というものは自前の力で自らを守るのが原則である。しかも、警護するオランダ軍よりも、警護される自衛隊の方が強力な装備であった。国際社会の目には、この写真はきわめて異様なものに映ったのである。

サマーワの経験をふまえて、「駆け付け警護」の問題が浮上した。もしもオランダ軍のように近くにいる友軍が攻撃されたら、自衛隊が駆け付けて戦うのか、という問題である。当時の法制上からいえば、武力行使が原則としてできない自衛隊としては、友軍を見殺しにするしかない。だが、そんなことをしたら日本の信用は一挙に地に墜ちてしまう。そこで、長い時間をかけて、ようやく、2015年のPKO協力法改正によって、「駆け付け警護」が合法化された。

「宿営地の共同防護」の問題

ゴラン高原のPKOには、自衛隊は1996年から2013年まで参加した。任務は物資と人員の輸送である。第一次隊がゴラン高原に駐在した際、PKO部隊の司令官から、PKO参加の全部隊による宿営地警備訓練をやると言われたが、自衛隊側は日本国憲法を理由に断った。それ以来、PKOに自衛隊が派遣されたさい、暴徒らに宿舎を襲われた場合、諸外国のPKO部隊と共同で防護するのかしないのか、という問題が浮上した。「宿営地の共同防護」の問題である。2015年の改正PKO協力法では、「宿営地の共同防護」も合法化された。

補給支援活動と海賊対処

この間、2001（平成13）年から、9・11アメリカ同時多発テロ事件に対する国際共同活動として制定されたテロ対策特別措置法などに基づいて、海上自衛隊がインド洋で多国籍海軍に給油支援を2010年まで実施した。

また2009年からは海賊対処法により、ソマリア沖やアデン湾を航行する各国の船団を護衛する活動を、海上保安官も乗せた海上自衛隊の護衛艦が他国の海軍とともに続けている。

この海賊対処は石油の90%を中東にたよるわが国のシーレーンを確保するうえでも重要な活動となっている。これらの活動に対しては、国連をはじめ国際社会から高い評価と賞賛を受けている。

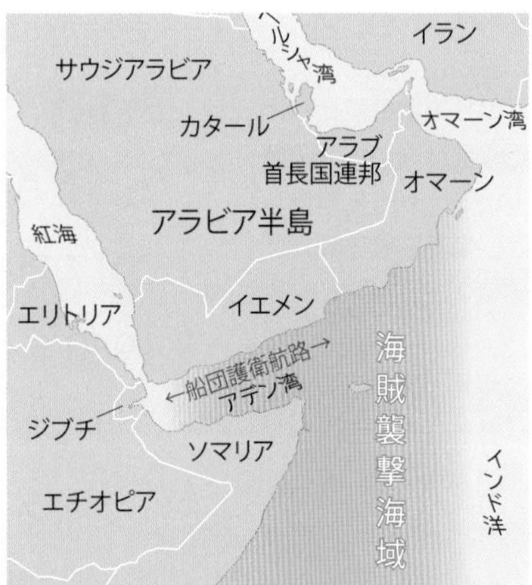

アデン湾周辺の船団護衛
ジブチに活動拠点をつくった海上自衛隊は哨戒機で広い海域を警戒し、護衛艦で輸送船団を護衛し、その搭載ヘリコプターは航路の周辺海域を警戒している。

広島市の原爆被害

長崎市の原爆被害

66 核兵器の脅威と向き合う

国際社会は、核兵器の脅威にどのように向き合っているだろうか

核開発競争と核軍縮

第二次世界大戦末期の 1945（昭和20）年、アメリカによって広島と長崎に原子爆弾が投下され、わが国は人類史上唯一の核被爆国[1]となりました。これによって**核兵器**は、大量破壊兵器としてきわめて強力で、核戦争は人類全体を滅亡させることが分かりました。大戦後、旧ソ連とアメリカは核大国を目指して核兵器開発を競うようになりました。1960 年ごろには大陸間弾道弾などの核ミサイルが開発され、攻撃力が格段に増大するなか、イギリス、フランス、中国も核保有国となりました。[2]

しかし、大気圏内核実験の危険性が明らかになり、1963 年には部分的核実験禁止条約[3]が結ばれました。核兵器の大量所有は米ソ相互の破滅になるとの認識から、核軍縮が進められました。1968 年には、「核の〝憲法〟」と言われる**核兵器不拡散条約**（NPT）が結ばれ、国際的核管理の基本が定められました。さらに 1996 年には包括的核実験禁止条約（CTBT）[4]が、2017 年には核兵器禁止条約[5]が、国連総会で採択されました。1980 年代、西ドイツなどの西ヨーロッパ諸国はアメリカの核ミサイルを配備し、旧ソ連の核兵器配備に対抗しました。しかし、アメリカと旧ソ連は 1987 年、中距離核戦力全廃条約で、中射程弾道ミサイルなどをヨーロッパから撤去しました。ま

[1] 原爆投下は、東京大空襲などの都市爆撃と同じく非人道的攻撃であり、戦時国際法が禁止する戦争犯罪にあたるという指摘がある。

[2] 1964 年には中国が核実験を成功させた。現在は国連安保常任理事国のすべてが核保有国となっている。

[3] アメリカ、ソ連、イギリスの 3 か国間で締結され、現在の加盟国数は 111 か国である。ただし地下核実験は除外されている。

[4] 爆発をともなうすべての核実験を禁止したが、臨界前核実験は禁止していない。この条約はまだ発効していないが、 条約を尊重して、アメリカとロシアは、臨界前核実験だけを何度も行っている。

[5] 正式名称は「核兵器の開発、実験、製造、備蓄、移譲、使用及び威嚇としての使用の禁止ならびにその廃絶に関する条約」。まだ、発効していない。

世界の核兵器の現状（2018年1月）

国名	作戦配備弾頭数	その他の弾頭数	総数
ロシア	1600	5250	6850
アメリカ	1750	4700	6450
中国	－	280	280
フランス	280	20	300
イギリス	120	95	215
イスラエル	－	80	80
パキスタン	－	140～150	140～150
インド	－	130～140	130～140
北朝鮮	－	――	10～20
合　計	3750	10715以下	14485以下

ストックホルム国際平和研究所による

ミニ知識

その他の大量破壊兵器の脅威

恐怖の大量破壊兵器は核兵器だけではない。生物・化学兵器は、少量できわめて多くの死傷者を発生させる大量破壊兵器である。生物兵器は、細菌やウイルス、あるいはそれらがつくり出す毒素などを使用し、人や動物に対して使われる兵器のことであり、主に天然痘ウイルスや炭疽菌、ボツリヌス毒素などがある。化学兵器はサリンやVXガスなどの毒ガスのことであり、神経を破壊したり、皮膚をただれさせて、人を殺傷する。これら大量破壊兵器はその運搬手段である弾道ミサイルとともにわが国にとって、また世界の都市住民にとって深刻な脅威となっている。

た、アメリカとロシアは2011年の第４次戦略兵器削減条約（新START）により、戦略核弾頭の削減を進めています。

核の国際的管理と拡散防止

国際社会は現在、核兵器を国際的に管理する体制を築いています（ＮＰＴ体制）[6]。その仕組みは、ＮＰＴで核兵器保有５か国以外の核保有を禁じ、その核保有国間での核軍縮を促進しています。他方、核を平和利用する国には、国際原子力機関（IAEA）[7]の査察を義務づけ、核不拡散をはかります。これは５か国が核兵器を独占する不平等な体制ですが、核管理能力のある国に世界の平和と安全の責任をもたせるためのものです。しかし、インドやパキスタンが核を保有したり、2006年にはイランで核兵器開発の疑いが表面化したり、2017年に北朝鮮が長距離ミサイルの発射実験と６度目の地下核実験を強行したりと、核管理体制はゆらいでいます。

核廃絶と核の脅威

特に、中国、ロシアなど近隣諸国は核配備を進め、北朝鮮も核実験を行うなど、わが国にとって脅威は増しています。わが国は、唯一の被爆国として**非核三原則**[8]を宣言し、国際的核管理体制を受け入れています。しかし同時に、アメリカの「**核の傘**」のもとで安全が確保されているといわれています。わが国の政府は、核の脅威に立ち向かいながら、世界平和のために核兵器廃絶を訴えています。[9]

[6] アメリカ、ロシア、イギリス、フランス、中国の５か国。インド、パキスタンなどはＮＰＴに未加盟。

[7] 1957年創立。原子力の平和利用を推進し、軍事に使わないよう監視する機関。2013年で加盟国159か国。

[8] 核兵器を、持たず、作らず、持ち込ませず、の三原則。1967年、佐藤栄作首相が表明。

[9] 核兵器以外の大量破壊兵器を禁止する動きも進んでいる。1975年には生物兵器禁止条約が、1997年には、化学兵器禁止条約が発効した。

やってみよう

「世界の核兵器の現状」の表をみて、この現状にわが国はどう向き合っていくべきか話し合ってみよう。

ここがポイント！

①冷戦下に核兵器開発競争が行われた。②核兵器不拡散条約などで核不拡散の努力をしている。

アクティブに深めよう

国際平和をどう作りあげるか

国際社会は、今でもさまざまの国際紛争や内戦が続いています。平和をどうやって作り出せるか、みなさんで、さまざまな資料や事例をもとに、調べ、考えてみましょう。

意見 A

武力ではなく、話し合いによってすべての問題を解決するべきです。

日本国憲法の前文には「日本国民は恒久の平和を念願し人間相互の関係を支配する崇高な理想を深く自覚するのであって平和を愛する諸国民の公正と信義に信頼してわれらの安全と生存を保持しようと決意した」とあります。世界平和のためにも、この精神を広げていこう。

現在の日本国憲法第９条には「①日本国民は、正義と秩序を基調とする国際平和を誠実に希求し、国権の発動たる戦争と、武力による威嚇又は武力の行使は、国際紛争を解決する手段としては、永久にこれを放棄する。

②前項の目的を達するため、陸海空軍その他の戦力は、これを保持しない。国の交戦権は、これを認めない。」と書かれています。

この日本国の姿勢を全世界に広めていくことが、国際社会に平和をもたらすことになります。できるだけ多くの国々に、この考えを説得していきましょう。

意見 B

戦闘行為をやめさせるためにも一定の軍事力は必要です。特に内戦を安定化させるには、国連の平和維持活動が必要です。

現実に戦争や内戦が起きているとき、それを止めるためには、やはり一定の軍事力が必要です。日本も参加してきた国連の平和維持活動（PKF、PKO）も、さまざまな国の軍隊が協力して平和を守っています。そして、もしある国が日本を侵略しようと考えた時、日本に自衛隊などが存在しなければ、易々とその国の軍隊に占領されてしまうかもしれません。国際平和は、それぞれの国が、自分の軍事力で自国を護っているからこそ成立しているのです。日本をはじめ先進国が、途上国を経済的に豊かにするための有効な支援を、国連などを通じておこなうことが必要です。

意見 C

戦争や内戦の原因には貧困問題があります。経済をよくすることが平和の実現への道です。

外務省のホームページを調べてみると、世界の国々の約74%が〝途上国〟と呼ばれています。「途上国」とは、経済や産業の発展が十分ではなく、多くの国民がちゃんとした食事、教育、医療を受けられない国々のことです。このような国では政治も安定せず、国内でもさまざまな対立が起きたり、他国に対し攻撃的になったりします。だから戦争や内戦が起きるのです。

まず、経済をよくすることで、対立の原因を無くしていくことが平和への道ではないでしょうか。

意見D

自由と民主主義を広げていくことが、世界平和への道です。独裁政権や、軍事政権は、しばしば戦争を起こしています。

歴史を勉強してみると、独裁的な国は、しばしば外国に侵略したり、国民を抑圧したりして戦争や内戦を引き起こしています。世界人権宣言は、このような独裁を改め、国民の人権を守ることをよびかけています。まず、世界の独裁体制を民主的にしていくことが、国際平和をもたらすはずです。

この４つの意見について、これまで歴史の授業で習った世界の戦争の事例をもとに話し合いましょう。そのさい、それぞれ２つのポイントに注意して議論しましょう。そして、それぞれ４つの意見について考えを深めていきましょう。

意見 A

①日本国憲法前文の姿勢を、世界に広めるためにはどうしたらいいでしょうか。

②もし、どこかの国が侵略をしてきた場合は、話し合いで国を守ることができるでしょうか。

意見 B

①国連の平和維持活動が成功した例と、うまくいかなかった例を調べてみましょう。

②軍事力だけではなく、それ以外の、自国を守る方法についても考えてみましょう。

意見 C

①貧困がどのように内戦や戦争につながるのか、具体的に調べてみましょう。

②貧困が解決されれば戦争が防げるのかを、さまざまな実例に即して考えてみましょう。

意見D

①独裁的な国を、どうしたら民主的にできるのか、歴史をふまえて考えてみましょう。

②自由民主主義の国が、戦争をおこす可能性がないか調べてみましょう、また、もしそのような事例があった場合は、その原因について調べ考えてみましょう。

話し合いが終わったら、「国際平和をどう作り上げるか」という課題について、600字程度で自分の意見をまとめてみましょう。

深めよう

さらに、私たちにもできる国際平和への貢献について話し合いましょう。

第4節 人類の未来と国際社会

救援物資（食糧）の配布を受けるインドの子供

ケニアの学校

貧困問題を
解決するには、
どうしたらよいので
しょうか

67 人口爆発と地球規模の福祉

人口爆発と貧困問題の現状と対策は、どのようになっているだろうか。

[1]先進国にも、その国の平均的生活水準を大きく下回る「貧困者」が存在する。

[2]日本でもかつては貧困で多産多死型だったが、近年は少産少死型となっている。

乳幼児死亡率 (2017年、世界銀行資料)

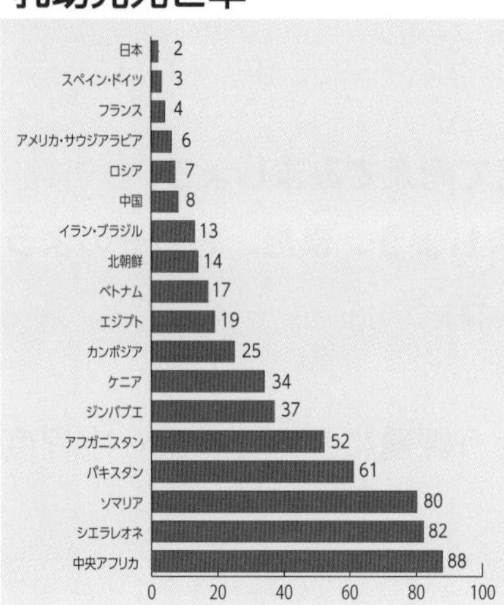

(1000人出産当たりの人数)

人口爆発

国連統計では、1900年には16億人だった世界の人口が、2017年現在では76億人となり、2050年には98億人となると推計されています。この増え方には偏りがあり、南アジア、サハラ以南のアフリカなど南半球の発展途上国で爆発的に増大するとしています。

こうした人口爆発は、その背景に世界全体が豊かになってきたことがありますが、同時に、**環境破壊**や資源・エネルギーの枯渇、貧困・飢餓、水不足など、地球規模での重大な問題を引き起こしています。

貧困問題

貧困問題もその1つです。現在、人口爆発地域を中心に、極端に貧しい人々[1]がおり、人道上の問題となっています。これらの地域は開発が遅れていましたが、保健・衛生や医療が普及した結果、死亡率が低下し[2]、また先進国の援助などで食料生産増など経済が向上し、人口が急増しました。ところが、増え続ける人口に経済発展が追いつかず、さらに民族紛争や内戦、政府の腐敗や崩壊などが加わり、貧困から抜け出せなくなっています。

南北問題と南南問題

一方、北半球に位置する先進国の人々は、豊かな生活を享受しています。

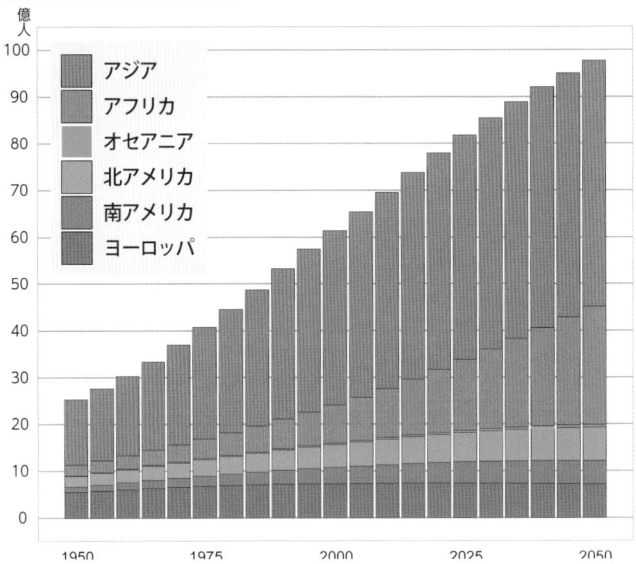

世界の人口予測（国連資料）

ミニ知識

ミレニアム開発目標

1. 極度の貧困と飢餓の撲滅
2. 普遍的初等教育の達成
3. ジェンダーの平等の推進と女性の地位向上
4. 幼児死亡率の削減
5. 妊産婦の健康の改善
6. HIV ／エイズ、マラリアその他疾病のまん延防止
7. 環境の持続可能性の確保
8. 開発のためのグローバル・パートナーシップの推進

ミレニアム開発目標とは、2000 年 9 月のニューヨークで開催された国連ミレニアム・サミットで採択された国連ミレニアム宣言と、1990 年代に開催された主要な国際会議やサミットで採択された国際開発目標を統合し、一つの共通の枠組としてまとめられたものである。ミレニアムとは、西暦を 1000 年で区切ったものである。

このような先進諸国と、発展途上国とのあいだの経済的格差から生じるさまざまな問題を**南北問題**といいます。先進諸国は、発展途上国の困難に対し、人間の生存と尊厳を守るため、またそれらの国々の経済発展による世界の繁栄が自国の繁栄につながると考え、国連を中心に援助を実施してきました。

この間、わが国の政府開発援助（**ODA**）によって工業化したアジアの国々や、高い石油収入があるペルシャ湾岸諸国、経済の急成長を果たしたブラジルや中国などの国々が、先進国に追いついてきました。しかし、これにとり残された国々が貧困を解決できないでいます。こうした発展途上国間の格差は、**南南問題**とよばれています。

地球規模の福祉

貧困と格差の問題を解決するために、国際社会は国連開発計画（UNDP）[3]を通じて、**持続可能な開発目標**[4]にある貧困人口削減などの実現を目指して、資金などの援助活動を展開しています。また各種NGOが現地のニーズに応じた援助を行っています。わが国も、村おこし・国づくりなどの社会基盤拡充の支援をしています。[5]発展途上国の経済成長とその持続的な発展のためにはその国の政治の安定と、わが国などの援助の公正と効率の確保が不可欠です。特に、独裁体制の途上国に援助する場合には、支援金が国民のために用いられるように気を付けなければなりません。[6]

[3] 国連開発計画は 1966 年 1 月に設立された国連の専門機関。経済社会理事会に直属する、経済問題の中心機関で、諸基金の管理運営にもあたっている。

[4] 2000 年、国連開発計画は、2015 年までの世界の開発目標として、ミレニアム開発目標（MDGs）を 8 項目設定した。MDGs は、5 歳未満の子供の死亡が減少するなど一定の成果を上げた。2015 年 9 月、「国連持続可能な開発サミット」が開催された。この会議では、150 をこえる各国首脳が集まり、2030 年までの開発目標として、貧困をなくすこと等 17 項目を定めた。これが持続可能な開発目標（SDGs）である。SDGs の 17 項目については、199 ページ参照。

[5] ODA と民間投資を一体化させ、医療、保健、教育、農村開発、道路・港湾・河川の整備など、経済発展の基礎となるインフラ整備と人材育成に重点を置いている。

[6] 途上国の独裁政権は、腐敗していることが多く、インフラ事業のための支援金の一部を懐に入れてしまったり、事業を受注する企業から多額の賄賂をとったりすることが多い。当然、インフラ事業自身は手抜きとなり、質の低いものになってしまう。

ここがポイント！

①世界の貧困問題の背景には、人口爆発がある。②発展途上国における経済成長の遅れも、貧困問題の原因である。③南北問題を解決するため国際社会が協力している。

日本の金属資源の主要輸入元（2016 年）（財務省貿易統計資料）

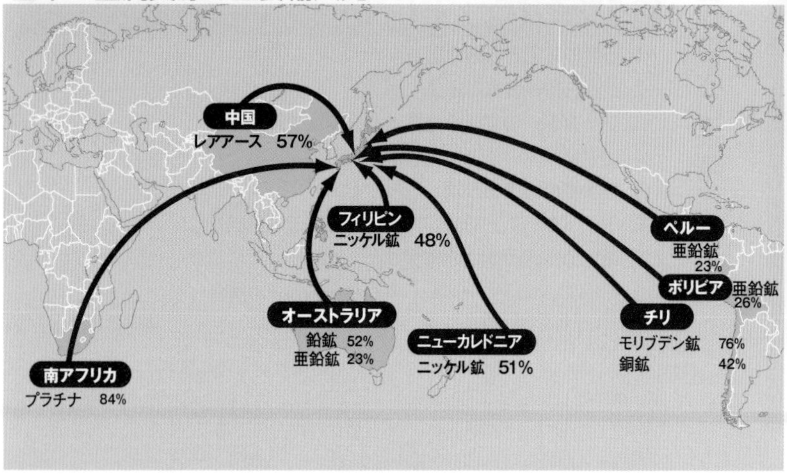

福島第１原子力発電所の事故（2011 年３月11 日）原子力発電は、発電時に CO_2 を排出せず、日本の電力量の約30%を担っていたが、安全性や放射性廃棄物の処理などの課題があり、東日本大震災による事故以来、原子力発電所のほとんどは止められている。

68 エネルギーと資源の未来

減少してきているエネルギーと資源の現状を、どのように克服すればよいだろうか。

増え続ける資源消費

人類は、産業革命以来、石油・石炭などの**エネルギー資源**（化石燃料）や、鉄・銅・アルミニウムなどの鉱物資源を使って生産活動を拡大し、それらを大量に消費して、豊かな社会を築いてきました。

近年では、地球規模の人口爆発や、グローバル化による急激な工業化が加わり、資源消費が加速度的に増大しています。資源の大量消費は、現在、地球温暖化などさまざまな**地球環境問題**を引き起こしています。他方、世界中で資源の枯渇が心配されています。

限りある資源

石油は、エネルギー源にも繊維衣類などの原料にもなる重要資源ですが、世界の可採年数[1]は 2016 年で 51 年とされ、その埋蔵量の半分が中東地域に偏在しています[2]。また、電子機器やハイブリッド自動車などの素材として不可欠なレアメタル[3]は一部の国でしか産出しません。このように資源は有限であり、大量消費の結果枯渇したり、また産出国の都合で輸出されなくなったり、急激な価格変動を起こします。このため資源は、たえず国際紛争の原因となり、外交手段として利用されてきました（資源外交）。また、利益が大きいため、資源メジャーによる国際市場支配の対象となってきました[4]。

[1] 原油埋蔵量を原油産出量で割った数値。1980年代以降は、新油田の発見のため毎年、ほぼ同じ数値。

資源はあと何年とれるか

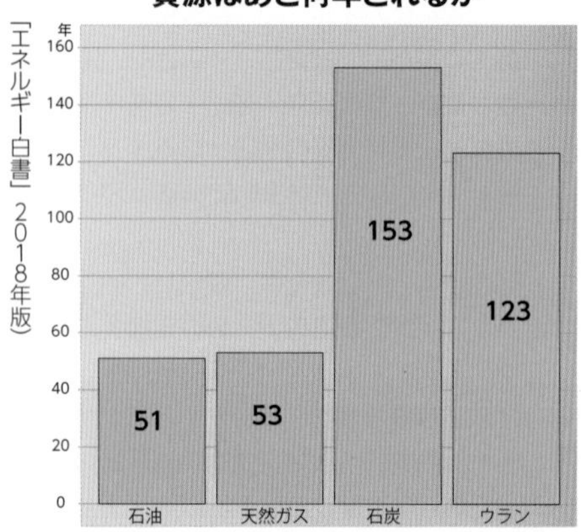

[2] 中東諸国と埋蔵量世界第一のベネズエラなどで構成するＯＰＥＣ(石油輸出国機構)諸国の埋蔵量は、70%を超える。

[3] インジウム、ニッケル、リチウム、レアアース類などの非鉄金属。ハイテク産業に不可欠の原料。

エネルギー資源・鉱物資源から消費へ

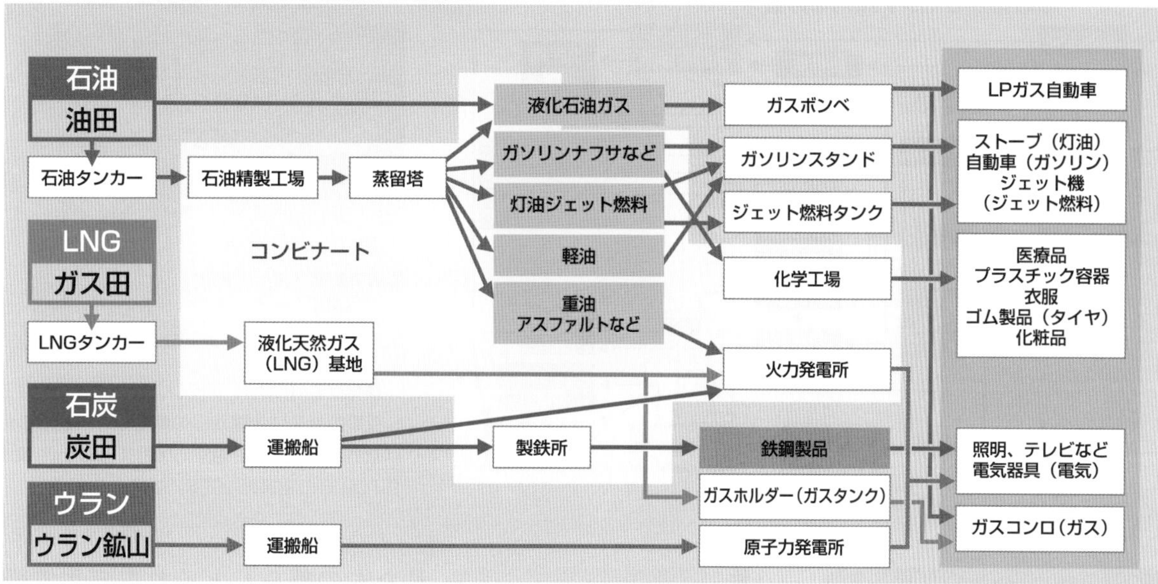

エネルギーの確保と省資源

1973（昭和 48）年に石油の輸入がとだえかけたオイル・ショックで経験したように、資源のないわが国は、何かの事情で輸入が止まると、産業も国民生活も大打撃を受けます。この教訓を生かして、わが国は国をあげて省エネ技術の開発にとりくみ、今日世界最高の省エネ技術を実現しています。しかし、エネルギー消費量は民生を中心に現在も増え続けており、いっそうの省エネ努力が必要です。

このためわが国は、原子力発電や**新エネルギー**[5]の導入拡大に努めてきましたが、2011（平成 23）年の東日本大震災にともなう原子力発電所の事故は、エネルギー問題について改めて深刻な問題をつきつけました。太陽光や風力などを利用する再生可能エネルギー発電の普及や、EEZ 内で発見されたメタンハイドレート[6]の利用実用化を急ぐなど、新たなエネルギーの確保が必要となっています。

また、2000（平成 12）年には循環型社会形成推進基本法を制定し、３R活動などを推進し省資源に努めています。

他方、わが国は、国際エネルギー機関（IEA）[7]を通して、安定した需給のための協力を進め、また発展途上国への資源開発や省エネ・省資源の技術協力を進めています。

4 石油・天然ガスは４大メジャー、鉱物資源は３大メジャーの多国籍企業が世界市場を支配している。

5 バイオマス(動植物を使ったエネルギー資源)、太陽熱利用、地熱発電、風力発電、太陽光発電などの再生可能エネルギーのこと。

6 メタンガスを含んだ氷のこと。日本周辺の海底には天然ガス消費量換算で、約100年分が存在するとされている。

7 1974年、OECDの機関として設立。エネルギーの安全保障と持続可能な需給を目指す。29か国加盟。

ここがポイント！

①エネルギー・資源の持続可能な社会を築くために、大量消費型社会から循環型社会へ変えなければならない。②原子力発電、メタンハイドレートなど新エネルギー資源の拡充・実用化が必要である。③省エネ・省資源の国際的な技術協力が大切である。

温暖化がもたらす深刻な影響（環境省「STOP THE 温暖化 2008」など）

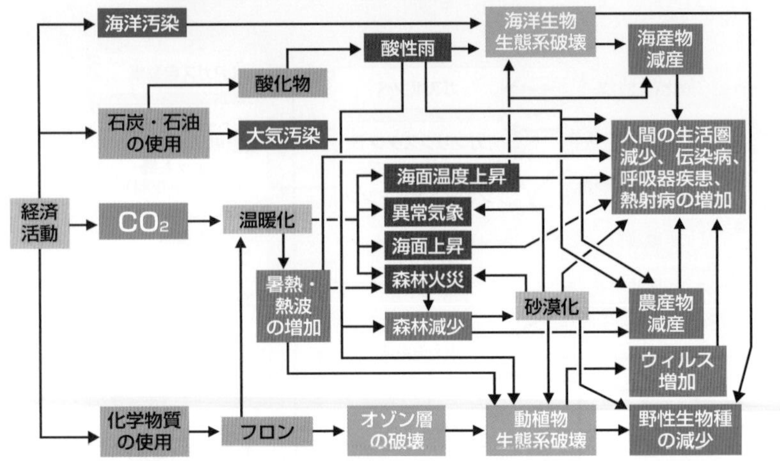

温室効果のメカニズム

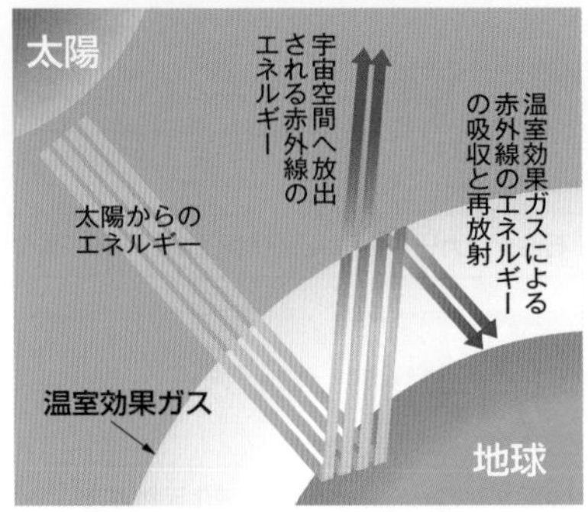

二酸化炭素（CO_2）、メタン、一酸化二窒素などの6種類のガスは太陽からの熱を地球に封じこめるはたらきをするので温室効果ガスという。（環境省「STOP THE 温暖化 2008」など）

69 地球環境問題と国際協力

地球環境問題の解決のために、国際社会はどのように取り組んでいるだろうか。

私たちと地球環境

私たちの暮らしとそれを支える**経済活動**は、地球上の自然環境や資源の消費の上に成り立っています。しかし、電気や工業製品をつくったり、自動車を走らせるために化石燃料を燃やすと、人間と環境に有害な大量の CO_2 や窒素酸化物を放出します。また爆発する人口のために森林を破壊して農地を開くと、生態系の破壊や砂漠化、地球の気候悪化の原因となります。人類は、生存と生活の豊かさを求めて活動していますが、同時に、こうした環境問題を引き起こしているのです。

地球規模の環境問題

資源枯渇問題はすでに学びましたが、**地球環境問題**も現代の人類がかかえている重大な課題です。地球環境問題とは、地球の温暖化、オゾン層の破壊、酸性雨、黄砂、森林の破壊、砂漠化、大気汚染、水質汚染、海洋汚染、野生生物種の減少などのことです。これらは人類の活動で生じている地球環境の悪化現象で、国境に関係なく地球規模に発生している国際的な問題です。

地球温暖化

なかでも現在、**地球温暖化**が最も重大な問題となっています。地球は、大気中の温室効果ガスのはたらきで、生物が生存できるように適温が保たれています。ところが近年、人間の活動がもたらした CO_2

1 気候変動に関する政府間パネル(IPCC)第4次報告。また2013年の第5次報告では地球温暖化が加速しているとした。

ミニ知識

地球温暖化と CO_2

科学者のなかには、CO_2 による地球温暖化論に対し、疑問や異論を表明している人がいる。その主張の要旨は、①地球の気温の上昇は確かだが、地球の長期にわたる気候変動のためである。②温暖化の原因は、太陽の活動が原因である、などである。

世界の国・地域別の CO_2 排出量（2017 年）

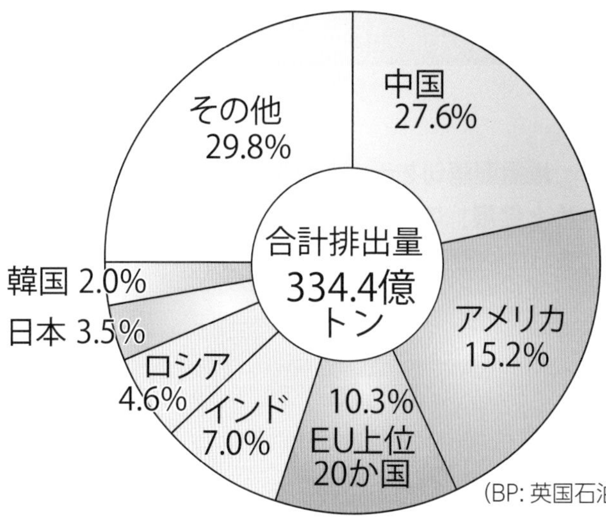

(BP: 英国石油資料)

地球環境問題に関する年表

年	事　項
1972	第1回国連人間環境会議。ローマクラブ「成長の限界」
1985	オゾン層保護のウィーン条約採択
1987	フロンなどの生産を削減するモントリオール議定書採択
1988	国連、気候変動に関する政府間パネル(IPCC)設立
1992	生物多様性および気候変動枠組(地球温暖化防止)条約採択
1994	砂漠化防止条約採択
1997	気候変動枠組条約京都会議(COP3)が京都議定書採択
2002	持続可能な開発に関する世界首脳会議(ヨハネスブルグ)
2007	IPCC第４次報告書
2009	気候変動枠組条約コペンハーゲン会議(COP15)
2010	気候変動枠組条約メキシコ・カンクン会議(COP16)
2013	気候変動枠組条約ポーランド・ワルシャワ会議(COP19)
2013	IPCC第5次報告書
2015	COP21がパリ協定採択

などが急激に増加し、気温を上昇させているとされています。国連の専門機関は 2007 年に、最悪では、2100 年までに、地球の気温が約４度上がると予測しました。[1] このため、海面の上昇による世界の小島嶼や低地帯の水没、食料生産の減少、洪水や干ばつの多発、マラリアのまん延など、人類の生存をおびやかす深刻な事態をまねく可能性が高いと警告しました。今日、CO_2 など温室効果ガスの排出量削減が、人類の緊急の課題とされています。

国際的な取り組み

人類の共有財産である地球環境を守るためには、国際的な協力が欠かせません。1972 年国連人間環境会議が開かれ、環境問題での国際協力が確認されました。1992 年の国連環境開発会議（地球サミット）では、地球温暖化防止を目的に**気候変動枠組条約**が結ばれました。そして 1997 年の京都議定書では、国や地域ごとに、目標とする CO_2 の削減量が約束されました。[2]

京都議定書が終わった後、2015 年の COP21[3] で**パリ協定**が採択されました。パリ協定では、産業革命前と比べた気温上昇を世界全体で２度未満におさえる目標を立て、2020 年以降、中国やインドなどの発展途上国もふくむ 197 か国・地域が削減目標を作成し提出し維持する義務を負うことになりました。[4] 引き続き、地球環境問題に世界の各国が取り組み続ける必要があります。

[2] 2012年までに1990年に比べて、EU諸国８%、アメリカ７%、日本６%を削減するとした。しかし、中国、インドなどが削減義務を負わず、また後にアメリカが離脱した。この３国のCO_2排出量合計は、世界の48.8%(2012年)になる。

[3] COP21とは、国連気候変動枠組条約第21回締約国会議のこと。

[4] 2017年６月、アメリカのトランプ大統領は、パリ協定からの離脱を表明した。ただし、正式の協定離脱は3、4年後になるとみられ、アメリカが離脱しない可能性もある。

ここがポイント!

①温暖化、オゾン層破壊、酸性雨、黄砂などの地球規模の環境破壊が起こっている。
②国連環境開発会議（地球サミット）、気候変動枠組条約（地球温暖化防止条約）、パリ協定など環境問題に取り組んでいるが、各国の経済問題とぶつかり、多くの困難が残されている。

第5章 学習のまとめと発展

学習のまとめ

●最重要語句

(　) 単元 58　国家と国際関係

国家主権　自衛権　国家の三要素　領土問題
国旗　国歌

(　) 単元 59　国際協調と国際政治

国益　外交　国際法　国際連合　地域機構

(　) 単元 60　国際連合の成立と機構

国際連合　国際連盟　集団安全保障　旧敵国

(　) 単元 61　冷戦終結後の国際社会

グローバル化　多極化　一党独裁
自由民主主義　国際法　「新冷戦」

(　) 単元 62　多発する紛争と国連

地域紛争　多国籍軍　国連平和維持活動（PKO）
PKO 部隊　対テロ戦争

(　) 単元 63　国際社会における人権

世界人権宣言　アパルトヘイト
強制失踪防止条約　少数民族の人権　難民

(　) 単元 64　安全保障への努力と日本

集団安全保障　PKO 協力法
日米安全保障体制　拉致事件

(　) 単元 65　自衛隊と日米安全保障条約

個別的自衛権　専守防衛　日米共同防衛
基地貸与　集団的自衛権　重要影響事態法

(　) 単元 66　核兵器の脅威と向き合う

核兵器　核兵器不拡散条約
非核三原則　核の傘

(　) 単元 67　人口爆発と地球規模の福祉

環境破壊　南北問題　南南問題　ODA

(　) 単元 68　エネルギーと資源の未来

エネルギー資源　地球環境問題
新エネルギー

(　) 単元 69　地球環境問題と国際協力

経済活動　気候変動枠組条約
地球温暖化　パリ協定

最重要語句を手がかりに「各章末の『学習のまとめと発展』の取り組み方」（ixページ）に示してある3つの問題に挑戦してみよう。

学習の発展

第5章の学習を発展させるために、次の課題のうち1つを選んで、約400字でまとめてみよう。

❶わが国の領土問題について詳しいいきさつを調べてみよう。

❷冷戦終結後に独立した国の多くは、歴史と文化を共有する人たちが自分たちの国家をつくろうとしたものである。このことについて調べてみよう。

❸わが国の平和を守るうえで、日米安全保障条約がどのような役割を果たしているか、考えてみよう。

❹核兵器不拡散条約について、「支持できる」「支持できない」のそれぞれの立場から、その理由を、考えてみよう。

❺発展途上国がかかえる貧困などの問題を解決するために、わが国は何ができるか、考えてみよう。

❻国連の安全保障理事会の常任理事国の特権を調べ、常任理事国は世界の平和と人類の発展のために、どのように行動すべきか、考えてみよう。

終章

持続可能な社会を目指して

私たちは持続可能な
よりよい社会を努力してつくらなければならない。
その社会を私たちの次の世代に
手渡していかなければならない。

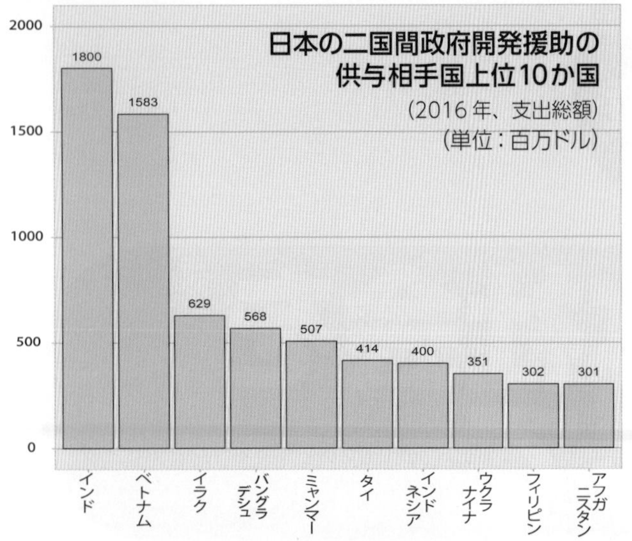

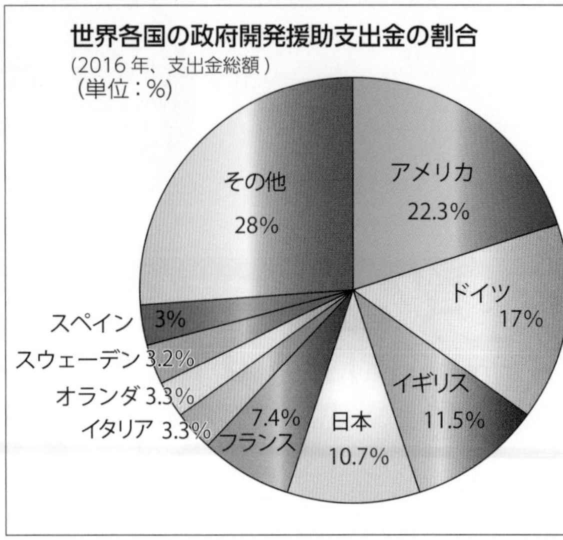

70 日本の国際貢献

日本は、世界の発展にどのように貢献しているのか、改めてその全体をみてみよう。

環境のための国際貢献

今日の国際社会には、核兵器、テロ、民族紛争、いろいろな人権侵害、人口爆発、貧困・飢餓、資源・エネルギー、地球環境などの問題が存在します。

特に**地球環境問題**は深刻で緊急の課題です。2013年、わが国は京都議定書で約束した温室効果ガスの削減目標の達成と、引き続く国際貢献として、2020年までに2005年度比で3.8%削減を表明しました。[1] 2015年のパリ協定を受けて、2016年、わが国は、「日本の約束草案」を国連に提出し、2030年度に2013年度比で26%削減する目標を表明しました。そして長期的には、2050年に80%削減を目標として掲げています。[2]

わが国は、削減目標の達成のため、すぐれた環境保全と省エネ技術を途上国を中心に、ODA資金などで積極的に提供しようとしています。また中国の大気汚染、アフリカ、東南アジアなどの水質汚染など環境汚染対策や、島嶼国の環境保全に対する「島国まるごと支援」などでの援助、協力を進めています。

日本型ODA

また、貧困・飢餓の問題に対処するために、わが国は、有償無償の資金協力や、国際協力機構（JICA）が派遣する**青年海外協力隊**な

[1] COP19で表明。削減目標設定に当たっては、原子力発電によるCO_2削減効果分をふくめていない。
COP19では、同時に「Action for Cool Earth（美しい星への行動）」に取り組むことを表明した。これは、イノベーション(技術革新)、アプリケーション(技術の普及)、パートナーシップ(途上国への技術支援)の3本柱から成る計画である。

[2] わが国は、2050年までにすべての国の参加で世界全体で50%削減、先進国で80%削減することを世界によびかけている。

[3] 1993(平成5)年以降、日本政府主導のアフリカ開発会議が開催されている。ODAの対象国としては、アフリカ諸国がアジア諸国に次いで大きくなっている。

ミニ知識　自助努力を促してきた日本型ＯＤＡ

これまでの日本のＯＤＡには、三つの特徴がある。第１に、中国やインドネシアなどの東アジア諸国を中心に援助してきた。第２に、道路、橋梁、鉄道、港湾、ダム、発電所、ＩＴ通信網などの社会インフラにODA資金援助をしてきた。第３に、「自助努力支援」の原則を掲げ、インフラの建設資金としては元本と利子の返済を要する借款が用いられてきた。これは、戦後の日本が外国からの援助を「自助努力」により効率的に使用して経済発展を行った経験をもとにした原則である。

東アジア諸国は、元本と利子を返却するために懸命の努力を行い、自助努力の精神を身につけていった。その結果、奇跡といわれた経済発展を遂げていき、しかも人口増加も抑制されていったのである。

どの活動を通じて、発展途上国に対する政府開発援助（ODA）を行ってきました。ODA は、わが国の重要な国際貢献の一つであり、援助額も世界でトップクラスになっています。

わが国は、無償援助によって被援助国を支配下に置く米ソのような方法をとらず、借款を中心にして自助努力をうながす**日本型ＯＤＡ**を展開しました。わが国のＯＤＡは、主にアジアの発展途上国の社会資本の充実に向けられ、これらの国の経済発展に大きく寄与しました。[3] アジア諸国では、個々人の生存、生活の条件を保障する「**人間の安全保障**」はかなり達成されるようになりました。しかし、援助額がＧＤＰ比で少ない、援助が借款中心であると批判され、無償援助を増やしたところ、援助が軍事用に使われ国際社会における地域紛争の多発につながりました。そこで、軍事的なことに転用されないようにする、国益を重視したものにする、JICA の活動を拡大する[4]、ＮＧＯや企業による援助との連携をはかるなど、国をあげた総合的な新体制をつくりました。[5] そして 2015(平成 27)年、政府は、非軍事的協力による平和と繁栄への貢献、人間の安全保障の推進、開発途上国の「自助努力支援と日本の経験と知見を踏まえた対話・協働による自立的発展に向けた協力」、という３つの基本方針を確認しました。

平和のための国際貢献

しかし、今日の世界では、地域紛争や軍事衝突が多発するばかりか、グローバルなテロ組織や海賊が力を増しています。そして、これらの解決は、国際社会の共同責任であると考えられるようになっています。国連を中心とした国際社会の平和と安全を求める努力に対して、わが国も、国際的安全保障のための協力を求められています。防衛省・自衛隊はＰＫＯ協力法に基づき、部隊を派遣して積極的に取り組んでいます。

ネリカ米振興計画プロジェクト
ネリカ米とは、New Rice for Africa の略。文字通り、アフリカ向きの稲である。1994 年にシエラレオネのモンティ・ジョーンズ博士が、病気や雑草に強いアフリカ稲と多収量のアジア稲をかけ合わせてつくった。JICA は、天水稲作 (雨水のみを使う) の技術を導入してコストをおさえることに貢献し、ウガンダにおけるネリカ米普及に尽力している。

[4] 独立行政法人国際協力機構 (JICA) 法の改正により、これまで JICA が実施していた技術協力に加え、有償資金協力および無償資金協力を新しい JICA が一元的に担う体制が構築されることになった。

[5] 新しい体制では、例えば、水不足が深刻なバングラデシュでの上下水道整備に、資金提供とＪＩＣＡによる技術提供および技術者養成協力とが一体に行われている。またアフリカなどでは、青年海外協力隊やＮＧＯによる農業技術協力と農作物を販売する民間企業とが協働する官民提携が考えられている。

ここがポイント！

①日本は環境保全、省エネの技術を世界に提供することを表明している。②持続可能な世界を目指してＯＤＡなど国際貢献に力をそそいでいる。③国際的安全保障のための協力が求められている。

北朝鮮のテポドン2改良型の発射

2009年、中国建国60周年軍事パレードに登場した核兵器搭載可能な大陸間弾道弾DF31

2016年5月27日、アメリカのオバマ大統領（当時）は、現職大統領として初めて被爆地広島を訪れ、原爆死没者慰霊碑に献花し、第2次世界大戦におけるすべての犠牲者を追悼し、演説した。原爆投下に対する謝罪はなかったが、「核兵器のない世界を希求する勇気を持たなければならない」、「広島と長崎の将来は、核戦争の夜明けとしてではなく、道徳的な目覚めの契機の場として知られるようになるだろう」と話した。2009年のノーベル平和賞を受賞したオバマ大統領は、再度、「核なき世界」を訴えた。

71 日本の安全と世界の安全

世界の安全のために日本はどのような貢献をしているか、改めて考えてみよう。

[1]食料自給率とは、日本国内で消費される食料をどれだけ国内で生産できるかを示したものである。

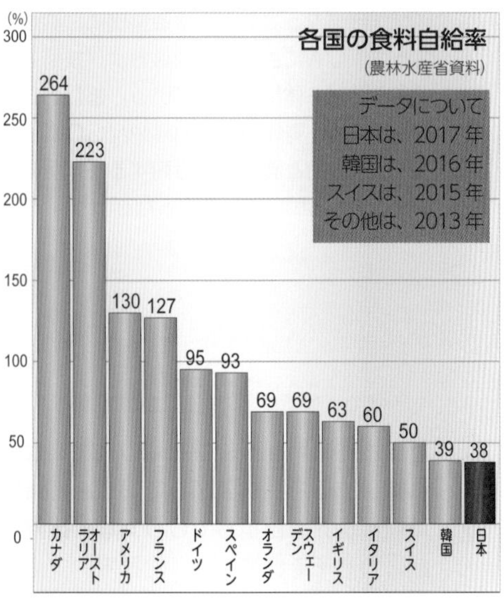

核兵器廃絶とわが国

日本は世界で唯一の被爆国です。その惨劇を繰り返さないため、わが国は一貫して非核三原則を掲げ、**核兵器廃絶**を世界に訴え、核兵器を保有していません。

核兵器は強力な大量破壊兵器です。核兵器を保有した国の核攻撃を抑止するには、自ら核保有国となるという核抑止論が主張されてきました。自由主義陣営と社会主義陣営との激しい対立が第三次世界大戦に至らなかったのも、両陣営とも、核兵器を大量に保有していたからだといわれています。

一方、こうした**核抑止論**がアメリカと旧ソ連を中心とした核拡散に結びついたのも事実です。また現代では、テロリストが核兵器をもつ危険性が出てきています。こうした国際情勢のなかで、核兵器不拡散の必要性が強くなり、アメリカやロシアなどの核大国も核兵器の軍縮を始めています。

わが国の場合、国際協調を進めつつ、日米安全保障条約を結び、安全を確保してきました。こうすることで、わが国をふくめた極東アジアの平和も保持されていると考えられています。

わが国は世界で唯一、核兵器の惨劇にみまわれた国です。そこで、非核三原則を掲げて自国の核兵器を保有せず、世界の平和のため、そして核兵器を世界中に拡散させないため、核兵器

ブラジルのアマゾンでは農地にかえるため、森林が切り開かれて減少し、環境保全のうえで懸念されている。

チュニジア北西部植林地

わが国は、チュニジア北西部の植林及び地域開発事業を支援した。この協力により、土壌流出の防止と森林面積の増大に貢献した。

の廃絶を国際社会に訴えています。

わが国の生き残りを

日本の**食料自給率**[1]は2008（平成20）年で41％、2017年で38％であり、主要国のなかで最低となっています。それゆえ、わが国には、食料自給の面で弱点があるといえます。日本の伝統的な水田農業は、土地の生産力を維持しながら行われる資源循環型または環境保全型の農業です。それゆえ食料自給率を高めるためにも、環境保全型農業を復活拡大させていくべきでしょう。

人間の安全保障を

現代の世界では、アメリカと中国が最も力のある国家です。しかし、両国は世界で最も多く二酸化炭素を排出しており、社会主義国の中国は、少数民族や宗教を抑圧する等の人権問題を多くかかえています。この両国に対抗できる国力をもった国は、わが国だけです。

わが国は世界の先進国のなかで、最もCO_2を排出せず、環境保全技術と省エネ技術を備えた地球環境問題に最も先進的な国家です。また、自由民主主義体制をとった世界で最も人権が保障された国家です。それゆえ、わが国は、地球環境問題など人類がかかえている諸問題を解決し、**「人間の安全保障」**を実現するリーダーとなっていくことができます。その意味で、わが国の生き残りこそ国際貢献の第1歩といえるでしょう。

ミニ知識

人間の安全保障

「人間の安全保障」とは、民族紛争や人権問題、人口爆発、貧困・飢餓、資源・エネルギー問題、地球環境問題とともに登場した考え方である。これらの問題は、個々の人間の生存や安全をいちじるしく脅かす。この脅威を取り除く責任は、本来、国家にあるが、この責任を果たすことができない国家も存在している。そこで、国際社会が協同して、個々の人間の安全を守るべきであるという考え方が出てきた。そのために、本来国家について使われる「安全保障」という言葉の意味を拡大して、「人間の安全保障」という言葉が作られた。

ここがポイント！

①日本は国際協調を進め、アメリカと安全保障条約を結び、安全を確保しつつ、非核三原則を掲げ、核兵器の廃絶を訴えている。②日本の環境保全型農業を広め、食料自給率を高めていかなければならない。③日本は、「人間の安全保障」を実現するリーダーとなりえる。

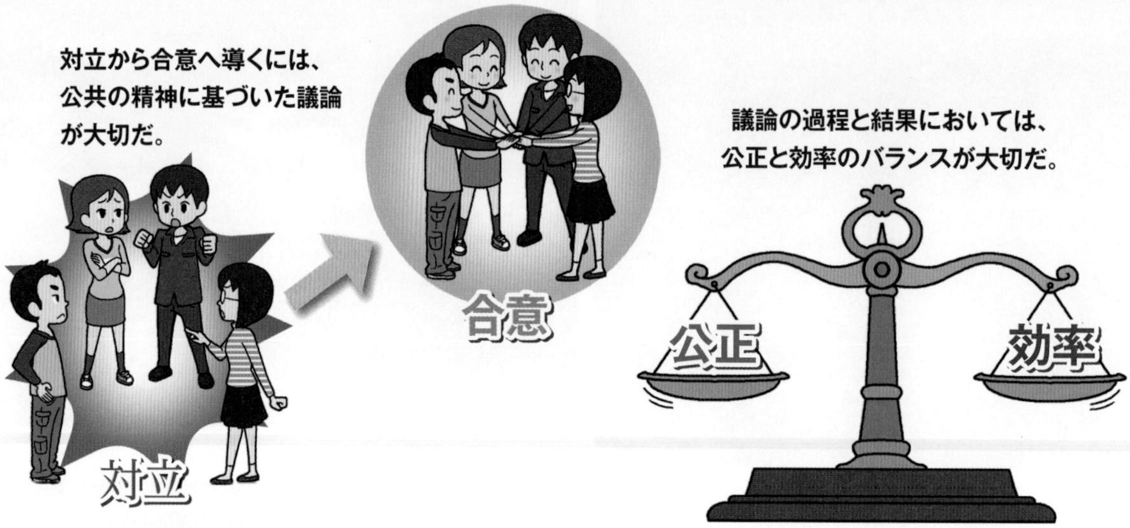

対立から合意へ導くには、
公共の精神に基づいた議論
が大切だ。
議論の過程と結果においては、
公正と効率のバランスが大切だ。
対立
合意
公正
効率

72 持続可能な日本と世界

持続可能な日本と世界を築くということはどういうことか、最後に考えてみよう。

[1]世界は1つの国家ではないから、厳密には「世界の公民」ということはありえない。しかし、公共の精神をもって、世界が平和になり、人類が幸福になることを願うならば、精神的な意味で「世界の公民」となりえる。

世界に貢献する基礎

私たちは、世界が平和になり、人類が幸福になることを願っています。しかし、世界はたくさんの国でできています。国際連合はそのようないろいろな国が協力し合って、世界の平和と人類の幸福のために努力しています。しかし国際連合は、私たちが直接選んだ代表者で運営されているわけではありません。また、良いことを決めたとしても、それが世界のいろいろな国でただちに実行されているわけではありません。

世界には、良い政治が行われず、国民が苦しんでいる国もあります。国民が国の規則を十分に守らなかったり、紛争が続いている国もあります。日本人は、そのような国の政治に直接参加して、その国を良くするということはできません。しかし日本においては、私たちは将来、公民として直接、政治に参加します。ですから、私たちは日本の国民として国を愛し（**愛国心**）、日本の国を良い国にしていくことはできるし、そうしていかなければなりません。そして、日本国民が平和で立派な日本国をつくるということは、けっして日本のためだけではなく、世界の平和と人類の幸福に貢献していくことになるのです。そしてそれが「世界の公民」[1]としての役割を果たすということになるのです。

国連が掲げる「持続可能な開発目標（SDGs）」17項目

1、貧困をなくそう　2、飢餓をゼロに　3、すべての人に健康と福祉を
4、質の高い教育をみんなに　5、ジェンダー平等を実現しよう
6、安全な水とトイレを世界中に
7、エネルギーをみんなに、そしてクリーンに
8、働きがいも経済成長も　9、産業と技術革新の基盤をつくろう
10、人や国の不平等をなくそう
11、住み続けられるまちづくりを　12、つくる責任、つかう責任
13、気候変動に具体的な対策を　14、海の豊かさを守ろう
15、陸の豊かさも守ろう　16、平和と公正をすべての人に
17、パートナーシップで目標を達成しよう
（ユニセフ資料）

私たちは、間もなく卒業します。
より良い、持続可能な社会を建設しましょう。

持続可能な世界

人類の幸福のため、そして「人間の安全保障」の実現のため、より良い持続可能な世界をつくらなければなりません。**持続可能**な世界といえば、地球の自然環境の持続可能性ばかり考えがちですが、持続可能性は社会の仕組みやあり方においても問題になります。テロ、貧困・飢餓、モラルの崩壊などは社会が原因となって「人間の安全保障」が脅かされることになります。こうした問題を克服したより良い社会とは、持続可能な社会でもあるということを考えなければなりません。

良い公民になるために

社会には**対立**があります。そこから**合意**を形成し、望ましい国家、社会を築いていくのが政治です。そのとき忘れてはならないのが、**公正**と**効率**のバランスです。公正と効率のバランスは、対立から合意に向かう議論の過程において大切です。その議論の結果としての合意においても、特定の人が不当に不利益にならないという、公正と、無駄のない効率は大切です。

公民という国民の立場で、このような政治に参加するためには、公共の精神と政治に関する正しい知識や態度をもっていることが大切です。社会科公民的分野の学習は、こうした公民的資質の向上のために行われています。

世界の
人々とともに
「人間の安全保障」を！

持続可能な日本と
世界をつくるために、
できることを
していこう

ここがポイント！

①日本国民はまず日本を良くすることによって、世界の平和と人類の幸福のために貢献できる基礎ができる。②持続可能な世界を実現するためには、地球の自然環境問題のほかに、社会のあり方の問題も考えなければならない。③私たちは良い政治をしていくために、公民的資質を向上させる必要がある。

課題の探求

レポートと卒業論文をつくろう

この教科書で学習した知識を活用して、現代の社会で起こっているさまざまな問題について、改めて調べ、自分の考えをまとめて、レポートや卒業論文をつくって発表しよう。

1 行ってみたい国を調べ、紹介するレポートをつくってみよう。

現在の社会をさらに深く理解するためにはある特定の国について、その特色や課題について調べるのもすぐれた方法である。

ここでは自分が行ってみたい外国を調べてレポートにまとめ、クラスで紹介し合う活動を楽しんでみよう。

みんなの前でスピーチするには、スピーチ原稿をあらかじめ準備しておくことが必要だ。内容をどのようにまとめたらよいだろうか。そのために、どのように調べたらよいだろうか。

(1) スピーチ原稿の内容

①自分の行きたい国の国名

「私の行きたい国は········です。」

②その理由を短く述べる

「その理由は、その国が······の点で、強くひかれるからです。」「······の点で、わが国にとって重要な国だからです。」

③その国のあらましと理由の説明

「次にその国のあらましを説明します。その国の位置は、○○大陸の○○にある半島で····です。」「次に理由を説明します。その国とわが国とは○○時代に······のような関係があり、····一度でいいから訪ねてみたいと思います。」

以下のような情報を短くまとめる。

ア．位置、気候、面積、人口、宗教、政体、資源と産業、主な歴史、代表的人物、有名な文化財や史跡、文化の特色、国民生活の特色など

イ．わが国との関係

ウ．この国の現在の課題

エ．わが国との共通点と差異点

鎖国していた江戸時代も交流していた国、オランダ

野口英世が黄熱病の病原菌（黄熱ウィルス）を発見した国、ガーナ

古代に漢字や儒教などの文化を日本に伝えた国、中国

「題　名」
年　　組○○○○

1. 結論

____

____

2. 理由・根拠

____

____

3. 考察

____

____

（2）調べ方

①あらかじめ、結論をいくつか予想（仮説）として立てておく。

②先生や家の人から図書名やホームページのアドレスを聞き出す。インターネットで検索し、関係するホームページや図書名をみつける。

③学校の図書室や公立図書館で、②でみつけた図書やその他の図書を探す。公立図書館は、コンピュータで図書の検索ができるので利用する。

④みつけた図書やホームページをよく読み、予想（仮説）を意識して、必要な情報を引き出す。

⑤集めた情報を使い、妥当な結論を考え、短いレポートを書く。

⑥調べたときのメモや写真や図版は、それのあったアドレスや図書名、ページ数を忘れずに書いて保存しておく。

（3）プレゼンテーションをする

　こうして原稿ができたら、写真や地図など目にみえる資料も用意して、分かりやすくして、発表しよう。

◎調べたことをすべて発表しようとするのではなく、調べたことのいくつかを選んで、聞いた人が興味をもてるように、話す内容や順番を決めてから発表しよう。

◎自分の行きたい国に行ったと仮定して、その国を現地から紹介するレポーターのようにして話してみるのも、一つの工夫である。

多くの日本人移民を受け入れた国、ブラジル

古代より盛んに交流があった国、韓国

杉原千畝が 6000 人のユダヤ人を救った国、リトアニア

ペリーを派遣して、日本を開国させた国、アメリカ

2

「持続可能な日本社会をつくるために私たちは何ができるか」を考え、「卒業論文」を作成してみよう。

3年間の社会科学習を通して、日本と世界は、21世紀の現在、さまざまな課題をかかえていることが分かった。

このような課題は、今後どのようになっていくだろうか。例えば、50年先、100年先を考えてみよう。そのとき、日本と世界は、どのようになっているだろうか。

20世紀のように、世界中の人類が資源を浪費し、ぜいたくな消費生活を続けていけば大変なことになると、容易に想像できるだろう。実は私たちは、人類の危険に気づいた最初の世代だ。しかし、悲観してはならない。私たち人類は知恵を積み上げ、高度な科学技術を手に入れ、今日を築いてきた。これからも知恵を発揮し合えば、人々が安心して生活できる持続可能な社会を築いていけるはずだ。

そのために、私たちは何ができるだろうか。日本は、21世紀の世界に向けて、どのような貢献ができるだろうか。

中学校社会科学習のまとめとして、自分で課題をみつけ、卒業の記念となる私たちの卒業論文を書いてみよう。

（1）課題をみつけよう

これまでの学習をふり返り、持続可能な社会をつくるうえで、どんな課題があったか、思い出してみよう。

- ●わが国の課題では、何があっただろうか
- ●世界の課題では、何があっただろうか
- ●そのほかに、どんな課題があるだろうか

これらのなかで、一番興味をもった課題は何か、ぜひ調べてみたいと思った課題は何か、考えてみよう。

（2）選択した課題について調べよう

課題が決まったら、この教科書でそれに最も関係の深い単元はどれか、ふり返って調べてみよう。その単元と他のどの単元と強く関係しているかも考えてみよう。教科書のさくいんページには、単元のなかでゴシック体にした重要語句が収録されている。その重要語句が載っている他の単元のページも、分かるようになっているので利用しよう。

選択した課題について、この教科書の関係するいくつかの単元の復習が終わったら、続いてどのようなことを調べればよいか、改めて考えてみよう。そして、その関連事項についてさまざまな情報を集め、現状がどうなっているかをしっかりつかもう。

（3）解決の方法を考えてみよう

現状の理解を進めながら、課題の解決方法をさまざまな異なる視点から考えよう。こうして選びとった解決法がこの卒業論文の結論にあたる。このとき、解決策は、自己満足としてではなく、社会の合意が得られるような実際的な解決策となっているようにしよう。

論文の一般的な形式

序論	テーマ テーマ設定の理由 探求の方法
本論	探求の内容（調べてわかったこと） 「結論」を理由づける意見や事実
結論	探求のまとめ 気づいたこと、考えたこと、新しい疑問・課題、問いかけに答える
引用・参考リスト	

（4）卒業論文にまとめる

卒業論文の形は、ふつう上の表のようにする。しかし、上から順番に書く必要はない。「結論」を最初に書き、次に「理由」を書く。そして最後に「序論」を書き、最後に文を直しながら「序論 ⇨ 本論 ⇨ 結論」の順番に書きなおすこともできる。そして「引用・参考リスト」のところでは、卒業論文のなかで使わなかったものでも、調べたときに集めたものは、すべて書き出しておくとよい。

ほかの人の意見を上手に紹介して、自分の意見をつくる

ほかの人が書いた意見や文章、事例などを自分の文章に取り入れて紹介することを「引用」という。「引用」するときは、それがだれの書いたものであるかをはっきりと示しておくのが、著作権法上の決まりである。大事なことは、他人の文章と自分の文章を明確に区別することである。他人の意見を上手に紹介すると、自分の意見がしっかりとできてくる。できた文章は、読む人にとっても理解しやすいものとなる。

課題の探求　ディベートをやってみよう

社会のなかでさまざまに生じる対立から合意を形成していくためには、無駄のないように効率も配慮して、公正に議論する必要がある。ディベートをして、議論のしかたを学習しよう。

ディベートとは？

　私たちが公民として政治に参加していくためには、国家や社会の問題について自分の主張を形成していく力、根拠を示して自分の主張を説明していく力、他者の主張を正確に聞きとっていく力、異なる考えの他者に質問や反論をしていく力、さらに議論を進めて深い考えに基づく合意を形成していく力を身につける必要がある。これらの力を効果的に身につけていく方法の一つがディベートである。

　ディベートとは、
①ある一つの主張を論題として取り上げる。
②その論題に対して、肯定側と否定側のチームに分かれる。
③決められた順序に従って議論を進める。
④最後に審判が勝敗の判定を下す。
という形で行われる議論のしかたを練習するゲームである。

　ディベートで最も大切なことは、議論の相手をやりこめることではない。より深い考えの合意を形成するための練習として議論を進め、どちらがより確かな根拠をもって説得力のある議論を進めたかを、審判に判定してもらうことである。より説得的な議論を行ったほうを、審判は勝ちと判定する。

ディベートの進め方

右にディベートの論題の例として掲げたのは、今日のわが国で広く議論されている問題ばかりである。このような政治の仕組みや方針に関する論題を、政策論題という。政策論題で肯定側の役割は、この政策を実施したら生まれてくるメリット（利益）を主張することである。具体的には、そのメリットが政策の実施によって必ず生じるものであること（メリットの発生過程）、また、そのメリットが実現すると大きな価値があること（メリットの重要性）の２点を主張する。

一方、否定側の役割は、この政策を実施したら生じてくるデメリット（害悪）を主張することである。その政策を実施するとデメリットが必ず生じること（デメリットの発生過程）、また、そのデメリットが非常に深刻なものであること（デメリットの深刻性）の２点を主張する。

主張するメリットとデメリットの数は、どちらも最も大切な１つか、２つにしぼって主張する。そのほうが、たがいの主張がかみ合って議論が深まる。

試合において、このようなメリットとデメリットの主張を行うのが立論である。各立論のあとの質疑では、主張内容を確認するとともに、その根拠や証拠は何かを問い、相手に答えてもらう。反駁では、相手の主張の誤りを指摘したり、自分の主張の正当性を述べる。そこでは、相手の主張するメリットやデメリットは、発生しないか、また発生したとしても小さいと主張する。逆に自分の主張するメリットやデメリットは、発生し、しかも大きいと主張する。

また、相手の主張に根拠や証拠がともなっていない場合、この点を指摘する。

論題の例

政治の仕組みに関して

- 日本は国会を一院制とすべきである。
- 日本は満 22 歳以上の国民に被選挙権を付与すべきである。
- 日本は消費税の税率を 12 パーセントに引き上げるべきである。

安全保障の方針に関して

- 憲法第９条を改正すべきである。

環境問題への対応に関して

- 日本は住宅に太陽光発電設備の設置を義務づけるべきである。
- 日本は CO_2排出に課税すべきである。

ディベート進行の例

（50 分以内で実施できるタイムスケジュール例）

肯定側立論	4 分
否定側より肯定側への質疑	2 分
否定側立論	4 分
肯定側より否定側への質疑	2 分
否定側第 1 反駁	3 分
肯定側第 1 反駁	3 分
否定側第 2 反駁	3 分
肯定側第 2 反駁	3 分
審判の判定取りまとめ時間	5 分
審判の判定スピーチ	およそ 5 分
★各ステージのあいだに、準備時間	1 分

他方、批判を受けた側は、この批判に対して反論を行っていく。反駁は２回行い、特に第２反駁の最後には、自分たちの主張が相手の主張よりも優位にあることを印象づけるように議論のまとめを行う。

全試合を通じて、ディベートが審判を説得するゲームだということを忘れず、審判を意識し、審判に向かってスピーチを行うことが大切である。

試合チームは普通４人で構成し、各自が立論、質疑、第１反駁、第２反駁を担当する。質疑に対する応答は、立論担当者が行う。審判は最低３人が担当し、試合後、判定について協議し、勝敗判定が分かれたら多数決とする。代表の１人が、判定のスピーチを行う。

試合の準備

肯定側と否定側の立場は、論題についての各自の意見とは別に、くじ、または、じゃんけんなどで決める。１週間くらい前に立場を決めておくと、準備の時間が確保できる。

まず、論題に関する調査（リサーチ）を行う。教科書や資料集、学校図書館やインターネットを活用し、論題の政策に関する情報を集める。

証拠資料は、証拠ごとにカードに書き写すか、コピーをとり、カードにはっておけば、試合でそれを取り出して使える。

リサーチでは、自分たちの立場にとって有利な資料ばかり集めようとしないことが大切である。相手側の立場に立って資料を探してみると、相手側は何を主張しそうか、相手側の強みや弱みは何かがみえてくるし、逆に自分たちの立場の強みと弱みも分かってくる。このように準備しておけば、試合では余裕をもって議論を行え、議論の内容も深まる。

審判の役割

審判は、試合の内容を「フローシート」に記録し、それに基づき判定する。大切なことは、肯定側と否定側のどちらの主張が実際には正しいのかということではなくて、ゲームとしてどちらが優勢に、議論を進めたかを判定することにある。

①主張されたメリットとデメリットについて、発生過程の説明が証拠資料に基づいて十分に示されたか。

②メリットの重要性やデメリットの深刻性が証拠資料に基づいて十分に示されたか。

③相手の主張をどれだけくずしたか。

④総合して、肯定側の主張と否定側の主張のどちらに説得力があったか。

判定を述べるスピーチでは、以上のような判定の内容を説明し、勝敗の理由を分かりやすく伝えるよう努めよう。

フローシートは聞き手にも配布しておく。聞き手は自分の書いたフローシートと比較しながら、審判の判定を聞くようにすれば、いっそう学習効果が上がる。

ディベートの座席配置

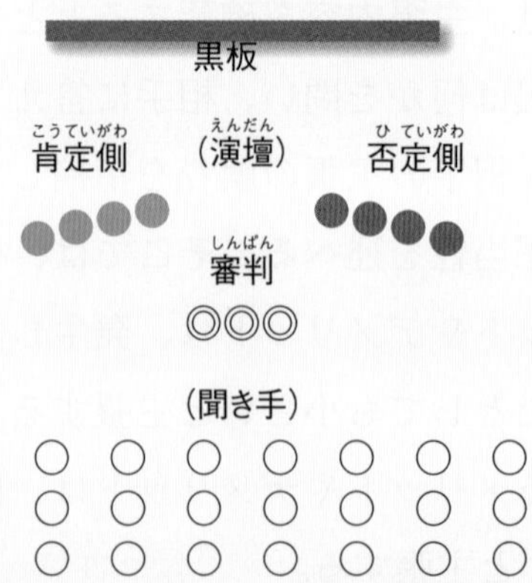

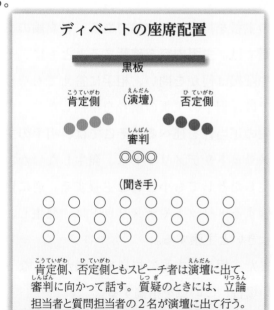

肯定側、否定側ともスピーチ者は演壇に出て、審判に向かって話す。質疑のときには、立論担当者と質問担当者の２名が演壇に出て行う。

ディベート・フローシートの例

ディベート・フローシート　開催　　年　　月　　日

肯定側：＿＿＿＿＿＿＿＿　＜審判＞

論題：＿＿＿＿＿＿＿＿＿＿　否定側：＿＿＿＿＿＿＿＿　＿＿＿＿＿＿

肯定側 立論	否定側 質疑	否定側 立論	肯定側 質疑	否定側 第1反駁	肯定側 第1反駁	否定側 第2反駁	肯定側 第2反駁

課題の探求 ディベート実践例

論題 日本は、2030年度までに現在の温室効果ガスの排出量の3分の1を削減すべきである。

この温室効果ガス排出削減政策は、ほんとうに実行されるべき正しい政策だろうか

■肯定側立論

現在、深刻な地球温暖化が進行しています。このようななかで、日本がこの政策を実施すれば、「地球温暖化の進行をくいとめる」というメリットが発生します。

その発生過程を説明します。地球温暖化問題に取り組む「気候変動枠組条約」には、現在、200に近い国と地域が参加しています。地球温暖化は人類の生存がかかった重大問題ですから、すべての国々がその解決に取り組んでいます。

日本は、省エネルギー技術は世界最高の水準にあり、古来より自然と共存してきた文化伝統があります。この技術と文化を生かし、EUやカナダなどとともに率先して3分の1もの温室効果ガス排出の削減に成功すれば、世界のすべての国々は日本の成功に勇気づけられ、日本にならって省エネに取り組み、温室効果ガス排出の削減を推進します。その結果、地球温暖化の進行をくい止めることができます。壊滅的な環境破壊から地球を救う、このメリットは重要です。

■否定側から肯定側への質疑

【否定側の質問】日本が大胆な温室効果ガスの排出削減を行えば、すべての国がこれに学んで削減を行うと述べましたが、その根拠は何ですか。

【肯定側の答え】現在、すべての国々が地球温暖化問題を解決しようと努力しています。日本が排出の大幅削減に成功すれば、豊かさと環境保護が両立することを世界中の国々が納得し、見習います。

■否定側立論

私たちの考えるデメリットは「日本の経済発展の停止」です。その発生過程を説明します。肯定側も述べたように、日本の省エネ技術は世界最高水準ですが、その技術開発は限界に近づいています。たとえ新たな技術開発があっても、3分の1もの温室効果ガスの排出を削減することはきわめて困難です。そこで、石油、ガソリンに増税して価格を上げて、エネルギーの消費量をおさえる以外にありません。

しかし、これは企業の経営を大きく圧迫します。その結果、大量の企業倒産と失業が発生することは避けられません。また、光熱費やガソリン代の値上がりによって家計への圧迫も大きくなります。その結果、日本の経済発展は停止します。国民の生活水準は低下し、日本は発展途上国に転落しますから、このデメリットは深刻です。

■肯定側から否定側への質疑

【肯定側の質問】日本の省エネ技術の開発は限界に近いと述べていますが、なぜそういえるのですか。

【否定側の答え】たしかに、太陽光発電やエコカー、エコ住宅などの技術開発はこれからも進むでしょう。しかし、私たちの主張は、それらによって温室効果ガス排出を3分の1も削減するのは無理だということです。

■否定側第1反駁

肯定側は、すべての国が日本を見習い、温室効果ガス排出の大幅削減を推進する結果、地球温暖化の進行がくいとめられると主張しました。しかし、それは起こりません。

現在、アメリカと中国の2国で世界の温室効果ガスの40%以上を排出しています。この両国が積極的に温室効果ガス削減に取り組まない限り、地球温暖化の進行をくいとめることは不可能です。確かに、2015年のパリ協定では、アメリカも中国も温室効果ガスの削減に取り組むことになりました。ところが、中国が提出した「約束草案」によると、2030年前後まで中国はCO_2排出量を増やし続けることになります。この中国の姿勢に不満を感じたアメリカのトランプ大統領は、2017年、パリ協定からの離脱を表明しました。この現状からみて、もし日本が率先して温室効果ガス排出の大幅削減を行っても、世界全体の温室効果ガスの排出量はあまり減少しないといえます。

■肯定側第1反駁

現在、日本で温室効果ガスの排出が増加しているのは製造部門ではなく、家庭、オフィス、輸送部門です。冷暖房の効率化や大型車のエコカー開発など、いっそうの省エネ技術開発による、温室効果ガス排出の削減効果は大きいのです。

しかも、世界が温暖化問題に取り組んでいる今、日本は省エネ技術を各国に輸出することで大きな利益が上げられます。否定側の述べる経済成長の停止は、決して起こりません。

■否定側第2反駁

資源が乏しい日本と違い、アメリカや中国などの国は自国内に石炭など豊富なエネルギー資源を持っていますから、省エネ技術を導入する必要性を感じていません。立論で述べたように、温室効果ガスの排出削減は経済に大きな負担をもたらします。すべての国が経済的負担を公平に分担するならともかく、日本だけが率先して排出削減を行い、経済発展を放棄しなければならない義務はありません。

肯定側第2反駁

否定側の議論は、環境対策と経済発展は両立しないという考えです。省エネ技術が限界にきていると述べますが、技術の発展に限界などありません。そしてこの省エネ技術こそが、これからの世界で最も経済的利益を生む「商品」です。

日本が率先して温室効果ガス排出の大幅削減という困難な課題を達成してみせることが、日本の利益にもなり、同時に地球の利益にもなるのです。

＊私たちも審判の立場に立って、この試合をどう判定したらよいか、考えてみよう。勝敗の判定とその理由を考え、審判になったつもりで判定スピーチをやってみよう。

終章　学習のまとめと発展

学習のまとめ

(　)単元 70　日本の国際貢献

地球環境問題　日本型ＯＤＡ
人間の安全保障

(　)単元 71　日本の安全と世界の安全

核兵器廃絶　核抑止論　食料自給率
人間の安全保障

(　)単元 72　持続可能な日本と世界

持続可能　愛国心　対立　合意
公正　効率

最重要語句を手がかりに「各章末の『学習のまとめと発展』の取り組み方」（ix ページ）に示してある３つの問題に挑戦してみよう。

学習の発展

１年間の公民の学習をふり返って、終章でレポートや卒業論文をまとめたが、さらに公民の学習を確かなものにするため、次の課題に挑戦してみよう。

さくいんに収録されている重要語句のうち、

①公民
②国家
③対立と合意
④公正と効率
⑤持続可能

の５つのなかから１つを選び、さくいんに並べてあるページを最初から順に開き、その語句の周辺の文章を読み返し、学習が深まっていったことを確認してみよう。

法令集

<目　次>

日本国憲法

1946（昭和21）年11月3日公布

（前文） 日本国民は、正当に選挙された国会における代表者を通じて行動し、われらとわれらの子孫のために、諸国民との協和による成果と、わが国全土にわたつて自由のもたらす恵沢を確保し、政府の行為によつて再び戦争の惨禍が起ることのないやうにすることを決意し、ここに主権が国民に存することを宣言し、この憲法を確定する。そもそも国政は、国民の厳粛な信託によるものであつて、その権威は国民に由来し、その権力は国民の代表者がこれを行使し、その福利は国民がこれを享受する。これは人類普遍の原理であり、この憲法はかかる原理に基くものである。われらは、これに反する一切の憲法、法令及び詔勅を排除する。

日本国民は、恒久の平和を念願し、人間相互の関係を支配する崇高な理想を深く自覚するのであつて、平和を愛する諸国民の公正と信義に信頼して、われらの安全と生存を保持しようと決意した。われらは、平和を維持し、専制と隷従、圧迫と偏狭を地上から永遠に除去しようと努めてゐる国際社会において、名誉ある地位を占めたいと思ふ。われらは、全世界の国民が、ひとしく恐怖と欠乏から免かれ、平和のうちに生存する権利を有することを確認する。

われらは、いづれの国家も、自国のことのみに専念して他国を無視してはならないのであつて、政治道徳の法則は、普遍的なものであり、この法則に従ふことは、自国の主権を維持し、他国と対等関係に立たうとする各国の責務であると信ずる。

日本国民は、国家の名誉にかけ、全力をあげてこの崇高な理想と目的を達成することを誓ふ。

第1章　天皇

第1条（天皇の地位・国民主権） 天皇は、日本国の象徴であり日本国民統合の象徴であつて、この地位は、主権の存する日本国民の総意に基く。

第2条（皇位の継承） 皇位は、世襲のものであつて、国会の議決した皇室典範の定めるところにより、これを継承する。

第3条（天皇の国事行為と内閣の責任） 天皇の国事に関する

すべての行為には、内閣の助言と承認を必要とし、内閣が、その責任を負ふ。

第4条（天皇の権能の限界、天皇の国事行為の委任）

①天皇は、この憲法の定める国事に関する行為のみを行ひ、国政に関する権能を有しない。

②天皇は、法律の定めるところにより、その国事に関する行為を委任することができる。

第5条（摂政） 皇室典範の定めるところにより摂政を置くときは、摂政は、天皇の名でその国事に関する行為を行ふ。この場合には、前条第一項の規定を準用する。

第6条（天皇の任命権） ①天皇は、国会の指名に基いて、内閣総理大臣を任命する。

②天皇は、内閣の指名に基いて、最高裁判所の長たる裁判官を任命する。

第7条（天皇の国事行為） 天皇は、内閣の助言と承認により、国民のために、左の国事に関する行為を行ふ。

1. 憲法改正、法律、政令及び条約を公布すること。
2. 国会を召集すること。
3. 衆議院を解散すること。
4. 国会議員の総選挙の施行を公示すること。
5. 国務大臣及び法律の定めるその他の官吏の任免並びに全権委任状及び大使及び公使の信任状を認証すること。
6. 大赦、特赦、減刑、刑の執行の免除及び復権を認証すること。
7. 栄典を授与すること。
8. 批准書及び法律の定めるその他の外交文書を認証すること。
9. 外国の大使及び公使を接受すること。
10. 儀式を行ふこと。

第8条（皇室の財産授受の制限） 皇室に財産を譲り渡し、又は皇室が、財産を譲り受け、若しくは賜与することは、国会の議決に基かなければならない。

第2章　戦争の放棄

第9条（戦争放棄、軍備及び交戦権の否認） ①日本国民は、正義と秩序を基調とする国際平和を誠実に希求し、国権の発動たる戦争と、武力による威嚇又は武力の行使は、国際紛争を解決する手段としては、永久にこれを放棄する。

②前項の目的を達するため、陸海空軍その他の戦力は、これを保持しない。国の交戦権は、これを認めない。

第3章　国民の権利及び義務

第10条（日本国民の要件） 日本国民たる要件は、法律でこれを定める。

第11条（基本的人権の享有と性質） 国民は、すべての基本的人権の享有を妨げられない。この憲法が国民に保障する基本的人権は、侵すことのできない永久の権利として、現在及び将来の国民に与へられる。

第12条（自由・権利の保持義務、濫用の禁止、利用の責任）

この憲法が国民に保障する自由及び権利は、国民の不断の努力によつて、これを保持しなければならない。又、国民は、これを濫用してはならないのであつて、常に公共の福祉のためにこれを利用する責任を負ふ。

第13条（個人の尊重、生命・自由・幸福追求の権利の尊重）

すべて国民は、個人として尊重される。生命、自由及び幸福追求に対する国民の権利については、公共の福祉に反しない限り、立法その他の国政の上で、最大の尊重を必要とする。

第14条（法の下の平等、貴族制度の否認、栄典の限界） ①すべて国民は、法の下に平等であつて、人種、信条、性別、社会的身分又は門地により、政治的、経済的又は社会的関係において、差別されない。

②華族その他の貴族の制度は、これを認めない。

③栄誉、勲章その他の栄典の授与は、いかなる特権も伴はない。栄典の授与は、現にこれを有し、又は将来これを受ける者の一代に限り、その効力を有する。

第15条（公務員の選定罷免権、公務員の性質、普通選挙と秘密投票の保障） ①公務員を選定し、及びこれを罷免することは、国民固有の権利である。

②すべて公務員は、全体の奉仕者であつて、一部の奉仕者ではない。

③公務員の選挙については、成年者による普通選挙を保障する。

④すべて選挙における投票の秘密は、これを侵してはならない。選挙人は、その選択に関し公的にも私的にも責任を問はれない。

第16条（請願権） 何人も、損害の救済、公務員の罷免、法律、命令又は規則の制定、廃止又は改正その他の事項に関し、平穏に請願する権利を有し、何人も、かかる請願をしたためにいかなる差別待遇も受けない。

第17条（国及び公共団体の賠償責任） 何人も、公務員の不法行為により、損害を受けたときは、法律の定めるところにより、国又は公共団体に、その賠償を求めることができる。

第18条（奴隷的拘束及び苦役からの自由） 何人も、いかなる奴隷的拘束も受けない。又、犯罪に因る処罰の場合を除いては、その意に反する苦役に服させられない。

第19条（思想及び良心の自由） 思想及び良心の自由は、これを侵してはならない。

第20条（信教の自由、国の宗教活動の禁止）

①信教の自由は、何人に対してもこれを保障する。いかなる宗教団体も、国から特権を受け、又は政治上の権力を行使してはならない。

②何人も、宗教上の行為、祝典、儀式又は行事に参加することを強制されない。

③国及びその機関は、宗教教育その他いかなる宗教的活動もしてはならない。

第21条（集会・結社・表現の自由、検閲の禁止、通信の秘密）

①集会、結社及び言論、出版その他一切の表現の自由は、これを保障する。

②検閲は、これをしてはならない。通信の秘密は、これを侵してはならない。

第22条（居住・移転・職業選択の自由、外国移住・国籍離脱の自由）

①何人も、公共の福祉に反しない限り、居住、移転及び職業選択の自由を有する。

②何人も、外国に移住し、又は国籍を離脱する自由を侵されない。

第23条（学問の自由） 学問の自由は、これを保障する。

第24条（家族生活における個人の尊厳と両性の平等） ①婚姻は、両性の合意のみに基いて成立し、夫婦が同等の権利を有することを基本として、相互の協力により、維持されなければならない。

②配偶者の選択、財産権、相続、住居の選定、離婚並びに婚姻及び家族に関するその他の事項に関しては、法律は、個人の尊厳と両性の本質的平等に立脚して、制定されなければならない。

第25条（生存権、国の生存権保障義務）

①すべて国民は、健康で文化的な最低限度の生活を営む権利を有する。

②国は、すべての生活部面について、社会福祉、社会保障及び公衆衛生の向上及び増進に努めなければならない。

第26条（教育を受ける権利、教育の義務、義務教育の無償）

①すべて国民は、法律の定めるところにより、その能力に応じて、ひとしく教育を受ける権利を有する。

②すべて国民は、法律の定めるところにより、その保護する子女に普通教育を受けさせる義務を負ふ。義務教育は、これを無償とする。

第27条（労働の権利・義務、労働条件の基準、児童酷使の禁止）

①すべて国民は、勤労の権利を有し、義務を負ふ。

②賃金、就業時間、休息その他の勤労条件に関する基準は、法律でこれを定める。

③児童は、これを酷使してはならない。

第28条（勤労者の団結権・団体交渉権その他団体行動権）

勤労者の団結する権利及び団体交渉その他の団体行動をする権利は、これを保障する。

第29条（財産権の保障） ①財産権は、これを侵してはならない。

②財産権の内容は、公共の福祉に適合するやうに、法律でこれを定める。

③私有財産は、正当な補償の下に、これを公共のために用ひることができる。

第30条（納税の義務） 国民は、法律の定めるところにより、納税の義務を負ふ。

第31条（法定手続の保障） 何人も、法律の定める手続によらなければ、その生命若しくは自由を奪はれ、又はその他の刑罰を科せられない。

第32条（裁判を受ける権利） 何人も、裁判所において裁判を受ける権利を奪はれない。

第33条（逮捕に対する保障） 何人も、現行犯として逮捕される場合を除いては、権限を有する司法官憲が発し、且つ理由となつてゐる犯罪を明示する令状によらなければ、逮捕されない。

第34条（抑留・拘禁に対する保障） 何人も、理由を直ちに告げられ、且つ、直ちに弁護人に依頼する権利を与へられなければ、抑留又は拘禁されない。又、何人も、正当な理由がなければ拘禁されず、要求があれば、その理由は、直ちに本人及びその弁護人の出席する公開の法廷で示されなければならない。

第35条（住居侵入・捜索・押収に対する保障）

①何人も、その住居、書類及び所持品について、侵入、捜索及び押収を受けることのない権利は、第33条の場合を除いては、正当な理由に基いて発せられ、且つ捜索する場所及び押収する物を明示する令状がなければ、侵されない。

②捜索又は押収は、権限を有する司法官憲が発する各別の令状により、これを行ふ。

第36条（拷問及び残虐な刑罰の禁止）

公務員による拷問及び残虐な刑罰は、絶対にこれを禁止する。

第37条（刑事被告人の諸権利） ①すべて刑事事件においては、被告人は、公平な裁判所の迅速な公開裁判を受ける権利を有する。

②刑事被告人は、すべての証人に対して審問する機会を充分に与へられ、又、公費で自己のために強制的手続により証人を求める権利を有する。

③刑事被告人は、いかなる場合にも、資格を有する弁護人を依頼することができる。被告人が自らこれを依頼することができないときは、国でこれを附する。

第38条（不利益な供述の強要禁止、自白の証拠能力）

①何人も、自己に不利益な供述を強要されない。

②強制、拷問若しくは脅迫による自白又は不当に長く抑留若しくは拘禁された後の自白は、これを証拠とすることができない。

③何人も、自己に不利益な唯一の証拠が本人の自白である場合には、有罪とされ、又は刑罰を科せられない。

第39条（遡及処罰の禁止・一事不再理） 何人も、実行の時に適法であつた行為又は既に無罪とされた行為については、刑事上の責任を問はれない。又、同一の犯罪について、重ねて刑事上の責任を問はれない。

第40条（刑事補償） 何人も、抑留又は拘禁された後、無罪の裁判を受けたときは、法律の定めるところにより、国にその補償を求めることができる。

第４章　国会

第41条（国会の地位、立法権） 国会は、国権の最高機関であつて、国の唯一の立法機関である。

第42条（両院制） 国会は、衆議院及び参議院の両議院でこれを構成する。

第43条（両議院の組織） ①両議院は、全国民を代表する選挙された議員でこれを組織する。

②両議院の議員の定数は、法律でこれを定める。

第44条（議員及び選挙人の資格） 両議院の議員及びその選挙人の資格は、法律でこれを定める。但し、人種、信条、性別、社会的身分、門地、教育、財産又は収入によつて差別してはならない。

第45条（衆議院議員の任期） 衆議院議員の任期は、四年とする。但し、衆議院解散の場合には、その期間満了前に終了する。

第46条（参議院議員の任期） 参議院議員の任期は、六年とし、三年ごとに議員の半数を改選する。

第47条（選挙に関する事項の法定） 選挙区、投票の方法その他両議院の議員の選挙に関する事項は、法律でこれを定める。

第48条（両議院議員兼職の禁止） 何人も、同時に両議院の議員たることはできない。

第49条（議員の歳費） 両議院の議員は、法律の定めるところにより、国庫から相当額の歳費を受ける。

第50条（議員の不逮捕特権） 両議院の議員は、法律の定める場合を除いては、国会の会期中逮捕されず、会期前に逮捕された議員は、その議院の要求があれば、会期中これを釈放しなければならない。

第51条（議員の発言・表決の無責任） 両議院の議員は、議院で行つた演説、討論又は表決について、院外で責任を問はれない。

第52条（常会） 国会の常会は、毎年一回これを召集する。

第53条（臨時会） 内閣は、国会の臨時会の召集を決定することができる。いづれかの議院の総議員の四分の一以上の要求があれば、内閣は、その召集を決定しなければならない。

第54条（衆議院の解散、特別会、参議院の緊急集会）

①衆議院が解散されたときは、解散の日から四十日以内に、衆議院議員の総選挙を行ひ、その選挙の日から三十日以内に、国会を召集しなければならない。

②衆議院が解散されたときは、参議院は、同時に閉会となる。但し、内閣は、国に緊急の必要があるときは、参議院の緊急集会を求めることができる。

③前項但書の緊急集会において採られた措置は、臨時のものであつて、次の国会開会の後十日以内に、衆議院の同意がない場合には、その効力を失ふ。

第55条（議員の資格争訟） 両議院は、各々その議員の資格に関する争訟を裁判する。但し、議員の議席を失はせるには、出席議員の三分の二以上の多数による議決を必要とする。

第56条（定足数・表決） ①両議院は、各々その総議員の三分の一以上の出席がなければ、議事を開き議決することができない。

②両議院の議事は、この憲法に特別の定のある場合を除いては、出席議員の過半数でこれを決し、可否同数のときは、議長の決するところによる。

第57条（会議の公開、秘密会） ①両議院の会議は、公開とする。但し、出席議員の三分の二以上の多数で議決したときは、秘密会を開くことができる。

②両議院は、各々その会議の記録を保存し、秘密会の記録の中で特に秘密を要すると認められるもの以外は、これを公表し、且つ一般に頒布しなければならない。

③出席議員の五分の一以上の要求があれば、各議員の表決は、これを会議録に記載しなければならない。

第58条（役員の選任、議院規則、懲罰） ①両議院は、各々その議長その他の役員を選任する。

②両議院は、各々その会議その他の手続及び内部の規律に関する規則を定め、又、院内の秩序をみだした議員を懲罰することができる。但し、議員を除名するには、出席議員の三分の二以上の多数による議決を必要とする。

第59条（法律案の議決、衆議院の優越） ①法律案は、この憲法に特別の定のある場合を除いては、両議院で可決したとき法律となる。

②衆議院で可決し、参議院でこれと異なつた議決をした法律案は、衆議院で出席議員の三分の二以上の多数で再び可決したときは、法律となる。

③前項の規定は、法律の定めるところにより、衆議院が、両議院の協議会を開くことを求めることを妨げない。

④参議院が、衆議院の可決した法律案を受け取つた後、国会休会中の期間を除いて六十日以内に、議決しないときは、衆議院は、参議院がその法律案を否決したものとみなすことができる。

第60条（衆議院の予算先議と優越） ①予算は、さきに衆議院に提出しなければならない。

②予算について、参議院で衆議院と異なつた議決をした場合に、法律の定めるところにより、両議院の協議会を開いても意見が一致しないとき、又は参議院が衆議院の可決した予算を受け取つた後、国会休会中の期間を除いて三十日以内に、議決しないときは、衆議院の議決を国会の議決とする。

第61条（条約の国会承認と衆議院の優越） 条約の締結に必要な国会の承認については、前条第二項の規定を準用する。

第62条（議院の国政調査権）

両議院は、各々国政に関する調査を行ひ、これに関して、証人の出頭及び証言並びに記録の提出を要求することができる。

第63条（国務大臣の議院出席） 内閣総理大臣その他の国務大

臣は、両議院の一に議席を有すると有しないとにかかはらず、何時でも議案について発言するため議院に出席することができる。又、答弁又は説明のため出席を求められたときは、出席しなければならない。

第64条（弾劾裁判所） ①国会は、罷免の訴追を受けた裁判官を裁判するため、両議院の議員で組織する弾劾裁判所を設ける。

②弾劾に関する事項は、法律でこれを定める。

第5章　内閣

第65条（行政権と内閣） 行政権は、内閣に属する。

第66条（内閣の組織） ①内閣は、法律の定めるところにより、その首長たる内閣総理大臣及びその他の国務大臣でこれを組織する。

②内閣総理大臣その他の国務大臣は、文民でなければならない。

③内閣は、行政権の行使について、国会に対し連帯して責任を負ふ。

第67条（内閣総理大臣の指名、衆議院の優越）

①内閣総理大臣は、国会議員の中から国会の議決で、これを指名する。この指名は、他のすべての案件に先だつて、これを行ふ。

②衆議院と参議院とが異なつた指名の議決をした場合に、法律の定めるところにより、両議院の協議会を開いても意見が一致しないとき、又は衆議院が指名の議決をした後、国会休会中の期間を除いて十日以内に、参議院が、指名の議決をしないときは、衆議院の議決を国会の議決とする。

第68条（国務大臣の任命及び罷免） ①内閣総理大臣は、国務大臣を任命する。但し、その過半数は、国会議員の中から選ばれなければならない。

②内閣総理大臣は、任意に国務大臣を罷免することができる。

第69条（衆議院の内閣不信任） 内閣は、衆議院で不信任の決議案を可決し、又は信任の決議案を否決したときは、十日以内に衆議院が解散されない限り、総辞職をしなければならない。

第70条（内閣総理大臣の欠缺又は総選挙後の総辞職） 内閣総理大臣が欠けたとき、又は衆議院議員総選挙の後に初めて国会の召集があつたときは、内閣は、総辞職をしなければならない。

第71条（総辞職後の内閣の職務）

前二条の場合には、内閣は、あらたに内閣総理大臣が任命されるまで引き続きその職務を行ふ。

第72条（内閣総理大臣の職務） 内閣総理大臣は、内閣を代表して議案を国会に提出し、一般国務及び外交関係について国会に報告し、並びに行政各部を指揮監督する。

第73条（内閣の事務） 内閣は、他の一般行政事務の外、左の事務を行ふ。

1. 法律を誠実に執行し、国務を総理すること。
2. 外交関係を処理すること。
3. 条約を締結すること。但し、事前に、時宜によつては事後に、国会の承認を経ることを必要とする。
4. 法律の定める基準に従ひ、官吏に関する事務を掌理すること。
5. 予算を作成して国会に提出すること。
6. この憲法及び法律の規定を実施するために、政令を制定すること。但し、政令には、特にその法律の委任がある場合を除いては、罰則を設けることができない。
7. 大赦、特赦、減刑、刑の執行の免除及び復権を決定すること。

第74条（法律・政令の署名・連署） 法律及び政令には、すべて主任の国務大臣が署名し、内閣総理大臣が連署することを必要とする。

第75条（国務大臣の訴追） 国務大臣は、その在任中、内閣総理大臣の同意がなければ、訴追されない。但し、これがため、訴追の権利は害されない。

第6章　司法

第76条（司法権、裁判所、特別裁判所の禁止、裁判官の独立）

①すべて司法権は、最高裁判所及び法律の定めるところにより設置する下級裁判所に属する。

②特別裁判所は、これを設置することができない。行政機関は、終審として裁判を行ふことができない。

③すべて裁判官は、その良心に従ひ独立してその職権を行ひ、この憲法及び法律にのみ拘束される。

第77条（裁判所の規則制定権） ①最高裁判所は、訴訟に関する手続、弁護士、裁判所の内部規律及び司法事務処理に関する事項について、規則を定める権限を有する。

②検察官は、最高裁判所の定める規則に従わなければならない。

③最高裁判所は、下級裁判所に関する規則を定める権限を、下級裁判所に委任することができる。

第78条（裁判官の身分保障） 裁判官は、裁判により、心身の故障のために職務を執ることができないと決定された場合を除いては、公の弾劾によらなければ罷免されない。裁判官の懲戒処分は、行政機関がこれを行ふことはできない。

第79条（最高裁判所の構成、最高裁判所の裁判官）

①最高裁判所は、その長たる裁判官及び法律の定める員数のその他の裁判官でこれを構成し、その長たる裁判官以外の裁判官は、内閣でこれを任命する。

②最高裁判所の裁判官の任命は、その任命後初めて行はれる衆議院議員総選挙の際国民の審査に付し、その後10年を経過した後初めて行はれる衆議院議員総選挙の際更に審査に付し、その後も同様とする。

③前項の場合において、投票者の多数が裁判官の罷免を可とするときは、その裁判官は、罷免される。

④審査に関する事項は、法律でこれを定める。

⑤最高裁判所の裁判官は、法律の定める年齢に達した時に退官する。

⑥最高裁判所の裁判官は、すべて定期に相当額の報酬を受ける。この報酬は、在任中、これを減額することができない。

第80条（下級裁判所の裁判官） ①下級裁判所の裁判官は、最高裁判所の指名した者の名簿によつて、内閣でこれを任命する。その裁判官は、任期を10年とし、再任されることができる。但し、法律の定める年齢に達した時には退官する。

②下級裁判所の裁判官は、すべて定期に相当額の報酬を受ける。この報酬は、在任中、これを減額することができない。

第81条（法令などの合憲性審査権） 最高裁判所は、一切の法律、命令、規則又は処分が憲法に適合するかしないかを決定する権限を有する終審裁判所である。

第82条（裁判の公開） ①裁判の対審及び判決は、公開法廷でこれを行ふ。

②裁判所が、裁判官の全員一致で、公の秩序又は善良の風俗を害する虞があると決した場合には、対審は、公開しないでこれを行ふことができる。但し、政治犯罪、出版に関する犯罪又はこの憲法第3章で保障する国民の権利が問題となつてゐる事件の対審は、常にこれを公開しなければならない。

第7章　財政

第83条（財政処理の基本原則） 国の財政を処理する権限は、国会の議決に基いて、これを行使しなければならない。

第84条（課税の要件） あらたに租税を課し、又は現行の租税を変更するには、法律又は法律の定める条件によることを必要とする。

第85条（国費支出と国の債務負担） 国費を支出し、又は国が債務を負担するには、国会の議決に基くことを必要とする。

第86条（予算の作成と国会の議決） 内閣は、毎会計年度の予算を作成し、国会に提出して、その審議を受け議決を経なければならない。

第87条（予備費） ①予見し難い予算の不足に充てるため、国会の議決に基いて予備費を設け、内閣の責任でこれを支出することができる。

②すべて予備費の支出については、内閣は、事後に国会の承諾を得なければならない。

第88条（皇室財産・皇室の費用） すべて皇室財産は、国に属する。すべて皇室の費用は、予算に計上して国会の議決を経なければならない。

第89条（公の財産の支出利用の制限） 公金その他の公の財産は、宗教上の組織若しくは団体の使用、便益若しくは維持のため、又は公の支配に属しない慈善、教育若しくは博愛の事業に対し、これを支出し、又はその利用に供してはならない。

第90条（決算・会計検査院） ①国の収入支出の決算は、すべて毎年会計検査院がこれを検査し、内閣は、次の年度に、その検査報告とともに、これを国会に提出しなければならない。

②会計検査院の組織及び権限は、法律でこれを定める。

第91条（財政状況の報告） 内閣は、国会及び国民に対し、定期に、少くとも毎年一回、国の財政状況について報告しなければならない。

第8章　地方自治

第92条（地方自治の基本原則） 地方公共団体の組織及び運営に関する事項は、地方自治の本旨に基いて、法律でこれを定める。

第93条（地方公共団体の機関） ①地方公共団体には、法律の定めるところにより、その議事機関として議会を設置する。

②地方公共団体の長、その議会の議員及び法律の定めるその他の吏員は、その地方公共団体の住民が、直接これを選挙する。

第94条（地方公共団体の権能） 地方公共団体は、その財産を管理し、事務を処理し、及び行政を執行する権能を有し、法律の範囲内で条例を制定することができる。

第95条（特別法の住民投票） 一の地方公共団体のみに適用される特別法は、法律の定めるところにより、その地方公共団体の住民の投票においてその過半数の同意を得なければ、国会は、これを制定することができない。

第9章　改正

第96条（憲法改正の手続、その公布） ①この憲法の改正は、各議院の総議員の三分の二以上の賛成で、国会が、これを発議し、国民に提案してその承認を経なければならない。この承認には、特別の国民投票又は国会の定める選挙の際行はれる投票において、その過半数の賛成を必要とする。

②憲法改正について前項の承認を経たときは、天皇は、国民の名で、この憲法と一体を成すものとして、直ちにこれを公布する。

第10章　最高法規

第97条（基本的人権の本質） この憲法が日本国民に保障する基本的人権は、人類の多年にわたる自由獲得の努力の成果であつて、これらの権利は、過去幾多の試錬に堪へ、現在及び将来の国民に対し、侵すことのできない永久の権利として信託されたものである。

第98条（憲法の最高法規性、条約・国際法規の遵守） ①この憲法は、国の最高法規であつて、その条規に反する法律、命令、詔勅及び国務に関するその他の行為の全部又は一部は、その効力を有しない。

②日本国が締結した条約及び確立された国際法規は、これを誠実に遵守することを必要とする。

第99条（憲法尊重擁護の義務） 天皇又は摂政及び国務大臣、国会議員、裁判官その他の公務員は、この憲法を尊重し擁護する義務を負ふ。

第 11 章　補足

第 100 条（施行期日、準備手続）　①この憲法は、公布の日から起算して六箇月を経過した日から、これを施行する。

②この憲法を施行するために必要な法律の制定、参議院議員の選挙及び国会召集の手続並びにこの憲法を施行するために必要な準備手続は、前項の期日よりも前に、これを行ふことができる。

第 101 条（経過規定－参議院未成立の間の国会）　この憲法施行の際、参議院がまだ成立してゐないときは、その成立するまでの間、衆議院は、国会としての権限を行ふ。

第 102 条（同前－第一期参議院議員の任期）　この憲法による第一期の参議院議員のうち、その半数の者の任期は、これを三年とする。その議員は、法律の定めるところにより、これを定める。

第 103 条（同前－公務員の地位）　この憲法施行の際現に在職する国務大臣、衆議院議員及び裁判官並びにその他の公務員で、その地位に相応する地位がこの憲法で認められてゐる者は、法律で特別の定をした場合を除いては、この憲法施行のため、当然にはその地位を失ふことはない。但し、この憲法によつて、後任者が選挙又は任命されたときは、当然その地位を失ふ。

大日本帝国憲法

1889（明治 22）年 2 月 11 日発布

第 1 章　天　皇

第 1 条　大日本帝国ハ万世一系ノ天皇之ヲ統治ス

第 2 条　皇位ハ皇室典範ノ定ムル所ニ依リ皇男子孫之ヲ継承ス

第 3 条　天皇ハ神聖ニシテ侵スヘカラス

第 4 条　天皇ハ国ノ元首ニシテ統治権ヲ総攬シ此ノ憲法ノ条規ニ依リ之ヲ行フ

第 5 条　天皇ハ帝国議会ノ協賛ヲ以テ立法権ヲ行フ

第 6 条　天皇ハ法律ヲ裁可シ其ノ公布及執行ヲ命ス

第 7 条　天皇ハ帝国議会ヲ召集シ其ノ開会閉会停会及衆議院ノ解散ヲ命ス

第 8 条　①天皇ハ公共ノ安全ヲ保持シ又ハ其ノ災厄ヲ避クル為緊急ノ必要ニ由リ帝国議会閉会ノ場合ニ於テ法律ニ代ルヘキ勅令ヲ発ス

②此ノ勅令ハ次ノ会期ニ於テ帝国議会ニ提出スヘシ若議会ニ於テ承諾セサルトキハ政府ハ将来ニ向テ其ノ効力ヲ失フコトヲ公布スヘシ

第 9 条　天皇ハ法律ヲ執行スル為ニ又ハ公共ノ安寧秩序ヲ保持シ及臣民ノ幸福ヲ増進スル為ニ必要ナル命令ヲ発シ又ハ発セシム但シ命令ヲ以テ法律ヲ変更スルコトヲ得ス

第 10 条　天皇ハ行政各部ノ官制及文武官ノ俸給ヲ定メ及文武官ヲ任免ス　但シ此ノ憲法又ハ他ノ法律ニ特例ヲ掲ケタルモノハ各々其ノ条項ニ依ル

第 11 条　天皇ハ陸海軍ヲ統帥ス

第 12 条　天皇ハ陸海軍ノ編制及常備兵額ヲ定ム

第 13 条　天皇ハ戦ヲ宣シ和ヲ講シ及諸般ノ条約ヲ締結ス

第 14 条　①天皇ハ戒厳ヲ宣告ス

②戒厳ノ要件及効力ハ法律ヲ以テ之ヲ定ム

第 15 条　天皇ハ爵位勲章及其ノ他ノ栄典ヲ授与ス

第 16 条　天皇ハ大赦特赦減刑及復権ヲ命ス

第 17 条　①摂政ヲ置クハ皇室典範ノ定ムル所ニ依ル

②摂政ハ天皇ノ名ニ於テ大権ヲ行フ

第 2 章　臣民権利義務

第 18 条　日本臣民タル要件ハ法律ノ定ムル所ニ依ル

第 19 条　日本臣民ハ法律ノ定ムル所ノ資格ニ応シ均ク文武官ニ任セラレ及其ノ他ノ公務ニ就クコトヲ得

第 20 条　日本臣民ハ法律ノ定ムル所ニ従ヒ兵役ノ義務ヲ有ス

第 21 条　日本臣民ハ法律ノ定ムル所ニ従ヒ納税ノ義務ヲ有ス

第 22 条　日本臣民ハ法律ノ範囲内ニ於テ居住及移転ノ自由ヲ有ス

第 23 条　日本臣民ハ法律ニ依ルニ非スシテ逮捕監禁審問処罰ヲ受クルコトナシ

第 24 条　日本臣民ハ法律ニ定メタル裁判官ノ裁判ヲ受クルノ権ヲ奪ハルルコトナシ

第 25 条　日本臣民ハ法律ニ定メタル場合ヲ除ク外其ノ許諾ナクシテ住所ニ侵入セラレ捜索セラルルコトナシ

第 26 条　日本臣民ハ法律ニ定メタル場合ヲ除ク外信書ノ秘密ヲ侵サルルコトナシ

第 27 条　①日本臣民ハ其ノ所有権ヲ侵サルルコトナシ

②公益ノ為必要ナル処分ハ法律ノ定ムル所ニ依ル

第 28 条　日本臣民ハ安寧秩序ヲ妨ケス及臣民タルノ義務ニ背カサル限ニ於テ信教ノ自由ヲ有ス

第 29 条　日本臣民ハ法律ノ範囲内ニ於テ言論著作印行集会及結社ノ自由ヲ有ス

第 30 条　日本臣民ハ相当ノ敬礼ヲ守リ別ニ定ムル所ノ規程ニ従ヒ請願ヲ為スコトヲ得

第 31 条　本章ニ掲ケタル条規ハ戦時又ハ国家事変ノ場合ニ於テ天皇大権ノ施行ヲ妨クルコトナシ

第 32 条　本章ニ掲ケタル条規ハ陸海空軍ノ法令又ハ紀律ニ牴触セサルモノニ限リ軍人ニ準行ス

第 3 章　帝国議会

第 33 条　帝国議会ハ貴族院衆議院ノ両院ヲ以テ成立ス

第 34 条　貴族院ハ貴族院令ノ定ムル所ニ依リ皇族華族及勅任セラレタル議員ヲ以テ組織ス

第 35 条　衆議院ハ選挙法ノ定ムル所ニ依リ公選セラレタル議員ヲ以テ組織ス

第 36 条　何人モ同時ニ両議院ノ議員タルコトヲ得ス

第 37 条　凡テ法律ハ帝国議会ノ協賛ヲ経ルヲ要ス

第38条　両議院ハ政府ノ提出スル法律案ヲ議決シ及各々法律案ヲ提出スルコトヲ得

第39条　両議院ノ一ニ於テ否決シタル法律案ハ同会期中ニ於テ再ヒ提出スルコトヲ得ス

第40条　両議院ハ法律又ハ其ノ他ノ事件ニ付各々其ノ意見ヲ政府ニ建議スルコトヲ得　但シ其ノ採納ヲ得サルモノハ同会期中ニ於テ再ヒ建議スルコトヲ得ス

第41条　帝国議会ハ毎年之ヲ召集ス

第42条　帝国議会ハ三箇月ヲ以テ会期トス必要アル場合ニ於テハ勅令ヲ以テ之ヲ延長スルコトアルヘシ

第43条　①臨時緊急ノ必要アル場合ニ於テ常会ノ外臨時会ヲ召集スヘシ

②臨時会ノ会期ヲ定ムルハ勅命ニ依ル

第44条　①帝国議会ノ開会閉会会期ノ延長及停会ハ両院同時ニ之ヲ行フヘシ

②衆議院解散ヲ命セラレタルトキハ貴族院ハ同時ニ停会セラルヘシ

第45条　衆議院解散ヲ命セラレタルトキハ勅命ヲ以テ新ニ議員ヲ選挙セシメ解散ノ日ヨリ五箇月以内ニ之ヲ召集スヘシ

第46条　両議院ハ各々其ノ総議員三分ノ一以上出席スルニ非サレハ議事ヲ開キ議決ヲ為スコトヲ得ス

第47条　両議院ノ議事ハ過半数ヲ以テ決ス　可否同数ナル時ハ議長ノ決スル所ニ依ル

第48条　両議院ノ会議ハ公開ス　但シ政府ノ要求又ハ其ノ院ノ決議ニ依リ秘密会ト為スコトヲ得

第49条　両議院ハ各々天皇ニ上奏スルコトヲ得

第50条　両議院ハ臣民ヨリ呈出スル請願書ヲ受クルコトヲ得

第51条　両議院ハ此ノ憲法及議院法ニ掲クルモノノ外内部ノ整理ニ必要ナル諸規則ヲ定ムルコトヲ得

第52条　両議院ノ議員ハ議院ニ於テ発言シタル意見及表決ニ付院外ニ於テ責ヲ負フコトナシ　但シ議員自ラ其ノ言論ヲ演説刊行筆記又ハ其ノ他ノ方法ヲ以テ公布シタルトキハ一般ノ法律ニ依リ処分セラルヘシ

第53条　両議院ノ議員ハ現行犯罪又ハ内乱外患ニ関ル罪ヲ除ク外会期中其ノ院ノ許諾ナクシテ逮捕セラルルコトナシ

第54条　国務大臣及政府委員ハ何時タリトモ各議院ニ出席シ及発言スルコトヲ得

第4章　国務大臣及枢密顧問

第55条　①国務各大臣ハ天皇ヲ輔弼シ其ノ責ニ任ス

②凡テ法律勅令其ノ他国務ニ関ル詔勅ハ国務大臣ノ副署ヲ要ス

第56条　枢密顧問ハ枢密院官制ノ定ムル所ニ依リ天皇ノ諮詢ニ応ヘ重要ノ国務ヲ審議ス

第5章　司法

第57条　①司法権ハ天皇ノ名ニ於テ法律ニ依リ裁判所之ヲ行フ

②裁判所ノ構成ハ法律ヲ以テ之ヲ定ム

第58条　①裁判官ハ法律ニ定メタル資格ヲ具フル者ヲ以テ之ニ任ス

②裁判官ハ刑法ノ宣告又ハ懲戒ノ処分ニ由ルノ外其ノ職ヲ免セラルルコトナシ

③懲戒ノ条規ハ法律ヲ以テ之ヲ定ム

第59条　裁判ノ対審判決ハ之ヲ公開ス　但シ安寧秩序又ハ風俗ヲ害スルノ虞アルトキハ法律ニ依リ又ハ裁判所ノ決議ヲ以テ対審ノ公開ヲ停ムルコトヲ得

第60条　特別裁判所ノ管轄ニ属スヘキモノハ別ニ法律ヲ以テ之ヲ定ム

第61条　行政官庁ノ違法処分ニ由リ権利ヲ傷害セラレタリトスルノ訴訟ニシテ別ニ法律ヲ以テ定メタル行政裁判所ノ裁判ニ属スヘキモノハ司法裁判所ニ於テ受理スルノ限ニ在ラス

第6章　会計

第62条　①新ニ租税ヲ課シ及税率ヲ変更スルハ法律ヲ以テ之ヲ定ムヘシ

②但シ報償ニ属スル行政上ノ手数料及其ノ他ノ収納金ハ前項ノ限ニ在ラス

③国債ヲ起シ及予算ニ定メタルモノヲ除ク外国庫ノ負担トナルヘキ契約ヲ為スハ帝国議会ノ協賛ヲ経ヘシ

第63条　現行ノ租税ハ更ニ法律ヲ以テ之ヲ改メサル限ハ旧ニ依リ之ヲ徴収ス

第64条　①国家ノ歳出歳入ハ毎年予算ヲ以テ帝国議会ノ協賛ヲ経ヘシ

②予算ノ款項ニ超過シ又ハ予算ノ外ニ生シタル支出アルトキハ後日帝国議会ノ承諾ヲ求ムルヲ要ス

第65条　予算ハ前ニ衆議院ニ提出スヘシ

第66条　皇室経費ハ現在ノ定額ニ依リ毎年国庫ヨリ之ヲ支出シ将来増額ヲ要スル場合ヲ除ク外帝国議会ノ協賛ヲ要セス

第67条　憲法上ノ大権ニ基ツケル既定ノ歳出及法律ノ結果ニ由リ又ハ法律上政府ノ義務ニ属スル歳出ハ政府ノ同意ナクシテ帝国議会之ヲ廃除シ又ハ削減スルコトヲ得ス

第68条　特別ノ須要ニ因リ政府ハ予メ年限ヲ定メ継続費トシテ帝国議会ノ協賛ヲ求ムルコトヲ得

第69条　避クヘカラサル予算ノ不足ヲ補フ為ニ又ハ予算ノ外ニ生シタル必要ノ費用ニ充ツル為ニ予備費ヲ設クヘシ

第70条　①公共ノ安全ヲ保持スル為緊急ノ需要アル場合ニ於テ内外ノ情形ニ因リ政府ハ帝国議会ヲ召集スルコト能ハサルトキハ勅令ニ依リ財政上必要ノ処分ヲ為スコトヲ得

②前項ノ場合ニ於テハ次ノ会期ニ於テ帝国議会ニ提出シ其ノ承諾ヲ求ムルヲ要ス

第71条　帝国議会ニ於テ予算ヲ議定セス又ハ予算成立ニ至ラサルトキハ政府ハ前年度ノ予算ヲ施行スヘシ

第72条　国家ノ歳出歳入ノ決算ハ会計検査院之ヲ検査確定シ

政府ハ其ノ検査報告ト倶ニ之ヲ帝国議会ニ提出スヘシ
②会計検査院ノ組織及職権ハ法律ヲ以テ之ヲ定ム

第7章　補足

第73条　①将来此ノ憲法ノ条項ヲ改正スル必要アルトキハ勅命ヲ以テ議案ヲ帝国議会ノ議ニ付スヘシ
②此ノ場合ニ於テ両議院ハ各々其ノ総員三分ノ二以上出席スルニ非サレハ議事ヲ開クコトヲ得ス　出席議員三分ノ二以上ノ多数ヲ得ルニ非サレハ改正ノ議決ヲ為スコトヲ得ス
第74条　①皇室典範ノ改正ハ帝国議会ノ議ヲ経ルヲ要セス
②皇室典範ヲ以テ此ノ憲法ノ条規ヲ変更スルコトヲ得ス
第75条　憲法及皇室典範ハ摂政ヲ置クノ間之ヲ変更スルコトヲ得ス
第76条　①法律規則命令又ハ何等ノ名称ヲ用ヰタルニ拘ラス此ノ憲法ニ矛盾セサル現行ノ法令ハ総テ遵由ノ効力ヲ有ス
②歳出上政府ノ義務ニ係ル現在ノ契約又ハ命令ハ総テ第六十七条ノ例ニ依ル

皇室典範

1947(昭和22)年1月16日公布

第1条　皇位は、皇統に属する男系の男子が、これを継承する。
第2条　①皇位は、左の順序により、皇族に、これを伝える。
1　皇長子
2　皇長孫
3　その他の皇長子の子孫
4　皇次子及びその子孫
5　その他の皇子孫
6　皇兄弟及びその子孫
7　皇伯叔父及びその子孫
②前項各号の皇族がないときは、皇位は、それ以上で、最近親の系統の皇族に、これを伝える。
③前2項の場合においては、長系を先にし、同等内では、長を先にする。
第23条　①天皇、皇后、太皇太后及び皇太后の敬称は、陛下とする。
②前項の皇族以外の皇族の敬称は、殿下とする。
第24条　皇位の継承があつたときは、即位の礼を行う。
第25条　天皇が崩じたときは、大喪の礼を行う。

国旗国歌法（国旗及び国歌に関する法律）

1999(平成11)年8月13日公布

第1条　①国旗は、日章旗とする。
第2条　①国歌は、君が代とする。

民　法

2013（平成25）年12月11日改正

第1条（基本原則）　①私権は、公共の福祉に適合しなければならない。
②権利の行使及び義務の履行は、信義に従い誠実に行わなければならない。
第2条（解釈の基準）　この法律は、個人の尊厳と両性の本質的平等を旨として、解釈しなければならない。
第3条　①私権の享有は、出生に始まる。
②外国人は、法令又は条約の規定により禁止される場合を除き、私権を享有する。
第725条（親族の範囲）　次に掲げる者は、親族とする。
1. 六親等内の血族
2. 配偶者
3. 三親等内の姻族

第730条（親族間の扶け合い）　直系血族及び同居の親族は、互いに扶け合わなければならない。
第731条（婚姻適齢）　男は、十八歳に、女は、十六歳にならなければ、婚姻をすることができない。
第737条（未成年者の婚姻についての父母の同意）
①未成年の子が婚姻をするには、父母の同意を得なければならない。
②父母の一方が同意しないときは、他の一方の同意だけで足りる。父母の一方が知れないとき、死亡したとき、又はその意思を表示することができないときも、同様とする。
第750条（夫婦の氏）　夫婦は、婚姻の際に定めるところに従い、夫又は妻の氏を称する。
第752条（同居、協力及び扶助の義務）　夫婦は同居し、互いに協力し扶助しなければならない。
第753条（婚姻による成年擬制）　未成年者が婚姻をしたときは、これによって成年に達したものとみなす。
第818条（親権者）　成年に達しない子は、父母の親権に服する。
第820条（監護及び教育の権利義務）　親権を行う者は、子の利益のために子の監護及び教育をする権利を有し、義務を負う。
第821条（居所の指定）　子は、親権を行う者が指定した場所に、その居所を定めなければならない。
第822条（懲戒）　親権を行う者は、第八百二十条の規定による監護および教育に必要な範囲内でその子を懲戒することができる。
第823条（職業の許可）　子は、親権を行う者の許可を得なければ、職業を営むことができない。

第 877 条（扶養義務者） 直系血族及び兄弟姉妹は、互いに扶養をする義務がある。

第 882 条（相続開始の原因） 相続は、死亡によって開始する。

第 900 条（法定相続分） 同順位の相続人が数人あるときは、その相続分は、次の各号の定めるところによる。

1. 子及び配偶者が相続人であるときは、子の相続分及び配偶者の相続分は、各二分の一とする。
2. 配偶者及び直系尊属が相続人であるときは、配偶者の相続分は、三分の二とし、直系尊属の相続分は、三分の一とする。
3. 配偶者及び兄弟姉妹が相続人であるときは、配偶者の相続分は、四分の三とし、兄弟姉妹の相続分は、四分の一とする。
4. 子、直系尊属又は兄弟姉妹が数人あるときは、各自の相続分は、相等しいものとする。ただし、父母の一方のみを同じくする兄弟姉妹の相続分は、父母の双方を同じくする兄弟姉妹の相続分の二分の一とする。

情報公開法

1999（平成 11）年 5 月 14 日公布

第 1 条（目的） この法律は、国民主権の理念にのっとり、行政文書の開示を請求する権利につき定めること等により、行政機関の保有する情報の一層の公開を図り、もって政府の有するその諸活動を国民に説明する責務が全うされるようにするとともに、国民の的確な理解と批判の下にある公正で民主的な行政の推進に資することを目的とする。

第 3 条（開示請求権） 何人も、この法律の定めるところにより、行政機関の長に対し、当該行政機関の保有する行政文書の開示を請求することができる。

第 5 条（行政文書の開示義務） 行政機関の長は、開示請求があったときは、開示請求に係る行政文書に次の各号に掲げる情報（以下「不開示情報」という。）のいずれかが記録されている場合を除き、開示請求者に対し、当該行政文書を開示しなければならない。

個人情報保護法

2003（平成 15）年 5 月 30 日公布

第 1 条（目的） この法律は、高度情報通信社会の進展に伴い個人情報の利用が著しく拡大していることにかんがみ、個人情報の適正な取扱いに関し、基本理念及び政府による基本方針の作成その他の個人情報の保護に関する施策の基本となる事項を定め、国及び地方公共団体の責務等を明らかにするとともに、個人情報を取り扱う事業者の遵守すべき義務等を定めることにより、個人情報の有用性に配慮しつつ、個人の権利利益を保護することを目的とする。

第 2 条（定義） この法律において「個人情報」とは、生存する個人に関する情報であって、当該情報に含まれる氏名、生年月日その他の記述等により特定の個人を識別することができるもの（他の情報と容易に照合することができ、それにより特定の個人を識別することができることとなるものを含む。）をいう。

第 3 条（基本理念） 個人情報は、個人の人格尊重の理念の下に慎重に取り扱われるべきものであることにかんがみ、その適正な取扱いが図られなければならない。

男女雇用機会均等法

2012（平成 24）年 6 月 27 日改正公布

第 1 条（目的） この法律は、法の下の平等を保障する日本国憲法の理念にのつとり雇用の分野における男女の均等な機会及び待遇の確保を図るとともに、女性労働者の就業に関して妊娠中及び出産後の健康の確保を図る等の措置を推進することを目的とする。

第 2 条（基本的理念） ①この法律においては、労働者が性別により差別されることなく、また、女性労働者にあつては母性を尊重されつつ、充実した職業生活を営むことができるようにすることをその基本的理念とする。

②事業主並びに国及び地方公共団体は、前項に規定する基本的理念に従つて、労働者の職業生活の充実が図られるように努めなければならない。

第 5 条（性別を理由とする差別の禁止） 事業主は、労働者の募集及び採用について、その性別にかかわりなく均等な機会を与えなければならない。

第 6 条（配置・昇進及び教育訓練） 事業主は、次に掲げる事項について、労働者の性別を理由として、差別的取扱いをしてはならない。

1. 労働者の配置（業務の配分及び権限の付与を含む。）、昇進、降格及び教育訓練
2. 住宅資金の貸付けその他これに準ずる福利厚生の措置であつて厚生労働省令で定めるもの
3. 労働者の職種及び雇用形態の変更
4. 退職の勧奨、定年及び解雇並びに労働契約の更新

男女共同参画社会基本法

1999（平成 11）年 6 月 23 日公布

第 1 条（目的） この法律は、男女の人権が尊重され、かつ、

社会経済情勢の変化に対応できる豊かで活力ある社会を実現することの緊要性にかんがみ、男女共同参画社会の形成に関し、基本理念を定め、並びに国、地方公共団体及び国民の責務を明らかにするとともに、男女共同参画社会の形成の促進に関する施策の基本となる事項を定めることにより、男女共同参画社会の形成を総合的かつ計画的に推進することを目的とする。

第 2 条（定義） この法律において、次の各号に掲げる用語の意義は、当該各号に定めるところによる。

1 男女共同参画社会の形成　男女が、社会の対等な構成員として、自らの意思によって社会のあらゆる分野における活動に参画する機会が確保され、もって男女が均等に政治的、経済的、社会的及び文化的利益を享受することができ、かつ、共に責任を担うべき社会を形成することをいう。

第 3 条（男女の人権の尊重） 男女共同参画社会の形成は、男女の個人としての尊厳が重んぜられること、男女が性別による差別的取扱いを受けないこと、男女が個人として能力を発揮する機会が確保されることその他の男女の人権が尊重されることを旨として、行われなければならない。

第 4 条（社会における制度又は慣行についての配慮） 男女共同参画社会の形成に当たっては、社会における制度又は慣行が、性別による固定的な役割分担等を反映して、男女の社会における活動の選択に対して中立でない影響をおよぼすことにより、男女共同参画社会の形成を阻害する要因となるおそれがあることにかんがみ、社会における制度又は慣行が男女の社会における活動の選択に対しておよぼす影響をできる限り中立なものとするように配慮されなければならない。

第 5 条（政策等の立案及び決定への共同参画） 男女共同参画社会の形成は、男女が、社会の対等な構成員として、国若しくは地方公共団体における政策又は民間の団体における方針の立案及び決定に共同して参画する機会が確保されることを旨として、行われなければならない。

同和対策審議会答申

1965（昭和 40）年 8 月 11 日答申

昭和 36 年 12 月 7 日内閣総理大臣は本審議会に対して「同和地区に関する社会的及び経済的諸問題を解決するための基本的方策」について諮問された。いうまでもなく同和問題は人類普遍の原理である人間の自由と平等に関する問題であり、日本国憲法によって保障された基本的人権にかかわる課題である。したがって、審議会はこれを未解決に放置することは断じて許されないことであり、その早急な解決こそ国の責務であり、同時に国民的課題であるとの認識に立って対策の探求に努力した。

1　同和問題の本質　いわゆる同和問題とは、日本社会の歴史的発展の過程において形成された身分階層構造に基く差別により、日本国民の一部の集団が経済的・社会的・文化的に低位の状態におかれ、現代社会においても、なおいちじるしく基本的人権を侵害され、とくに、近代社会の原理として何人にも保障されている市民的権利と自由を完全に保障されていないという、もっとも深刻にして重大な社会問題である。（略）

すなわち、近代社会における部落差別とは、ひとくちにいえば、市民的権利、自由の侵害にほかならない。市民的権利、自由とは、職業選択の自由、教育の機会均等を保障される権利、居住及び移転の自由、結婚の自由などであり、これらの権利と自由が同和地区住民にたいしては完全に保障されていないことが差別なのである。これらの市民的権利と自由のうち、職業選択の自由、すなわち就業の機会均等が完全に保障されていないことが特に重大である。なぜなら、歴史をかえりみても、同和地区住民がその時代における主要産業の生産過程から疎外され、賤業とされる雑業に従事していたことが社会的地位の上昇と解放への道を阻む要因となったのであり、このことは現代社会においても変わらないからである。したがって、同和地区住民に就職と教育の機会均等を完全に保障し、同和地区に滞留する停滞的過剰人口を、近代的な主要産業の生産過程に導入することにより生活の安定と地位の向上をはかることが、同和問題解決の中心的課題である。（略）

国会法

1947（昭和 22）年 4 月 30 日公布

第 1 章　国会の召集及び開会式

第 2 条　常会は、毎年 1 月中に召集するのを常例とする。

第 2 章　国会の会期及び休会

第 10 条　常会の会期は、150 日間とする。但し、会期中に議員の任期が満限に達する場合には、その満限の日をもつて、会期は終了するものとする。

第 4 章　議員

第 33 条　各議院の議員は、院外における現行犯罪の場合を除いては、会期中その院の許諾がなければ逮捕されない。

第 41 条　①常任委員会は、その部門に属する議案（決議案を含む）、請願等を審査する。

②衆議院の常任委員会は、次のとおりとする。

1. 内閣委員会　2. 総務委員会　3. 法務委員会
4. 外務委員会　5. 財務金融委員会
6. 文部科学委員会　7. 厚生労働委員会
8. 農林水産委員会　9. 経済産業委員会
10. 国土交通委員会　11. 環境委員会

12. 安全保障委員会　13. 国家基本政策委員会
14. 予算委員会　15. 決算行政監視委員会
16. 議院運営委員会　17. 懲罰委員会

③参議院の常任委員会は、次のとおりとする。

1. 内閣委員会　2. 総務委員会　3. 法務委員会
4. 外交防衛委員会　5. 財政金融委員会
6. 文教科学委員会　7. 厚生労働委員会
8. 農林水産委員会　9. 経済産業委員会
10. 国土交通委員会　11. 環境委員会
12. 国家基本政策委員会　13. 予算委員会
14. 決算委員会　15. 行政監視委員会
16. 議院運営委員会　17. 懲罰委員会

第45条　各議院は、その院において特に必要があると認めた案件又は常任委員会の所管に属しない特定の案件を審査するため、特別委員会を設けることができる。

第51条　委員会は、一般的関心及び目的を有する重要な案件について、公聴会を開き、真に利害関係を有する者又は学識経験者等から意見を聴くことができる。

第56条　議員が議案を発議するには、衆議院においては議員20人以上、参議院においては議員10人以上の賛成を要する。但し、予算を伴う法律案を発議するには、衆議院においては議員50人以上、参議院においては議員20人以上の賛成を要する。

第68条の2　議員が日本国憲法の改正案（以下「憲法改正案」という。）の原案（以下「憲法改正原案」という。）を発議するには、第56条第1項の規定にかかわらず、衆議院においては議員100人以上、参議院においては議員50人以上の賛成を要する。

第68条の3　前条の憲法改正原案の発議に当たっては、内容において関連する事項ごとに区分して行うものとする。

第68条の4　憲法改正原案につき議院の会議で修正の動議を議題とするには、第57条の規定にかかわらず、衆議院においては議員100人以上、参議院においては議員50人以上の賛成を要する。

第68条の5　①憲法改正原案について国会において最後の可決があつた場合には、その可決をもつて、国会が日本国憲法第96条第1項に定める日本国憲法の改正（以下「憲法改正」という。）の発議をし、国民に提案したものとする。この場合において、両議院の議長は、憲法改正の発議をした旨及び発議に係る憲法改正案を官報に公示する。

第68条の6　憲法改正の発議に係る国民投票の期日は、当該発議後速やかに、国会の議決でこれを定める。

国民投票法（日本国憲法の改正手続に関する法律）

2007(平成19)年5月18日公布

第1条（趣旨）　この法律は、日本国憲法第96条に定める日本国憲法の改正（以下「憲法改正」という。）について、国民の承認に係る投票（以下「国民投票」という。）に関する手続を定めるとともに、あわせて憲法改正の発議に係る手続の整備を行うものとする。

第2条（国民投票の期日）　①国民投票は、国会が憲法改正を発議した日（国会法（昭和22年法律第79号）第68条の5第1項の規定により国会が日本国憲法第96条第1項に定める日本国憲法の改正の発議をし、国民に提案したものとされる日をいう。第100条の2において同じ。）から起算して60日以後180日以内において、国会の議決した期日に行う。

第3条（投票権）　日本国民で年齢満18年以上の者は、国民投票の投票権を有する。

第47条（1人1票）　投票は、国民投票に係る憲法改正案ごとに、1人1票に限る。

公職選挙法

1950（昭和25）年4月15日公布

第1条（目的）　この法律は、日本国憲法の精神に則り、衆議院議員、参議院議員並びに地方公共団体の議会の議員及び長を公選する選挙制度を確立し、その選挙が選挙人の自由に表明せる意思によつて公明且つ適正に行われることを確保し、もつて民主政治の健全な発達を期することを目的とする。

第9条（選挙権）　①日本国民で年齢満18年以上の者は、衆議院議員及び参議院議員の選挙権を有する。

②日本国民たる年齢満18年以上の者で引き続き3箇月以上市町村の区域内に住所を有する者は、その属する地方公共団体の議会の議員及び長の選挙権を有する。

第10条（被選挙権）　①日本国民は、左の各号の区分に従い、それぞれ当該議員又は長の被選挙権を有する。

1. 衆議院議員については年齢満25年以上の者
2. 参議院議員については、年齢満30年以上の者
3. 都道府県の議会の議員については、その選挙権を有する者で年齢満25年以上のもの
4. 都道府県知事については年齢満30年以上の者
5. 市町村の議会の議員についてはその選挙権を有する者で年齢満25年以上のもの
6. 市町村長については年齢満25年以上の者

②前項各号の年齢は、選挙の期日により算定する。

裁判員法（裁判員の参加する刑事裁判に関する法律）

2004（平成16）年5月28日公布

第１条（趣旨） この法律は、国民の中から選任された裁判員が裁判官と共に刑事訴訟手続に関与することが司法に対する国民の理解の増進とその信頼の向上に資することにかんがみ、裁判員の参加する刑事裁判に関し、裁判所法（昭和 22 年法律第 59 号）及び刑事訴訟法（昭和 23 年法律第 131 号）の特則その他の必要な事項を定めるものとする。

第２条（対象事件及び合議体の構成） ①地方裁判所は、次に掲げる事件については、次条又は第３条の２の決定があった場合を除き、この法律の定めるところにより裁判員の参加する合議体が構成された後は、裁判所法第 26 条の規定にかかわらず、裁判員の参加する合議体でこれを取り扱う。

1　死刑又は無期の懲役若しくは禁錮に当たる罪に係る事件

2　裁判所法第 26 条第２項第二号に掲げる事件であって、故意の犯罪行為により被害者を死亡させた罪に係るもの（前号に該当するものを除く。）

②前項の合議体の裁判官の員数は３人、裁判員の員数は６人とし、裁判官のうち１人を裁判長とする。ただし、次項の決定があったときは、裁判官の員数は１人、裁判員の員数は四人とし、裁判官を裁判長とする。

第９条（裁判員の義務） ①裁判員は、法令に従い公平誠実にその職務を行わなければならない。

②裁判員は、第 70 条第１項に規定する評議の秘密その他の職務上知り得た秘密を漏らしてはならない。

③裁判員は、裁判の公正さに対する信頼を損なうおそれのある行為をしてはならない。

④裁判員は、その品位を害するような行為をしてはならない。

第 13 条（裁判員の選任資格） 裁判員は、衆議院議員の選挙権を有する者の中から、この節の定めるところにより、選任するものとする。

第 67 条（評決） ①前条第１項の評議における裁判員の関与する判断は、裁判所法第 77 条の規定にかかわらず、構成裁判官及び裁判員の双方の意見を含む合議体の員数の過半数の意見による。

②刑の量定について意見が分かれ、その説が各々、構成裁判官及び裁判員の双方の意見を含む合議体の員数の過半数の意見にならないときは、その合議体の判断は、構成裁判官及び裁判員の双方の意見を含む合議体の員数の過半数の意見になるまで、被告人に最も不利な意見の数を順次利益な意見の数に加え、その中で最も利益な意見による。

第 102 条（裁判員等に対する接触の規制） ①何人も、被告事件に関し、当該被告事件を取り扱う裁判所に選任され、又は選定された裁判員若しくは補充裁判員又は選任予定裁判員に接触してはならない。

②何人も、裁判員又は補充裁判員が職務上知り得た秘密を知る目的で、裁判員又は補充裁判員の職にあった者に接触してはならない。

地方自治法

1947（昭和 22）年４月 17 日公布

第１条（目的） この法律は、地方自治の本旨に基いて、地方公共団体の区分並びに地方公共団体の組織及び運営に関する事項の大綱を定め、併せて国と地方公共団体との間の基本的関係を確立することにより、地方公共団体における民主的にして能率的な行政の確保を図るとともに、地方公共団体の健全な発達を保障することを目的とする。

第 12 条（条例の制定改廃請求権、事務の監査請求権）

①日本国民たる普通地方公共団体の住民は、この法律の定めるところにより、その属する普通地方公共団体の条例の制定又は改廃を請求する権利を有する。

②日本国民たる普通地方公共団体の住民は、この法律の定めるところにより、その属する普通地方公共団体の事務の監査を請求する権利を有する。

第 13 条（議会の解散請求権、解職請求権） ①日本国民たる普通地方公共団体の住民は、この法律の定めるところにより、その属する普通地方公共団体の議会の解散を請求する権利を有する。

②日本国民たる普通地方公共団体の住民は、この法律の定めるところにより、その属する普通地方公共団体の議会の議員、長、副知事若しくは副市町村長、選挙管理委員若しくは監査委員又は公安委員会の委員の解職を請求する権利を有する。

③日本国民たる普通地方公共団体の住民は、法律の定めるところにより、その属する普通地方公共団体の教育委員会の委員の解職を請求する権利を有する。

教育基本法

2006（平成 18）年 12 月 22 日公布

第１条（教育の目的） 教育は、人格の完成を目指し、平和で民主的な国家及び社会の形成者として必要な資質を備えた心身ともに健康な国民の育成を期して行われなければならない。

第２条（教育の目標） 教育は、その目的を実現するため、学問の自由を尊重しつつ、次に掲げる目標を達成するよう行われるものとする。

1. 幅広い知識と教養を身に付け、真理を求める態度を養い、豊かな情操と道徳心を培うとともに、健やかな身体を養うこと。
2. 個人の価値を尊重して、その能力を伸ばし、創造性を培い、自主及び自律の精神を養うとともに、職業及び生活との関連を重視し、勤労を重んずる態度を養うこと。

3. 正義と責任、男女の平等、自他の敬愛と協力を重んずるとともに、公共の精神に基づき、主体的に社会の形成に参画し、その発展に寄与する態度を養うこと。

4. 生命を尊び、自然を大切にし、環境の保全に寄与する態度を養うこと。

5. 伝統と文化を尊重し、それらをはぐくんできた我が国と郷土を愛するとともに、他国を尊重し、国際社会の平和と発展に寄与する態度を養うこと。

第5条（義務教育） ①国民は、その保護する子に、別に法律で定めるところにより、普通教育を受けさせる義務を負う。

②義務教育として行われる普通教育は、各個人の有する能力を伸ばしつつ社会において自立的に生きる基礎を培い、また、国家及び社会の形成者として必要とされる基本的な資質を養うことを目的として行われるものとする。

③国及び地方公共団体は、義務教育の機会を保障し、その水準を確保するため、適切な役割分担及び相互の協力の下、その実施に責任を負う。

④国又は地方公共団体の設置する学校における義務教育については、授業料を徴収しない。

会社法

2005（平成 17）年7月 26 日公布

第1条（趣旨） 会社の設立、組織、運営及び管理については、他の法律に特別の定めがある場合を除くほか、この法律の定めるところによる。

第2条（定義） この法律において、次の各号に掲げる用語の意義は、当該各号に定めるところによる。

1　会社　株式会社、合名会社、合資会社又は合同会社をいう。

第3条（法人格） 会社は、法人とする。

第 104 条（株主の責任） 株主の責任は、その有する株式の引受価額を限度とする。

第 105 条（株主の権利） ①株主は、その有する株式につき次に掲げる権利その他この法律の規定により認められた権利を有する。

1　剰余金の配当を受ける権利

2　残余財産の分配を受ける権利

3　株主総会における議決権

②株主に前項第1号及び第2号に掲げる権利の全部を与えない旨の定款の定めは、その効力を有しない。

第 127 条（株式の譲渡） 株主は、その有する株式を譲渡することができる。

第 296 条（株主総会の招集） ①定時株主総会は、毎事業年度の終了後一定の時期に招集しなければならない。

②株主総会は、必要がある場合には、いつでも、招集することができる。

③株主総会は、次条第四項の規定により招集する場合を除き、取締役が招集する。

第 326 条（株主総会以外の機関の設置） ①株式会社には、1人又は2人以上の取締役を置かなければならない。

②株式会社は、定款の定めによって、取締役会、会計参与、監査役、監査役会、会計監査人、監査等委員会又は指名委員会等を置くことができる。

第 349 条（株式会社の代表） ①取締役は、株式会社を代表する。ただし、他に代表取締役その他株式会社を代表する者を定めた場合は、この限りでない。

②前項本文の取締役が2人以上ある場合には、取締役は、各自、株式会社を代表する。

③株式会社（取締役会設置会社を除く。）は、定款、定款の定めに基づく取締役の互選又は株主総会の決議によって、取締役の中から代表取締役を定めることができる。

④代表取締役は、株式会社の業務に関する一切の裁判上又は裁判外の行為をする権限を有する。

⑤前項の権限に加えた制限は、善意の第三者に対抗することができない。

第 362 条（取締役会の権限等） ①取締役会は、すべての取締役で組織する。

②取締役会は、次に掲げる職務を行う。

1　取締役会設置会社の業務執行の決定

2　取締役の職務の執行の監督

3　代表取締役の選定及び解職

③取締役会は、取締役の中から代表取締役を選定しなければならない。

日本銀行法

1997(平成9)年6月 18 日公布

第1条（目的） ①日本銀行は、我が国の中央銀行として、銀行券を発行するとともに、通貨及び金融の調節を行うことを目的とする。

②日本銀行は、前項に規定するもののほか、銀行その他の金融機関の間で行われる資金決済の円滑の確保を図り、もって信用秩序の維持に資することを目的とする。

第2条（通貨及び金融の調節の理念） 日本銀行は、通貨及び金融の調節を行うに当たっては、物価の安定を図ることを通じて国民経済の健全な発展に資することをもって、その理念とする。

第3条（日本銀行の自主性の尊重及び透明性の確保） ①日本銀行の通貨及び金融の調節における自主性は、尊重されなければならない。

②日本銀行は、通貨及び金融の調節に関する意思決定の内容及び過程を国民に明らかにするよう努めなければならない。

第4条（政府との関係） 日本銀行は、その行う通貨及び金融の調節が経済政策の一環をなすものであることを踏まえ、それが政府の経済政策の基本方針と整合的なものとなるよう、常に政府と連絡を密にし、十分な意思疎通を図らなければならない。

第5条（業務の公共性及びその運営の自主性） ①日本銀行は、その業務及び財産の公共性にかんがみ、適正かつ効率的に業務を運営するよう努めなければならない。

②この法律の運用に当たっては、日本銀行の業務運営における自主性は、十分配慮されなければならない。

第6条（法人格） 日本銀行は、法人とする。

第8条（資本金） ①日本銀行の資本金は、政府及び政府以外の者からの出資による1億円とする。

②前項の日本銀行の資本金のうち政府からの出資の額は、5500万円を下回ってはならない。

第9条（出資証券） ①日本銀行は、前条第1項の出資に対し、出資証券を発行する。

②前項の出資証券その他出資に関し必要な事項は、政令で定める。

第10条（持分の譲渡） 出資者は、政令で定めるところにより、その持分を譲り渡し、又は質権の目的とすることができる。

第13条（名称の使用制限） 日本銀行でない者は、日本銀行という名称を用いてはならない。

独占禁止法

1947（昭和22）年4月14日公布

第1章　総則

第1条（目的） この法律は、私的独占、不当な取引制限及び不公正な取引方法を禁止し、事業支配力の過度の集中を防止して、結合、協定等の方法による生産、販売、価格、技術等の不当な制限その他一切の事業活動の不当な拘束を排除することにより、公正且つ自由な競争を促進し、事業者の創意を発揮させ、事業活動を盛んにし、雇傭及び国民実所得の水準を高め、以て、一般消費者の利益を確保するとともに、国民経済の民主的で健全な発達を促進することを目的とする。

第8章　公正取引委員会

第1節　設置、任務及び所掌事務並びに組織等

第27条（任務、所轄） ①内閣府設置法（平成11年法律第89号）第49条第3項の規定に基づいて、第1条の目的を達成することを任務とする公正取引委員会を置く。

②公正取引委員会は、内閣総理大臣の所轄に属する。

第28条（職権行使の独立性） 公正取引委員会の委員長及び委員は、独立してその職権を行う。

第2節　手続

第45条（事件調査の端緒） ①何人も、この法律の規定に違反する事実があると思料するときは、公正取引委員会に対し、その事実を報告し、適当な措置をとるべきことを求めることができる。

②前項に規定する報告があつたときは、公正取引委員会は、事件について必要な調査をしなければならない。

③第1項の規定による報告が、公正取引委員会規則で定めるところにより、書面で具体的な事実を摘示してされた場合において、当該報告に係る事件について、適当な措置をとり、又は措置をとらないこととしたときは、公正取引委員会は、速やかに、その旨を当該報告をした者に通知しなければならない。

④公正取引委員会は、この法律の規定に違反する事実又は独占的状態に該当する事実があると思料するときは、職権をもつて適当な措置をとることができる。

労働基準法

1947（昭和22）年4月7日公布

第1章　総則

第1条（労働条件の原則） ①労働条件は、労働者が人たるに値する生活を営むための必要を充たすべきものでなければならない。

②この法律で定める労働条件の基準は最低のものであるから、労働関係の当事者は、この基準を理由として労働条件を低下させてはならないことはもとより、その向上を図るように努めなければならない。

第2条（労働条件の決定） ①労働条件は、労働者と使用者が、対等の立場において決定すべきものである。

②労働者及び使用者は、労働協約、就業規則及び労働契約を遵守し、誠実に各々その義務を履行しなければならない。

第3条（均等待遇） 使用者は、労働者の国籍、信条又は社会的身分を理由として、賃金、労働時間その他の労働条件について、差別的取扱をしてはならない。

第4条（男女同一賃金の原則） 使用者は、労働者が女性であることを理由として、賃金について、男性と差別的取扱をしてはならない。

第5条（強制労働の禁止） 使用者は、暴行、脅迫、監禁その他精神又は身体の自由を不当に拘束する手段によつて、労働者の意思に反して労働を強制してはならない。

第2章　労働契約

第15条（労働条件の明示） 使用者は、労働契約の締結に際し、労働者に対して賃金、労働時間その他の労働条件を明示しなければならない。この場合において、賃金及び労働時間に関する事項その他の厚生労働省令で定める事項については、厚生労働省令で定める方法により明示しなければならない。（略）

第４章　労働時間、休憩
休日及び年次有給休暇

第32条（労働時間） 使用者は、労働者に、休憩時間を除き１週間について40時間を超えて、労働させてはならない。

第34条（休憩） 使用者は、労働時間が６時間を超える場合においては少くとも45分、８時間を超える場合においては少くとも１時間の休憩時間を労働時間の途中に与えなければならない。

第35条（休日） 使用者は、労働者に対して、毎週少くとも１回の休日を与えなければならない。

第39条（年次有給休暇） 使用者は、その雇入れの日から起算して６箇月間継続勤務し全労働日の８割以上出勤した労働者に対して、継続し、又は分割した10労働日の有給休暇を与えなければならない。

第６章　年少者

第56条（最低年齢） 使用者は、児童が満15歳に達した日以後の最初の３月31日が終了するまで、これを使用してはならない。

第58条（未成年者の労働契約） 親権者又は後見人は、未成年者に代つて労働契約を締結してはならない。

第61条（深夜業） 使用者は、満18歳に満たない者を午後10時から午前5時までの間において使用してはならない。ただし、交替制によつて使用する満16歳以上の男性については、この限りでない。

第６章の２　妊産婦等

第65条（産前産後） ①使用者は、６週間（多胎妊娠の場合にあつては、14週間）以内に出産する予定の女性が休業を請求した場合においては、その者を就業させてはならない。

②使用者は、産後８週間を経過しない女性を就業させてはならない。

第８章　災害補償

第75条（療養補償） 労働者が業務上負傷し、又は疾病にかかつた場合においては、使用者は、その費用で必要な療養を行い、又は必要な療養の費用を負担しなければならない。

労働組合法

1949（昭和24）年6月1日公布

第１章　総則

第１条（目的） この法律は、労働者が使用者との交渉において対等の立場に立つことを促進することにより労働者の地位を向上させること、労働者がその労働条件について交渉するために自ら代表者を選出することその他の団体行動を行うために自主的に労働組合を組織し、団結することを擁護すること並びに使用者と労働者との関係を規制する労働協約を締結するための団体交渉をすること及びその手続を助成することを目的とする。

第２条（労働組合） この法律で「労働組合」とは、労働者が主体となつて自主的に労働条件の維持改善その他経済的地位の向上を図ることを主たる目的として組織する団体又はその連合団体をいう。（略）

第３条（労働者） この法律で「労働者」とは、職業の種類を問わず、賃金、給料その他これに準ずる収入によつて生活する者をいう。

第２章　労働組合

第６条（交渉権限） 労働組合の代表者又は労働組合の委任を受けた者は、労働組合又は組合員のために使用者又はその団体と労働協約の締結その他の事項に関して交渉する権限を有する。

第７条（不当労働行為） 使用者は、左の各号に掲げる行為をしてはならない。

1. 労働者が労働組合の組合員であること、労働組合に加入し、若しくはこれを結成しようとしたこと若しくは労働組合の正当な行為をしたことの故をもつて、その労働者を解雇し、その他これに対して不利益な取扱いをすること又は労働者が労働組合に加入せず、若しくは労働組合から脱退することを雇用条件とすること。ただし、労働組合が特定の工場事業場に雇用される労働者の過半数を代表する場合において、その労働者がその労働組合の組合員であることを雇用条件とする労働協約を締結することを妨げるものではない。
2. 使用者が雇用する労働者の代表者と団体交渉をすることを正当な理由がなくて拒むこと。
3. 労働者が労働組合を結成し、若しくは運営することを支配し、若しくはこれに介入すること、又は労働組合の運営のための経費の支払につき経理上の援助を与えること。ただし、労働者が労働時間中に時間又は賃金を失うことなく使用者と協議し、又は交渉することを使用者が許すことを妨げるものではなく、かつ、厚生資金又は経済上の不幸若しくは災厄を防止し、若しくは救済するための支出に実際に用いられる福利その他の基金に対する使用者の寄附及び最小限の広さの事務所の供与を除くものとする。

第8条（損害賠償） 使用者は、同盟罷業その他の争議行為であつて正当なものによつて損害を受けたことの故をもつて、労働組合又はその組合員に対し賠償を請求することができない。

第3章 労働協約

第14条（労働協約の効力の発生） ①労働組合と使用者又はその団体との間の労働条件その他に関する労働協約は、書面に作成し、両当事者が署名し、又は記名押印することによつてその効力を生ずる。

第4章 労働委員会

第19条（労働委員会） 労働委員会は、使用者を代表する者（以下「使用者委員」という。）、労働者を代表する者（以下「労働者委員」という。）及び公益を代表する者（以下「公益委員」という。）各同数をもつて組織する。

②労働委員会は、中央労働委員会及び都道府県労働委員会とする。

第21条（会議） ③労働委員会は、使用者委員、労働者委員及び公益委員各一人以上が出席しなければ、会議を開き、議決することができない。

消費者基本法

1968（昭和43）年5月30日公布

第2条（基本理念） ①消費者の利益の擁護及び増進に関する総合的な施策（以下「消費者政策」という。）の推進は、国民の消費生活における基本的な需要が満たされ、その健全な生活環境が確保される中で、消費者の安全が確保され、商品及び役務について消費者の自主的かつ合理的な選択の機会が確保され、消費者に対し必要な情報及び教育の機会が提供され、消費者の意見が消費者政策に反映され、並びに消費者に被害が生じた場合には適切かつ迅速に救済されることが消費者の権利であることを尊重するとともに、消費者が自らの利益の擁護及び増進のため自主的かつ合理的に行動することができるよう消費者の自立を支援することを基本として行われなければならない。

②消費者の自立の支援に当たつては、消費者の安全の確保等に関して事業者による適正な事業活動の確保が図られるとともに、消費者の年齢その他の特性に配慮されなければならない。

③消費者政策の推進は、高度情報通信社会の進展に的確に対応することに配慮して行われなければならない。

④消費者政策の推進は、消費生活における国際化の進展にかんがみ、国際的な連携を確保しつつ行われなければならない。

⑤消費者政策の推進は、環境の保全に配慮して行われなければならない。

第5条（事業者の責務等） 事業者は、第2条の消費者の権利の尊重及びその自立の支援その他の基本理念にかんがみ、その供給する商品及び役務について、次に掲げる責務を有する。

1. 消費者の安全及び消費者との取引における公正を確保すること。
2. 消費者に対し必要な情報を明確かつ平易に提供すること。
3. 消費者との取引に際して、消費者の知識、経験及び財産の状況等に配慮すること。
4. 消費者との間に生じた苦情を適切かつ迅速に処理するために必要な体制の整備等に努め、当該苦情を適切に処理すること。
5. 国又は地方公共団体が実施する消費者政策に協力すること。

第7条 ①消費者は、自ら進んで、その消費生活に関して、必要な知識を修得し、及び必要な情報を収集する等自主的かつ合理的に行動するよう努めなければならない。

②消費者は、消費生活に関し、環境の保全及び知的財産権等の適正な保護に配慮するよう努めなければならない。

育児・介護休業法

（育児休業、介護休業等育児又は家族介護を行う労働者の福祉に関する法律）

1991(平成3)年5月15日公布

第1条（目的） この法律は、育児休業及び介護休業に関する制度並びに子の看護休暇及び介護休暇に関する制度を設けるとともに、子の養育及び家族の介護を容易にするため所定労働時間等に関し事業主が講ずべき措置を定めるほか、子の養育又は家族の介護を行う労働者等に対する支援措置を講ずること等により、子の養育又は家族の介護を行う労働者等の雇用の継続及び再就職の促進を図り、もってこれらの者の職業生活と家庭生活との両立に寄与することを通じて、これらの者の福祉の増進を図り、あわせて経済及び社会の発展に資することを目的とする。

第3条（基本的理念） ①この法律の規定による子の養育又は家族の介護を行う労働者等の福祉の増進は、これらの者がそれぞれ職業生活の全期間を通じてその能力を有効に発揮して充実した職業生活を営むとともに、育児又は介護について家族の一員としての役割を円滑に果たすことができるようにすることをその本旨とする。

②子の養育又は家族の介護を行うための休業をする労働者は、その休業後における就業を円滑に行うことができるよう必要な努力をするようにしなければならない。

第4条（関係者の責務） 事業主並びに国及び地方公共団体は、前条に規定する基本的理念に従って、子の養育又は家族の介護を行う労働者等の福祉を増進するように努めなければならない。

第10条（不利益取扱いの禁止） 事業主は、労働者が育児休業申出をし、又は育児休業をしたことを理由として、当該労働者に対して解雇その他不利益な取扱いをしてはならない。

第12条（介護休業申出があった場合における事業主の義務等） 事業主は、労働者からの介護休業申出があったときは、当該介護休業申出を拒むことができない。

製造物責任法（PL法）

1994（平成6）年7月1日公布

第1条（目的） この法律は、製造物の欠陥により人の生命、身体又は財産に係る被害が生じた場合における製造業者等の損害賠償の責任について定めることにより、被害者の保護を図り、もって国民生活の安定向上と国民経済の健全な発展に寄与することを目的とする。

第2条（定義） ①この法律において「製造物」とは、製造又は加工された動産をいう。

②この法律において「欠陥」とは、当該製造物の特性、その通常予見される使用形態、その製造業者等が当該製造物を引き渡した時期その他の当該製造物に係る事情を考慮して、当該製造物が通常有すべき安全性を欠いていることをいう。

③この法律において「製造業者等」とは、次のいずれかに該当する者をいう。

1. 当該製造物を業として製造、加工又は輸入した者（以下単に「製造業者」という。）
2. 自ら当該製造物の製造業者として当該製造物にその氏名、商号、商標その他の表示（以下「氏名等の表示」という。）をした者又は当該製造物にその製造業者と誤認させるような氏名等の表示をした者
3. 前号に掲げる者のほか、当該製造物の製造、加工、輸入又は販売に係る形態その他の事情からみて、当該製造物にその実質的な製造業者と認めることが出来る氏名等の表示をした者

第3条（製造物責任） 製造業者等は、その製造、加工、輸入又は前条第3項第2号若しくは第3号の氏名等の表示をした製造物であって、その引き渡したものの欠陥により他人の生命、身体又は財産を侵害したときは、これによって生じた損害を賠償する責めに任ずる。ただし、その損害が当該製造物についてのみ生じたときは、この限りでない。

消費者契約法

2000（平成12）年5月12日公布

第1条（目的） この法律は、消費者と事業者との間の情報の質及び量並びに交渉力の格差にかんがみ、事業者の一定の行為により消費者が誤認し、又は困惑した場合について契約の申込み又はその承諾の意思表示を取り消すことができることとするとともに、事業者の損害賠償の責任を免除する条項その他の消費者の利益を不当に害することとなる条項の全部又は一部を無効とするほか、消費者の被害の発生または拡大を防止するため適格消費者団体が事業者等に対し差止請求をすることができることとすることにより、消費者の利益の擁護を図り、もって国民生活の安定向上と国民経済の健全な発展に寄与することを目的とする。

第4条（消費者契約の申込み又はその承諾の意思表示の取消し） 消費者は、事業者が消費者契約の締結について勧誘をするに際し、当該消費者に対して次の各号に掲げる行為をしたことにより当該各号に定める誤認をし、それによって当該消費者契約の申込み又はその承諾の意思表示をしたときは、これを取り消すことができる。

1. 重要事項について事実と異なることを告げること。当該告げられた内容が事実であるとの誤認
2. 物品、権利、役務その他の当該消費者契約の目的となるものに関し、将来におけるその価額、将来において当該消費者が受け取るべき金額その他の将来における変動が不確実な事項につき断定的判断を提供すること。当該提供された断定的判断の内容が確実であるとの誤認

障害者基本法

1993（平成5）年12月3日公布

第1条（目的） この法律は、全ての国民が、障害の有無にかかわらず、等しく基本的人権を享有するかけがえのない個人として尊重されるものであるとの理念にのつとり、全ての国民が、障害の有無によつて分け隔てられることなく、相互に人格と個性を尊重し合いながら共生する社会を実現するため、障害者の自立及び社会参加の支援等のための施策に関し、基本原則を定め、及び国、地方公共団体等の責務を明らかにするとともに、障害者の自立及び社会参加の支援等のための施策の基本となる事項を定めること等により、障害者の自立及び社会参加の支援等のための施策を総合的かつ計画的に推進することを目的とする。

第4条（差別の禁止） 何人も、障害者に対して、障害を理由として、差別することその他の権利利益を侵害する行為をしてはならない。

2　社会的障壁の除去は、それを必要としている障害者が現に存し、かつ、その実施に伴う負担が過重でないときは、それを怠ることによつて前項の規定に違反することとならないよう、その実施について必要かつ合理的な配慮がされ

なければならない。

3　国は、第一項の規定に違反する行為の防止に関する啓発及び知識の普及を図るため、当該行為の防止を図るために必要となる情報の収集、整理及び提供を行うものとする。

老人福祉法

1963（昭和38）年7月11日公布

第1条（目的）　この法律は、老人の福祉に関する原理を明らかにするとともに、老人に対し、その心身の健康の保持及び生活の安定のために必要な措置を講じ、もつて老人の福祉を図ることを目的とする。

第2条（基本的理念）　老人は、多年にわたり社会の進展に寄与してきた者として、かつ、豊富な知識と経験を有する者として敬愛されるとともに、生きがいを持てる健全で安らかな生活を保障されるものとする。

第3条　①老人は、老齢に伴つて生ずる心身の変化を自覚して、常に心身の健康を保持し、又は、その知識と経験を活用して、社会的活動に参加するように努めるものとする。

②老人は、その希望と能力とに応じ、適当な仕事に従事する機会その他社会的活動に参加する機会を与えられるものとする。

第4条（老人福祉増進の責務）　①国及び地方公共団体は、老人の福祉を増進する責務を有する。

②国及び地方公共団体は、老人の福祉に関係のある施策を講ずるに当たつては、その施策を通じて、前二条に規定する基本的理念が具現されるように配慮しなければならない。

③老人の生活に直接影響を及ぼす事業を営む者は、その事業の運営に当たつては、老人の福祉が増進されるように努めなければならない。

介護保険法

1997（平成9）年12月17日公布

第1条（目的）　この法律は、加齢に伴って生ずる心身の変化に起因する疾病等により要介護状態となり、入浴、排せつ、食事等の介護、機能訓練並びに看護及び療養上の管理その他の医療を要する者等について、これらの者が尊厳を保持し、その有する能力に応じ自立した日常生活を営むことができるよう、必要な保健医療サービス及び福祉サービスに係る給付を行うため、国民の共同連帯の理念に基づき介護保険制度を設け、その行う保険給付等に関して必要な事項を定め、もって国民の保健医療の向上及び福祉の増進を図ることを目的とする。

第2条（介護保険）　①介護保険は、被保険者の要介護状態又は要支援状態に関し、必要な保険給付を行うものとする。

②前項の保険給付は、要介護状態又は要支援状態の軽減又は悪化の防止に資するよう行われるとともに、医療との連携に十分配慮して行われなければならない。

③第1項の保険給付は、被保険者の心身の状況、その置かれている環境等に応じて、被保険者の選択に基づき、適切な保健医療サービス及び福祉サービスが、多様な事業者又は施設から、総合的かつ効率的に提供されるよう配慮して行われなければならない。

④第1項の保険給付の内容及び水準は、被保険者が要介護状態となった場合においても、可能な限り、その居宅において、その有する能力に応じ自立した日常生活を営むことができるように配慮されなければならない。

環境基本法

1993（平成5）年11月19日公布

第1条（目的）　この法律は、環境の保全について、基本理念を定め、並びに国、地方公共団体、事業者及び国民の責務を明らかにするとともに、環境の保全に関する施策の基本となる事項を定めることにより、環境の保全に関する施策を総合的かつ計画的に推進し、もって現在及び将来の国民の健康で文化的な生活の確保に寄与するとともに人類の福祉に貢献することを目的とする。

第2条（定義）　①この法律において「環境への負荷」とは、人の活動により環境に加えられる影響であって、環境の保全上の支障の原因となるおそれのあるものをいう。

②この法律において「地球環境保全」とは、人の活動による地球全体の温暖化又はオゾン層の破壊の進行、海洋の汚染、野生生物の種の減少その他の地球の全体又はその広範な部分の環境に影響を及ぼす事態に係る環境の保全であって、人類の福祉に貢献するとともに国民の健康で文化的な生活の確保に寄与するものをいう。

③この法律において「公害」とは、環境の保全上の支障のうち、事業活動その他の人の活動に伴って生ずる相当範囲にわたる大気の汚染、水質の汚濁、土壌の汚染、騒音、振動、地盤の沈下及び悪臭によって、人の健康又は生活環境に係る被害が生ずることをいう。

第3条（環境の恵沢の享受と継承等）　環境の保全は、環境を健全で恵み豊かなものとして維持することが人間の健康で文化的な生活に欠くことのできないものであること及び生態系が微妙な均衡を保つことによって成り立っており人類の存続の基盤である限りある環境が、人間の活動による環境への負荷によって損なわれるおそれが生じてきていることにかんがみ、現在及び将来の世代の人間が健全で恵み豊かな環境の恵沢を享受するとともに人類の存続の基盤である環境が将来にわたって維持されるように適切に行われなければならない。

第4条（環境への負荷の少ない持続的発展が可能な社会の構築等） 環境の保全は、社会経済活動その他の活動による環境への負荷をできる限り低減することその他の環境の保全に関する行動がすべての者の公平な役割分担の下に自主的かつ積極的に行われるようになることによって、健全で恵み豊かな環境を維持しつつ、環境への負荷の少ない健全な経済の発展を図りながら持続的に発展することができる社会が構築されることを旨とし、及び科学的知見の充実の下に環境の保全上の支障が未然に防がれることを旨として、行われなければならない。

循環型社会形成推進基本法

2000（平成12）年6月2日公布

第1条（目的） この法律は、環境基本法の基本理念にのっとり、循環型社会の形成について、基本原則を定め、並びに国、地方公共団体、事業者及び国民の責務を明らかにするとともに、循環型社会形成推進基本計画の策定その他循環型社会の形成に関する施策の基本となる事項を定めることにより、循環型社会の形成に関する施策を総合的かつ計画的に推進し、もって現在及び将来の国民の健康で文化的な生活の確保に寄与することを目的とする。

第3条（循環型社会の形成） 循環型社会の形成は、これに関する行動がその技術的及び経済的な可能性を踏まえつつ自主的かつ積極的に行われるようになることによって、環境への負荷の少ない健全な経済の発展を図りながら持続的に発展することができる社会の実現が推進されることを旨として、行われなければならない。

第5条（原材料、製品等が廃棄物等となることの抑制） 原材料、製品等については、これが循環資源となった場合におけるその循環的な利用又は処分に伴う環境への負荷ができる限り低減される必要があることにかんがみ、原材料にあっては効率的に利用されること、製品にあってはなるべく長期間使用されること等により、廃棄物等となることができるだけ抑制されなければならない。

第6条（循環資源の循環的な利用及び処分） ①循環資源については、その処分の量を減らすことにより環境への負荷を低減する必要があることにかんがみ、できる限り循環的な利用が行われなければならない。

②循環資源の循環的な利用及び処分に当たっては、環境の保全上の支障が生じないように適正に行われなければならない。

PKO協力法（国際連合平和維持活動等に対する協力に関する法律）

1992(平成4)年6月19日公布

第1条（目的） この法律は、国際連合平和維持活動、国際連携平和安全活動、人道的な国際救援活動及び国際的な選挙監視活動に対し適切かつ迅速な協力を行うため、国際平和協力業務実施計画及び国際平和協力業務実施要領の策定手続、国際平和協力隊の設置等について定めることにより、国際平和協力業務の実施体制を整備するとともに、これらの活動に対する物資協力のための措置等を講じ、もって我が国が国際連合を中心とした国際平和のための努力に積極的に寄与することを目的とする。

第2条（国際連合平和維持活動等に対する協力の基本原則）

①政府は、この法律に基づく国際平和協力業務の実施、物資協力、これらについての国以外の者の協力等（以下「国際平和協力業務の実施等」という。）を適切に組み合わせるとともに、国際平和協力業務の実施等に携わる者の創意と知見を活用することにより、国際連合平和維持活動、国際連携平和安全活動、人道的な国際救援活動及び国際的な選挙監視活動に効果的に協力するものとする。

②国際平和協力業務の実施等は、武力による威嚇又は武力の行使に当たるものであってはならない。

第3条（定義） この法律において、次の各号に掲げる用語の意義は、それぞれ当該各号に定めるところによる。

1　国際連合平和維持活動
国際連合の総会又は安全保障理事会が行う決議に基づき、武力紛争の当事者（以下「紛争当事者」という。）間の武力紛争の再発の防止に関する合意の遵守の確保、紛争による混乱に伴う切迫した暴力の脅威からの住民の保護、武力紛争の終了後に行われる民主的な手段による統治組織の設立及び再建の援助その他紛争に対処して国際の平和及び安全を維持することを目的として、国際連合の統括の下に行われる活動であって、国際連合事務総長（以下「事務総長」という。）の要請に基づき参加する二以上の国及び国際連合によって実施されるもののうち、次に掲げるものをいう。

イ　武力紛争の停止及びこれを維持するとの紛争当事者間の合意があり、かつ、当該活動が行われる地域の属する国（当該国において国際連合の総会又は安全保障理事会が行う決議に従って施政を行う機関がある場合にあっては、当該機関。以下同じ。）及び紛争当事者の当該活動が行われることについての同意がある場合に、いずれの紛争当事者にも偏ることなく実施される活動

ロ　武力紛争が終了して紛争当事者が当該活動が行われる地域に存在しなくなった場合において、当該活動が行われる

地域の属する国の当該活動が行われることについての同意がある場合に実施される活動

ハ　武力紛争がいまだ発生していない場合において、当該活動が行われる地域の属する国の当該活動が行われることについての同意がある場合に、武力紛争の発生を未然に防止することを主要な目的として、特定の立場に偏ることなく実施される活動

2　国際連携平和安全活動

国際連合の総会、安全保障理事会若しくは経済社会理事会が行う決議、別表第1に掲げる国際機関が行う要請又は当該活動が行われる地域の属する国の要請（国際連合憲章第7条に規定する国際連合の主要機関のいずれかの支持を受けたものに限る。）に基づき、紛争当事者間の武力紛争の再発の防止に関する合意の遵守の確保、紛争による混乱に伴う切迫した暴力の脅威からの住民の保護、武力紛争の終了後に行われる民主的な手段による統治組織の設立及び再建の援助その他紛争に対処して国際の平和及び安全を維持することを目的として行われる活動であって、二以上の国の連携により実施されるもののうち、次に掲げるもの（国際連合平和維持活動として実施される活動を除く。）をいう。

イ　武力紛争の停止及びこれを維持するとの紛争当事者間の合意があり、かつ、当該活動が行われる地域の属する国及び紛争当事者の当該活動が行われることについての同意がある場合に、いずれの紛争当事者にも偏ることなく実施される活動

ロ　武力紛争が終了して紛争当事者が当該活動が行われる地域に存在しなくなった場合において、当該活動が行われる地域の属する国の当該活動が行われることについての同意がある場合に実施される活動

ハ　武力紛争がいまだ発生していない場合において、当該活動が行われる地域の属する国の当該活動が行われることについての同意がある場合に、武力紛争の発生を未然に防止することを主要な目的として、特定の立場に偏ることなく実施される活動

3　人道的な国際救援活動

国際連合の総会、安全保障理事会若しくは経済社会理事会が行う決議又は別表第2に掲げる国際機関が行う要請に基づき、国際の平和及び安全の維持を危うくするおそれのある紛争（以下単に「紛争」という。）によって被害を受け若しくは受けるおそれがある住民その他の者（以下「被災民」という。）の救援のために又は紛争によって生じた被害の復旧のために人道的精神に基づいて行われる活動であって、当該活動が行われる地域の属する国の当該活動が行われることについての同意があり、かつ、当該活動が行われる地域の属する国が紛争当事者である場合においては武力紛争の停止及びこれを維持するとの紛争当事者間の合意がある場合に、国際連合その他の国際機関又は国際連合加盟国その他の国（次号及び第6号において「国際連合等」という。）によって実施されるもの（国際連合平和維持活動として実施される活動及び国際連携平和安全活動として実施される活動を除く。）をいう。

4　国際的な選挙監視活動

国際連合の総会若しくは安全保障理事会が行う決議又は別表第3に掲げる国際機関が行う要請に基づき、紛争によって混乱を生じた地域において民主的な手段により統治組織を設立しその他その混乱を解消する過程で行われる選挙又は投票の公正な執行を確保するために行われる活動であって、当該活動が行われる地域の属する国の当該活動が行われることについての同意があり、かつ、当該活動が行われる地域の属する国が紛争当事者である場合においては武力紛争の停止及びこれを維持するとの紛争当事者間の合意がある場合に、国際連合等によって実施されるもの（国際連合平和維持活動として実施される活動及び国際連携平和安全活動として実施される活動を除く。）をいう。

5　国際平和協力業務

国際連合平和維持活動のために実施される業務で次に掲げるもの、国際連携平和安全活動のために実施される業務で次に掲げるもの、人道的な国際救援活動のために実施される業務で次のワからツまで、ナ及びラに掲げるもの並びに国際的な選挙監視活動のために実施される業務で次のチ及びナに掲げるもの（これらの業務にそれぞれ附帯する業務を含む。以下同じ。）であって、海外で行われるものをいう。

（中略）

ト　防護を必要とする住民、被災民その他の者の生命、身体及び財産に対する危害の防止及び抑止その他特定の区域の保安のための監視、駐留、巡回、検問及び警護

ラ　ヲからネまでに掲げる業務又はこれらの業務に類するものとしてナの政令で定める業務を行う場合であって、国際連合平和維持活動、国際連携平和安全活動若しくは人道的な国際救援活動に従事する者又はこれらの活動を支援する者（以下このラ及び第26条第2項において「活動関係者」という。）の生命又は身体に対する不測の侵害又は危難が生じ、又は生ずるおそれがある場合に、緊急の要請に対応して行う当該活動関係者の生命及び身体の保護

第25条（武器の使用）　③第9条第5項の規定により派遣先国において国際平和協力業務に従事する自衛官は、自己又は自己と共に現場に所在する他の自衛隊員、隊員若しくはその職務を行うに伴い自己の管理の下に入った者の生命又は身体を防護するためやむを得ない必要があると認める相当の理由がある場合には、その事態に応じ合理的に必要と判断される限度で、第6条第2項第2号ホ（2）及び第4項の規定により実施計画に定める装備である武器を使用することができる。

⑦ 第９条第５項の規定により派遣先国において国際平和協力業務に従事する自衛官は、その宿営する宿営地（宿営のために使用する区域であって、囲障が設置されることにより他と区別されるものをいう。以下この項において同じ。）であって当該国際平和協力業務に係る国際連合平和維持活動、国際連携平和安全活動又は人道的な国際救援活動に従事する外国の軍隊の部隊の要員が共に宿営するものに対する攻撃があったときは、当該宿営地に所在する者の生命又は身体を防護するための措置をとる当該要員と共同して、第３項の規定による武器の使用をすることができる。

第26条　①前条第３項（同条第７項の規定により読み替えて適用する場合を含む。）に規定するもののほか、第９条第５項の規定により派遣先国において国際平和協力業務であって第３条第５号トに掲げるもの又はこれに類するものとして同号ナの政令で定めるものに従事する自衛官は、その業務を行うに際し、自己若しくは他人の生命、身体若しくは財産を防護し、又はその業務を妨害する行為を排除するためやむを得ない必要があると認める相当の理由がある場合には、その事態に応じ合理的に必要と判断される限度で、第６条第２項第２号ホ（２）及び第４項の規定により実施計画に定める装備である武器を使用することができる。

②前条第３項（同条第７項の規定により読み替えて適用する場合を含む。）に規定するもののほか、第９条第５項の規定により派遣先国において国際平和協力業務であって第３条第５号ラに掲げるものに従事する自衛官は、その業務を行うに際し、自己又はその保護しようとする活動関係者の生命又は身体を防護するためやむを得ない必要があると認める相当の理由がある場合には、その事態に応じ合理的に必要と判断される限度で、第６条第２項第２号ホ (2) 及び第４項の規定により実施計画に定める装備である武器を使用することができる。

③前２項の規定による武器の使用に際しては、刑法第36条又は第37条の規定に該当する場合を除いては、人に危害を与えてはならない。

武力攻撃事態対処法

2003（平成15）年６月13日公布

第１条（目的）　この法律は、武力攻撃事態等（武力攻撃事態及び武力攻撃予測事態をいう。以下同じ。）及び存立危機事態への対処について、基本理念、国、地方公共団体等の責務、国民の協力その他の基本となる事項を定めることにより、武力攻撃事態等及び存立危機事態への対処のための態勢を整備し、もって我が国の平和と独立並びに国及び国民の安全の確保に資することを目的とする。

第３条（武力攻撃事態等及び存立危機事態への対処に関する基本理念）　①武力攻撃事態等及び存立危機事態への対処においては、国、地方公共団体及び指定公共機関が、国民の協力を得つつ、相互に連携協力し、万全の措置が講じられなければならない。

②武力攻撃予測事態においては、武力攻撃の発生が回避されるようにしなければならない。

③武力攻撃事態においては、武力攻撃の発生に備えるとともに、武力攻撃が発生した場合には、これを排除しつつ、その速やかな終結を図らなければならない。ただし、武力攻撃が発生した場合においてこれを排除するに当たっては、武力の行使は、事態に応じ合理的に必要と判断される限度においてなされなければならない。

④存立危機事態においては、存立危機武力攻撃を排除しつつ、その速やかな終結を図らなければならない。ただし、存立危機武力攻撃を排除するに当たっては、武力の行使は、事態に応じ合理的に必要と判断される限度においてなされなければならない。

⑤武力攻撃事態等及び存立危機事態への対処においては、日本国憲法の保障する国民の自由と権利が尊重されなければならず、これに制限が加えられる場合にあっても、その制限は当該武力攻撃事態等及び存立危機事態に対処するため必要最小限のものに限られ、かつ、公正かつ適正な手続の下に行われなければならない。この場合において、日本国憲法第14条、第18条、第19条、第21条その他の基本的人権に関する規定は、最大限に尊重されなければならない。

⑥武力攻撃事態等及び存立危機事態においては、当該武力攻撃事態等及び存立危機事態並びにこれらへの対処に関する状況について、適時に、かつ、適切な方法で国民に明らかにされるようにしなければならない。

⑦武力攻撃事態等及び存立危機事態への対処においては、日米安保条約に基づいてアメリカ合衆国と緊密に協力するほか、関係する外国との協力を緊密にしつつ、国際連合を始めとする国際社会の理解及び協調的行動が得られるようにしなければならない。

海賊対処法

2009（平成21）年６月24日公布

第１条（目的）　この法律は、海に囲まれ、かつ、主要な資源の大部分を輸入に依存するなど外国貿易の重要度が高い我が国の経済社会及び国民生活にとって、海上輸送の用に供する船舶その他の海上を航行する船舶の航行の安全の確保が極めて重要であること、並びに海洋法に関する国際連合条約においてすべての国が最大限に可能な範囲で公海等における海賊行為の抑止に協力するとされていることにかんがみ、海賊行為の処罰について規定するとともに、我が国が海賊行為に適切かつ効果的に対処するために必要な事項を定め、もって海上における公共の安全と秩序の維持を図ることを目的とする。

第５条（海上保安庁による海賊行為への対処） 海賊行為への対処は、この法律、海上保安庁法その他の法令の定めるところにより、海上保安庁がこれに必要な措置を実施するものとする。

第７条（海賊対処行動） 防衛大臣は、海賊行為に対処するため特別の必要がある場合には、内閣総理大臣の承認を得て、自衛隊の部隊に海上において海賊行為に対処するため必要な行動をとることを命ずることができる。

国際連合憲章

1945年6月26日（サンフランシスコで署名）

われら連合国の人民は、われらの一生のうちに二度まで言語に絶する悲哀を人類に与えた戦争の惨害から将来の世代を救い、基本的人権と人間の尊厳及び価値と男女及び大小各国の同権とに関する信念をあらためて確認し、正義と条約その他の国際法の源泉から生ずる義務の尊重とを維持することができる条件を確立し、一層大きな自由の中で社会的進歩と生活水準の向上とを促進すること、並びに、このために、寛容を実行し、且つ、善良な隣人として互に平和に生活し、国際の平和及び安全を維持するためにわれらの力を合わせ、共同の利益の場合を除く外は武力を用いないことを原則の受諾と方法の設定によって確保し、すべての人民の経済的及び社会的発達を促進するために国際機構を用いることを決意して、これらの目的を達成するために、われらの努力を結集することに決定した。

よって、われらの各自の政府は、サン・フランシスコ市に会合し、全権委任状を示してそれが良好妥当であると認められた代表者を通じて、この国際連合憲章に同意したので、ここに国際連合という国際機関を設ける。

第１条（目的） 国際連合の目的は、次の通りである。

1. 国際の平和及び安全を維持すること。そのために、平和に対する脅威の防止及び除去と侵略行為その他の平和の破壊の鎮圧とのため有効な集団的措置をとること並びに平和を破壊するに至る虞のある国際的の紛争又は事態の調整又は解決を平和的手段によって且つ正義及び国際法の原則に従って実現すること。
2. 人民の同権及び自決の原則の尊重に基礎をおく諸国間の友好関係を発展させること並びに世界平和を強化するために他の適当な措置をとること。
3. 経済的、社会的、文化的又は人道的性質を有する国際問題を解決することについて、並びに人種、性、言語又は宗教による差別なくすべての者のために人権及び基本的自由を尊重するように助長奨励することについて、国際協力を達成すること。
4. これらの共通の目的の達成に当って諸国の行動を調和するための中心となること。

第55条（協力の目標） 人民の同権及び自決の原則の尊重に基礎をおく諸国間の平和的且つ友好的関係に必要な安定及び福祉の条件を創造するために、国際連合は、次のことを促進しなければならない。

a　一層高い生活水準、完全雇用並びに経済的及び社会的の進歩及び発展の条件

b　経済的、社会的及び保健的国際問題と関係国際問題の解決並びに文化的及び教育的国際協力

c　人種、性、言語又は宗教による差別のないすべての者のための人権及び基本的自由の普遍的な尊重及び遵守

第56条（加盟国の誓約） すべての加盟国は、第55条に掲げる目的を実現するために、この機構と協力して、共同及び個別の行動をとることを誓約する。

第107条（敵国に関する行動） この憲章のいかなる規定も、第二次世界戦争中にこの憲章の署名国の敵であった国に関する行動でその行動について責任を有する政府がこの戦争の結果としてとり又は許可したものを無効にし、又は排除するものではない。

世界人権宣言

1948年12月10日国際連合総会で採択

（前文） 人類社会のすべての構成員の固有の尊厳と平等で譲ることのできない権利とを承認することは、世界における自由、正義及び平和の基礎であるので、人権の無視及び軽侮が、人類の良心を踏みにじった野蛮行為をもたらし、言論及び信仰の自由が受けられ、恐怖及び欠乏のない世界の到来が、一般の人々の最高の願望として宣言されたので、人間が専制と圧迫とに対する最後の手段として反逆に訴えることがないようにするためには、法の支配によって人権を保護することが肝要であるので、諸国間の友好関係の発展を促進することが、肝要であるので、国際連合の諸国民は、国際連合憲章において、基本的人権、人間の尊厳及び価値並びに男女の同権についての信念を再確認し、かつ、一層大きな自由のうちで社会的進歩と生活水準の向上とを促進することを決意したので、加盟国は、国際連合と協力

して、人権及び基本的自由の普遍的な尊重及び遵守の促進を達成することを誓約したので、これらの権利及び自由に対する共通の理解は、この誓約を完全にするためにもっとも重要であるので、よって、ここに、国際連合総会は、社会の各個人及び各機関が、この世界人権宣言を常に念頭に置きながら、加盟国自身の人民の間にも、また、加盟国の管轄下にある地域の人民の間にも、これらの権利と自由との尊重を指導及び教育によって促進すること並びにそれらの普遍的かつ効果的な承認と遵守とを国内的及び国際的な漸進的措置によって確保することに努力するように、すべての人民とすべての国とが達成すべき共通の基準として、この世界人権宣言を公布する。

第1条 すべての人間は、生れながらにして自由であり、かつ、尊厳と権利とについて平等である。人間は、理性と良心とを授けられており、互いに同胞の精神をもって行動しなければならない。

第2条 ①すべて人は、人種、皮膚の色、性、言語、宗教、政治上その他の意見、国民的若しくは社会的出身、財産、門地その他の地位又はこれに類するいかなる事由による差別をも受けることなく、この宣言に掲げるすべての権利と自由とを享有することができる。

第3条 すべて人は、生命、自由及び身体の安全に対する権利を有する。

第4条 何人も、奴隷にされ、又は苦役に服することはない。奴隷制度及び奴隷売買は、いかなる形においても禁止する。

第26条 ①すべて人は、教育を受ける権利を有する。教育は、少なくとも初等の及び基礎的の段階においては、無償でなければならない。初等教育は、義務的でなければならない。技術教育及び職業教育は、一般に利用できるものでなければならず、また、高等教育は、能力に応じ、すべての者にひとしく開放されていなければならない。

②教育は、人格の完全な発展並びに人権及び基本的自由の尊重の強化を目的としなければならない。教育は、すべての国又は人種的若しくは宗教的集団の相互間の理解、寛容及び友好関係を増進し、かつ、平和の維持のため、国際連合の活動を促進するものでなければならない。

③親は、子に与える教育の種類を選択する優先的権利を有する。

第29条 ②すべて人は、自己の権利及び自由を行使するに当っては、他人の権利及び自由の正当な承認及び尊重を保障すること並びに民主的社会における道徳、公の秩序及び一般の福祉の正当な要求を満たすことをもっぱら目的として法律によって定められた制限にのみ服する。

人種差別撤廃条約（あらゆる形態の人種差別の撤廃に関する国際条約）

1965(昭和40)年12月21日　国際連合総会で採択
1995(平成7)年12月15日　日本国加入

第1条 ①この条約において、「人種差別」とは、人種、皮膚の色、世系又は民族的若しくは種族的出身に基づくあらゆる区別、排除、制限又は優先であって、政治的、経済的、社会的、文化的その他のあらゆる公的生活の分野における平等の立場での人権及び基本的自由を認識し、享有し又は行使することを妨げ又は害する目的又は効果を有するものをいう。

④人権及び基本的自由の平等な享有又は行使を確保するため、保護を必要としている特定の人種若しくは種族の集団又は個人の適切な進歩を確保することのみを目的として、必要に応じてとられる特別措置は、人種差別とみなさない。ただし、この特別措置は、その結果として、異なる人種の集団に対して別個の権利を維持することとなってはならず、また、その目的が達成された後は継続してはならない。

第2条 ①締約国は、人種差別を非難し、また、あらゆる形態の人種差別を撤廃する政策及びあらゆる人種間の理解を促進する政策をすべての適当な方法により遅滞なくとることを約束する。

第5条 第2条に定める基本的義務に従い、締約国は、特に次の権利の享有に当たり、あらゆる形態の人種差別を禁止し及び撤廃すること並びに人種、皮膚の色又は民族的若しくは種族的出身による差別なしに、すべての者が法律の前に平等であるという権利を保障することを約束する。

国際人権規約（B規約）

1966年12月16日国際連合総会で採択

第2条 この規約の各締約国は、その領域内にあり、かつ、その管轄の下にあるすべての個人に対し、人種、皮膚の色、性、言語、宗教、政治的意見その他の意見、国民的若しくは社会的出身、財産、出生又は他の地位等によるいかなる差別もなしにこの規約において認められる権利を尊重し及び確保することを約束する。

第3条 この規約の締約国は、この規約に定めるすべての市民的及び政治的権利の享有について男女に同等の権利を確保することを約束する。

第23条 ①家族は、社会の自然かつ基礎的な単位であり、社会及び国による保護を受ける権利を有する。

②婚姻をすることができる年齢の男女が婚姻をしかつ家族を形成する権利は、認められる。

第26条 すべての者は、法律の前に平等であり、いかなる差別もなしに法律による平等の保護を受ける権利を有する。このため、法律は、あらゆる差別を禁止し及び人種、皮膚の色、性、言語、宗教、政治的意見その他の意見、国民的若しくは社会的出身、財産、出生又は他の地位等のいかなる理由による差別に対しても平等のかつ効果的な保護をすべての者に保障する。

第 40 条　この規約の締約国は、（a）当該締約国についてこの規約が効力を生ずる時から1年以内に、（b）その後は委員会が要請するときに、この規約において認められる権利の実現のためにとった措置及びこれらの権利の享受についてもたらされた進歩に関する報告を提出することを約束する。

児童の権利に関する条約

1989 年 11 月 20 日国際連合総会で採択

国際連合が、世界人権宣言において、児童は特別な保護及び援助についての権利を享有することができることを宣明したことを想起し、家族が、社会の基礎的な集団として、並びに家族のすべての構成員、特に、児童の成長及び福祉のための自然な環境として、社会においてその責任を十分に引き受けることができるよう必要な保護及び援助を与えられるべきであることを確信し、児童が、その人格の完全なかつ調和のとれた発達のため、家庭環境の下で幸福、愛情及び理解のある雰囲気の中で成長すべきであることを認め、児童が、社会において個人として生活するため十分な準備が整えられるべきであり、かつ、国際連合憲章において宣明された理想の精神並びに特に平和、尊厳、寛容、自由、平等及び連帯の精神に従って育てられるべきであることを考慮し、（略）

「児童は、身体的及び精神的に未熟であるため、その出生の前後において、適当な法的保護を含む特別な保護及び世話を必要とする。」ことに留意し、（略）極めて困難な条件の下で生活している児童が世界のすべての国に存在すること、また、このような児童が特別の配慮を必要としていることを認め、児童の保護及び調和のとれた発達のために各人民の伝統及び文化的価値が有する重要性を十分に考慮し、あらゆる国特に開発途上国における児童の生活条件を改善するために国際協力が重要であることを認めて、次のとおり協定した。

第 1 条　この条約の適用上、児童とは、18 歳未満のすべての者をいう。ただし、当該児童で、その者に適用される法律によりより早く成年に達したものを除く。

第 2 条　①締約国は、その管轄の下にある児童に対し、児童又はその父母若しくは法定保護者の人種、皮膚の色、性、言語、宗教、政治的意見その他の意見、国民的、種族的若しくは社会的出身、財産、心身障害、出生又は他の地位にかかわらず、いかなる差別もなしにこの条約に定める権利を尊重し、及び確保する。

②締約国は、児童がその父母、法定保護者又は家族の構成員の地位、活動、表明した意見又は信念によるあらゆる形態の差別又は処罰から保護されることを確保するためのすべての適当な措置をとる。

第 3 条　①児童に関するすべての措置をとるに当たっては、公的若しくは私的な社会福祉施設、裁判所、行政当局又は立法機関のいずれによって行われるものであっても、児童の最善の利益が主として考慮されるものとする。

②締約国は、児童の父母、法定保護者又は児童について法的に責任を有する他の者の権利及び義務を考慮に入れて、児童の福祉に必要な保護及び養護を確保することを約束し、このため、すべての適当な立法上及び行政上の措置をとる。

第 12 条　締約国は、自己の意見を形成する能力のある児童がその児童に影響を及ぼすすべての事項について自由に自己の意見を表明する権利を確保する。この場合において、児童の意見は、その児童の年齢及び成熟度に従って相応に考慮されるものとする。

第 16 条　いかなる児童も、その私生活、家族、住居若しくは通信に対して恣意的に若しくは不法に干渉され又は名誉及び信用を不法に攻撃されない。

第 29 条　締約国は、児童の教育が次のことを指向すべきことに同意する。（略）

（c）児童の父母、児童の文化的同一性、言語及び価値観、児童の居住国及び出身国の国民的価値観並びに自己の文明と異なる文明に対する尊重を育成すること。

日米安全保障条約

1960（昭和 35）年 6 月 23 日発効

第 1 条（平和の維持のための努力）　①締約国は、国際連合憲章に定めるところに従い、それぞれが関係することのある国際紛争を平和的手段によつて国際の平和及び安全並びに正義を危うくしないように解決し、並びにそれぞれの国際関係において、武力による威嚇又は武力の行使を、いかなる国の領土保全又は政治的独立に対するものも、また、国際連合の目的と両立しない他のいかなる方法によるものも慎むことを約束する。

②締約国は、他の平和愛好国と協同して、国際の平和及び安全を維持する国際連合の任務が一層効果的に遂行されるように国際連合を強化することに努力する。

第 3 条（自衛力の維持発展）　締約国は、個別的に及び相互に協力して、継続的かつ効果的な自助及び相互援助により、武力攻撃に抵抗するそれぞれの能力を、憲法上の規定に従うことを条件として、維持し発展させる。

第 5 条（共同防衛）　①各締約国は、日本国の施政の下にある領域における、いずれか一方に対する武力攻撃が、自国の平和及び安全を危うくするものであることを認め、自国の憲法上の規定及び手続に従つて共通の危険に対処するように行動することを宣言する。

第6条（基地の許与） ①日本国の安全に寄与し、並びに極東における国際の平和及び安全の維持に寄与するため、アメリカ合衆国は、その陸軍、空軍及び海軍が日本国において施設及び区域を使用することを許される。

②前記の施設及び区域の使用並びに日本国における合衆国軍隊の地位は、1952 年 2 月 28 日に東京で署名された日本国とアメリカ合衆国との間の安全保障条約第 3 条に基く行政協定（改正を含む。）に代わる別個の協定及び合意される他の取極により規律される。

捕虜条約
(捕虜の待遇に関する千九百四十九年八月十二日のジュネーブ条約)

1949(昭和 24) 年 8 月 12 日署名、
1953(昭和 28) 年 10 月 21 日日本国加入

第４条 (捕虜)

A　この条約において捕虜とは、次の部類の一に属する者で敵の権力内に陥ったものをいう。

(1) 紛争当事国の軍隊の構成員及びその軍隊の一部をなす民兵隊又は義勇隊の構成員

(2) 紛争当事国に属するその他の民兵隊及び義勇隊の構成員(組織的抵抗運動団体の構成員を含む。）で、その領域が占領されているかどうかを問わず､その領域の内外で行動するもの。但し、それらの民兵隊又は義勇隊（組織的抵抗運動団体を含む。）は、次の条件を満たすものでなければならない。

(a) 部下について責任を負う 1 人の者が指揮していること。

(b) 遠方から認識することができる固着の特殊標章を有すること。

(c) 公然と武器を携行していること。

(d) 戦争の法規及び慣例に従って行動していること。

(3) 正規の軍隊の構成員で、抑留国が承認していない政府又は当局に忠誠を誓ったもの

(4) 実際には軍隊の構成員でないが軍隊に随伴する者、たとえば、文民たる軍用航空機の乗組員従軍記者、需品供給者、労務隊員又は軍隊の福利機関の構成員等。但し、それらの者がその随伴する軍隊の認可を受けている場合に限る。このため、当該軍隊は、それらの者に附属書のひな型と同様の身分証明書を発給しなければならない。

(5) 紛争当事国の商船の乗組員（船長、水先人及び見習員を含む。）及び民間航空機の乗組員で、国際法の他のいかなる規定によっても一層有利な待遇の利益を享有することがないもの

(6) 占領されていない領域の住民で、敵の接近に当り、正規の軍隊を編成する時日がなく、侵入する軍隊に抵抗するために自発的に武器を執るもの。但し、それらの者が公然と武器を携行し、且つ、戦争の法規及び慣例を尊重する場合に限る。

第 127 条 (条約の普及) ①締約国は、この条約の原則を自国のすべての軍隊及び住民に知らせるため、平時であると戦時であるとを問わず、自国においてこの条約の本文をできる限り普及させること、特に、軍事教育及びできれば非軍事教育の課目中にこの条約の研究を含ませることを約束する。

②戦時において捕虜について責任を負う軍当局その他の当局は、この条約の本文を所持し、及び同条約の規定について特別の教育を受けなければならない。

国連海洋法条約 (海洋法に関する国際連合条約)

1982(昭 57) 年 4 月 30 日国連海洋法会議採択、
1996(平成 8) 年 7 月 20 日日本国加入

第２条 (領海、領海の上空並びに領海の海底及びその下の法的地位) ①沿岸国の主権は、その領土若しくは内水又は群島国の場合にはその群島水域に接続する水域で領海といわれるものに及ぶ。

②沿岸国の主権は、領海の上空並びに領海の海底及びその下に及ぶ。

③領海に対する主権は、この条約及び国際法の他の規則に従って行使される。

第３条（領海の幅） いずれの国も、この条約の定めるところにより決定される基線から測定して 12 海里を超えない範囲でその領海の幅を定める権利を有する。

第 15 条（向かい合っているか又は隣接している海岸を有する国の間における領海の境界画定 ） 二の国の海岸が向かい合っているか又は隣接しているときは、いずれの国も、両国間に別段の合意がない限り、いずれの点をとっても両国の領海の幅を測定するための基線上の最も近い点から等しい距離にある中間線を越えてその領海を拡張することができない。ただし、この規定は、これと異なる方法で両国の領海の境界を定めることが歴史的権原その他特別の事情により必要であるときは、適用しない。

第 33 条（接続水域 ） ①沿岸国は、自国の領海に接続する水域で接続水域といわれるものにおいて、次のことに必要な規制を行うことができる。

（a）自国の領土又は領海内における通関上、財政上、出入国管理上又は衛生上の法令の違反を防止すること。

（b）自国の領土又は領海内で行われた（a）の法令の違

反を処罰すること。

②接続水域は、領海の幅を測定するための基線から24海里を超えて拡張することができない。

第55条（排他的経済水域の特別の法制度） 排他的経済水域とは、領海に接続する水域であって、この部に定める特別の法制度によるものをいう。この法制度の下において、沿岸国の権利及び管轄権並びにその他の国の権利及び自由は、この条約の関連する規定によって規律される。

第56条（排他的経済水域における沿岸国の権利、管轄権及び義務） ①沿岸国は、排他的経済水域において、次のものを有する。

（a）海底の上部水域並びに海底及びその下の天然資源（生物資源であるか非生物資源であるかを問わない。）の探査、開発、保存及び管理のための主権的権利並びに排他的経済水域における経済的な目的で行われる探査及び開発のためのその他の活動（海水、海流及び風からのエネルギーの生産等）に関する主権的権利

（b）この条約の関連する規定に基づく次の事項に関する管轄権

(i) 人工島、施設及び構築物の設置及び利用

(ii) 海洋の科学的調査

(iii) 海洋環境の保護及び保全

（c）この条約に定めるその他の権利及び義務

②沿岸国は、排他的経済水域においてこの条約により自国の権利を行使し及び自国の義務を履行するに当たり、他の国の権利及び義務に妥当な考慮を払うものとし、また、この条約と両立するように行動する。

③この条に定める海底及びその下についての権利は、第六部の規定により行使する。

第57条（排他的経済水域の幅） 排他的経済水域は、領海の幅を測定するための基線から200海里を超えて拡張してはならない。

第59条（排他的経済水域における権利及び管轄権の帰属に関する紛争の解決のための基礎） この条約により排他的経済水域における権利又は管轄権が沿岸国又はその他の国に帰せられていない場合において、沿岸国とその他の国との間に利害の対立が生じたときは、その対立は、当事国及び国際社会全体にとっての利益の重要性を考慮して、衡平の原則に基づき、かつ、すべての関連する事情に照らして解決する。

第60条（排他的経済水域における人工島、施設及び構築物）

①沿岸国は、排他的経済水域において、次のものを建設し並びにそれらの建設、運用及び利用を許可し及び規制する排他的権利を有する。

（a）人工島

（b）第56条に規定する目的その他の経済的な目的のための施設及び構築物

（c）排他的経済水域における沿岸国の権利の行使を妨げ得る施設及び構築物

⑧人工島、施設及び構築物は、島の地位を有しない。これらのものは、それ自体の領海を有せず、また、その存在は、領海、排他的経済水域又は大陸棚の境界画定に影響を及ぼすものではない。

第87条（公海の自由） ①公海は、沿岸国であるか内陸国であるかを問わず、すべての国に開放される。公海の自由は、この条約及び国際法の他の規則に定める条件に従って行使される。この公海の自由には、沿岸国及び内陸国のいずれについても、特に次のものが含まれる。

（a）航行の自由

（b）上空飛行の自由

（c）海底電線及び海底パイプラインを敷設する自由。ただし、第六部の規定の適用が妨げられるものではない。

（d）国際法によって認められる人工島その他の施設を建設する自由。ただし、第六部の規定の適用が妨げられるものではない。

（e）第二節に定める条件に従って漁獲を行う自由

（f）科学的調査を行う自由。ただし、第六部及び第十三部の規定の適用が妨げられるものではない。

第100条（海賊行為の抑止のための協力の義務） すべての国は、最大限に可能な範囲で、公海その他いずれの国の管轄権にも服さない場所における海賊行為の抑止に協力する。

第121条（島の制度） ① 島とは、自然に形成された陸地であって、水に囲まれ、高潮時においても水面上にあるものをいう。

② ③に定める場合を除くほか、島の領海、接続水域、排他的経済水域及び大陸棚は、他の領土に適用されるこの条約の規定に従って決定される。

③人間の居住又は独自の経済的生活を維持することのできない岩は、排他的経済水域又は大陸棚を有しない。

現代社会の歩み

1945年　アメリカ、広島・長崎に原爆投下 (→p.210)
ポツダム宣言受諾 (→p.58)
終戦後、ソ連による北方領土占領 (→p.170)
国際連合成立 (→p.176)
1946年　日本国憲法公布 (→p.59)
1948年　世界人権宣言 (→p.49、p.184))
1949年　北大西洋条約機構〔NATO〕発足 (→p.173)
1950年　朝鮮戦争 (→p.187)
1951年　サンフランシスコ講和条約締結 (→p.174)
日米安全保障条約締結 (→p.193)
1954年　韓国沿岸警備隊、竹島を不法占拠 (→p.171)
自衛隊創設、防衛庁発足 (→p.83、p.192)
1955年　社会党、自由民主党成立 (→p.97)
1956年　日ソ共同宣言 (→p.170)
国際連合加盟 (→p.177)
1957年　ソ連、人類初の人工衛星打ち上げ成功
1960年　日米安全保障条約改定 (→p.193)
1961年　国民皆保険と国民皆年金の実現 (→p.154)
1964年　東海道新幹線開業、東京五輪開催

1965年　同和対策審議会答申 (→p.78)
国連総会、人種差別撤廃条約採択
1966年　国連総会、国際人権規約採択 (→p.184)
1967年　ヨーロッパ共同体 (EC) 発足
公害対策基本法公布施行 (→p.158)
東南アジア諸国連合〔ASEAN〕発足　(→p.173)
1968年　消費者保護基本法公布施行 (→p.150)
核兵器不拡散条約 (NPT) 締結 (→p.196)
資本主義国第二位の経済大国へ
1969年　アメリカの宇宙船、人類初の月面着陸
1970年　大阪で日本万国博覧会を開催
1971年　環境庁、発足
1972年　沖縄の施政権が日本に返還
1973年　円が変動為替相場制に移行
1975年　第1回先進国首脳会議〔サミット〕
1979年　国連総会、女子差別撤廃条約採択
1984年　平均寿命世界第1位
1986年　男女雇用機会均等法施行 (→p.149)
1989年　昭和天皇崩御
消費税導入
天安門事件 (→p.181)
ベルリンの壁崩壊 (→p.180)
1990年　イラク、クウェートへ侵攻 (→p.182)
東西ドイツ統一
1991年　湾岸戦争 (→p.182)

ソ連解体、ロシア連邦成立 (→p.180)
1992年　国連環境開発会議〔地球サミット〕(→p.205)
PKO協力法成立 (→p.189)
自衛隊、カンボジアに派遣 (→p.194)
1993年　8党派による非自民連立内閣発足
ヨーロッパ連合〔EU〕発足 (→p.172)
1994年　衆院選に小選挙区比例代表並立制導入 (→p.89)
自民・社会・さきがけ三党連立内閣
1995年　阪神・淡路大震災 (→p.117)
地下鉄サリン事件 (→p.183)
1996年　国連総会、包括的核実験禁止条約採択 (→p.196)
1997年　地球温暖化防止会議で京都議定書採択 (→p.1205)
1999年　国旗・国歌法公布施行 (→p.168)
2000年　地方分権一括法施行 (→p.114)
公的介護保険制度
2001年　情報公開法施行 (→p.79)
アメリカ同時多発テロ事件 (→p.183)
アフガニスタン戦争 (→p.183)
2002年　小泉訪朝、北朝鮮拉致被害者5名帰国 (→p.190)
2003年　イラク戦争 (→p.183)
イラク復興のため、自衛隊派遣 (→p.194)
2004年　消費者基本法成立 (→p.151)
2005年　郵政民営化関連法成立
2007年　国民投票法成立 (→p.62)
2008年　世界金融危機 (→p.3)
2009年　裁判員裁判、開始 (→p.110)
民主党連立政権発足
2011年　東日本大震災 (→p.116)

2012年　自民党連立政権発足
2014年　集団的自衛権の限定的容認の閣議決定 (→p.193)
2015年　国際平和支援法・PKO協力法改正 (→p.189)
重要影響事態法制定 (→p.193)
パリ協定 (→p.205)
2016年　マイナンバー制度始まる (→p.153)
アメリカのオバマ大統領、被爆地広島へ (→p.210)
2018年　CPTPP（11ヶ国によるTPP協定）、調印 (→p.173)
2019年　200年ぶりの譲位により新天皇即位 (→p.68)

さ く い ん

＊各単元のなかで学習効果を高めるため、ゴシック(太字)にした重要語句を収録し、太字でページ番号を示している。
その他の重要と思われる語句については、細字のページ番号で示している。

著作関係者

代表執筆者　小山　常実　　大月短期大学名誉教授

執筆者

安藤　豊　　北海道教育大学名誉教授
皿木　喜久　　元産経新聞論説委員長
澤井　直明　　澤井コンサルタント事務所代表
杉原　誠四郎　城西大学元教授
高池　勝彦　　弁護士
豊島　典雄　　杏林大学元教授
服部　剛　　公立中学校教諭
三浦　小太郎　評論家
吉永　潤　　神戸大学教授
渡辺　眞　　元日野市議会議員

市販本　検定合格
新しい公民教科書

令和２年５月７日　印刷
令和２年５月20日　発行

著作者　小山常実　ほか 10 名
発行者　株式会社 自由社
代表者　植田　剛彦
〒 112 − 0005 東京都文京区水道 2-6-3
電話 03-5981-9170　FAX03-5981-9171
印刷社　シナノ印刷株式会社

ISBN 978-4-908979-13-2　C0021

表紙装丁　井上亮
本文デザイン　山口デザイン室
イラスト　鮭夫

■写真・表・グラフ提供者

アフロ
一般社団法人製品安全協会
一般社団法人パソコン３R 推進協会
伊藤公資料館
江戸東京博物館
外務省
行政独立法人　石油天然ガス・金属鉱物資源機構
宮内庁
警察庁
公益財団法人　食品容器環境美化協会
公益財団法人　日本環境協会
厚生労働省
国際連合
国税庁
国立公文書館
国立国会図書館
国立社会保障・人口問題研究所
金剛組
財団法人日本青少年研究所
財務省
３Ｒ活動推進フォーラム
産経新聞社
衆議院憲政記念館
ストックホルム国際研究所
聖徳記念絵画館
世界銀行
総務省
DNP アートコミュニケーションズ
伝統的工芸品産業振興協会
東京国立博物館
内閣府
日本工業標準調査会
農林水産省
BP
PIXTA
ベストウールクラブ
防衛省
毎日新聞社
水無瀬神宮
文部科学省
UNI
ユニフォトプレス
横浜市
労働政策研究・研修機構

職人の技が生み出した
日本の伝統的工芸品

この教科書の冒頭では「すごいぞ　日本の技術は」として、世界に誇る科学の最先端技術を見ましたが、日本には職人たちの手によって受け継がれてきた伝統的工芸品があります。織物や陶磁器、漆器、金工品などその数は現在、約1200に上るといわれます。

こちらも世界に誇る品や技、日本の文化といっていいでしょう。あなたの住む町や地域には、どのような伝統的工芸品があるか調べてみましょう。

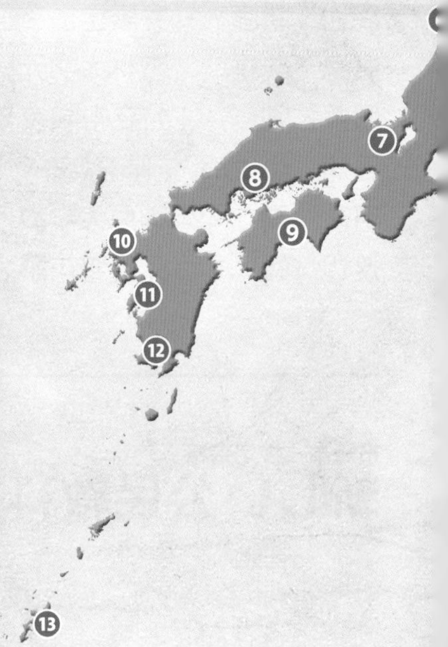

⑧熊野筆（広島県）

広島市に近い広島県熊野町で生産される筆。2011年、サッカー日本女子代表に授与された国民栄誉賞の記念品として化粧筆が贈られた。

⑩伊万里焼（佐賀県）

肥前国（佐賀県・長崎県）で生産される磁器の総称。生産地の中心は有田だが、積み出し港が伊万里だったことから伊万里焼とよばれるようになった。

⑨土佐和紙（高知県）

平安時代の歌人、紀貫之が土佐の国司をつとめたとき、和紙生産を奨励したとされる。良質な水や原材料にも恵まれ、高知の地場産業として発展。

⑬紅型（沖縄県）

紅型とは沖縄を代表する模様染めのこと。その起源は13世紀ごろと推定され、琉球王国時代、王族や士族の衣装として染めていたとされる。

⑫薩摩切子（鹿児島県）

切子とはカットグラスの和名。薩摩ビードロともよばれる薩摩切子は、薩摩藩が幕末から明治時代初期に生産した。現在、復刻生産されている。

⑪肥後象嵌（熊本県）

象嵌とは金属などの表面を刻み、金・銀などをはめこむ技術。肥後（熊本県）では藩主お抱えの鉄砲師が鉄砲の銃身などに細工したのが始まりとされる。

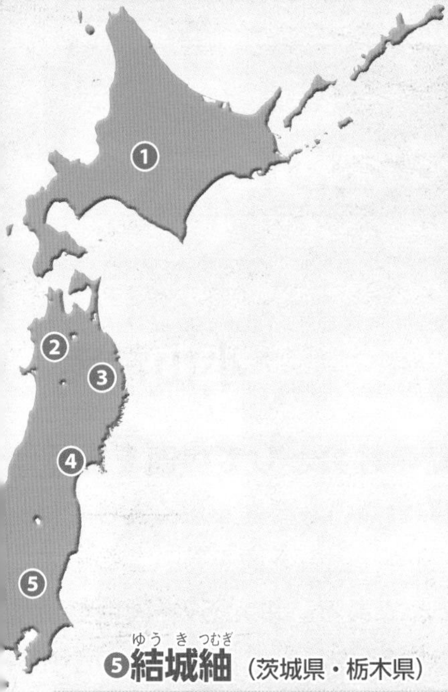

❷大舘曲げわっぱ（秋田県）

きこりが、木目がまっすぐになった杉の材木で曲物を作ったのが始まりとされる。大館城主が豊富な秋田杉を利用し、武士の内職として奨励した。

❶二風谷アットゥシ（北海道）

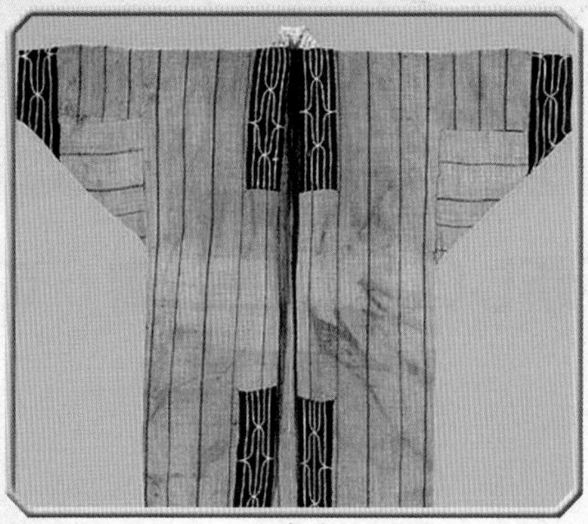

北海道日高地方の紗流川流域に古くから伝わる反物（衣服の布地）。樹皮の内皮を紡いだ糸を用いており、北海道初の経済産業大臣指定伝統的工芸品。

❺結城紬（茨城県・栃木県）

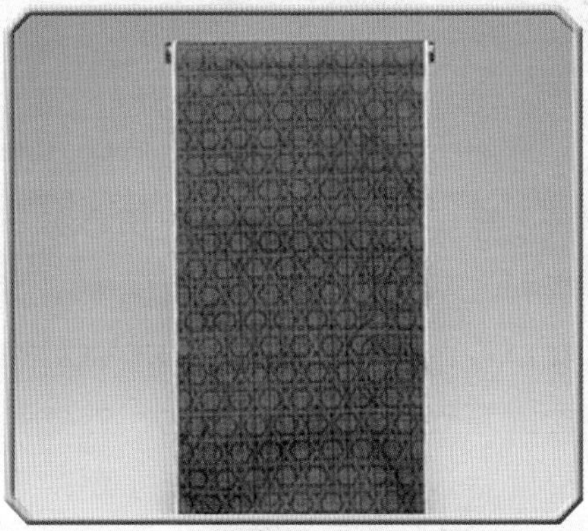

紬とは、まゆから紡ぎ出した紬糸で織られた絹織物。丈夫な織りが特徴。結城紬は養蚕が盛んだった茨城県や栃木県周辺で生産されてきた。

❹宮城伝統こけし（宮城県）

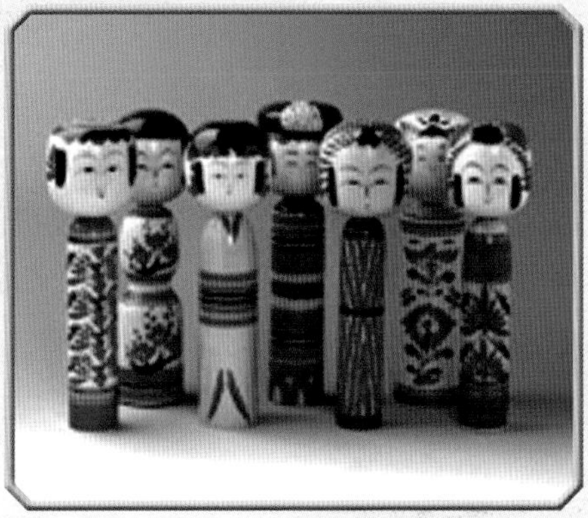

江戸時代中期以降、東北地方で温泉みやげとして作られるようになったといわれる。宮城県内には鳴子こけしや作並こけしなど5つの伝統こけしがある。

❸南部鉄器（岩手県）

岩手県の水沢（奥州市水沢市）と盛岡市のものとがあるが、現在は両方を総称して南部鉄器とよんでいる。鉄瓶や鍋などが作られている。

❼西陣織（京都府）

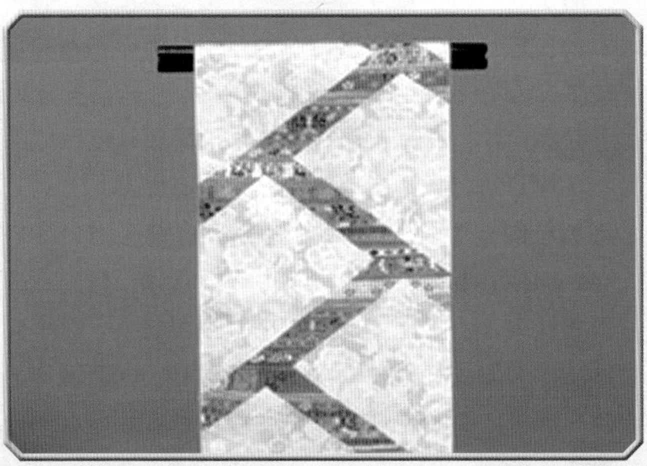

京都市の西陣地区で織られる高級絹織物の総称。室町時代の応仁の乱で西軍が陣を置いていた地に乱後、織物業者が集まったのが西陣の名の由来という。

❻輪島塗（石川県）

石川県輪島市で生産される漆器。天然の漆を何度も何度も塗って作られる。古い歴史をもつが、現在の技法が確立したのは江戸時代だとされる。

特別報告
『新しい公民教科書』と教科書検定をめぐって

『新しい公民教科書』の思想とは何か

小山常実

『新しい公民教科書』は、不当な検定意見を多く付けられ、多くの箇所を全面削除させられたり大幅修正したりして検定合格した。その出来上がった教科書の内容はどういうものであろうか。数ある公民教科書の中でどういう特徴を持っているであろうか。

(1) 公民教科書史上初めて国家論を展開した

最大の特徴は、国家の思想をきちんと展開していることである。何よりも、平成23年版において、公民教科書史上初めて本格的に国家の役割をきちんと示した。今回も単元14「国家の成立とその役割」と単元15「立憲主義の誕生」のなかで、国家の役割を以下の４つに整理して示した。

1、防衛
2、社会資本の整備
3、法秩序、社会秩序の維持
4、国民一人ひとりの権利保障

また、改正教育基本法に基づき、単元９「家族愛・愛郷心から愛国心へ」のなかで、愛国心、愛郷心の大切さを書いた。更に、単元８「私たちと地域社会」の中で公共の精神を定義するとともにその大切さを説いた。

そして、１番目の国家の役割と関連して、「もっと知りたい　わが国の安全保障の課題」のなかで、自衛戦力肯定説の９条解釈があることを初めて紹介した。

(2) 国際社会の競争社会としての面を描く

次の特徴は、国際協調の必要性を説くだけではなく、国際社会が競争社会の一面を持っていることを明確化したことである。単元59「国際協調と国際政治」では、「国益の追求と外交」の小見出しの下、現行版と同じく次のように記した。

「国際社会では、主権国家は相互に自国の国益を追求し、国の存続と発展を目指す権利を認めあっています。この権利に基づき各国が、自国の国益の実現を目指しながら、他国の国益とのあいだで調整しあう営みを国際政治といい、通常、外交とよばれます。外交は話し合いで行われますが、その背後ではしばしば軍事力や経済力などの力（パワー）が外交手段として用いられています」(172頁)。

あまりにも当たり前のことである。だが、戦後の公民教科書の多くは、この当たり前のことを書いてこなかった。現行版でみても、「国益」という言葉を使うのは自由社以外には育鵬社だけである。何しろ、学習指導要領は「国際協調」という言葉を使っても、「国益」という言葉を用いていない。指導要領にそのまま従うならば、自由社や育鵬社のような記述は出て来ようがない。指導要領にそのまま従えば、国益を無視し、国際協調だけを重視するお花畑世界観にならざるを得ないのである。

国際社会を競争社会と捉える『新しい公民教科

書』は、〈もっと知りたい　わが国の領土問題〉と〈もっと知りたい　海をめぐる国益の衝突〉という二つの大コラムを置き、特に竹島と尖閣については、日本の領有権の正当性をより詳しくわかるように説明した。

また、『新しい公民教科書』は、お花畑世界観を打破するために、国連憲章にわが国を差別する敵国条項があることを明記した。

(3) 立憲的民主主義

３つ目の特徴は、立憲的民主主義の論理を展開したことである。『新しい公民教科書』は、単元 20「日本国憲法の原則」で、「日本国憲法」の原則として、以下のような７原則を挙げている。

1、国民主権
2、基本的人権の尊重
3、平和主義
4、象徴天皇の原則
5、法治主義 (法の支配)
6、三権分立
7、間接民主主義

以上の７原則のうち４については、申請本では「立憲君主制の原則」としていたが、検定によって「象徴天皇の原則」に変えられてしまった。だが、検定合格本でも、一定程度、権威と権力の分離の思想に基づく立憲君主制の論理が展開されている。例えば、〈もっと知りたい　立憲主義を受け入れやすかった日本の政治文化〉では、日本における権威と権力の分離の伝統が近代の立憲君主制を導いたと記している。

「天皇の存在は政治権力に対し、政治を行う地位をあたえる権威として存在し続け、政治権力は、天皇の権威を押しいただいて政治を行うことが日本の政治文化としての伝統となった。政治権力は、天皇のもとで築いた古い文化を破壊したりすることは少なく、「 民安かれ」と願う天皇の思いを受け止めて、民を過酷に扱うようなことは少なかったとも考えられる。

権威としての天皇が存在し続け、政治が 大いに安定し、外国に比べて平和な時代が長く続き、文化は着実に成熟していったと考えられている。

大日本帝国憲法下の天皇が統治権を総攬する一方、実際の政治は立法、司法、行政の三権に任せる立憲君主であり続けた背景には、このような権威と権力の分離があったのである (傍線部は引用者)」(56 頁)。

上記７原則のうち、４～７の４原則は明らかに立憲主義の重要な構成要素であり、立憲主義的・自由主義的原則である。

対して、現在の学習指導要領と公民教科書のほとんどは、１～３の三原則を「日本国憲法」の原則と捉えている。わざわざ「日本国憲法」の原則から４以下の立憲主義的な原則を排除していることに注目されたい。しかも、1 の「国民主権」を国民自身が権力を握ることと理解し、直接民主主義への憧れをあおってきた。そして、全体主義への警戒感を解除するようにしてきた。つまり、指導要領と公民教科書のほとんどは、全体主義的な民主主義を称揚しているのである。そのような中で、立憲主義的・自由主義的な民主主義を掲げている『新しい公民教科書』は極めて貴重なものと言わねばならない。

(4) 事実に即した「日本国憲法」成立過程史

４つ目の特徴は、これまで隠蔽されてきた「日本国憲法」の成立過程をめぐる史実を相当程度入れ込んだことである。例えば、単元 19「日本国憲法の成立」では、側注②で、戦時国際法における占領下の法改正の禁止、フランス憲法の占領下での憲法改正禁止の規定を紹介した。そして、帝国議会での「日本国憲法」審議がＧＨＱによって統制されていた事実を記述した。

「帝国議会では、主として衆議院の憲法改正特別委員会小委員会の審議を通じて、いくつかの重要な修正が行われました。たとえば、当初、政府案の前文は「ここに国民の総意が至高なものであることを宣言し」と記していました。小委員会もこの案をそのまま承認するつもりでしたが、国民主権を明記せよというＧＨＱの要求があり、「ここに主権が国民に存することを宣言し」と修正しました。小委員会の審議は、一般議員の傍聴も新聞記者の入場も認められない密室の審議でした」(59 頁)。

(5) 自由民主主義体制の優位性を説く

５つ目の特徴は、日本やアメリカなどの自由民主主義体制が、中国が代表する全体主義的な体制よりも優れていることを説いたことである。例えば、単元 44「市場経済の特色」では、市場経済が計画経済よりも効率的で公正な制度であることを展開した。〈もっと知りたい　企業はだれのものか〉では、中国の会社は共産党のものであることを記した。

また、単元 61「冷戦終結後の国際社会」では中国の政治経済体制を批判的に記述し、〈もっと知りたい　近隣諸国の人権問題〉などでは中国によるウイグル民族他の民族弾圧の実態を記すとともに、北朝鮮と韓国の人権問題も記した。関連して南シナ海での中国の横暴も記述した。検定によってバッサリ全面削除された箇所も多いが、全体主義批判、中国批判の特徴は基本的に残っている。

(6) 家族などの共同社会を守る

最後に強調すべき特徴は、家族や地域社会の記述に力を入れたことである。まず､現行版と同じく、家族に２単元４頁という分量を用いた。公民教科書では、平成 23 年版から一挙に、家族に関する記述量が大減少した。現行版でも、家族に関する単元を設けているのは４社のみで、家族論を展開しているとみなせる教科書は、自由社、育鵬社、帝国書院の３社のみである。

家族に関する分量の多さというのも自由社の特徴である。だが、それ以上に、公民教科書史上、以下に示す家族の四つの意義を初めて明らかにしたことが最大の特徴である。

1、家族が共同体であること
2、家族間の愛情を育む場であること
3、子供を保護し教育する場であること
4、祖先から子孫への縦のつながり

次に、当然ながら地域社会の単元を維持した。かなり前から、地域社会の単元を置かない教科書が一定程度あるから、まずこのことを指摘しておかなければならない。関連して、「公共の精神」、愛郷心、愛国心を展開したことも、『新しい公民教科書』の特徴と言えよう。他社の多くは、現行版を見る限り、三者とも展開していないからである。

参考文献

小山常実『安倍談話と歴史・公民教科書』自由社、2016 年
小山常実『公民教科書は何を教えてきたのか』展転社、2005 年

我々はどういう公民教科書をつくろうとしたのか①
『新しい公民教科書』の検定をめぐる攻防

小山常実

一、検定過程の概要

検定過程の基本的な流れ

令和元（2019）年４月、自由社は、『新しい歴史教科書』と『新しい公民教科書』の検定申請を行った。検定申請された教科書は、半年間かけて、教科書調査官による検討をふまえて、歴史については教科用図書検定調査審議会第2部会（社会科等）の歴史小委員会の、公民については公民小委員会の審議を経て、ともに第2部会の審議を経て、検定合格か不合格かを判定される。

審議を経た教科書は、４通りの道筋をたどる。一は、検定意見が付かない場合であり、即座に検定合格となる。二は、100 頁あたり 100 以上 120 未満の検定意見が付く場合等であり、検定不合格の事前通知を受ける。三は、100 頁あたり 120 以上検定意見が付く場合であり、この場合も不合格の事前通知を受ける。

二、三の場合には執筆者側には反論が認められる。反論が正当と認められ、検定意見が 100 頁あたり 100 以上 120 未満になれば、不合格は変わりがないが、事前通知を受けた翌日から起算して 70 日以内に再検定申請できる。検定意見が 100 未満に減少すれば、次に述べる四のケースと同じ検定の流れとなる。

四は、100 頁あたり 100 未満の検定意見がつく場合であり、合格または不合格の判定が留保される。四の場合は、判定留保の通知が行われた翌日から起算して 35 日以内（年末年始にかかる場合には、12 月 29 日から１月３日の6日間は加算される）に修正表を提出しなければならない。ここで提出できなければ不合格となる。提出すれば、修正表に基づき検定意見にかなっているか審議される。審議の結果、全検定意見が合格とならない限り、更に 35 日以内に再修正表を提出しなければならない。そして再修正表について審議し、検定合格か不合格かが決定される。審議は、小委員会と第2部会が行う（教科用図書検定規則、教科書用図書検定規則実施細則、教科用図書検定審査要項）。

不当な『新しい歴史教科書』の検定不合格

この4通りの道筋のうち、『新しい歴史教科書』は三の道筋を、『新しい公民教科書』は四の道筋を通ることになった。検定申請から７か月経った 11 月5日、『新しい歴史教科書』を作成した執筆者及び編集者は、文科省で「検定審査不合格となるべき理由書」を渡された。その 20 日後の 11 月 25 日、自由社は、欠陥箇所として指摘されたもののうち 175 箇所について反論書を提出した。だが、12 月 25 日、175 の反論全てが認められず、『新しい歴史教科書』は検定不合格となった。

しかし、欠陥箇所として指摘されたものの中には、どういう歴史観に立っても不当なものが数多くあった。例えば、年表における「中華人民共和国（共産党政権）」との表記が、「生徒が誤解する」として欠陥箇所になった。どういう立場に立っても、中国は共産党政権の国であろうが、欠陥箇所にされたのである。また例えば、新元号令和が入るところを「■■」と表記していたところも、「生徒にとって理解しがたい表現」として欠陥箇所とされた。しかし、検定申請する前の印刷段階では新元号の名称はわかっておらず、「令和」と入れようもなかった。どういう入れ方をせよということであろうか。ともあれ、検定側は、何としても検定不合格にするために欠陥箇所を無理やり増加させていった。『新しい歴史教科書』の検定不合格は、明らかに不当な行政処分と言えよう。

検定過程の時系列表

0）検定意見聴取
①令和元年 11 月 27 日、6名で文科省へ。「検定意見書」交付、意見聴取
② 12 月 10 日、15 番など 31 項目について質問
・12 月 12 日、15、22、35 番以外について回答。
・12 月 17 日、15、22、35 番について回答
1）第一段階修正案
③ 12 月 19 日、序章と1章の修正案提出
④ 12 月 23 日、全体の仮修正表を文科省に送る
⑤ 12 月 27 日、文科省で回答聴取。
2）第二段階修正案
⑥ 1 月 7 日、文科省に第一次修正表提出
⑦ 1 月 15 日、文科省で第一次修正表について回答聴取。
・〈一応よし〉は 66 件のみ。
3）第三段階修正案
⑧ 1 月 18 日ころ、39、80 番一旦提出…〈不可〉
・1 月 22 日提出……3、15 番など 46 件（80 番含む）
・1 月 23 日提出……4、5、49、107、113 番の 5 件
⑨ 1 月 24 日、文科省から回答
4）第四段階修正案
⑩ 1 月 27 日提出、28 日提出
⑪1月 30 日、文科省で回答聴取。
・〈よし〉は 96、検討中は 33
5）第五段階修正案
⑫2月3日、提出……4、5、8 番等 29 件
・2月5日提出……8、92・93 番、122、123 番
・同日、調査官とやり取り
⑬2月 7 日、文科省より回答
⑭2月 10 日、文科省より意見……122、123、92・93 番
・修正表の作り方についてレクチャー受ける。
⑮ 2 月 12 日、修正表提出
・2 月 18 日、正式に提出
6）修正表提出後
⑯ 2 月 20 日、文科省より4件の修正要請
・6 番……小見出し「反グローバリズムの動き」を「グローバル化への対応」と修正せよ。
⑰ 2 月 27 日、文科省より要請
・74 番、新 78 ページ（旧 74 ページ）の修正
「法の下の平等に反するヘイトスピーチ解消法」の見出しを「ヘイトスピーチ解消法」へ。

修正案を5～7回作る

さて、11 月 27 日（水）、私を含む執筆者及び編集者 6 名は、文科省で『新しい公民教科書』に関する検定意見書を受け取った。それ以降の検定過程のおおよその流れについては、「検定過程の時系列表」を参照されたい。

検定意見を把握すると、五段階にわたって修正案を作っていった。修正案を作ると文科省にそれを提出し、回答をもらった後また修正案を作って提出する。この繰り返しをおおよそ5回行った。中には、7回修正案を作ったケースもある。

表にあるように、1 月 7 日（火）の第一次修正表の前には、第一段階、第二段階の2回修正案を作った。第一次修正表の段階で教科書調査官とすり合わせができていない件数を 30 件程度にしたいと私は考えていた。しかし、1月 15 日（水）に文科省で第一次修正表に対する調査官の回答をもらったが、一応合格とされたのはおおよそ 66 件のみで、残りはダメだとのことであった。

1月 15 日の後、第三段階、第四段階と2回修正案を作成した。1 月一杯におおよそすり合わせを終えたいと考え、意見の付いた多くの箇所を全面削除していったが、それでも 30 日（木）の文科省の回答では、一応合格とされたのが 96、残りは検討中とのことであった。

そこで第五段階修正案を作り、2 月 5 日（水）と 7 日、文科省とやり取りした。5 日にはほとんどの検定意見についてすり合わせを行うことができた。だが、5 日も 7 日も修正要求が届いた。更には、まさか、2月 10 日（月）にも、文科省より 122 番、123 番、92・93 番の 4

件について修正要求が届いた。結局、修正案がすべて決まったのは、提出締め切り日の2日前の10日であった。

しかも、修正表の作り方をきちんと文科省からレクチャーを受けたのも10日であった。それ以前から修正表は作りだしていたが、10日のレクチャーにより一から作り直すことになった。したがって、12日の締め切りにはギリギリとなった。

何とか締め切りに間に合わせたが、いろいろ書式が守られていないということで、修正表を作りなおせとの指示が届き（これ自身は普通にあることのようだ)、2月18日（火）に再提出した。11日以降の過程で2度ほど私は提出をあきらめかけたが、何とか色々な人の協力を得て提出することができた。

しかし、これで検定が終わったわけではなかった。2月20日（木）には6番、129番など4件の修正指示がきた。27日（木）には更に74番に関する修正指示がきた。できれば変えたくない件も多かったが、立場の弱い我々には受け入れるしか術はなかった。

それにしても、なぜ、このように何度も修正案を作らざるを得なかったのか。それは、9年前の検定の時と同じように、基本的には、文科省と我々の見解が真っ向から対立するからであった。

検定意見箇所の全面削除の多さ

だが、それだけではない。今回の検定においては、文科省の『新しい公民教科書』に対する態度が前回よりも厳しくなっていた。特に年末の12月25日に『新しい歴史教科書』が検定不合格を言い渡されて以降、格段に厳しくなった。検定意見伝達の段階では全く述べていなかった意見を言い出した。言われた通りに修正しても、また別の修正要求が出され、同じ個所について何度も修正させられた。少しずつ新しい要求が行われ、少しずつ『新しい公民教科書』としては書きたくない内容を書かされる羽目に陥っていく。

文科省の意見をそのまま受け入れていたのでは、我々が書きたいことと正反対の内容になる恐れもあった。そこで、我々は、第四段階修正、第五段階修正と進むにつれ、どんどん意見が付いた箇所を全面削除していった（28件)。そのことによって、ようやく検定合格したのである。

予想外に多かった検定意見数

さて、検定意見書の内容であるが、想定外ではなかったが、私にとってはかなりショックであった。検定意見の数が129件もあったからである。9年前の平成22（2010）年度検定における139件よりは10件少ないものの、この時は自由社として初めての検定であり、一から新しく公民教科書を制作したので検定意見が多いのも当然であった。これに対して、今回は、2回目の検定であり、現行版の4分の3程度は全く手を付けず、文章の修正を行わなかった。大目に見ても、新設した内容は全体の3割程度であった。下手に修正して検定意見が新しく付けられることを恐れたのである。

つまり、少なくとも7割程度は一旦検定合格した文章をそのまま採用しているのだから、その点では、検定意見が139件の3割程度すなわち40件程度に減少することも考えられた。ただし、前回検定よりも思想内容的には新設部分において所謂保守思想的な色彩を強めていたから、その点では意見はかなり増加すると予想していた。それゆえ、検定意見は60件乃至70件程度かなと予想していた。ところが、実際の検定意見数は、予想の2倍程度にまで増加してしまった。恐らく、他社の2倍以上の検定意見がついたものと思われる。

「誤解するおそれ」「理解し難い」という検定意見が92件

では、なにゆえに増加したのであろうか。検定意見を検討していこう。検定意見書には、各検定意見の根拠となった検定基準の番号が記されている。この番号に注目して意見を分類すれば、次の表のようになる。

検定基準による意見の分類表

検定基準	数	%
1－(3) 事項の過不足あり	1	0.8
2－(1) 指導要領への不合致	11	8.5
2－(2) 専門的過ぎるなど	1	0.8
2－(6) 特定事項・一面的見解	5	3.9
2－(11) 出典・年次など必要な事項の欠如	2	1.6
2－(12) 系統的・発展的でない等	1	0.8
2－(13) 説明文等が主たる記述と関連していない	1	0.8
3－(1) 内容の誤りなど	13	10.1
3－(2) 誤記・誤植・脱字	2	1.6
3－(3) 誤解する・理解し難い	92	71.3
	129	100

検定基準を分類するならば、3－（3）と3－（3）以外の二種に区分することができる。検定基準3－(3)は、「図書の内容に、児童又は生徒がその意味を理解し難い表現や、誤解するおそれのある表現はないこと」というものであり、簡単に言えば、生徒が理解し難いか誤解する表現だからダメだとするものである。「理解し難い」というのも「誤解する」というのも極めて主観的な表現だが、この基準は教科書調査官の主観によって濫用される危険性の高いものである。したがって、この基準に基づく検定意見は不当である危険性が高いといってよいだろう。

これに対して、3－（3）以外は、特に3－（1）や3－（2）、2－（11）や2－（13）などは、比較的客観的な基準である。特に3－（1）や3－（2）について調べてみたが、ほとんどが正当な意見であり、少なくとも不当な意見ではない。

3－（3）とそれ以外の意見数を見ると、3－（3）は全129件中92件、71.3%にあたる数である。3－（3）に反するという意見（正確には欠陥箇所）は、不当に不合格とされた『新しい歴史教科書』でも405件中292件、72.1%存在した。『新しい歴史教科書』の場合、3－（3）によって不当に検定不合格にされたといって過言でない。『新しい公民教科書』でも、不当である可能性の高い3－（3）に該当するとされた意見が多いことにまずは注目しておきたい。

二、現行版への言い掛かり（イチャモン）

現行版と同一内容に検定意見38件

次に注目されるのは、現行版と同じ内容・文章なのに意見がついたケースの多さである。『新しい歴史教科書』でも多かったとされるが、『新しい公民教科書』でも38件も存在した。公民教科書の場合は、歴史教科書とは異なり、現代社会を扱うので時代的変化を受けて内容を変えなければならないケースが多いから、正当といえる意見も半分程度は存在した。だが、無理やり意見を付けたのではないかと思われるケースも10件程度は存在した。

例えば62番のケースである。単元23の右頁上欄に、キャラクターのセリフを4つ掲げ、3つ目に「親が、子供を育てる権利だと言って子供を虐待し、子供の基本的人権を奪うことがあります」、4つ目に「逆に、虐待だと言って親から子供を引き離し、子供を育てる親の権利を奪うことがあります」と記していた。この部分は前回の検定では何の問題もなく合格した記述である。だが、11月27日の検定意見書交付の際、調査官は、審議会からの意見を受けての指摘だと断った上で、「子供を虐待」することが「子供を育てる権利」であると誤解されるなどと指摘した。

62番も3－（3）違反とされたわけだが、なぜ誤解されるか全くわからなかった。だが、検定意見を付けられたものは、仮に検定意見が間違っていても直さなければ検定不合格となるし、1件でも不合格となれば教科書全体が不合格となる。そこで、3つ目を「親が、子供を育てる権利だと言って厳しくしつけすぎ、子供の基本的人権を奪うことがあります」、4つ目を「逆に、厳しいしつけを虐待だととらえて親から子供を引き離し、子供を育てる親の権利を奪うことがあります」と修正して、仮修正表を提出した。しかし、12月27日の調査官の回答によれば、これでもダメだということだった。訳が分からないけれども、1月7日の一次修正表ではこの二つのセリフを削除した。削除によって、62番は検定合格となった。

女子選挙権が帝国憲法下で成立したと書くな

また、例えば女子選挙権の成立について記した77番のケースである。検定申請本では、単元27の右頁に《ミニ知識　各国における普通選挙制度の確立》という小コラムを置き、「わが国の場合は、男子普通選挙権は1925（大正14）年、女子の選挙権は1945（昭和20）年、いずれも大日本帝国憲法のもとで確立している」と記していた。何の間違いもない記述である。

ところが、この記述に対して女子選挙権の確立について誤解する恐れがあると意見が付いた。この意見の意味が全く分からなかったので、12月10日に「現行版と同一文なのに、なぜ意見が付いたのか」と質問した。12日にもらった回答によれば、女子選挙権の確立が占領下であったことに触れよということだった。そこで、12月23日の仮修正表では「わが国の場合は、男子普通選挙権は1925（大正14）年、女子の選挙権は占領期の1945（昭和20）年、いずれも大日本帝国憲法のもとで確立している」と直して提出した。12月27日には〈一応よし〉との回答だったが、「大日本帝国憲法のもとで確立」は要らない、とも言われる。

そして、一次修正表に対する意見を聴いた1月15日には、〈女子選挙権は大日本帝国憲法の成果ではない。戦後改革の中で行われたのだから、「大日本帝国憲法のもとで確立」は削除せよ〉と指示される。

しかし、男子普通選挙権も女子選挙権も「大日本帝国憲法のもとで確立」したことは史実であるから削除するわけにもいかない。そこで、1月22日の提出案では、「わが国の場合、大日本帝国憲法下、男子普通選挙権は1925（大正14）年、女子の選挙権は1945（昭和20）年に確立した。ただし、女子選挙権は戦後改革の中で確立した」と修正した。これで、ようやく1月24日、〈良し〉となつた。調査官又は審議会総体には、帝国憲法のイメージを少しでも良くすることは許せないとの感覚があるようであった。

私には、ほとんど、いちゃもんとしか思えなかったことを思い出す。単純な史実に関する現行版と同一の記述にまで、三度も意見を付けてくるとは本当に執拗でおかしな検定であった。

「政治に従う立場」を削除せよ

しかし、現行版と同一なのに意見が付いたなかで最もおかしな検定意見は、29番であった。29番は、単元10「国家と私たち国民」に対する検定意見である。単元10は、国家と国民個々人の関係を整理し、国家との関係における国民の立場を、政治に参加する立場、政治に従う立場、政治から利益を受ける立場、政治から自由な自主独立の立場という4つに整理して説明するものだった。この単元の文章は、自由社側というよりも、むしろ9年前の検定時に教科書調査官が主導して作った文章だった。少なくとも執筆者と調査官が共同して作ったものだった。それゆえ、この部分に意見が付くことなど思いもよらなかった。

ところが、11月27日に渡された検定意見書には「理解し難い表現」と記されていた。同日の調査官の説明によれば、内容的には問題はないが、日本語的におかしいので整理してほしいということだった。単元10では、リンカーンの有名なフレーズである「国民の、国民による、国民のための政治」を引いたうえで、政治に参加する立場、政治に従う立場、政治から利益を受ける立場という3つの立場があると説明していた。リンカーンの言葉からは政治に従う立場は出てこないから、ここの文章は日本語的におかしくなるとの指摘であった。

この指摘はよく聞いているとわからないではなかったので、リンカーンとは切り離す形で政治に従う立場を説明する文章を、仮修正表、一次修正表、1月22日案と3回作成した。だが、1月24日にはだめだと言われたばかりか、「政治に従う立場」を削除せよと指示された。これは、調査官の意見ではなく、審議会の意見のようであった。そこで、1月28日提出の第四段階案では、「政治に従う立場」を削除したのであった。その後も、この単元では「政治に従う立場」は数か所で出てきていたので消し忘れの問題もあり、30日には消し忘れを指摘された。そういうこともあり、29番が合格となるのは2月5日ころであった。

結局、だまし討ちのような形で、国家との関係における国民の立場から、政治に従う立場が消された。これには、驚き且つあきれるしかなかった。そもそも国民は国家の法律などに従う義務があり、国家との関係で「政治に従う立場」に立っている。このことは、保守派であれ、左翼リベラルであれ、否定できる人はいないはずである。にもかかわらず、最初は日本語的におかしいとして意見を付け、結局は「政治に従う立場」を削除させたのである。

本当におかしな話である。「政治に従う立場」を極端に忌避する人達が、教科用図書検定調査審議会の社会科を扱う第2部会や公民小委員会を占拠しているのであろうか。国民の「政治に従う立場」を否定するならば、国家の治安や秩序は壊れていき、国家は内部から崩壊していくであろう。この十数年間、戦後の公民教育の目的の一つは国家解体であると思うことが多々あったが、今回の検定を受けて、その思いは確信に変わった。

検定意見の過半は不当意見

検定基準 3－（3）を使った検定意見や現行版と同一の記述に対する検定意見の多さを振りかえれば、文科省が無理やり検定意見の数を増やそうとしていたことが良くわかる。無理に増やそうとすれば、当然不当な検定意見の数も増加する。129 件の検定意見について分類すると、次のようになる。

A、自由社側のミス……誤記誤植や内容の間違い……21 件

B、自由社側のミスとは言い切れないが、正当な意見……14 件

C、正当な意見かわからぬが、意見を付けることが了解できるもの……23 件

D、検定意見自体が不当なもの……57 件

E、検定意見自体は不当でないかもしれないが、検定過程が不当なもの……14 件

5 種のうち、ABの 35 件は正当な意見といえるし、C の 23 件は正当とも不当とも言えない意見であるのに対し、DEの 71 件は不当な意見といえる。検定意見の過半が不当な意見だったのである。

三、グローバリズムに偏った検定

核抑止論的考え方を排除せよ

では、不当な検定意見や検定過程は、どのような思想から行われているのであろうか。第一に見て取れるのはグローバリズム思想に偏った検定が行われているということである。そういう意見は 14 件あった。例えば単元 1「グローバル化が進む世界」には、2番や3番など 7 つもの検定意見が付いた。この単元は8割方現行版と同じ記述であったし、その同じ記述に対して5つもの意見が付いたから、私はとても驚いた。5つのうち7番だけは誤植に対するものだったから正当な意見であったが、後は不当とは言えなくても正当な意見とはいいがたかった。

例えば3番である。検定申請本は現行版と同じく、側注①で、「両陣営が保有する核兵器の恐怖から、第三次世界大戦にはいたらなかったが、対立は激しかった。この対立を武器を使わない戦争という意味で、冷戦といった」と説明していた。この傍線部に対して、3番の検定意見は、検定基準2－（6）を適用して「一面的な見解を十分な配慮なく取り上げている」と指摘していた。11 月 27 日の検定意見聴取の際には、「核抑止以外の考え方を 1 行でも触れよ」と指示された。

この指示は納得できるものだったので、12 月 23 日に送った仮修正表では、「両陣営が保有する核兵器に対する恐怖と核兵器に反対する国際世論とから、第三次世界大戦にはいたらなかったが」と修正した。だが、12 月 27 日には、「国際世論について検証できないからキューバ危機の経緯を書くと良い」と言われる。そこで、1 月 7 日提出の第二段階修正案にはキューバ危機について説明したうえで冷戦の成立を記した。だが、1 月 15 日には、キューバ危機について詳しすぎるから簡略にせよと言われる。そこで第三段階修正案では少し短くした修正案を出したところ、1 月 24 日には少し誤

りがあるから修正しろと言われる。調査官の指示通りに直してきたのに、またも修正要求があったことに嫌になったが、次のような第四段階修正案を作成して提出した。

「そして、1962年10月、社会主義国キューバがソ連の援助で核ミサイル基地を建設したことが明らかになり、アメリカが海上封鎖を行うと、第三次世界大戦、核戦争の危機が迫った。アメリカと旧ソ連の首脳は、戦争防止のため交渉を重ね、アメリカは侵攻しない、旧ソ連は核ミサイル基地を撤去する、という合意を成立させた。この経験をふまえて、アメリカと旧ソ連は激しく対立しながらも、武力による直接対決をさけ続けてきた。この対立を、武器を使わない戦争という意味で、冷戦といった」。

1月30日、ようやく「これでよい」となった。11月27日には1行ほど書き足せばよいと捉えていたが、結局、言われるがまま4回も修正案を作っていくうちに、3倍程度に膨れ上がってしまった。また、原文にあった核抑止論的考え方も消されてしまった。出来上がった案にも核抑止論的なニュアンスが残っているとはいえ、調査官や審議会には、グローバリズムを重視する立場から、国家主権を重視する思想につながる勢力均衡論的考え方を排除したいとの思いがあるようである。

「国家とナショナリズムの復権」が消された

グローバリズムの立場から国家を排除しようとする検定側の思想が一番現れたのは、6番の検定意見であった。検定申請本は、単元1の最後に次のように記していた。

「国家とナショナリズムの復権

そこで、グローバル化がもつ危険をコントロールすることは国家の役割であると考えられるようになりました。このような考え方は、欧米諸国で急速に拡大し、2016年6月、イギリスは国民投票でEU離脱を決めました。2017年1月、グローバル化の本家であるアメリカでも、「アメリカ第一主義」というナショナリズムを唱えるトランプ大統領が誕生しました」。

この記述に対して検定意見6番が付けられた。検定意見書には、〈グローバル化とナショナリズムの関係について生徒が誤解するおそれのある表現である〉と記されていた。11月27日には、調査官は、書いている内容に問題はないし、「国家とナショナリズムの復権」という小見出しを使ってもよいと述べたうえで、〈グローバル化がもつ危険のコントロールは税制などに関するグローバルな協力によっても行なわれようとしているから、この点を書け〉と要求した。

そこで、第一段階修正案で国際連帯税の話を入れ込み、第二段階ではグローバルな協力に関する記述を増やした。すると、1月15日には、〈小見出しと内容が合わなくなっている。小見出しを、「反グローバリズムの動き」にしろ〉と言われた。小見出しはこれでいいと言っていた11月27日の話とは違うし、小見出しが変われば全体的な趣旨も変わってしまうから、本来ならば論争しなければならないところである。しかし、2月12日提出予定の修正表を作成する時間的余裕がなかったから論争している暇はなく、第三段階修正案では、小見出しを「国家とナショナリズムの復権」から「反グローバリズムの動き」へ変更した。1月24日には〈これで良し〉となったので、6番は終わったと考えていた。ところが、そうはいかず、1月30日には次のような修正案を提示された。

「<u>反グローバリズムの動き</u>

<u>そこで、グローバル化がもつ危険をコントロールすることが考えられるようになりました。その1つが国家の役割を強くする考え方です。</u>このような考え方は、欧米諸国で急速に拡大し、2016年6月、イギリスは国民投票でEU離脱を決めました。2017年1月、グローバル化の本家であるアメリカでも、「アメリカ第一主義」というナショナリズムを唱えるトランプ大統領が誕生しました。<u>もう1つは、国を越えた協力によって危険をコントロールしようという考え方です。例えば、国際連帯税導入の動きは、税制に関するグローバルな協力ということができます</u>」。

これをそのまま受け入れ、2月3日に第五段階修正案として提出し、〈これで良し〉となった。傍線部が検定過程で追加された部分である。原文の内容はそのま

ま残っているが、追加された内容の方が多少とも目立つようになってしまった。

しかし、第三段階修正案と同じく、小見出しと文章が合っていないし、小見出しにはナショナリズム肯定の思想が残っている。そこで、修正表提出後の2月20日、調査官から小見出しを「グローバル化への対応」へ修正せよと要求される。この要求も受け入れざるを得なかった。完全に消えたわけではないが、国家とナショナリズムの思想は、見事に目立たなくされてしまったのである。

国家を消せ……15、122番

ナショナリズムや国家を消せという姿勢は、9年前の検定時も感じたことだが、教科書調査官や審議会には一貫して存在する。

例えば15番のケースである。検定申請本の単元4「現代日本の課題」では、4つの小見出し部分のうち、2番目と3番目の小見出し部分で少子高齢化問題を扱い、1番目の小見出し「目標の喪失」部分では国家目標の喪失問題を扱い、4番目の小見出し「国民としての自覚の大切さ」部分では拉致問題を引きつつ国家の使命に注意を喚起しながら国民としての自覚の薄さを問題として取り上げていた。この単元は現行版をほとんど変えず、少しだけ増補した部分であった。

だが、2番目と3番目の小見出し部分に対して15番の検定意見が付いた。だから、本来は、1番目と4番目の小見出し部分に対して修正要求はできないはずである。しかし、12月17日には、〈書いてもらって困る箇所はないのだが、少子高齢化がこの単元の中心であることがわかるようにしてほしい〉と言われる。それゆえ、第三段階では「国民としての自覚の大切さ」部分を丸ごと削除し、第四段階では「目標の喪失」部分を丸ごと削除することになった。結局、国家の思想につながる部分は丸ごと消されたのである。

また、例えば122番のケースである。〈もっと知りたい　日本人拉致問題〉の大コラムでは、拉致被害者を取り戻せない日本と比較する形でレバノンが自国の拉致被害者を自力で取り戻したケースを紹介したうえで、次のように記していた。傍線部が問題にされた記述である。

「レバノンにできたことが、なぜ日本にはできなかったのか。それは国家主権意識の違いである。 レバノンなど普通の国にとっては、自国民が拉致されるということは国家主権を侵害されることを意味する。したがって、普通の国は、武力に訴えてでも拉致被害者をとり戻さなければならないと考える。しかし、国家主権意識のうすいわが国は、問題を直視せず、問題発生以来20年間も、問題解決から逃げ続けてきた」。

この122番は最後まで揉め続けた。最初は「武力に訴えてでも」や「普通の国」という表現が問題にされた。それらを別の表現に直したが、1月15日、調査官は、レバノンと日本の違いは国家主権意識の違いではないと言い出した。これにはびっくりしたが、24日にも同じことを言われるし、30日の文科省での聴き取りの際にはレバノンの話をすべてカットする案さえも浮上する。

だが、私は、レバノンの話をどうしても残したかった。そこで、レバノンの話を残したうえで第五段階案として2月3日案を作成したが了承を得られなかったので、5日案を提出した。しかし、それでもダメだった。結局、最終的には2月10日に調査官から提案された案を呑むことにして、122番の問題は解決した。実に、7回目の修正案で初めて調査官と折り合いをつけたのであった。折り合いがついて合格となった記述は以下のとおりである。

「国家にとって自国民が拉致されるということは 国家主権を侵害されることを意味する。したがって、どうしても拉致被害者を取り戻さなければならない。わが国は、問題発生以来20年間も、有効な手を打つことができなかったのはなぜだろうか」。

国家主権意識の問題が消えてしまったことに注目されたい。

改革病に陥った検定――30番

グローバリズムへの偏りと関連して、気になった検定意見があった。30 番である。申請本は、単元 12「対立と合意、効率と公正」の側注②で、次のように記していた。

「合意せず対立のままやり過ごす方が良い場合がある。解決策を検討する場合、現状との比較考量が必要である。特に現状案が長く定着してきたものである場合には、何らかの良い点があるのではないかという考え方が必要である」。

これに対しては〈対立と合意の関係について生徒が誤解する〉との意見が付いた。11 月 27 日には、検定側はともかく生徒同士が話し合うことが大事だと述べていたので、第一段階では次のような修正案を立てた。

「解決策を検討する場合、現状との比較考量が必要である。特に現状案が長く定着してきたものである場合には、何らかの良い点があるのではないかという考え方が必要である。良い点が見つかった場合には、安易に現状を変更せず、現状維持でいくことを合意するのが良い」。

検定側の意向を取り入れたので了承が得られると思ったが、12 月 27 日、〈良い点が見つかったら変更しないというのはおかしい。変更する場合もしない場合もある〉と言われる。録音を聞いて私は「安易に」と限定しているのにおかしなことを言うと思ったが、もう一度修正案を立て、傍線部を「良い点が見つかった場合には、現状の長短と改革案の長短を比較考量し、優れた方の選択を合意するのが良い」と修正した。

言うとおりに2回修正したのだからこれですり合わせができると思ったが、ダメだった。要するに、検定側にとっては、対立がある場合に何らかの改革をせず現状維持策をとるということが許せないようであった。小泉政権以降、グローバリズムに基づく改革病が蔓延し、日本社会や国家をどんどん破壊してきたが、検定側はまさしく改革病に罹患しているのであった。第三段階修正案では側注②を全面削除せざるを得なかった。

四、全体主義的民主主義の立場からの検定

(1) 権威と権力の分離を消せ――38、39、45 番

権威と権力の分離は立憲主義と関係ない

グローバリズムへの偏りだけではない。政治体制をめぐる検定、端的には立憲主義をめぐる検定も偏向したものだった。立憲主義関係の不当意見は、16 件に上った。何よりも、権威と権力の分離の思想が徹底してつぶされた。前回の検定よりも、権威と権力の分離の思想に対する敵意はすさまじいものがあった。

まず、単元 15「立憲主義の誕生」について、38、39 番と二つの意見が付いた。この単元では、「立憲主義の成立」との小見出し下、法治主義と権力分立を立憲主義の重要な要素として挙げたうえで、次のように権威と権力の分離の重要さを強調していた。

「同じく、抑制と均衡の考え方から、権威と権力を分離し、権威を国王が、権力を首相が分担するイギリスなどの立憲君主制が生まれました。この権威と権力の分離の思想は、君主のいない国家にもとり入れられています」。

イギリスなどの立憲君主制は、権威と権力の分離の上に成立している。また、ドイツの例が典型的だが、一部の共和制国家でも大統領は権威を、首相は権力を分けもつ形が一定程度とられている。つまり、上記記述は明確な史実である。だが、「生徒にとって理解し難い」との検定意見 38 番が付いた。11 月 27 日の回答では、権威と権力の分離は立憲君主制と関係ないということだった。

また、右頁上欄に「ミニ知識　権威と権力」という小コラムを置き、権威と権力の説明を行うとともに、両者の分離の重要さを説いた。これに対しても検定意見 39 番が付いた。39 番にも「生徒にとって理解し難い」と書いていた。

前回検定の経験から、権威と権力の分離に対する調査官の敵意を知っていたから、最終的には削除されてしまうだろうことを覚悟しながら何とか色々な修正案を立てて抵抗したが無駄だった。ミニ知識は第三段階で、上記単元本文は第五段階で全面削除されてしまった。

更に、間接民主主義が立憲主義の重要な要素であることを展開した単元17「立憲的民主主義」では、「こうして、法治主義、権力分立、権威と権力の分離、基本的人権の尊重とともに、間接民主主義が立憲主義の重要な要素となったのです」と記していた。これにも、検定意見45番が付いた。権威と権力の分離は立憲主義とは関係ないと指摘された。これについても抵抗し続けたが、やはり第五段階で傍線部を削除して初めて合格となった。

権威と権力の分離は立憲主義の要素である

しかし、全面削除された〈ミニ知識　権威と権力〉で説いたように、権威と権力の分離は重要なものである。もう一度言うが、日本やイギリスなどの今日の立憲君主制国家では権威と権力の分離が行われ、国王が権威を、首相が権力の役割を果たしている。国王が権威の役割を担うのは、国の伝統や歴史を背負う存在であるからである。そして、首相の権力は、権威たる国王による任命によって、正当性を保障される。

権威というものは、歴史や伝統を背景に、国民を一つに結合する作用をもつ。対して、権力というものは、時に国民を分裂対立させる作用をもつ。権力を握る者は、法の遵守を国民に対して強制しなければならないし、国内で激しく意見が対立するときも、反対者の意見を退けなければならない。このような時に国内に生まれる分裂や対立を緩和するのが権威を担う者の役割である。権威と権力の役割は、相当に矛盾するものなのである。

それゆえ、権威と権力をそれぞれ別の人間が担当する政治体制の方が優れており、温和な政治、国民に幸福をもたらす政治を生み出す。対して、権威と権力を一人の人間が兼ねていれば、絶対王政による専制政治やフランス革命時の恐怖政治と類似した政治を生み出す危険性が高まる。20世紀以降の現代でも、権威と権力を一身に兼ねた毛沢東やスターリン、ヒトラーによる恐怖政治または専制政治が生み出されてきたことに注目しなければならない。ついでに言えば、今、隣の国で第二の毛沢東が生まれていることに目をつぶるべきではないであろう。

振り返れば、そもそも立憲主義とは、専制政治や恐怖　政治を防止し、温和な政治を実現するためにこそ生まれたものである。だからこそ、権威と権力の分離は、権力分立や間接民主主義などとともに、立憲主義の重要な要素として捉えなければならないのである。

(2) 天皇元首論と立憲君主制論をつぶせ

公権解釈は立憲君主制論で天皇元首論

なぜ、このように重要な権威と権力の分離を、検定側は目の敵にするのか。それは、「権威を国王が、権力を首相が分担する」立憲君主制として、現代日本を捉えたくないからだ。彼らは、天皇は権力でも権威でもなく、国旗と同じような象徴に過ぎないと捉える。

「日本国憲法」の天皇条項を検討してみよう。第1条をみると「天皇は、日本国の象徴であり日本国民統合の象徴」と規定されている。第4条では、天皇は「国政に関する権能を有しない」とされる。それゆえ、天皇が象徴であることは明確だし、権力ではないことも明確である。

しかし、第6条によれば、天皇は行政権の最高責任者であり最高権力者である内閣総理大臣を任命する。この任命によって、総理大臣は正当性を与えられる。日本の最高権力を正当化する存在は、単なる象徴ではなく、まさしく最高権威である。象徴と権威を兼ね備える存在は元首と位置づけられる。

現代日本の政治体制は、権威と権力の分離、すなわち「権威を天皇が、権力を首相が分担する」立憲君主制であるし、天皇は元首である。立憲君主制論も天皇元首論も公権解釈である。61頁側注④⑤でも引いたように、1973（昭和48）年6月28日の参議院内閣委員会で、吉国一郎内閣法制局長官は立憲君主制論と天皇元首論を展開した。

また、同年6月7日の衆議院内閣委員会で、田中角栄総理大臣も天皇元首論を展開し、外国人は皆天皇を元首と考えていると述べ「憲法上も元首ではないというような規定はないわけでございますし、学問的な問題から考えてみても、憲法をよく読んでみますと、国民統合の象徴として代表者であるという意味で、そういう二段構えで言うと、その意味では元首と言って一向問題はない」と述べている。

更に、日本政府が外国に対して天皇元首論の立場を明確にしたこともある。1988（昭和63）年9月21日付英国紙デーリー・スター9月21日号が昭和天皇を誹謗する記事を載せたとき、9月22日、千葉一夫駐英大使は、日本政府を代表して次のように英国政府とデーリー・スター紙に抗議した。

「日本国政府は、九月二一日付「サン紙」に「地獄が極悪天皇を待っている」と題し、日本国の元首である天皇陛下を誹謗する社説を掲げたことに対し、強く抗議する」（小林栄三他『天皇制と国民主権』1989年、新日本出版社、299頁）。つまり、公権解釈上、現代日本の体制は立憲君主制であり、天皇は元首なのである。

総理大臣元首論に基づく検閲

ところが、検定側は、総理大臣元首論をかざして天皇元首論を否定し、天皇が元首ではない以上立憲君主制論は成り立たないとする。11月27日、38番の議論の際、私は〈天皇元首論、立憲君主制論は国家の立場である。それをなぜ排除するのか全く分からない〉と突っ込んだ。対して、調査官側は、〈総理大臣元首論が通説である〉として、天皇元首論や立憲君主制論を否定した。この論争は9年前と同じものだった。

しかし、学説よりも公権解釈の方が重いはずである。前回の検定について分析した『公民教科書検定の攻防』（自由社、2013年）の中でも、「検定が検閲に逸脱している」と記したが、公権解釈をしりぞけるなど、特定の思想勢力による検閲であると言うべきではないか。

しかも、そもそも総理大臣元首説は通説どころか、少数説に過ぎない。手元の11ほどの憲法解釈書を検討してみると、元首論を論じているものは7種だけであった。順にみれば、宮沢俊義『全訂　日本国憲法』（初版は1955年、1978年全訂版）は内閣元首論、鵜飼信成『要説　憲法』（弘文堂、1960年初版、1981年版〔部分補正〕）は内閣総理大臣元首説、小島和司『憲法概説』（良書普及会、1987年）と長尾一紘『日本国憲法』（2011年、世界思想社）は、天皇元首論と天皇君主論を肯定する。佐藤幸治『憲法』（1981年、青林書院）と芦部信喜『憲法　第5版』（2011年、岩波書店）は、天皇元首論を取り上げ、肯定論も否定論も成り立つとしつつ否定論に与している。斎藤康輝・高畑英一郎編『憲法』（弘文堂、2017年第2版）は、政府見解は立憲君主制論であることを記し、天皇元首論にも理解を示している。

宮沢の内閣元首論は、元首は一人でなければおかしいから成り立たない説だし、純粋な総理大臣元首論は鵜飼只一人である。対して、天皇元首論は少なくとも二人、多めに数えれば、五人いることになる。学説を重視するにしても、総理大臣元首論よりも天皇元首論の方が相応しいことになるのである。

このように、検定側が公権解釈を否定する根拠が少数説に過ぎないとなれば、天皇元首論や立憲君主制論をめぐる検定は、更に検閲であると断定できるであろう。

立憲君主制論をつぶせ— 53、59、60番

それゆえ、『新しい公民教科書』は、単元20「日本国憲法の原則」の中で、「日本国憲法」の原則の一つとして「イギリスに学んだ立憲君主制」というものを挙げていた。

この記述については「象徴天皇制について誤解するおそれがある」として53番の意見が付いた。何としても立憲君主制論を通したかった私は、第二段階に当たる一次修正表では「イギリスに学んだ立憲君主制（象徴天皇）」と修正するが、1月15日には、立憲君主制の原則を象徴天皇制の原則に変えろと言われる。そこで、第四段階に当たる1月27日提出案では「イギリスに学んだ象徴天皇の原則」と修正し、第五段階案では「イギリスに学んだ」を削除して現行版と同じ記述に変更し、2月5日にようやく〈これで良し〉となった。

単元20では、本来ならば天皇は元首であるとストレー

トに書くべきところだが、「諸外国では、天皇が国家の元首とみられています」と弱気な書き方をした。調査官が天皇元首論を忌み嫌っていることをよく知っていたからである。

この弱気な元首論自身には意見が付かなかったが、単元22「天皇の役割と国民主権」の最後に次のように記していた。

「そのため、天皇は、政治に対して関与しない立場をつらぬくことで、つねに、国民の一部ではなく、国民の全体を代表し象徴することが期待されています。

君主の統治権の運用を憲法で規定することで、国民の自由および国政への参加を保障した立憲君主制は、世界40か国あまりで採用されています。国家および国民統合の象徴として、公正中立な態度を貫いている天皇は、現代の立憲君主制の模範 となっています」。

この記述の最初の傍線部には〈象徴の意味について生徒が誤解する〉と検定意見59番が付いた。2番目の傍線部にも〈象徴天皇制について生徒が誤解する〉と検定意見60番が付いた。

59番から見ていくと、12月12日には、天皇について「代表」という言葉を使うなと要求され、第一段階修正案で「代表」を消去することにした。この部分には他の要求も次々行われ、更に2回修正して、1月24日、ようやく合格となった。しかし、田中首相も「国民統合の象徴として代表者である」と述べていたから、変な話ではある。さらに言えば、育鵬社現行版も「中立・公平・無私な立場にあることで日本国を代表し」(51頁)と記している。育鵬社ならよいが自由社には許せないという感覚があるようであった。

同じ感覚は、60番をめぐる問答でも見られた。60番は、「現代の立憲君主制の模範」という表現を問題にするものだった。12月27日には、日本は立憲君主制ではないのだから表現を変えよと言われる。このとき、自由社側は、育鵬社現行版が「現代の立憲君主制のモデル」としているから我々の表現でもよいではないかと主張したのに対して、調査官側は「育鵬社は日本が立憲君主制かどうかは明言していないから構わない」と逃げた。「模範」と「モデル」でどう違うかよくわからなかったが、第二段階修正案では「現代の立憲君主制のモデル」と修正した。だが、1月15日には「現代の立憲君主制のモデルの一つ」にしろと言われる。「モデルの一つ」では癪だから、第三段階では「現代の立憲君主制が目標とするモデル」としたが、1月24日には「現代の立憲君主制が目標とするモデルの一つ」とせよと言われ、それをそのまま受け入れた第四段階案で合格となった。検定側としては、この書き方は立憲君主制を認めたことにはならないと考えたのである。

しかし、もう一度言うが、立憲君主制論は政府解釈である。この政府解釈を否定する検定とは、単に不当検定であるだけではなく、検閲と言って差し支えなかろう。

(3) 主権権力説による国民主権理解

主権者から天皇を排除せよ——52番

立憲君主制論を否定する背景には、〈天皇は象徴に過ぎない〉という消極的象徴天皇制論がある。宮沢俊義に始まる憲法学界の多数説である。

彼ら消極的象徴天皇制論の学者たちは、「主権の存する日本国民」の中から、無理やり天皇を排除する。天皇を主権者の一員と捉えれば、首相を任命し現実に元首の役割を果たしている天皇を最高権威であり元首であると認めないことはおかしなことになるし、天皇を元首と認めれば象徴天皇制論は崩壊し立憲君主制論をとらざるを得なくなるからである。

ところが、あまり知られていないことであるが、天皇を含む全国民主権説は公権解釈である。それゆえ、検定申請本は、単元20の本文で全国民主権説を展開し、この説を根拠づけるために側注②で次のように記していた。

「1946(昭和21)年6月26日衆議院本会議の場で、憲法学者でもある金森徳次郎憲法改正担当大臣は、「この憲法の改正案を起案致しまする基礎としての考え方は、主権は天皇を含みたる国民全体に在り」ということだと説明した。この天皇を含む全国民主権説は、わが国の公権解釈である」。

この記述に対しては、「生徒が誤解する」と検定意見52番が付いた。12月27日、調査官は、「日本国憲法が成立する以前だから、公権解釈とはいえない。国民から天皇を外せば暴動を国民が起こすかもしれないから、こういったのだ」と述べた。議会が全国民主権説をとらなければ「主権者」とされる国民が暴動をおこしたかもしれないと推測されるならば、なおさら全国民主権説が正しいということになるはずである。にもかかわらず、このように述べたのである。

補足すれば、1946年7月25日、北昤吉（自由党議員）は、衆議院の憲法改正特別委員会小委員会で国民主権の明記を提案するさい、「天皇を含んだ国民全体に主権が存する」と述べている。この小委員会は秘密委員会だから暴動を心配する必要はないし、国民主権明記案の実際の提案者の言葉だから、立法者意思の表明として尊重しなければならないはずである。つまり、公権解釈とまで言えないとしても、金森や北の考え方は立法者意思として最も尊重しなければならないはずである。

さらに言えば、橋本公亘『日本国憲法』（1980年、有斐閣）や大石義雄『日本国憲法の法理』（1965年、有信堂）は、天皇を国民主権の国民の中に含める見解をとる。憲法学説のなかにも全国民主権説があることに注目されたい。

そこで、第二段階修正に当たる1月7日の修正表では、金森と北の説明を並べたうえで、傍線部を「すなわち、憲法審議を行った帝国議会の立場は、天皇を含む全国民主権説である」と修正した。それでも〈これで良し〉とならなかったので、第三段階で全面削除して合格となった。そして第四段階では、検定意見51番によって、単元本文からも天皇を含む全国民主権説は消えていった。

祖先や子孫も排除せよ――57番

消極的象徴天皇制論の学者たち、いや戦後日本の学者たちは、主権者の中から天皇を排除するだけではない。今生きている天皇及び国民の祖先や子孫たちも排除する。

これに対して、検定申請本は、単元22「天皇の役割と国民主権」の側注③で、主権者とされる国民の中に祖先や子孫も入れ込む説明を行っていた。単元本文の「国民主権」という箇所に付された側注③では「憲法における「日本国民」とは、現在この瞬間に生きている私たちの世代だけを意味するのではなく、祖先から子孫までをふくむ、わが国の歴史に連なる全国民のことを指していると理解できる」と記していた。

要するに、1条の「主権の存する日本国民」の中に「祖先から子孫までをふくむ、わが国の歴史に連なる全国民」を含むと述べたのである。これは、西部邁が『私の憲法論』（徳間書店、1991年）で述べており、極めて真っ当な考え方である。

しかし、この記述に対して、「生徒が誤解する」と検定意見57番が付いた。そこで第一段階修正案では、冒頭に「日本の長い歴史を尊重する立場からすれば」という言葉を入れることにした。我々は、法を解釈する際、条文だけではなく、日本の歴史や伝統をも重視する態度をとる。その態度から、この言葉を入れ込んだのである。

これに対して、消極的象徴天皇制論の学者たちは、憲法解釈の際、条文のみを重視し、日本の歴史や伝統を無視する態度を持している。調査官も同じ態度から、12月27日の意見聴取の際、上記修正案に対して、〈法律の解釈だから、いま生きている国民だけだ。歴史は関係ない〉と言う。第二段階の1月7日修正表では、側注③は全面削除されてしまった。

主権権威説をつぶせ――51番、58番

以上、〈天皇は象徴に過ぎない〉とする消極的象徴天皇制論の立場から、調査官側は、権威と権力の分離という現実を見ないことにし、立憲君主制論と天皇元首論を忌み嫌い、全国民主権説を排除した。また、「日本国憲法」第4条「国政に関する権能を有しない」を拡大解釈して天皇は権威でもないとした。さらに、このことを基礎づけるために、主権を権力と解釈してきた。そして、「国民主権とは国の政治のあり方を最終的に決定する権力が国民にあるという意味である」とほとんどの公民教科書に書かせてきた。この主権権力説は、自由社の現行版も書かされている。主権＝権力とすれば、第4条で権力ではないとされた天皇を主権者の位置から簡単に追放することができるからである。

しかし、現実に、天皇は元首であるし、首相を任命する最高権威である。首相や最高裁長官は、天皇に任命されることによって、権力としての正当性を得ている。これらの現実は、「主権」とは最高権威のことであるとして、主権者の中に天皇を含める方がうまく説明することができる。それゆえ、検定申請本は、単元20で国民主権について次のように説明していた。

「国民主権とは、国家の政治権力を生み出す源泉、すなわち政治権力を正当化する最高の権威が天皇を含む全国民にあるということです。いっぽう、政治権力は国民の代表者にあるということになります」。

いったん「天皇を含む全国民」に最高権威があると説明されるならば、最高権威は一人の人間が担うべきだから当然に天皇が最高権威として位置づけられることになる。そこまで申請本は展開していないが、主権権威説の方が現実をうまく説明できることには変わりないのである。

しかも、「日本国憲法」前文は、「そもそも国政は、国民の厳粛なる信託によるものであつて、その権威は国民に由来し、その権力は国民の代表者がこれを行使し、その福利は国民がこれを享受する」と述べている。すなわち、権威と権力を分離させて捉え、権威を国民に、権力を国民の代表者に振り分けているのである。

この前文を受けて、小嶋和司（東大系学者では最も優秀な学者である）は、『憲法概観』（1986年、有斐閣）で、前文の言う国民主権とは「国の統治権の正統性の根拠の所在を示してもちいられる」（34頁）と述べている。「正統性の根拠の所在」とは権威の所在ということである。主権権威説は、橋本公亘も、大石義雄や阿部照哉など有力な憲法学者もとる説である。

しかし、単元20の上記記述には、〈国民主権について生徒が誤解する〉との検定意見51番が付いた。単元22にあった同様の記述に対しても、検定意見58番が付けられ、同じ指摘がなされた。

12月27日、調査官に対して、51番、58番と53番について修正しない意向を伝えた。だが、51番のやり取りの中で、「修正しないということはあり得ない。審議会に説明ができない」と言われる。更に「どういう形でも修正が必要」と言われたので、「どういう修正をするべきか」と聞いたが、明確な答えはなかった。

ともかく、どんなに不満でも、仮に意見が完全な間違いであったとしても、修正しなければ不合格となる。53番は前述のように解決したが、51番と58番については、1月15日になって、主権は権力でもあるということを書けと言われる。そこで第四段階では主権とは権威でもあり権力でもあると記し、合格となった。

（4）直接民主主義を評価し専制政治を擁護する

主権権力説による直接民主主義万歳……42、43、44番

主権権力説は、直接民主主義的方法を拡大する根拠となる。対して、我々のような主権権威説は間接民主主義と相性が良い。

ともかく、調査官も審議会も直接民主主義が大好きである。例えば、単元17「立憲的民主主義」の側注②では、検定申請本は「一般に、部同士の話し合いは、各部の代表者が集まって話し合う間接民主主義の方法がとられている。それは、学校のような小さな社会でも、直接民主主義の欠点が自覚されているからである」と記していた。この傍線部に検定意見43番が付けられ、「生徒が誤解する恐れがある表現である」と意見が付いた。そこで、第一段階で傍線部を削除した。

また、左頁3行から右頁6行にかけて42番の意見が付き、「生徒が誤解する」と指摘されていた。これは、最後の「ですから、間接民主主義の方が、専制政治を防ぐために生まれた立憲主義にふさわしい方法なのです」という部分が引っ掛かったのであった。そこで、この部分を削除し、12月27日にいったん了承された。この単元は、近代国家では間接民主主義がとられており、立憲主義の重要な要素であることを展開することが主題であったから、このように書くのは当然であった。

だが、直接民主主義を信奉する調査官らには、上記傍線部削除だけでは足りなかったようだ。いったん了承しておきながら、1月15日には直接民主主義と間接民主主義の短所長所両方を書け、バランスをとれと言い出した。もう一度言うが、この単元は、間接民主主義が立憲主義に合うことを説明する単元である。無茶なことをいうと思ったが、何とかバランスをとりつつ、間接民主主義が立憲主義に合うことを説明する第五段階案を作成し、了承を取り付けた。

さらに、この単元の左頁上欄には、〈ミニ知識　古代ギリシャの直接民主主義〉という小コラムが存在した。その最後の文には「このように、古代ギリシャの直接民主主義には、一方で独裁者が生まれる危険性があり、他方で、独裁を恐れるあまり、有力な指導者を十分育てずに使い捨てにする非効率性があった」と記されていた。このような直接民主主義批判が気に食わなかったのか、ここに検定意見44番が付き、いろいろやり取りを行った。最終的には、第五段階案で傍線部を「古代ギリシャの民主主義」と修正し、小コラムのタイトルも〈古代ギリシャの政治〉と改められた。調査官にとっては、直接民主主義は本当に素晴らしくなければならないもののようである。

主権権力説による専制政治、全体主義の擁護

主権権力説は、直接民主主義と結びつくだけでなく、専制政治や恐怖政治、大量虐殺を生み出す傾向がある。そもそも主権という概念は、16世紀フランスの思想家ジャン・ボーダンが提唱した。ボーダンは、主権権力説に立ち、君主が無制限で絶対の権力をもつとする君主主権説を提唱した。君主主権説は、ヨーロッパの絶対王政を支える理論となり、バラバラであった国家を統一したけれども、専制政治を生み出した。

この絶対王政の専制政治を打倒するために、国民が無制限で絶対の権力をもつという国民主権説が生み出された。しかし、この国民主権説は、議会や大衆運動の支持を受けた指導者が、主権者たる国民の代表であると称して無制限の権力を握り、専制政治や恐怖政治を行う事態をしばしば生み出した。例えば、国民主権の思想が猛威を振るったフランス革命では、三権分立や法治主義などの立憲主義が無視され、議会の支持を得たロベスピエールの個人独裁による恐怖政治が生み出された。

現代でも、国民（人民）が無制限の権力を持つとする国民主権（人民主権）説の思想が、共産主義とファシズムを生み出した。この全体主義体制では、国民（人民）を代表すると称する党による独裁が行われ、百万または千万人以上の虐殺が行われてきた。専制政治・恐怖政治を生み出さないためにも、我々は、権威と権力を分離する体制を評価し、主権権威説を維持するのである。

〈もっと知りたい　国民主権と立憲主義の対立〉では、主権権力説に基づく主権思想の危険性を記し、全体主義による大量虐殺の史実を記した。これには検定意見41番が付き、削除されてしまった。検定側には、後述のように共産主義擁護の傾向もあるのである。

以上、検定側の思想は、政治体制をめぐっては4つの特徴を持っている。何よりも第一に、権威と権力の分離の思想に反対する。第二に、消極的象徴天皇制論の立場から立憲君主制論に反対する。第三に、主権権力説に基づき、主権者から天皇も天皇及び一般国民の祖先や子孫も排除する。第四に、直接民主主義を評価し、全体主義を擁護する。トータル的に言えば、全体主義的な民主主義思想に囚われていると言えよう。

これに対して、『新しい公民教科書』の検定申請本は、何よりも第一に、権威と権力の分離の思想を護持する。第二に、権威と権力の分離を前提に立憲君主制論を展開する。第三に、主権権威説から、主権者たる国民の中に天皇と天皇及び一般国民の祖先や子孫も含めて捉える。第四に、間接民主主義を立憲主義の重要な要素として捉え、直接民主主義を批判的に捉え、全体主義を批判する。しかし、検定過程を通じて権威と権力の分離の思想が徹底的に叩かれてしまい、四点の特徴は、相当に薄められてしまったと言っておかなければならない。だからこそ、『新しい公民教科書』のエッセンスを記したと言うべきものであるが、資料編に掲げた〈もっと知りたい　国民主権と立憲主義の対立〉を是非とも読んでいただきたいと考える。

五、真実を隠蔽する検定

「日本国憲法」成立過程の真実を隠蔽せよ

グローバリズムへの偏向、全体主義的民主主義への偏向に続いて、『新しい公民教科書』に対する検定には、史実無視の問題が強烈に見て取れた。特に、「日本国憲法」の成立過程に関して真実を書かせないという姿勢が顕著であった。

周知のように、そもそも「日本国憲法」は戦時国際法に違反してつくられた。それゆえ、「日本国憲法」無効論が根強く存在し続けている。これは否定できない事実である。検定申請本は、単元19「日本国憲法の成立」の側注②で、戦時国際法を示し、外国に占領されているときの憲法改正を禁じたフランス憲法の条文を示したうえで、「それゆえ、成立過程からして日本国憲法は憲法としては無効であり、新しい憲法は大日本帝国憲法の改正という形で行うべきだとする議論が根強く存在する」と記していた。これに対しては〈日本国憲法の成立について生徒が誤解する〉との検定意見49番が付いた。2回修正したが了解を得られず、第三段階目で無効論の箇所だけ削除し、合格となった。

また、単元19には〈ミニ知識　手紙の検閲を行ったGHQ検閲官の証言〉という小コラムがあった。ここでは、GHQ検閲官を務めた甲斐弦の証言として、庶民が「日本国憲法」成立について関心がなかったこと、美濃部達吉と日本共産党が「日本国憲法」に反対したことを記した。ともに史実であるが、〈日本国憲法の成立との関連が理解し難い〉との検定意見50番が付いた。日本国憲法の成立過程と上記二つのことが関係ないではないかということだった。国民が無関心だったことが成立過程の問題と無関係だというのはとんでもないことだが、到底すり合わせができないと判断した私は、第三段階目で全面削除することにし、合格となった。

「日本国憲法」が成立して74年経過しても、成立過程の真実を隠蔽する検定が行われていることには驚かざるを得ない。

安全保障をめぐる真実を隠蔽せよ

検定では、9条をめぐっても真実の隠蔽が行われている。検定申請本は、単元20「日本国憲法の原則」の〈ミニ知識　9条の背景にあるもの〉で、ルーズベルトの世界構想が9条の背景にあると記した。ルーズベルトは、米ソ等の五大国だけに軍備を認め、他のすべての国から軍備を取り上げることによって世界平和を達成しようと考えていた。と同時に、日本やドイツを二度と五大国に対抗できない国家に作り替えるために、真っ先に軍備を取り上げる予定であった（神谷龍夫『国際連合の安全保障』有斐閣、1978年増補版）。9条とは、このルーズベルト構想の第一段階が日本において実現したものであった。

このことは一般に取り上げられないが、明白な史実である。だが、この史実を書いた部分に対して〈9条の意義について生徒が誤解する〉という54番の検定意見が付いた。11月27日、調査官は、〈9条は、連合国の都合からではなく、国民が二度と戦争はしないという決意のもとに作られたのだ。このことをこのコラムで書け〉と述べた。そこで2回修正案を作ったが、12月27日にも1月15日にも同じことを言われる。

国民の不戦の決意など、昭和21（1946）年当時には存在しない。後に無理に作り上げられたものである。国民は、憲法改正など、何の関心もなかったのだ。調査官の指示通りにしていたのでは嘘を書かされることになるので、第三段階で全面削除することにして了承を得た。

9条又は日本の防衛をめぐっては、他にもおかしな検定が行われた。申請本の単元28「平和主義と安全保障」の側注②では、専守防衛の説明を行い、「防衛出動命令」をめぐる問題点などを指摘しながら、「専守防衛では国を守れないという指摘がある」と記した。このことも明確な事実であるが、〈わが国の防衛体制について一面的な見解を十分な配慮なく取り上げている〉との検定意見79番が付いた。

そこで、11月27日、12月27日、1月15日と3回も専守防衛の問題点を説明し、文章を修正したり短縮したりする改訂案を2度立てたが、了解は得られなかった。結局、第3段階修正案では、専守防衛の問題点を指摘した箇所は全面削除することで了承された。

防衛問題では我々に不満なことは多かったが、最も不満だったのは、戦時国際法が規定する捕虜資格を掲載できなかったことである。検定申請本は、〈もっと知りたい　わが国の安全保障の課題〉という大コラムで、9条解釈をめぐる問題とともに、外国軍に侵略された時を想定して捕虜資格の知識の重要さを、半頁近く使って説いていた。このことを入れたのは、日本国も批准している捕虜条約は、軍隊教育だけではなく国民教育において捕虜資格などを教えることを義務づけているからである。

しかし、この部分には〈わが国の安全保障の課題との関連が適切ではない〉という検定意見80番が付いた。また11月27日と12月27日にも「安全保障の課題ではない」と言われ、同日には「審議会の雰囲気では、捕虜資格の記述が残っているとここの合格は難しい」と言われる。1月15日には〈外国が入ってきたときに戦うというスタンスは、指導要領上認められない〉と言われる。そこで、第三段階では、80番について2回修正案を作り、何とか、捕虜資格の問題が安全保障の問題であることを納得してもらおうとした。だが、取りつく島がなかったので、第四段階では全面削除して了承をもらった。

ともかく、54番や80番の検定を経験して、日本の教科書検定というものは、安全保障をめぐる現実の問題から生徒の目を塞ぐことを一つの目的としていることが良く分かった。条約違反をしてまで、安全保障の現実から目を閉じさせる検定とは、いったい何であろうか。

六、中国様を守れ、共産主義を守れ

中国にも自由がある

最後に述べるべき検定の思想的特徴は、中国擁護、社会主義擁護、韓国・北朝鮮擁護の姿勢である。その中でも、中国擁護の姿勢は最も際立っていた。中国関係で不当な検定意見は12件にも上った。全体を通じて、検定側と我々が最も対立したのは、権威と権力の分離を中心とした立憲主義論の記述と中国やウイグルに関する記述をめぐってであった。

中国・ウイグル関係については、第3章「日本国憲法と立憲的民主政治」と第5章「国際社会に生きる日本」の中で記述した。第3章では単元24「身体の自由と精神の自由」で身体の自由や精神の自由が自由民主主義の政治にとって重要であることを、中国や北朝鮮などの専制政治の国との比較において記した。単元25「経済活動の自由」では、職業の自由や居住及び移転の自由とともに資本主義経済を維持していることが重要であることを、中国や旧ソ連との比較において記した。

この二単元に対しては9件の検定意見が付いたが、単元24に対しては63～66番までの4件が付いた。すべて中国関係の記述に対してである。単元24では、申請本は本文で次のように記していた。

「しかし、中国や北朝鮮といった専制政治の国では、犯罪を犯したわけでもない人たちが、さしたる理由もなく、身体が不当に拘束されています。甚だしくは、「再教育センター」に入れられ、奴隷労働をさせられる人たちもいます」。

この第一文には「生徒が誤解する」との検定意見65番が、第二文には「一面的な見解を十分な配慮なく取り上げている」との検定意見66番が付いた。また、側注②では、中国では「あらゆる面で自由が尊重されていない」こと、特にウイグルにおける「信教の自由」に対する侵害が深刻なことを記したが、1点目については「生徒が誤解する」との63番が、2点目については「一面的な見解を十分な配慮なく取り上げている」との64番の検定意見が付いた。要するに、中国にも自由が基本的に存在しているというのが、検定の趣旨だった。

単元本文も側注②も全て明白な事実を書いたに過ぎない。ここに意見を付けること自体不当であるが、中国・ウイグルに関する記述をめぐっては、立憲主義関係とは異なり、11月27日、12月27日段階では調査官の対応が柔らかい感じがした。基本的には、典拠をきちんと示したり、断定的な書き方から「とも言われている」といった書き方に修正したりすれば、かなりの程度記述内容をそのまま残せるのではないかと感じる対応だった。

その方針で第三段階修正案まで作ったが、1月24日には中国批判の記述が多すぎるから減らせと言われ、第四段階では側注②のうち63番64番の意見が付いた部分を全面削除した。更には、1月30日には、単元本文で中国や北朝鮮のことを書くのはおかしいと今まで言われたことのない指摘をされ、第五段階では、65番66番の検定意見が付いた上記単元本文を削除し、2月5日に合格となった。ここでも、だまし討ちのような検定をされたことになる。小出しに意見を言われ、何度も何度も修正しなければならなかったから、執筆者側は疲れ果てていくことになる。

単元25に対しては67～71番までの5件に加えて63、65番の計7件が付いた。7件のうち63、65、70、71番の4件は中国関係の記述に対するものだった。例えば70番のケースを見ておこう。申請本は、単元25に〈ミニ知識　経済活動の自由、資本主義と信用〉を置き、前半で資本主義経済がきちんと成立するには「信用」というものの成立が重要であることを、後半で「中国では、人々の間で信用というものが十分に成立していない」と記し、毒入り商品や偽物商品のことに触れた。予想通り、〈中国経済について生徒が誤解する〉との検定意見70番が付いた。

しかし、12月12日にもらった回答では、信用が不成立というのは言い過ぎではないか、という程度の指摘であった。思いのほか柔らかい反応のような気がした。毒入りや偽物のことには突っ込みがなかったからである。12月27日の時も同様であった。1月15日には、「人々の間で信用というものが十分に成立していないと指摘する声もある」に直せと言われる。

だから、断定的な書き方さえ避ければ、十分に折り合いが付くと考え、この指摘を即座に受け入れ、修正案を第四段階まで作っていった。しかし、突然、1月30日に調査官の言うことが一変した。〈信用が成立していないのは日本も同じだ。むしろ、スマホ決済が進んでいる中国の方が信用が成立している〉と言い出した。もはや、削除するしかなかった。第五段階ではミニ知識の中国部分は全面削除して、検定合格となった。

旧ソ連を守れ

調査官による中国の美化には驚かされたが、調査官は、社会主義国であった旧ソ連も美化する。単元25の側注②では、「かつてのソ連では、農村戸籍と都市戸籍が分かれており、特に農村から都市への移住ができなかった」と記していた。これに対して〈生徒が誤解する〉と検定意見67番が付いた。「戸籍」という表現は不正確であるから、検定意見自体は正当なものであった。だが、検定過程は相当に不当なものだった。

12月12日の回答では、〈ソ連ではなく、中国のことではないか〉と正しく指摘されたので、第一段階で「かつてのソ連では、地域間の移動が厳しく管理されており、特に農村から都市への移住ができなかった」と修正した。12月27日には一旦〈これで良し〉となった。その後、何ら問題にされなかったが、1月30日になって、突然、〈「厳しく管理されて」いたとは言えないし、「移住ができなかった」とまでは言えない〉と言われる。しょうがないから、第五段階では「かつてのソ連では、地域間の移動が管理されており、特に農村から都市への移住が困難であった」と修正し、合格となった。

しかし、「地域間の移動が管理されており」との書き方は明らかにおかしい。これでは、日本などと同じことになってしまう。日本でも移動の管理はあるからだ。30日より前の公民小委員会か第2部会で意見が出たのであろう。65、66番、70番に関して突然厳しくなったのと軌を一にする動きであった。

「共産党が国家を所有する」を否定せよ

第5章では、単元61「冷戦終結後の国際社会」に6件もの検定意見が付いた。106番と111番は正当な意見だったが、107～110番の4件は不当な意見であった。例えば、「自由と人権を抑圧する中国」との小見出し下、検定申請本は次のように記していた。

「しかし、中国は、欧米や日本などの自由民主主義の国とは異なり、共産党が国家を所有する変則的な国家です。政治的には、議会制民主主義も存在せず、三権分立もない共産党による一党独裁国家です。したがって中国は、表現の自由などの人権を保障せず、特にチベットやウイグル、内モンゴルにおける民族運動に対して激しい弾圧を続けています」。

全くの事実である。しかし、出だしの文には〈生徒にとって理解し難い〉との107番の意見が、小見出し自体と第2文以下には〈生徒が誤解する〉との108番の意見が付いた。11月27日には、107番に関しては「変則的な」という表現をやめればよいと言われた。108番に関しては、「弾圧を続けている」と断定できない、独裁国家ゆえに弾圧するとは言えないと指摘された。

そこで第一段階では「変則的な」をやめ、「弾圧を続けている」ことの根拠を明確にしたので、12月27日には107、108番ともに〈これで良し〉となった。ところが、1月15日になると、調査官の言うことが一変した。恐らく、公民小委員会から何か言われたのであろう。〈「国家を所有する」の表現はやめよ、「議会制民主主義も存在せず、三権分立もない」は要らない、中国なりの論理でやっているんだから〉と要求される。その後いろいろ抵抗したが、第五段階で全面的に受け入れるしかなかった。検定合格の文章は、小見出しも「中国の政治経済体制」と変えられ、以下のようになった。

「しかし、中国は、欧米や日本などの自由民主主義の国とは異なり、共産党が指導する国家です。政治的には共産党による一党独裁国家です。共産党の方針に反する表現、思想、言論の自由などは認められず、特にチベットやウイグル、内モンゴルにおける民族運動に対して激しい弾圧がなされていることが、国連や世界の人権団体により指摘されています」。

単元61で大きく変わったのは、「自由と人権を抑圧する中国」との小見出し部分だけではない。その次の「法の支配をめぐる対立」の小見出し部分も大きく変えられた。ここで申請本は、次のように記していた。

「対外的にも、中国は強権的な姿勢を強めており、2013年、フィリピンが、スカボロー礁の領有権や漁業権について、常設仲裁裁判所に仲裁を依頼した時には、仲裁に応じること自体を拒否しました。そして、2016年に仲裁裁判所が中国の領有権主張に国際法上の根拠がないと決定した時には、この決定を「紙くず」だと言って無視しました。国内的にも法を重視しない中国ですが、国際法さえも無視する態度を示しているのです」。

この傍線部に「生徒が誤解する」との検定意見110番が付いた。11月27日には、後半の「国際法さえも無視する」だけが問題にされ〈断定的すぎる。「無視する」というのがまずい〉と言われた。そこで第一段階では「国際法さえも軽んじる態度」と修正した。すると、12月27日には前半の「国内的にも法を重視しない」が問題とされ、〈断定的過ぎる〉と言われたので、第二段階では「国内的にも法を軽んじる」と修正した。これで終わりだと思ったが、1月15日、〈この段落にとって、国内法の話はいらないのではないか〉と言われたので、第三段階では前半を削除した。

これでいくら何でも終わりだと思ったけれども、そうはいかなかった。1月24日には〈中国にも論理がある。「軽んじる」とは言えない〉と言われる。中国擁護の姿勢にはあきれるしかなく、第四段階では傍線部全体を削除して、合格した。

110番については、検定意見自体も不当だが、それ以上に検定過程が不当だと言うべきである。わずか

40字弱の一文に対して、それぞれ違う意見を4回も付けて4回も修正案を作らせるやり方は尋常ではない。我々を疲れさせて検定合格を諦めさせようとしているのではないかと感じた。他の検定意見でも同じ思いを抱くことがしばしばであった。

北朝鮮を擁護せよ、韓国を擁護せよ—119、120番

また、第5章では、〈もっと知りたい　近隣諸国の人権問題〉に115、118～120番の不当な意見4件が付いた。そのうち115と118番は中国によるモンゴル民族などへの弾圧の記述に対する意見である。119番は北朝鮮の、120番は韓国の人権問題に対する意見であった。

119番からみよう。申請本は、「北朝鮮および韓国の人権問題」の小見出し下、「1950年には韓国に対し朝鮮戦争をしかけ、その過程で韓国国民数万を北朝鮮に拉致している」と記していた。これに対して、〈断定的すぎるから生徒が誤解する〉との意見が付いた。そこで、第一段階で「韓国側の発表によれば」拉致があったという形に修正し、12月27日に〈これで良し〉との回答をもらった。

だが、1月15日以降、雰囲気が一変し、15日、24日、30日とそのたびに調査官の意見が変化し、30日には初めて〈朝鮮戦争時の拉致を書くのはおかしい〉と言い出した。結局、第五段階でこの記述を全面削除し、合格となった。

次に120番を見よう。申請本は同じ小見出しの下、次のように記していた。

「韓国においては、日本の朝鮮統治時代を評価するなど、歴史問題で韓国政府の公式見解と異なる言論活動を行うと、厳しく抑圧される傾向がある。また、2005年に成立した「親日反民族行為者財産の国家帰属に関する特別法」により、日本統治下に日本に協力した人たちの財産を国家に帰属させることが法律で定められた。これは法律上は遡及法（過去の例を現代の法律でさかのぼって裁く）行為であり、近代的な法理念に反する行為である」。

別に間違った記述ではない。だが、〈韓国の人権問題について生徒が誤解する〉との120番の意見が付いた。11月27日には、最初の傍線部に対して、政府ではなく国民に抑圧されるのだと指摘される。また、二つ目の傍線部に対しても、韓国の最高裁では「親日反民族行為者財産の国家帰属に関する特別法」は憲法に反しないという判決が出ているから、書き方を変えよと言われる。一つ目の要求はすぐ第一段階で受け入れたが、二つ目の要求を受け入れるわけにはいかなかった。すると、12月27日にも1月15日にも同じ要求を受けたので、第四段階では二つ目の傍線部を削除せざるを得なかった。何ともひどい話ではある。

調査官の頭の中では、上から順に社会主義の北朝鮮、反日主義の韓国、そして日本という序列があるようである。もちろん、一番上には共産党が支配する社会主義国、中国様が位置しているのである。

七、検定側と『新しい公民教科書』の対立点

以上、見てきたように、検定側と『新しい公民教科書』の執筆者たちとは、主に五つの点で思想的に対立した。一つ目に、グローバリズムの立場から国家やナショナリズムに関する記述を消そうとする検定側と、残そうとする執筆者側とは対立した。二つ目に、全体主義的民主主義擁護の立場に立つ検定側と立憲主義的民主主義の立場に立つ執筆者側が対立した。それゆえ、何よりも、権力一元論の立場から消極的象徴天皇制論に立つ検定側と、権威と権力の二元論の立場から立憲君主制論を展開する執筆者側は対立した。また、直接民主主義万歳の検定側と直接民主主義の危険性を指摘し、間接民主主義を強調する執筆者側とは対立した。

三つ目に、「日本国憲法」の成立過程の真実を隠蔽する検定側と真実を書こうとする執筆者側とは対立した。四つ目に、日本の安全保障の問題性を隠蔽しようとする検定側と、問題性を少しでも生徒に分からせようとする執筆者側とは対立した。五つ目に、中国の政

治経済体制を弁護しようとする検定側と、その全体主義的な性格、反人権的な性格を明らかにしようとする執筆者側とは対立した。

五つの対立点をめぐっては、もちろん、全てにおいて、立場が圧倒的に強い検定側の意向が貫かれた。それゆえ、四つ目の問題に関しては、捕虜資格を初めとして、我々が書きたかったことは全面削除されてしまった。また、1月24日又は30日以降における中国問題をめぐる検定側の態度の強硬さ、意見のおかしさは印象的であった。ただし、四つ目以外の他の点では、我々の書きたかったことは、全面削除された箇所も多かったとはいえ、思想的に言えば実質的に半分以上は残すことができたように思われる。

資料として、「検定意見により削除または顕著に内容を変えられた例」を掲載した。特に削除の憂き目に会った例には、我々が書き表したかった思想が込められている。ご一読されたい。もう一度言うが、特に41番の箇所を読まれたい。二つ目の立憲主義的民主主義の立場がよく理解できよう。

また、五つ目の中国批判の立場に関しては、やはり全面削除された70番の記述を読まれたい。

最後に———学習指導要領の改善を

以上、『新しい公民教科書』をめぐる検定についてまとめてきたが、その中で、学習指導要領の改善すべき点に思いを致さざるを得なかった。

第一に、公民教科書が国家論を展開していないのは異常なことである。国家とは何かを展開せずして、国家の政治体制や民主主義の説明はできないはずである。指導要領の社会科公民的分野の「2　内容」の「C　私たちと政治」の部分に「国家と国民」という項目を置くべきではないだろうか。そうすれば、公民教科書は否応なく、自分たちなりの国家論を展開するようになるのではないだろうか。

第二に、公民教科書のお花畑世界観には困ったものである。こういうお人よしの世界観を身に着けた「優等生」が日本国家を担っていくならば、日本が諸外国によって滅ぼされていくことは十分に考えられる。公民教科書には、当然に、国際社会の競争社会としての面を描いてもらわねばならない。「2　内容」の「D　私たちと国際社会の諸課題」の箇所には、「国益」を入れて、既に入れ込んである「国際協調」とバランスをとるべきではないだろうか。

第三に、公民教科書の全体主義的民主主義の傾向には困ったものである。その一つの原因は、指導要領が「日本国憲法が基本的人権の尊重，国民主権及び平和主義を基本的原則としていること」として三原則説を押し付けていることである。この部分は削除するか、例えば「日本国憲法が基本的人権の尊重，国民主権及び平和主義、代議制、権力分立などを基本的原則としていること」とでも修正してもらいたいものである。

第四に、最近の公民教科書は、ますます家族や地域社会に関する教育をおろそかにし、平成18（2006）年の改正教育基本法が記した「公共の精神」も愛郷心も愛国心も記さない。この一因は、指導要領にある。公民的分野の指導要領には、「1、目標」の箇所に「自国を愛し」とあるが、「公共の精神」も愛郷心も、家族や地域社会さえも登場しない。是非とも、公民的分野の指導要領に「公共の精神」、愛郷心を登場させるとともに、家族や地域社会を復活させてほしいと願うものである。

我々はどういう公民教科書をつくろうとしたのか②

「家族」と「国家」を希薄化しようとする意志を強く感じた検定

服部　剛

自由社公民教科書は、他社教科書がほとんど触れていない「家族」と「国家」について、その意義や正しい位置づけを明確に打ち出して記述している。関連部分を執筆した者として、気になる検定意見を俎上にあげたい。

「大人」と「子供」の区別は止めろ

まず第１章第１節「家族の中で育つ私たち」の箇所である。他社とは真逆に自由社は、家族の意義に関して２単元４頁にわたっておおむね書くべきことは書いたが、２点、気になる検定意見があった。

単元６「家族の役割と形態の変化」では、本文の記述に関連して、〈ミニ知識〉という小コラムを置き、〈ポルトマンの生理的早産説〉を紹介している。スイスの生物学者ポルトマンは、哺乳類の中でヒトだけが「未熟な状態で生まれる生理的早産」である旨を説いた。それゆえ、人間のみ社会的環境の中で教育を受けながら育てられるように進化したのである。中でも家族は、ヒトが人間になるにあたって最初に教育を施される重要な場である。コラムは以下のように記述した。

「牛や馬など通常１匹だけで生まれる動物は、生まれてすぐに歩いたり走ったりできる。人間は、無力な状態で生まれ、１年ぐらいしてやっと歩くことができるようになるので、牛や馬と比べると１年ほど早く生まれてくるようにみえる。この現象をポルトマン（1897 ～ 1982）は「生理的早産」とよんだ。人間は社会的に自立するまで成長期間が長く、その間、教育を受けて育つ動物である。<u>したがって、人間は明確に「大人」と「子供」に分けられている</u>（下線部は引用者、以下同じ）」。

教科書調査官は、この下線部に対して検定意見23番を付け、「生徒が誤解するおそれのある表現である」として書き直しを命じた。下線部はポルトマンの説ではないというのだが、「したがって」の後は、ポルトマンの説を受けて、家庭における大人の役割と子供の位置づけを認識させるために執筆者の見解として記述したものである。明らかにおかしな検定意見である。

大人と子供はもとより対等であるわけはなく、教え導く者と、これを学び成長していく者との別を示している。どうも調査官は、親と子は平等であり、家族内において立場の別があってはならないとの信念を持っているようだ。人はそれぞれ立場や社会的身分によって役割や本分があり、これを尊重してこそ秩序が保たれる。それは家族内であっても例外ではない。親は子を正しく諭し、子は親を敬う。程度の差はあれ、今も昔も必要な規範であろう。文科省はいわゆる「友達親子」を理想としているのかもしれないが、〈悪しき平等主義〉に他ならない。当該の下線部は削除することになった。

生徒が決められない決まりがある現実に目を向けさせるな

これと同種の思想から、単元13「決まり」の中で「決まりの内容」を解説した側注①に対しても、検定意見33番が付いた。申請本では、次のように解説していた。

「<u>決まりの中には、事柄の性格上、全員が話し合ったり、代表者が話し合ったりする方法では決められないものがある。</u>

子供の食事、健康、安全に関しては、家庭内では親が、学校内では教師が決めるのが適切である。……子供の食事、健康、安全のことは親や教師の方が適切に判断できる。それゆえ、これらの事項をめぐる決まりは、親や教師が決めるべきである」。

調査官は、子供の自主性を尊重することが何にもまして重要と考えている節があり、とりわけ下線部を問題にした。したがって、下線部を削除するとともに、次のような修正案を提出した。

「子供の食事、健康、安全に関しては、家庭内では親が、学校内では教師が決めるのが適切である。……子供の食事、健康、安全のことは親や教師の方が適切に判断できるだろう」。

つまり、検定申請本では、子供の食事、健康、安全のことは「親や教師が決めるべきである」としていたが、修正案では「親や教師の方が適切に判断できるだろう」と薄めた表現に変更したのである。

だが、「再修正」を命じられた。調査官はどうしても親・教師と子供を平等・対等にしたいようだ。子供がすべての決まりを作っていけばよいと教えるのであろうか。

調査官とて、子供の食事、健康、安全のことは、子供ではなく、親や教師が決めた方が良いとは考えているようだ。しかし、その現実を教えたくないようだ。学校生活の中でも子供が決められない領域があることに目を向けさせたくないようである。

確かに、さまざまな生活の決まりを自分たちで話し合って決めていくことは大切だ。それは学校でも実社会でも必要なことだろう。

しかし、そもそも子供は人生経験が少なく、それゆえ教育されて知見を広めているのだ。しかも、ことは「子供の食事、健康、安全」に関することである。子供に任せて、その結果、適切な判断ができずに生命に支障を来すことになったら誰が責任を取るのか。調査官が説く理屈でいくなら親や教師の存在は必要なくなり、子供を保護することもできなくなろう。

結局、この部分は全部削除することになった。読みなおしてみると側注①の文章はもう一つこなれていなかったから、検定意見が付いたことは必ずしも不当ではなかったのかもしれない。しかし、調査官の考え方は、子供と親・教師を対等・平等と捉える〈悪しき平等主義〉に染まっているように感じてならなかった。

男女の特性を認める書き方は削除せよ

家族の話に戻ろう。単元７「民法と家族」の「家族間の協力」という小見出し下、男女共同参画社会の説明として、「政府は、男女がおたがいの特性と立場をいかし、バランスがとれた社会（男女共同参画社会）を築く取り組みをしています」と記述した。これに対して、「生徒が誤解するおそれのある表現である」と検定意見25番が付いた。文科省の考えでは、男女がそれぞれの特性を持っていてはいけないのだ。書き換えを命じられてＯＫが出たのは次の記述である。

「政府は、男女が社会の対等な構成員として、あらゆる分野で活動できるバランスがとれた社会（男女共同参画社会）を築く取り組みをしています」。

この書き換えの基調にあるのは、生物学的に存在する性差を認めない、男女間に一切の違いを認めないという過激な「ジェンダーフリー」思想ではないか。文科省は教科書記述を巧みに操作して、子供を洗脳しようというのか。

地域社会の単元に「国家」は不要だ

自由社教科書は、家族の単元の後、他社が曖昧にしている「地域社会」の学習に進み、そこで「公共の精神」の意義を押さえている。さらに、ここから「家族愛・愛郷心から愛国心へ」の単元につながる構成になっている。驚いたことに他社は「愛郷心、愛国心」がまったく登場しない。したがって、子供たちは愛国心が私たちの生活とどのような関わりがあるのかを学ぶことができないのである。

学習指導要領は「国を愛する心情」を育むように指示しているので、調査官も愛国心を正面から否定することはできない。そこであの手この手で記述内容を薄めようとする。「国家の否定」の思想に基づいた検定意見を突きつける。

例えば、検定申請本は、単元８「私たちと地域社会」で「公共の精神とは、自分の利益や権利だけでなく、国家や社会全体の利益と幸福を考えて行動しようとする精神のことを指します」と記していた。この記述に対しては、検定意見26番を付け、ここは地域社会の単元だから「国家」は関係ないので削除せよ、と命じてきた。

執筆者としては国家を支える国民一人ひとりが涵養すべき「公共の精神」の意味を説明しているのだが、教科書調査官は認めるつもりはない。その横の側注欄には「子供の通学を見守るボランティア」の写真を掲載し「奉仕活動は地域や国の存在を身近に考えることができる活動である」とのキャプションを付けていた。検定意見26番は、このキャプションにも付けられていた。

さまざまなボランティア活動を通して人々とつながり、役に立っている自分を発見し、人は自分と地域や国家社会とのつながりを意識するようになるのではなかろうか。とても自然な感情であり、これを敵視する意味が分からない。やはり、地域社会の単元に「国家」は関係ないという立場から、下線部は「地域や国」から「地域社会」に修正された。

愛国心の喪失と社会の荒廃は関係ない

また単元９「家族愛・愛郷心から愛国心へ」では、「愛国心と社会」の小見出し下、次のように説いていた。

「国民の多くが自国を愛する心を失ってしまったら、社会が荒廃して国民生活の安全や自由・権利は保障されなくなり、国家が存続できなくなってしまうこともあるでしょう」。

これに対して「生徒にとって理解し難い表現」だとして、検定意見28番が付いた。しかし、愛国心が国家の維持や繁栄と密接な関わりがあることは自明ではないのか。そこで、次のように書き換えて再提出した。

「国民の多くが自国を愛する心を失ってしまったら、伝統文化やモラルを軽んじることになりかねません。こうなると、ゆくゆくは社会が荒廃して国家が存続できなくなることもあるでしょう」。

これにも調査官は「再修正」を要求した。「自国を愛する心」と「社会の荒廃」とは関係ないので書くなという。国民の多数が自国を愛する心を失ってしまったら、「こんな国はどうでもいい」とばかりに社会が乱れ、あげくに国民生活の安全や自由、権利が脅かされるようになるのは火を見るより明らかだ。それがわからない訳はないのに、日本社会をバラバラに解体せんとするイデオロギーを優先して判断を下しているとしか思えない。まったく不正な検定であった。

我々はどういう公民教科書をつくろうとしたのか③
公民教育として経済をどのようにとらえたか

杉原誠四郎

はじめに

経済は日々刻刻人間の生存の条件を整え、常に、世界の人が全て互いに関係しながら営んでいる過程である。自国の歴史を学んだうえで、今どう過ごし、これからどう過ごしていくのか、それを学ぶのが公民教育である。

「歴史教育の答えは公民教育にある」というのは小山常実代表執筆者が常に言っていることであるが、そのような観点に立って、第４章の経済の問題を主に担当した私として、経済に対してどのような展望を持って執筆したか、述べていきたい。

一、「第４章　国民生活と経済」の執筆者として

経済を初歩の初歩から考えて深く考える

では、私は、経済を中学生にどのように教えようとしたか。他社の教科書と比較してもらえばすぐに分かるが、我々の公民教科書は経済について、最も初歩の初歩から、原初的原理から教えている。それは人間における経済の意味を深く受け取り、深く経済の問題を考えることができるようになってほしかったからである。

具体的に言えば、まず単元41「私たちを支える経済活動」で、「自由財」と「経済財」の違いを学び、経済財の中には、「有形財」と「サービス」、「私的財」と「公共財」の区別があることを学ぶようになっている。

自由財とは、例えば空気のように、生きるのに一時も欠かせず必要であるが自然界には無限といえるほどに存在し、わざわざ作り出す必要のない財である。これに対して、経済材とは、例えば食物のように、自然界に無限にはなく、それを意図的に作り出さなければならない財である。すなわち希少性のある財である。

この希少性のある経済財を作り出す過程が「生産」であり、それを使ってなくしてしまうのが「消費」であると認識できるようにした。その上で、単元42「豊かな社会と生産性の向上」で、生産のための人間の活動を「労働」とし、その労働はさまざまに分業し、社会の一人一人がさまざまな労働に従事することによって豊かな経済を築いていることを分からせている。

そのことを理解した上で、単元44「市場経済の特色」では、生産と消費を計画的に行う計画経済と、需要と供給の関係で自由に競争して行う市場経済の違いを理解し、これまでの人間の経験として歴史的に見れば市場経済が勝れ、我が国の現在の在り方は市場経済を採用していることを分かるようにしてある。

その上で、単元46「企業の仕組みとはたらき」では、実際に企業が生産活動を始めるに当たっては、施設、設備、原料が必要で、そのために調達した資金を「資本」といい、市場経済では、株式会社という企業組織の活用によって、資本を容易に形成しやすい環境が形成されていることを学ぶ。

市場経済のことを資本主義経済ともいうが、政治編の中の単元25「経済活動の自由」では、わが国は私有財産制を保障しており、資本主義経済を採用していることをきちんと記している。

資本の側の効率優位の欠陥

さて、現在の世界を席巻している資本主義はどのように運用すべきものなのか。それが公民教科書で経済について記述する場合の課題である。

前述のように経済は日々刻々と生活の条件を整えていくことであるが、このとき生活している人々にとって運用次第で、安心して豊かに生活できる状態がどの程度か、環境問題も含めて持続可能性は十分にあるのかという問題がある。

公民教科書を記述するに当たっては、この問題が常に頭をよぎり、それについての一定の展望をもって記述していかなければならなかった。

このような課題の上に立って見たとき、生産の場で対立する資本と、労働を提供する働く人との対立がある。とすれば、資本主義経済の運用は、資本の側から見た効率のよさと、働く人の側から見た効率のよさと2つのうち、どちらを優先して運用するかの違いがあり、公民教科書で経済を記述する以上、この問題について一定の展望を持っていることが必要であるということになる。

そこでまず資本の効率を優先する場合について考えておきたい。資本の側は需要のあるところにできるだけ効率よく生産して、利益を最大限にしようという衝動を持っていることはあえていうまでもないであろう。

社会で生活している人は誰もが半面において消費者であるから、資本の側からは競争をしながら需要のあるものを効率よく生産し安く提供するのだから、社会に住む人にとって便利で豊かな消費が保障されるといってよい。ということで、資本の側の効率を優先することは理にかなっているといえなくはない。そしてこのことが、そもそも資本主義経済が計画経済を圧倒した理由である。

だが、資本の側の効率を優先することには深刻な欠陥がある。1つ目は、資源やエネルギーの大量浪費を伴っていることである。

例えば、近くによそから来た資本によってショッピングモールができれば、近辺のこれまで集客力のあった商店街の店舗はいまだ十分に使えるのに廃棄物となり、商店街はシャッターを降ろしたままにゴーストタウンになる。

また、コンビニの深夜営業がなくなってもさほど周辺の生活をしている人の生活の質は変わらないのに、資本の側から見て利益が出てくれば深夜営業をすることになるが、これによって、使わなくてもよい電力を浪費することになる。本来、資本主義経済は資源、エネルギーの巨大な消費を伴っているのである。

働く人の側の効率も説いた

2つ目の欠陥は、誰もが指摘するように、貧富の差が拡大し、例えば非正規雇用に代表される不安定な低賃金労働の問題が生じることである。単元53「働く人の保護」では、非正規雇用の問題を取り上げているが、労働を提供する働く人の側の効率を優先するとどうなるか。

私なりに考えれば、非正規雇用というのは、定年となっていまだ活力はあり、社会の生産活動に貢献できる人に適用されるべき制度であり、若い人に適用されるべき制度ではないということになる。若い人が非正規雇用であれば、それだけで生活は不安定となり生活水準も低下し、家族の形成に負の作用が生まれてくるであろう。つまり、働く人の側の効率が著しく低下することになろう。

このような観点から、この教科書では〈もっと知りたい　企業はだれのものか〉を置いてさらに深く考えた。そして、企業は働く人である従業員のものであるという見方を強調した。ここには、働く人の側の効率を重んじるべきだという意味が含まれている。

ついでに、公民教育を離れて経済制度の問題に言及するならば、働く人の側の効率を高めるという立場から、企業同士の吸収や合併には従業員の意思が反映される制度ができてもよいのではないかと思われる。

同様の立場から、外国人労働者の問題に是非一言したい。日本では、移民は受け入れてはいないという建前の中で、「留学生」や「技能実習生」の名の下に外国人労働者を雇い入れ、低賃金、長時間労働を強いている。外国人を酷使して反日感情を生じさせているとまでいえる。

こうした外国人を受け入れているのは建設現場と介護施設だといわれるが、ここでの労働者不足は、建設現場の作業員と介護施設の介護士の給与を上げれば解決する需要供給関係の問題である。そのことをしないで、他国の人を酷使するのは、国家的に倫理に反したことを行っていることになる。給与を高くすることによって建設の費用は高くなり、介護施設の利用は高くなるかもしれないが、それに耐えるのが、倫理にかなった日本の市場経済の在り方である。

市場経済の倫理的側面に注意を促した

このように〈働く人の側の効率の優位を〉という考え方は、倫理を重視する思想に通じるものである。

振り返ってみるに、市場経済には倫理的側面からいろいろな制限がある。麻薬等人の健康を損なうものは、いかに需要があっても、生産し供給することは禁じられている。酒やたばこも税金を異常に高くかけられ、需要は制限されている。

私は、単元44「市場経済の特色」で〈ミニ知識　市場経済の公正と効率〉という小コラムを置き、競争は公正でなければならないことを説いた。さらに単元本文では、「外部効果」について説明し、市場の経済活動で負の外部効果をもたらしてはならないことを強調した。

また、同様の観点から、この公民教科書では、前にふれた単元25「経済活動の自由」で、〈ミニ知識　経済活動の自由、資本主義と信用〉という小コラムを置き、資本主義社会は信用の上に、すなわち人々の信頼関係の上に成り立つことを強調した。この小コラムでは、日本などの資本主義社会と対比する形で、信用の成立していない中国のモラルなき経済活動の欠点を指摘した。この中国批判の部分は、検定意見が付き全面削除となった。

科学、芸術、宗教の大コラムを設定した

ここまで市場経済の倫理的側面ということを強調してきたが、そもそも公民教育すなわち社会科の中の公民的分野に関する教育は、生き方に関わるものであり、心の教育と言うべき「道徳」と最も密接に関わる分野だといえる。

そこで、平成23年版の代表執筆者である私は、この教科書の序章において、科学、芸術、宗教について考える大コラムを自ら執筆した。

公民教育は上記のとおり、これからの生き方としてはどうあらねばならないのかを追究することを重要な内容としているから、それは人間いかに生きるべきかという倫理に関わる科目だということになる。つまり心の教育としての道徳教育に関わり、中学３年生の１５歳の生徒に向けて、人間の精神活動の３分野というべき科学、芸術、宗教に対して、その基礎の基礎を考えてみるべきだとして設定したものである。しかも、それは押し付けではなく、考えてみようという形で中学３年生の成長段階に合わせて設定したものである。

この公民教科書を評価するに当たっては、この点も考慮していただきたい。現場の教師はもちろん、市販本を読む成人の人も、そのことへの理解を持っていただきたい。

二、第４章以外で私が強調したいこと

以上、私が担当した第４章の記述を中心に紹介してきたが、他の章で特に気になっていることについて述べておきたい。

グローバル化の負の側面

まずは、序章の単元1「グローバル化が進む世界」である。そもそも、単元1はほとんど現行版から変更しなかったにもかかわらず、多くの意見が付

いた。グローバリズムを推進する検定側とナショナリズムを守ろうとする我々とが、最も対立した箇所の一つである。

現在、世界の経済学者が経済のグローバル化を良いことのように言っている傾向があるが、これも資本の側の効率を優先した考え方といってよい。経済のグローバル化を徹底すれば、国家間に存在する関税はすべて撤廃され、世界規模で、資本は最も安い労働力を探し、そこに投資して、最も効率よく利益を得ていくということになる。

しかし世界で関税がすべてなくなれば、理論上、日本で消費される米はすべて輸入品となり、日本の稲作は壊滅し、日本の生活文化は消滅することになる。このようなグローバル化は、無条件に肯定できるはずはない。このことは何も日本のことばかりではない。食生活は、世界各国、地域でそれぞれ歴史的伝統的なものがある。その食生活の文化が維持されるようにしていかなければならないのである。

食生活の文化の保護は、自然環境の保護にも密接に関わっている。日本で言えば、稲作は日本の里山文化を守り、自然保護に限りない貢献をしているのである。そのことは世界各国、地域でも同じである。伝統的食生活のための生活の場の近くでの食料の生産は、その人たちの住んでいる自然環境を保護する機能を果たしている。だから世界各国、各地域はその食生活の大半はその国、その地域で生産されたものでなされるようにしていかなければならない。つまり、グローバル化は世界の各国、各地域で伝統の生活文化を破壊してはならないのである。

そのためには、輸入品を調整する国家間の関税は不可欠な制度であると明確に言っておかなければならない。関税はいずれなくすべきものではなく、永遠に活用すべきものであろう。関税によって、それぞれの国や地域の文化を守りながら生活するのが世界の全ての人の幸福につながっているのである。

ここまで明確な考え方があったからでも必ずしもないが、検定申請版では単元１で「負のグローバル化」という小見出しの下、文化や伝統の破壊の問題を取り上げ、「その結果、その国が長い年月をかけて築いた文化や伝統が失われつつあります。犯罪も国際化し、増加するという事態が生まれ、憂慮されています」と記していた。

この小見出し部分全体は、現行版と全く同一だったにもかかわらず、〈グローバル化のデメリットについて生徒が誤解するおそれのある表現である〉との検定意見５番が付いた。検定過程では、これを書け、あれを書けと何度も何度も増補修正させられた結果、この小見出し部分は４行も増加した。そもそも単元１全体について多くの増補要求が出され、本文も側注も「グローバル化の始まり　シルクロード」という地図のキャプションも、全ての記述量が増加した。２倍増も珍しくなかった。その結果、ゲラ段階で具体的に要求された増補記述をすべて入れ込んでいくうちに、上記二つの文が消えてしまった。

すなわち、負のグローバル化というときに問題となる犯罪の国際化、文化や伝統の破壊という重要な二点が消えたのである。ともにナショナリズムの観点からすれば重要な事柄である。調査官も意図したことではなかったと思われるが、言われるがまま記述を増やしていくうちに、グローバリズムを押し通してナショナリズムを消そうとする検定側の意向通りになってしまったのである。何とも残念なことであった。

21世紀に存在してはならない国家形態

グローバリズムと関連して、グローバリズムと相性が良いと言われる中国について公民教科書はどう書くべきか、述べていきたい。

我々の教科書は、単元61「冷戦終結後の国際社会」で、中国の政治経済体制について批判的に紹介している。さらに〈もっと知りたい　近隣諸国の人権問題〉では、中国における人権弾圧に触れている。中国に対する批判的記述は、検定過程でずいぶん減量されたが、何とか最低限のことは残すことができたと考えている。現在の日本の公民教育として当然の記載であろう。

共産党が指導する国家資本主義ともいうべき中国の資本主義は、民間が主導してなす通常の資本主義と比べて、公正な市場経済となっていない。

わが国のような自由民主主義の国家体制では、国民の選挙を通じて平和裏に政権交代が可能である。しかるに現在の世界では中国のように中国共産党による一党支配の国家形態の国家もある。中国のような国家形態では、中国共産党の一党支配を存続させようとして、国内における人権弾圧と国外に向けての拡張という政策を取らなくてはならなくなる。

21 世紀、このような国家形態は世界にあってはならないとはっきり言えるものであり、21 世紀の第２四半世紀を迎えるに当たって、世界の政治家、国家、国民、経済人が、このような国家形態の存在すべからざるをはっきりと認識し、廃棄を求めていかなければならない。

この教科書の単元 71 でアメリカのオバマ前大統領が核兵器廃絶を呼びかけたことを紹介しているが、だとしたら、核兵器廃棄の運動に取り組んでいる平和運動は運動の中にまさに中国の異常な国家形態の廃棄を取り込まなければならない。

この原稿を書いている時点は、令和2年3月下旬で、中国武漢発のコロナウイルスの猛威に晒され、この市販本が発売されるころ、どのような展開をしているか分からないが、これによって世界はあらゆる国が協調し協力し合っていかなければならない世紀に入っていることを知るならば、中国の国家形態は廃棄していかなければならないのだ。

我々公民教科書を執筆した者としては、現今の国家、社会を見て、一国の国民は祖先から受け継いだ歴史と文化を共有してその中で、安心して平和裏に暮らすことを理想としている。そしてそれは外国を犠牲にした上でのものでは決してなく、グローバル化して緊密になった国際関係の下で、外国もそれぞれの歴史と文化の中で生存し、その上でともに十分に持続可能性を高め、結果として世界が持続可能性を高めていくように、協力し合っていくのである。そのように考えれば、歴史教育の課題はまさに公民教育に現れているといえよう。

我々はどういう公民教科書をつくろうとしたのか④
中国など「近隣諸国」の人権問題を教科書に明記したことの意義

三浦小太郎

世界で現在進行中の人権問題を教えないのは　教育者たちの怠慢である

人権の意義と民族差別の危険性を教育することが、公民教育の基本的目的の一つであることは、だれしも異論のないところだと信ずる。これは私たち人類の歴史に対する反省から生まれてきたものだ。20世紀という時代は、まず第二次世界大戦に至る過程で、ヒトラーのナチス・ドイツとスターリンのソ連という二つの全体主義体制を生み出してしまった。この両国は国内においては「国家の敵」とみなした人々を収容所に強制的に送り込み、対外的には侵略戦争と覇権主義を展開した。このような悲劇を繰り返してはならないという意識を、義務教育の過程で子供たちにきちんと伝えることは、歴史教育においても公民教育においても不可欠なことである。

ナチス・ドイツは第二次世界大戦の敗戦により、ソ連は20世紀末に、少なくともヨーロッパにおける冷戦の終焉により、体制としては崩壊した。しかし、第二次世界大戦後に発生した、さらに危険な全体主義体制をとる中国と北朝鮮の両国は、今現在もまだ日本の隣国として存在し続けている。そして、両国の弾圧体制と侵略の脅威は、減少するどころかむしろ現在増大しつつある。この体制の実態を知り、その弾圧と侵略を許さないという決意を私たち日本国民が抱かなければ、自由民主主義は危機に陥り、最悪の場合は全体主義体制に組み込まれるか、もしくはその従属国となり果ててしまうだろう。

中国、北朝鮮の体制が悪しき全体主義体制であり、かつてのナチスやスターリンに匹敵（もしくはそれ以上）のものであることはすでに明らかである。この実態を義務教育の過程で国民に教えることは、人権の意義、差別の愚かしさ、全体主義の残酷さを学ぶ上で不可欠であり、さらにわが国を全体主義国の脅威から守る上で最低限必要なことのはずだ。公民教育の現場でそのことを教えないのは、現場の教師の怠慢であり、生徒に世界の現実から目をそらさせることに他ならない。

中国国内における民族弾圧の実態

以上のような認識から、私は、中国国内における人権弾圧について教科書に明確に記述することを決めた。まず、単元61「冷戦終結後の国際社会」の中に、〈ミニ知識　天安門事件と劉暁波〉という小コラムを置き、民主化運動弾圧の象徴である1989年6月4日の天安門事件について記したが、運動の指導者のひとり、劉暁波が2010年にノーベル平和賞を受賞していながら、病院でろくな治療も受けずに事実上見殺しにされたこと、このことをまず生徒には教えるべきと考えた。

私はドキュメント映画「天安門」にて、若き日の劉暁波が天安門で演説する現場を見たことがある。勇気ある知識人というのはこのような人のことを呼ぶのだと思った。

民主主義と人権擁護を訴えることは、時には自らの命を懸けるほどの勇気が必要である。多くの民主化運動家が海外に亡命したのちも、その死に至るまで中国にとどまり、2008年に発表した「08憲章」に代表されるように、ぎりぎりの合法的手段を取りつつ民主化を訴え続けた。ノーベル平和賞の本来の意義を教えるのにこれほどふさわしい人物は他にいないだろう。

彼の名前は、中国問題に関心のある人たち以外にはあまり口にされなくなったように思えるのだが、それはこの偉大な知識人に対しあまりにも無礼なことである。中国が民主化されるその日まで、劉暁波の名前は、人々の中で記憶され続けるべきものだろう。

現代中国には、かつての欧米が世界に所有していた「植民地体制」が、今も国内に存在しつづけている。それはチベット、ウイグル、内モンゴルなど、いわゆる「民族自治区」とされている地域であるが、特にこの三地域において、各民族は「自治権」を完全に剥奪され、ナチス同様の民族絶滅政策、そしてスターリン型の収容所体制が確立されつつある。以下の実例を挙げると共に、この『新しい公民教科書』では、その部分をいかに伝えようとしたかについて触れたい。

(1) チベット

チベットは1959年に中国人民解放軍に全土を制圧され、ダライ・ラマ法王はインドに亡命した。チベット人は伝統宗教であるチベット仏教寺院を徹底的に破壊され、抵抗するチベット人は次々と殺害されるか、或いは収容所での強制労働を強いられていく。

1949年から79年にかけてのチベットにおける犠牲者は、チベット亡命政府の発表によれば120万人に上る（拷問による死；約17万人、処刑：約16万人、中国軍との戦闘による死：43万人、餓死：34万人、自殺；約9千人、傷害致死：9万2千人)。そして、本来チベットの領土であったはずの地域を、中国政府により、四川省、青海省に分割編入されてしまった。しかし、チベット人は屈したわけではない。チベットゲリラの長きにわたる抵抗運動をはじめとして、1980年代末には民衆蜂起がおこり、現在までダライ・ラマ法王の帰還と民族独立を求める焼身抗議が続く。2008年の北京オリンピック開催に抗議するチベット民衆蜂起に対しては、聖火リレーへの抗議としてこ日本を含む世界各国で連帯運動が沸き上がった。

以上の内容を、私は〈もっと知りたい　近隣諸国の人権問題〉という大コラムの中で、最低限簡略にまとめた。「焼身抗議」(186頁)という言葉を使ったのは、しばしば報道等で「焼身自殺」という言葉が使われることに抵抗したかったからである。実は私もある時までは「焼身自殺」と呼んでいたのだが、チベット支援者からこう告げられたのだ。「もし貴方が、特攻隊のことを『特攻隊自殺』と言われたら不愉快でしょう。できれば『焼身抗議』という言葉を使っていただけませんか」。私は深く恥じ、それからは必ず「焼身抗議」と呼ぶことを心掛けている。チベット人たちは死ぬことを目的にしているのではない。民族虐殺が行われている現状を看過している私たち全世界の偽善に対し、彼らの抗議の意志を突き付けているのだ。

中国によるチベット侵略と民族弾圧の歴史については、ペマ・ギャルポ『犠牲者120万人　祖国を中国に奪われたチベット人が語る　侵略に気づいていない日本人』(ハート出版)などをお読みいただきたい。

(2) ウイグル（東トルキスタン）

強制収容所の存在

現在の新疆ウイグル自治区(東トルキスタン)において、中国政府は、大勢の著名な文化人を含むウイグル人を、法的根拠もなく無差別に強制収容している。その実数はわからないが、2018年には国際的な人権団体、ヒューマン・ライツ・ウオッチが、ウイグル人が法的手続きなしに拘禁され、政治的な洗脳や虐待を加えられていることを指摘し、国連の人種差別撤廃委員会も中国政府に対し勧告を行っている。

2019年7月18日には、ボンペオ米国務長官が、ウイグル人百万人以上が強制収容されており「現代における最悪の人権危機で、まさに今世紀の汚点だ」

と非難した。また欧州議会は、2018、2019年の2回にわたり、中国の強制収容所への非難決議案を採択し、収容所の閉鎖と収容者の釈放を要求している。

他にも、各種報道などから、この強制収容所の実在が確認できる。そこでは拷問、虐待などにより死者が続出している危険性が伝えられている。強制収容所近くには、多くの大規模火葬場が建設されている

しかも、収容者の遺体すら家族に返されずに秘密裏に処分されるケースがほとんどである。拷問によって死に至った事実を隠すためであろう。また、犠牲者の遺体が臓器売買に使われている可能性も否定できない。

カザフスタン国籍のため、収容所をかろうじて釈放されたウイグル人男性、オムル・ベカリ氏の証言によれば、収容所内部では午前四時に起床、早朝から毛沢東や中国共産党を讃える歌を一日中繰り返し歌わされ、また中国のウイグル政策の素晴らしさを繰り返し学習させられた。乏しい食事時にも「党に感謝、国家に感謝、習近平に感謝、習近平の健康を祈る、国家の繁栄を祈る」など、大声で3回繰り返させられる。学習と会話は全て中国語であり、イスラム教徒ではタブーの豚肉を食べさせられ、それを拒否すれば暴力と拷問が待っていた。

他にもウイグル人女性が幼い子供を殺され、薬物を打たれ、暴行を加えられた証言なども残されている。中学生に残虐な実態をそのまま伝えるべきではないが、今ウイグルにおいてこのような収容所が存在すること、そして中国政府はここを「教育センター」「職業訓練センター」と偽っていることは最低限教科書に記さなければ、私たちはナチス時代のアウシュヴィッツや、ソ連の収容所を看過した人類の過ちを再び繰り返してしまうことになる。それゆえ、私は、前述の大コラムで強制収容所のことを明記した(187頁)。

ウイグルにおける収容所をはじめとした民族弾圧については、福島香織『ウイグル人に何が起きているのか　民族迫害の起源と現在』(ＰＨＰ新書)などを読まれたい。

中国はウイグルで40数回も核実験した

強制収容所だけが問題なのではない。中国政府は、ウイグルにおいて40数回の核実験を敢行した。しかも、その実験を住民に伝達せず、避難勧告することすら行わなかった。その結果多くの住民に健康被害が及んでいることは、亡命したアニワル・トフティ医師の証言などで明らかであるが、いまだに中国政府は、ウイグル人被害者への治療や疫学調査すらも実行していないのである。この悲劇は、被爆国日本の中学生にこそ伝えるべきと判断し、前述の大コラムに記している(186～187頁)。

(3) モンゴル（内モンゴル自治区；モンゴル人は自らのアイデンティティとして「南モンゴル」という呼称を用いるが、ここでは中国の自治区名称を使う)

文化大革命の時代、内モンゴル自治区には約150万人弱のモンゴル人が住んでいた。しかし、あとから殖民してきた中国人すなわち漢族はその9倍にも達した。モンゴル人たちは自らの故郷において絶対的な少数派の地位に落ちたのである。

文化大革命期のモンゴル人大虐殺

そして文革の時代、中国政府が認めている公的数字ですら、34万6000人が逮捕、2万7900人が殺害されている。5人に1人以上が逮捕されたということは、中国体制に抵抗したモンゴル人だけではなく、すべてのモンゴル人が弾圧の対象になったことに等しい。これは、中国政府、そして中国人（漢民族）が、自らの農耕文化を受け入れようとせず、遊牧文化の伝統を守ろうとしたモンゴル人を潜在的な敵とみなしたことによる。

なお、独自に調査したアメリカとイギリスの研究者たちはおよそ50万人のモンゴル人が逮捕され、殺害されたモンゴル人の数は10万人に達すると述べている。また、直接殺害された者と自宅に戻ってから亡くなった者、いわゆる「遅れた死」を含めて、モンゴル人犠牲者の数は30万人に達するという説もある。

以上の文化大革命下の大虐殺については、本教科書は前掲大コラムの中で、薄めた形で記している。この大コラムでは、静岡大学で教授を務めるモンゴル人学者楊海英氏は、独自調査で数十万の犠牲が出たことを主張しているので、その数字も可能性として提示している(187頁)。

しかも、この弾圧の際、中国人が行ったのはまさに究極の「ヘイトスピーチ」「ヘイトクライム」と言うべきものであり、ここで引用するにもはばかるほどの侮辱と拷問なのだ。以下のような証言が残されている。

「漢人たちは彼らを裸にして、息子とその母親、義父と嫁が性行為をするよう強制した。侮辱に耐えられずに、義父は井戸に身投げして自殺し、嫁は首吊り自殺し、息子は刀で自害した。そして、残された母親も狂った。」

「革命的な漢人大衆が老齢のツェベクジャブ夫婦とその息子夫婦を逮捕し、群衆の前で息子とその母親、義父とその嫁とが性行為をするよう強制した。一家が抗議したところ、漢人大衆はその母親を地面に抑えて、息子を体の上に乗せた。そして、義父と嫁をも同じ方法で侮辱した。漢人たちはそのような蛮行をやりながら、『恥ずかしいのか?お前らモンゴル人は昔からこんなものだろう』、と言いながら笑っていた。ツェベクジャブの夫人は家に帰ってまもなく自殺した。」(『中国共産党によるモンゴル人ジェノサイド実録』アルタンデレヘイ 原著 楊海英 編訳) http://ccr-sm.net/102/

もちろん、中学生にこのような記述を読ませるわけにはいかない。だが、日本軍の「残虐行為」を平然と記す歴史教科書や様々な報道機関、また知識人やジャーナリストが、彼らモンゴル人の訴えをきちんと文章にしてくれたことがどの程度あるのだろう。日本で健筆をふるう楊海英氏の『墓標なき草原』(岩波書店)に代表される著書にはこのような事実が体系的に明らかにされているというのに、日本の知識人やジャーナリストたちは口を閉ざし、筆を執ってこなかったのである。

現在も、内モンゴル自治区では中国人による資源の乱獲、公害企業の無原則な誘致による環境破壊と草原の砂漠化が進み、モンゴル人の伝統的な遊牧生活は不可能な状態にある。最低限の事実として、文化大革命下の虐殺とモンゴルの砂漠化だけは教科書に記しておくこととした(187頁)。

中国の民族弾圧は最低限のことを記した

私の記述に対し、教科書調査官からの指摘の多くは「断定的すぎる」というものであった。しかし、現在進行形の人権弾圧を全体主義政権は常に隠蔽しようとするので、確実な数字や一次情報を出すことは極めて困難な場合が多い。私なりに現時点での報道や証言、チベット亡命政府、モンゴル・ウイグル知識人などの著書、そして国連や国際的にその価値を認められている人権団体の報告などを駆使し、できるだけ断定を避けて表現したつもりである。調査官がすでに国連すらも認めている中国の人権弾圧についても「断定」を避けようとする態度には正直不満を抱いたが、修正には応じつつ、最低限の表現は教科書に残すことができたと考えている。

朝鮮半島の人権問題についての記述は不十分に終わった

それに対して、今でも納得がいかないのは、北朝鮮・韓国についての記述への検定意見とその結果の修正である。

北朝鮮の人権弾圧の実態は、拉致問題も含め、北朝鮮における人権に関する国連調査委員会（ＣＯＩ）の報告書によって国際的に明らかとなっている。この報告書は日本、韓国などに在住する脱北者、拉致被害者家族などに総合的に国連調査官が聞き取り調査を行ってまとめ上げたものだ。私がこの教科書にどうしても記したかったのは、まず、1959年に始まった北朝鮮帰還事業によってここ日本から渡っていった帰国者及び日本人妻の問題（「日本のスパイ」とみなされ収容所に送られた人もいる）であり、もう一つは、韓国人拉致被害者、特に朝鮮戦争時に、北朝鮮軍によって「強制連行」の形で拉致されていった数万人ともされる韓国人たちのことである。拉致事件は日本人のみならず、韓国人もまた犠牲になっているのだ。

しかし、北朝鮮帰還事業の件は前掲大コラムに無事掲載することができた(187頁)が、韓国人拉致被害者の記述については、「断定的すぎる」との検定意見119番が付いた。この119番については不可解なことがあった。私は、「断定的すぎる」との意見に応えて「韓国側の発表によれば」という言葉を挿入する修正案を立てた。この案には、12月末にいったんＯＫが出た。
にもかかわらず、調査官は、1月になると何度も修正を命じ、1月30日には韓国人拉致被害者の事実を記すこと自体を許さないと言った。結局、韓国人拉致被害者の問題は掲載できずに終わった。これは韓国人への「差別」ではないか。

そしてもう一つ。韓国政府が2005年に「親日反民族行為者財産の国家帰属に関する特別法」を定め、日本統治下に日本に協力したとされる、いわゆる「親日派」の財産を国家に帰属させることを定めた行為は、どう考えても遡及法であるばかりでなく、韓国の近代的改革と経済発展の基礎を築いた先駆者たちへの侮辱に他ならない。この部分を、「現在の韓国政府の立場にも配慮すべき」という趣旨から修正を命じ、結局遡及法であるという記述を削除させたのは未だに納得のいかないことである。それは、現在の日本国政府の、徴用工問題などに対する原則的立場にも反するものではないか。

最後に、個人的な意見を少しだけ記させてほしい。この公民教科書の執筆者の一員を務めさせていただき、中国の人権問題について記すことができたのは、私にとって計り知れない喜びである。筆力の拙さは小山編集長以下、『新しい公民教科書』制作に関わった皆様にお詫びするしかないが、本書を、日本でいつもお世話になっているチベット、ウイグル、モンゴル、そして北朝鮮難民の人たちにまず捧げたい。彼らの子供たちが、この教科書や市販本を手にしていただけること、それ以上に私の喜びはなく、彼らが解放された故郷に帰還する日の一日も早いことを祈ってやまない。

資料 1　　検定意見書(抄)

検定基準の欄には、義務教育諸学校教科用図書検定基準又は高等学校教科用図書検定基準の第2章及び第3章に掲げる項目のうち、該当するものの番号を示す。

番号	指摘箇所 ページ	指摘箇所 行	指摘事項	指摘事由	検定基準
15	8-9	9-12	「少子高齢化の進行」（全体）及び「活力の低下とモラルの衰え」（全体）	学習指導要領に示す内容に照らして，扱いが不適切である。（内容 A(1) ア(ア)「現代日本の特色として少子高齢化，…などが見られることについて理解すること。」イ(ア)「少子高齢化，…などが現在と将来の政治，経済，国際関係に与える影響について多面的・多角的に考察し，表現すること。」）	2-(1)
23	22	左囲み	ミニ知識　ポルトマンの生理的早産説「人間は明確に「大人」と「子供」に分けられている。」	生徒が誤解するおそれのある表現である。（ポルトマンの生理的早産説の内容）	3-(3)
28	29	6-9	国民の多くが自国を愛する心を失ってしまったら、社会が荒廃して国民生活の安全や自由・権利は保障されなくなり、国家が存続できなくなってしまうこともあるでしょう。	生徒にとって理解し難い表現である。（「自国を愛する心」と「国民生活の安全や自由・権利」との関係）	3-(3)
29	30-31	20-2	すなわち、国民は主権者の一人として、政治に参加する立場、政治に従う立場、政治から利益を受ける立場においては、国家のなかで政治と密接な関係に立ちます。（31 ページ上図「国家において政治にかかわる国民の4つの立場」，及び「ここがポイント!」①も同様。）	生徒にとって理解し難い表現である。（30 ページ 1 行～ 19 行までの内容及び側注①との関係）	3-(3)
30	34	側注②	側注②全体	生徒が誤解するおそれのある表現である。（対立と合意の関係）	3-(3)
32	35	側注④	「効率的な企業」というのは考えられるが、「効率的な家族」などを考えることはできるだろうか。親子関係にみられるように、私たちの成長発達に大切なのは、効率性よりも愛情の絆で結ばれた人間関係である。	生徒が誤解するおそれのある表現である。（対立と合意，効率と公正についての理解）	3-(3)
38	43	18-21	「同じく、抑制と均衡の考え方から、…この権威と権力の分離の思想は、君主のいない国家にもとり入れられています。」及び 44 ページ 9 ～ 11 行「権力を失った国王は、国家の最高権威の役割を果たすようになり、法の支配に基づく立憲君主制が確立しました。」	生徒にとって理解し難い表現である。（権威，権力と立憲君主制の関係について）	3-(3)
39	43	囲み	ミニ知識　権威と権力（全体）	生徒にとって理解し難い表現である。（権威及び権力の意味について）	3-(3)
40	44-45	18-2	アメリカでは…そこで、1787 年のアメリカ合衆国憲法は、基本的人権を守るために、モンテスキューの権力分立の思想をとり入れました。	生徒にとって理解し難い表現である。（権力分立制導入の経緯について）	3-(3)
41	46-47		もっと知りたい　国民主権と立憲主義の対立（全体）	十分な配慮なく専門的な知識を扱っている。（主権論の変遷について）	2-(2)
42	48-49	3-6	政治に参加する方法には、…ですから、間接民主主義の方が、専制政治を防ぐために生まれた立憲主義にふさわしい方法なのです。	生徒が誤解するおそれのある表現である。（直接民主主義及び間接民主主義の意義について）	3-(3)

43	48	側注②	それは、学校のような小さな社会でも、直接民主主義の欠点が自覚されているからである。	生徒が誤解するおそれのある表現である。（学校における間接民主主義について）	3-(3)
44	48	囲み	ミニ知識　古代ギリシャの直接民主主義「このように、古代ギリシャの直接民主主義には、一方で…使い捨てにする非効率性があった。」	生徒にとって理解し難い表現である。（古代ギリシャにおける直接民主主義と間接民主主義の関係について）	3-(3)
45	49	7-9	こうして、法治主義、権力分立、権威と権力の分離、基本的人権の尊重とともに、間接民主主義が立憲主義の重要な要素となったのです。	生徒にとって理解し難い表現である。（権威と権力の分離と立憲主義との関係について）	3-(3)
46	50	16-17	次いで三権分立が規定され、天皇が三権を行使するにあたっては、	生徒が誤解するおそれのある表現である。（三権分立について）	3-(3)
48	54	15-20	1月にGHQは戦争の遂行に協力した者を公職から追放するという公職追放を発令していました。…多くの議員が公職追放されてしまいました。	生徒が誤解するおそれのある表現である。（憲法改正の審議について誤解するおそれ）	3-(3)
49	54	側注②	それゆえ、成立過程からして日本国憲法は憲法としては無効であり、新しい憲法は大日本帝国憲法の改正という形で行うべきだとする議論が根強く存在する。	生徒が誤解するおそれのある表現である。（日本国憲法の成立について）	3-(3)
50	54	囲み	ミニ知識　手紙の検閲を行ったGHQ検閲官の証言（全体）	生徒にとって理解し難い表現である。（日本国憲法の成立との関連）	3-(3)
51	56	5-9	つまり、国民主権とは、国家の政治権力を生み出す源泉、すなわち政治権力を正当化する最高の権威が天皇を含む全国民にあるということです。いっぽう、…ということになります。	生徒が誤解するおそれのある表現である。（国民主権について）	3-(3)
52	56	側注②	1946（昭和21）年6月26日衆議院本会議の場で、…この天皇を含む全国民主権説は、わが国の公権解釈である。	生徒が誤解するおそれのある表現である。（草案段階での答弁であり、現行憲法の解釈について誤解するおそれ）	3-(3)
53	57	2-4	「立憲君主制など4原則　このような3原則以外に4つの原則があります。第1に、イギリスに学んだ立憲君主制の原則にのっとっています。」及び56ページ左上図「立憲君主」及び57ページ「ここがポイント　②さらに、日本国憲法には、立憲君主制、…がある」	生徒が誤解するおそれのある表現である。（象徴天皇制について誤解するおそれ）	3-(3)
54	57	囲み	ミニ知識　9条の背景にあるもの（全体）	生徒が誤解するおそれのある表現である。（9条の意義について）	3-(3)
55	58	側注①	事項別の審議になったため、日本国憲法の問題点を全体的にとらえて掘り下げる審議ができなくなる弊害が指摘されている。	一面的な見解を十分な配慮なく取り上げている。（事項別の審議について）	2-(6)
57	62	側注③	憲法における「日本国民」とは、現在この瞬間に生きている私たちの世代だけを意味するのではなく、…また、憲法に関する政府解釈では、「国民」には天皇がふくまれるものとしている。	生徒が誤解するおそれのある表現である。（憲法における国民の意味について誤解するおそれ）	3-(3)
58	63	7-8	「国民主権とは、…国民にあることを指しています。」及び囲み「ミニ知識　主権は2つの意味で使われる」左10行～右5行「日本国憲法は、前文で…この意味の主権を国民主権という。」	生徒が誤解するおそれのある表現である。（国民主権について誤解するおそれ）	3-(3)

59	63	15 - 16	「つねに、国民の一部ではなく、国民の全体を代表し象徴することが期待されています。」及び63ページ側注ここがポイント!「②日本国憲法は、天皇について国家を代表し国民をとりまとめる象徴であり、歴史を通じた全国民に存する主権を代表する存在としている。」	生徒が誤解するおそれのある表現である。 (象徴の意味について)	3-(3)
60	63	19 - 21	国家および国民統合の象徴として、公正中立な態度を貫いている天皇は、現代の立憲君主制の模範となっています。	生徒が誤解するおそれのある表現である。 (象徴天皇制について)	3-(3)
62	67	吹き出し	「親が、子供を育てる権利だと言って子供を虐待し、子供の基本的人権を奪うことがあります」及び「逆に、虐待だと言って親から子供を引き離し、子供を育てる親の権利を奪うことがあります」	生徒が誤解するおそれのある表現である。	3-(3)
63	68	側注 ②	「社会主義国の中国ではあらゆる面で自由が尊重されていないが、」及び70ページ側注②「旧ソ連や今日の中国といった社会主義国では、経済活動の自由も不十分であり、精神の自由も保障されない。」	生徒が誤解するおそれのある表現である。	3-(3)
64	68	側注 ②	深刻なのが信教の自由に対する侵害である。特に新疆ウイグル自治区では、「再教育センター」に入れられたウイグル人たちが、イスラム教で禁止されている豚肉を強制的に食べさせられている。	一面的な見解を十分な配慮なく取り上げている。 (「再教育センター」について)	2-(6)
65	69	6 - 11	「しかし、中国や北朝鮮といった専制政治の国では、犯罪を犯したわけでもない人たちが、さしたる理由もなく、身体が不当に拘束されています。」及び70ページ写真キャプション「中国や北朝鮮では、…理不尽な暴力を受けている。」	生徒が誤解するおそれのある表現である。 (断定的に過ぎる。)	3-(3)
66	69	8 - 9	「甚だしくは、「再教育センター」に入れられ、奴隷労働をさせられる人たちもいます。」及び側注④「中国では2013年に…中国や北朝鮮では、身体の自由どころか、人の生命さえも全く尊重されないのである。」	一面的な見解を十分な配慮なく取り上げている。	2-(6)
68	71	13 - 15	ですから、生産手段の公有化をめざす社会主義制度は、違憲です。社会主義化しようと思えば、憲法改正が必要であることになります。	生徒にとって理解し難い表現である。 (私有財産の保障と生産手段の公有化の関係について)	3-(3)
70	71	囲み	ミニ知識　経済活動の自由、資本主義と信用　右3行～12行「これに対して、世界第二の経済大国といわれる中国では、…政府も国民を信用しないから、必然的に独裁が必要となる。」	生徒にとって理解し難い表現である。 (中国における経済活動について)	3-(3)
71	71	側注 ③	したがって、民間企業による自由な競争というものが存在しない。それどころか、本来社会主義国である中国が、いつ私有財産制を廃止するか分からないといった状況にある。	生徒が誤解するおそれのある表現である。 (中国経済について)	3-(3)
74	74	25 - 29 囲み	ミニ知識　法の下の平等に反するヘイトスピーチ解消法「そして、国民だけではなく日本居住の外国人にも…本法は、明らかに権利の平等に反する法律であ。」	生徒が誤解するおそれのある表現である。 (ヘイトスピーチ解消法について)	3-(3)
77	77	囲み	ミニ知識　各国における普通選挙制度の確立　9～11行「わが国の場合は、男子普通選挙権は…いずれも大日本帝国憲法のもとで確立している。」	生徒が誤解するおそれのある表現である。 (女子選挙権の確立について誤解するおそれ)	3-(3)

79	79	側注②	国際常識からすれば当然のことだが、…その大国の属国になるしかないという指摘もある。	一面的な見解を十分な配慮なく取り上げている。（わが国の防衛体制について）	2-(6)
80	81	16-21 左～右	捕虜資格について知っておこう　いかに平和主義を掲げようとも、外国の軍隊がわが国土に侵入してくることが起こりえる。…教えることを要求している。	相互の関連が適切でない。（わが国の安全保障の課題との関連が適切ではない。）	2-(12)
92	123	8-10	また、経済財のなかには、市場のなかで複数の企業によって競争しながら生産し供給できない経済財すなわち公共財があります。	不正確である。（公共財の定義）	3-(1)
93	123	11-13	水道などの例で考えるとよく分かりますが、地域的に独占的に生産しなければならず、また生活するうえで欠かせないもので安定供給しなければならない経済財があります。	生徒にとって理解し難い表現である。（地域独占を認める理由）	3-(3)
109	168	側注①	これに対して、中国では、共産党は、国家・国民より上位の存在であり、… 共産党は中国国家を支配する正当性ももたずに支配しているのである。	生徒が誤解するおそれのある表現である。（中国の共産党について）	3-(3)
110	169	6-11	国内的にも法を重視しない中国ですが、国際法さえも無視する態度を示しているのです。	生徒が誤解するおそれのある表現である。	3-(3)
119	175	5-6 右	1950年には韓国に対し朝鮮戦争をしかけ、その過程で韓国国民数万を北朝鮮に拉致している。	生徒が誤解するおそれのある表現である。（断定的に過ぎる。）	3-(3)
120	175	22-30 右	韓国においては、…近代的な法理念に反する行為である。	生徒が誤解するおそれのある表現である。（韓国の人権問題について）	3-(3)
122	178-179	26-5 右	レバノンにできたことが、なぜ日本にはできなかったのか。…しかし、国家主権意識のうすいわが国は、問題を直視せず、問題発生以来20年間も、問題解決から逃げ続けてきた。	生徒にとって理解し難い表現である。（「普通の国」, レバノン人女性の解放と「武力に訴えてでも」との関連について）	3-(3)
123	180	囲み	ミニ知識　集団的自衛権　左7行～右3行「つまり、集団的自衛権を行使する第一歩が、安全保障条約締結である。…この矛盾を解消していくことにつながっていくのかもしれない。」	生徒にとって理解し難い表現である。（日米安全保障条約と集団的自衛権との関係について）	3-(3)
127	185	14-17	特に、北朝鮮、中国、ロシアなど近隣諸国は核配備を進め、わが国にとって脅威は増しています。	生徒が誤解するおそれのある表現である。（北朝鮮の核配備）	3-(3)
129	194-195	18-12	「日本型ODA」（全体）	生徒が誤解するおそれのある表現である。（日本の援助の課題）	3-(3)

資料2　検定申請本の中で検定意見により削除または顕著に内容を変えられた例

序章
15 番　8 頁 1 ～ 9 頁 21 行　少子高齢化
単元 4　現代日本の課題

目標の喪失

戦後、経済成長を続けたわが国は、1980 年代には、明治以来の国家目 標であったアメリカやヨーロッパ諸国なみの、豊かな社会を実 現しました。その結果、皮肉にも国家の次の目標をみつけられない状態に陥っています。冷戦が終結し、グローバル化というまったく新しい世界情勢に直面している今、公正で豊かで活力があり、世界から尊敬されるような社会、国家の建設を目指さなければなりません。

少子高齢化の進行

1970 年代以前は、1 家族 3 人以上の子供が標準的でしたが、今日では、子供は 1 人か 2 人の家庭が多くなっています。子供や若者の割合は急速に減少し、これを少子化といいます。他方で、医療の発達により、65 歳以上の高齢者の割合は急増し、社会の高齢化が急速に進んでいます。少子高齢化の進行は、高齢者の福祉を支える若い世代に、大きな経済的負担をもたらす可能性があり、日本の活力を失わせる原因になります。

少子化をくいとめるために、育児・教育費用の支援等を通して、安心して子供を生み育てられる社会をつくることが課題となっています。また、高齢者が、他の高齢者や若者との交流を 通して社会との関わりをもち、ボランティアなどで生き生きと活動できるように促すことも課題となっています。

活力の低下とモラルの衰え

少子化の影響で子供たちが家庭や地域で集団遊びなどを通じて人とふれあう機会が少なくなりました。子供時代に人と直接に対立しあいながらも仲良くしていく対人関係の能力などを身につけていくことは 大切なことです。しかし、これらの能力を十分に発達させないで 大人になる人たちが増加してきているといわれます。また、かつては地域で隣近所の大人が他人の子供を叱ることも普通にありましたが、近年では親がわが子をしつけることも十分になされなくなってきているといわれます。

国民としての自覚の大切さ

このような家族や地域社会の変化につれ、子供の活力が低下し、モラル（道徳や倫理）が衰えてきたと指摘されています。 1977（昭和 52）年以来、多くの日本人が北朝鮮によって拉致されたといわれています。ところが、日本政府も国会もマスコミも、20 年以上、この問題にほとんど関心をはらいませんでした。

国家が果たすべき最も基本的な使命は、国民の生命と安全を守ることです。基本的な使命をなおざりにしてきた日本政府、国会、マスコミ、そして国民は、同じ日本国民の苦難に共感する力を失ってきているのではないでしょうか。国民としての自覚が薄れ、失われてきたということもできます。

全文さしかえ、全面削除と同一
＊新 6 ～ 7 ページ参照

第 1 章
23 番　22 頁側注欄〈ミニ知識　ポルトマンの生理的早産説〉

牛や馬など通常 1 匹だけで生まれる 動物は、生まれてすぐに歩いたり走ったりできる。人間は、無力な状態で生まれ、1 年ぐらいしてやっと歩くことができるようになるので、牛や馬と比べると 1 年ほど早く生まれてくるようにみえる。この現象をポルトマン（1897～1982）は「生理的早産」とよんだ。人間は社会的に自立するまで成長期間が長く、その間、教育を受けて育つ動物である。したがって、人間は明確に「大人」と「子供」に分けられている。

傍線部は削除　＊新 24 ページ参照

28 番　29 ページ 6 ～ 9 行

国民の多くが自国を愛する心を失ってしまったら、社会が荒廃して国民生活の安全や自由・権利は保障されなくなり、国家が存続できなくなってしまうこともあるでしょう。

全面削除　＊新 31 ページ参照

29 番　30 ページ 1 ～ 31 ページ 2 行

第 16 代アメリカ大統領リンカーンの演説「国民の、国民による、国民のための政治」は、国家の政治と国民の基本的関係を簡潔に述べた言葉として有名です。

はじめに「国民の」とは、国家の政治は国民に由来するという意味で、国民主権のことを指します。

次に「国民による」とは、国民が公共の精神をもって国家の 政治に参加することを表しています。国民は参政権をもち、議員など自分たちの代表を選挙で選ぶことができます。また、みずから議員や役人になって政治を行うことができます。この「国民による」政治は法を定め社会の秩序を維持します。国民は、法に従い社会の秩序に従う義務があり、政治のための費用を負担するために、納税の義務があります。

最後に「国民のための」とは、政治は国民の利益のためになされなければならない、ということです。国民は公共の福祉を享受し、自由と権利が侵されたとき、これを保障するよう国家の政治に求めることができます。国民は自由と権利を守るために裁判を受ける権利をもち、また、社会保障など人間として 生きていくために必要な援助を政治に求めることができます。

すなわち、国民は主権者の一人として、政治に参加する立場、政治に従う立場、政治から利益を受ける立場においては、国家のなかで政治と密接な関係に立ちます。

傍線部は削除　＊新 32 ～ 33 ページ参照

30 番　34 ページ側注②

合意せず対立のままやり過ごす方が良い場合がある。解決策を検討する場合、現状との比較考量が必要である。特に現状案が長く定着してきたものである場合には、何らかの良い点があるのではないかという考え方が必要である。

全面削除　＊新 36 ページ参照

32 番　35 ページ側注④

「効率的な企業」というのは考えられるが、「効率的な家族」などを考えることはできるだろうか。親子関係にみられるように、私たちの成長発達に大切なのは、効率性よりも愛情の絆で結ばれた人間関係である。

全面削除　＊新 37 ページ参照

第 2 章

38 番　43 ページ 18 ～ 21 行

同じく、抑制と均衡の考え方 から、権威と権力を分離し、権威を国王が、権力を首相が分担するイギリスなどの立憲君主制が生まれました。この権威と権力の分離の思想は、君主のいない国家にもとり入れられています。

全面削除　＊新 47 ページ参照

39 番　43 ページ上欄　〈ミニ知識　権威と権力〉

権威とは国民が自発的に服従する存在を意味するのに対して、権力とは望まなくても国民に一定の行動を強制する力をもつ存在を意味する。権威は、神や超自然的な偉大なものに対する畏敬の観念（恐れ敬う心）を背景にして生まれるのに対して、権力は物理的な実力である軍事力を背景にして生まれる。そして権力は、その正当性・正統性を権威によって保障してもらうことによって、権力として成立する。

このように、歴史的由来からして、権威と権力の性格は大きく異なる。権威は国民を一つにまとめ上げる作用をもつのに対して、権力はときどき国民を分裂させ対立させる作用をもつ。そもそも、権力を握る者は、特に法を守らない人たちに対して、法の遵守を強制しなければならない。一つの政策をめぐり国内で激しく意見が分裂し対立するときも、自己の責任で反対者の意見をしりぞけ なければならない。こうして国内に生まれる分裂と対立を小さなものに収め、憎しみと恨みを緩和するのが権威の役割である。権威と権力を一人の人間が兼ねていれば、分裂対立を収め憎しみを緩和する存在がいなくなる。国内の意見対立が大きな分裂となり、内乱にまで発展することともなる。

これに対して、権威と権力を別の人間が分担していれば、分裂対立を防ぎ、内乱を防ぐこともできる。内乱が生じても、穏和な形で終息させたり、内乱による傷を癒やしたりすることができる。 この役割を果たすのが、権威である。それゆえ、権威と権力が分離した政治体制は、穏和で安定したものとなる。その点は、イギ リスや日本の例を見れば、歴然としている。

全面削除　＊新 47 ページ参照

40 番　44 ページ 18 ～ 45 ページ 2 行

アメリカでは、独立宣言前後から各州の憲法がつくられましたが、それらは権力を州議会に集中させるものでした。その結果、基本的人権は侵害され続けました。そこで、1787 年のアメリカ合衆国憲法は、基本的人権を守るために、モンテスキューの権力分立の思想をとり入れました。

全面的修正　＊新 48 ～ 49 ページ参照

41 番　46 ～ 47 ページ〈もっと知りたい　国民主権と立憲主義の対立〉

フランス革命は、名誉革命やアメリカの独立革命とは異なり、なぜ恐怖政治を生み出したのだろうか。

フランス革命の恐怖政治

フランス革命は近代的な国民国家を形成し、自由や平等、基本的人権の思想と民主主義を世界中に広めた。しかし、革命は混乱を極(きわ)め、恐怖政治を生み出した。革命期には「反革命」として処刑された人間だけでも約5万人存在した。処刑のきっかけは友人や近親者による密告が多かった。それゆえ、フランス人は，身のまわりの人たちを信用できなくなり、革命終了後も長い間、心の平安を得られなくなった。

さらに、内乱で王政維持派およびカトリック教徒を中心に 60 万人、対外戦争で 40 万人が死亡した。合計 100 万人をこえる犠牲者(ぎせいしゃ)が出たことになる。これにナポレオン戦争期の死者を加えると 200 万人以上となる。フランス革命は、絶対王政以上の専制政治を生み出し、国民の生命・身体・財産の権利を侵害し続けたのである。

歴史・伝統・慣習・宗教の無視

なぜ、恐怖政治が生み出されたのか。革命の同時代人であり、革命当初からその失敗を予見したイギリス人のバークは、名誉革命とフランス革命を対比して論じた。バークによれば、名誉革命は、歴史的にイギリス国民が代々守り育て継承してきた生命、身体、財産の権利などを守るために行われた。それゆえ、イギリス人は、変えるべきものは変え、国王や貴族院(きぞくいん)など残すべきものは残すという態度で革命を行った。

フランス革命は、歴史とも神とも切り離され、頭の中で考えただけの「人の権利」すなわち人権というものを守るために行われた。革命を担った人たちは、フランスの長い歴史、伝統、慣習、宗教などをすべて人権を侵害するものとしてみた。それゆえ、これらすべてを蔑視し破壊しようという態度で革命を行った。

立憲主義を排除した

革命が進行するにつれ、歴史や伝統などを無視する社会契約説の考え方が強くなっていく。革命に影響をあたえたモンテスキューとルソーのうち、社会契約説と国民主権説に基づき立法権の優位を説いたルソーの思想が、立憲君主制を評価して権力分立を説いたモンテスキューの思想を圧倒していく。そして、国民主権を代表するものとしてつくられた一院制議会は、王政を廃止して行政権も支配下においた。

権力の中心となった立法部は、やがてロベスピエール個人の支配するところとなる。立法部独裁が個人独裁に転化したのである。それどころか、行政機関が法の上に置かれたため、法治主義さえも否定されてしまう。権力分立、立憲君主制とともに法治主義さえも否定されたわけだから、立憲主義が完全に否定され、国民の人権は踏みにじられることとなったのである。

フランス第三共和制

この失敗から学んだフランスは、1875年の第三共和制憲法の中に、イギリスの抑制と均衡の考え方を取り入れた。強大になりがちな立法部を二つに分ける二院制、権力分立、大統領と首相の分離といった原則を掲げたのである。こうして、フランスの立憲政治はようやく安定することとなった。フランス共和制の大統領とは、不本意にも無くしてしまった君主の代替物である。

主権論の暴力性、専制性

ここまでみてきたように、恐怖政治を招いたものは国民主権説である。

そもそも主権とは何だろうか。主権という概念は、16世紀フランスの思想家ジャン・ボーダンが 提唱した。ボーダンによれば、王権は神が授けたものであり、神に対してのみ責任をとる。それゆえ、王は、法律や慣習法に縛られず、神が定めた自然法（神法）にのみ従って政治を行えばよいとされた。この神によってあたえられた無制限で絶対の権力すなわち「最高の権力」のことを、ボーダンは「主権」とよんだ。君主主権説の誕生である。君主主権説は、17世紀から18世紀にかけて、ヨーロッパの絶対王政を支える理論となった。絶対王政は、バラバラであった国家を一つにまとめ上げていったが、専制政治を生み出してしまった。

フランス革命は、専制政治をなくすために絶対王政を倒したものだが、こんどは、国民が無制限で絶対の権力をもつという国民主権説を生み出してしまった。しかし、このような国民主権説では、議会や大衆運動の支持を受けた指導者が、主権者たる国民の代表であると称して無制限の権力を握り、暴力的に専制政治を行うことに対して、何の歯止めもなくなる。実際、フランス革命は、三権分立や法治主義などの立憲主義を排除し、専制政治どころか恐怖政治を生み出した。

主権論と立憲主義との両立

そこで、国民国家が安定期に入っていくと、専制政治を防ぐために立憲主義の方が重視され、主権論は避けられるようになっていく。「主権」の言葉が用いられる場合でも、ドイツや戦前の日本では、立憲主義の考え方と両立できるように、「主権」の意味が解釈しなおされるようになった。「最高権力」という意味の「主権」は、君主にも国民にも帰属せず、もっぱら、国家に専属するものとされるようになった。国家主権説の誕生である。

国家主権説によれば、君主制国家では君主が、共和制国家では国民が、国家における最高の存在(最高機関)と位置づけられる。そして、この「最高のもの」のことを「主権」とよぶ用法が生まれた。この場合の「主権」は、国家の政治権力を生み出す源泉 、すなわち政治権力を正当化する最高の権威を意味する。したがって、君主に最高の権威を認めるものが君主主権説、国民に最高の権威を認めるものが国民主権説というふうに変化した。こうして、君主主権説も国民主権説も、その暴力性を失い、立憲主義と両立可能になった。

現代の恐怖政治

しかし、現代でも、国民(人民)が無制限の権力をもつという国民主権(人民主権)の思想が、暴力性を発揮し、ファシズムと共産主義という全体主義を生み出した。そして、国民主権(人民主権)を代表すると称した党による独裁（一党独裁）を生み出し、百万人あるいは一千万人単位の虐殺を行った。ロシア革命及びスターリンの大虐殺、中国の文化大革命、カンボジアの大虐殺、ナチスによるユダヤ人他の大虐殺などがその例である。

全面削除

42 番　48 ページ 3 ～ 49 ページ 6 行

政治に参加する方法には、国民が直接集まってものごとを決する直接民主主義と、国民の代表が集まってものごとを決する間接民主主義とがあります。直接民主主義と間接民主主義とは、どちらが立憲主義にふさわしいのでしょうか。

直接民主主義には、①議論を冷静に論理的に行い、異なる意見を調整して一つの結論にまとめていくのが難しい、②短期的で私的な利益にとらわれた意見が多数を占め、長期的で公共的な利益を損ないやすい、③魅力的なリーダーの意見に扇動され、独裁者を生み出しやすいといった欠点があります。

間接民主主義

それに、1か所に集まって全員で話し合うといっても、国民はあまりにも大勢であり、集まることができる場所もありません。たとえ場所があったとしても、一定の時間に効率よく結論を出す話し合いはできません。しかも、近代国家では、古代ギリシャで直接民主主義が行われた時代よりはるかに国民の利害が多様となり、意見もきわめて多様となっています。ですから、異なる意見を調整して一つの結論にまとめていくことは、大変な作業になっています。そこで近代国家では、国民の代表を選び、選ばれた人たちに議会で話し合ってもらう間接民主主義が考えられました。

間接民主主義では、国民を代表する政治の専門家（職業政治家）が、冷静に論理的に議論を行い、異なる意見を調整しながら長期的、公共的な利益をはかって結論を決めていくことになっています。ですから、間接民主主義の方が、専制政治を防ぐために生まれた立憲主義にふさわしい方法なのです。

傍線部は全面修正　＊新 50 ～ 51 ページ参照

43 番　48 ページ側注②

それは、学校のような小さな社会でも、直接民主主義の欠点が自覚されているからである。

全面削除　＊新 50 ページ参照

44 番　48 ページ上欄　〈ミニ知識　古代ギリシャの直接民主主義〉

いっぽう、選挙で選ばれるほぼ唯一の官職は、戦争指導者である将軍職であった。……今日の大統領といえるような存在となった。そうなると、彼らの多くは、優秀であればあるほど、独裁者の出現を恐れる自由民たちに警戒され、「陶片追放」(追放者を決める投票制度）や弾劾裁判によって追放された。200 年足らずのアテネ民主政の中で、将軍職についていた 34 人が追放されている。このように、古代ギリシャの直接民主主義には、一方で独裁者が生まれる危険性があり、他方で、独裁を恐れるあまり、有力な指導者を十分育てずに使い捨てにする非効率性があった。

傍線部修正　＊新 50 ページ参照

45 番　49 ページ 7 ～ 9 行　西欧の立憲主義

こうして、法治主義、権力分立、権威と権力の分離、基本的人権の尊重とともに、間接民主主義が立憲主義の重要な要素となったのです。

傍線部削除　＊新 51 ページ参照

46 番　50 ページ 16 ～ 17 行　帝国憲法

次いで三権分立が規定され、天皇が三権を行使するにあたっては、

傍線部削除　＊新 54 ページ参照

48 番　54 ページ 15 ～ 20 行

1 月に GHQ は戦争の遂行に協力した者を公職から追放するという公職追放を発令していました。そのため、この選挙のときは現職の 82%の議員は追放されていて、立候補できませんでした。さらに 5 月から 7 月にかけて、議会審議中にも貴族院議員をふくめ多くの議員が公職追放されてしまいました。

傍線部修正　＊新 58 ～ 59 ページ参照

49 番　54 ページ側注②

独立国の憲法は、その国の政府や議会、国民 の自由意思によってつくられる。したがって、外国に占領されているような時期には、つくるべきものではない。それゆえ、戦時国際法は、占領軍は被占領地の現行法規を尊重すべきであるとしている。また、同じ考え方から、フランスは、1958 年制定の憲法第 89 条第 5 項で「領土が侵されている場合、改正手続に着手しまたはこれを追求することはできない」と規定している。それゆえ、成立過程からして日本国憲法は憲法としては無効であり、新しい憲法は大日本帝国憲法の改正という形で行うべきだとする議論が根強く存在する。

傍線部削除　＊新 58 ページ参照

50 番　54 ページ上欄 〈ミニ知識　手紙の検閲を行ったＧＨＱ検閲官の証言〉

新聞などの事前検閲を行った米軍民間検閲支隊（ＣＣＤ）は、英語に堪能な日本人を 8 千名から 1 万名雇用し、手紙の検閲も行った。ＣＣＤに勤務した甲斐弦は、日本国憲法成立に関して次のように記した。「読んだ手紙の八割から九割までが悲惨極まりないものであった。憲法への反響には特に注意せよ、と指 示されていたのだが、私の読んだ限りでは、新憲法万歳と記した手紙などお目にかかった記憶はないし、日記にも全く記載はない。繰り返して言うが、どうして生き延びるかが当時は皆の最大の関心事であった。憲法改正だなんて、当時の一般庶民には別世界の出来事だったのである。……戦争の悲惨をこの身で味わい、多くの肉親や友人を失った私など、平和を念じる点においては誰にも負けないと思うのだけれども、あの憲法が当時の国民の総意によって、自由意思によって、成立したなどというのはやはり詭弁だと断ぜずにはおれない。はっきり言ってアメリカの押しつけ憲法である。……戦時中は国賊のように言われ、右翼の銃弾まで受けた美濃部達吉博士が、『これでは独立国とは言えぬ』と新憲法に最後まで反対したこと、枢密院議長の清水澄博士が責めを負って入水自殺を遂げたこと、衆議院での採決に当たって反対票を投じたのは野坂参三を始めとする共産党員であったことなど、今の多くの政治家（いや、政治屋か）や文化人たちは果して知っているのだろうか」（『ＧＨＱ検閲官』）。

全面削除　＊新 58 ページ参照

51 番　56 ページ 5 ～ 9 行

つまり、国民主権とは、国家の政治権力を生み出す源泉、すなわち政治権力を 正当化する最高の権威が天皇を含む全国民にあるということです。いっぽう、政治権力は国民の代表者にあるということになります。

傍線部修正　＊新 60 ページ参照

52 番　56 ページ側注②

1946（昭和 21）年６月 26 日衆議院本会議の場で、憲法学者でもある金森徳次郎憲法改正 担当大臣は、「この憲法の改正案を起案致しまする基礎としての考え方は、主権は天皇を含みたる国民全体に在り」ということだと説明した。この天皇を含む全国民主権説は、わが国の公権解釈である。

全面削除　＊新 60 ページ参照

53 番　57 ページ２～４行 「日本国憲法」の原則

立憲君主制など４原則

このような３原則以外に４つの原則があります。第１に、イギリスに学んだ立憲君主制の原則にのっとっています。

傍線部修正　＊新 61 ページ参照

54 番　57 ページ上欄 〈ミニ知識　９条の背景にあるもの〉

各国の軍備なき平和

ＧＨＱが憲法第９条に平和主義を持ち込んだのは、わが国を二度とアメリカやソ連などの連合国に対抗できない国家につくり変えるためであった。だが、国際連合の提唱者であるアメリカ大統領ルーズベルトは、国連軍が中心になって世界平和を達成する道を考えていた。しかも、ルーズベルトは、アメリカ、ソ連（現在のロシア）、中国、イギリス、フランスの五大国だけが軍隊を保有して国連軍に人員を提供すればよいと考え、五大国以外の軍備を取り上げようと考えていた。その中でも、日本やドイツなどの敵国は、真っ先に軍備を取り上げるべき国だった。この構想が、第９条の背景には存在した。

各国の軍備による平和

ところが、国際連合設立のための正式会議直前に、ルーズベルトが亡くなった。そのためか、1945 年４月 25 日に始まった正式会議では、ラテンアメリカ諸国の要求とアラブ諸国の熱心な支持により、五大国以外の軍備と武力行使も認められた。国連憲章には各国の個別的・集団的自衛権が認められた。そして米ソ冷戦が始まると、だれの目にも、国連による国際平和の維持は不可能だということが見えてきた。したがって、1949 年に基本法をつくらされた旧西ドイツの場合は、「侵攻的戦争」を禁止したけれども、戦力を保持する権利は奪われなかった。つまり、日本国憲法の戦力 放棄は、仮に正しい考え方だとしても、すでに冷戦開始以降には 国際社会の考え方と合わないものになっていたことに注意すべきである。

全面削除　＊新 61 ページ参照

55 番　58 ページ側注① 「日本国憲法」の事項別審議の問題点

事項別の審議になったため、日本国憲法の問題点を全体的にとらえて掘り下げる審議ができなくなる弊害が指摘されている。

全文差し替え　＊新 62 ページ参照

第３章

57 番　62 ページ側注③ 「日本国憲法」における国民の意義

憲法における「日本国民」とは、現在この瞬間に生きている私たちの世代だけを意味するのではなく、祖先から子孫までをふくむ、わが国の歴史に連なる全国民のことを指していると理解できる。また、憲法に関する政府解釈では、「国民」には天皇がふくまれるものとしている。

全面削除　＊新 66 ページ参照

58 番　63 ページ７～８行

国民主権とは、国民の代表者が行使する政治権力に正統性をあたえる最高の権威が国民にあることを指しています。

傍線部修正　＊新 67 ページ参照

59番　63ページ 15～16行

つねに、国民の一部ではなく、国民の全体を代表し象徴することが期待されています。

傍線部修正　＊新67ページ参照

60番　63ページ 19～21行

国家および国民統合の象徴として、公正中立な態度を貫いている天皇は、現代の立憲君主制の模範となっています。

傍線部修正　＊新67ページ参照

62番　67ページ上欄、3つ目と4つ目の吹き出し

3つ目吹き出し　親が､子供を育てる権利だと言って子供を虐待し、子供の基本的人権を奪うことがあります

4つ目吹き出し　逆に、虐待だと言って親から子供を引き離し、子供を育てる親の権利を奪うことがあります

いずれも全面削除　＊新71ページ参照

63、64番　68ページ側注② 3行以下

社会主義国の中国ではあらゆる面で自由が尊重されていないが、深刻なのが信教の自由に対する侵害である。特に新疆ウイグル自治区では、「再教育センター」に入れられたウイグ ル人たちが、イスラム教で禁止されている豚肉を強制的に食べさせられている。

全面削除　＊新72ページ参照

63番　70ページ側注② 6～8行

旧ソ連や今日の中国といった社会主義国では、経済活動の自由も不十分 であり、精神の自由も保障されない。

全面削除　＊新74ページ参照

65、66番　69ページ 6～9行

しかし、中国や北朝鮮といった専制政治の国では、犯罪を犯したわけでもない人たちが、さしたる理由もなく、身体が不当に拘束されています。甚だしくは、「再教育センター」に入れられ、奴隷労働をさせられる人たちもいます。

全面削除、全文差し替え　＊新73ページ参照

68番　71ページ 13～15行

ですから、生産手段の公有化をめざす社会主義制度は、違憲です。社会主義化しようと思えば、憲法改正が必要であることになります。

傍線部修正　＊新75ページ参照

70番　71ページ上欄　〈ミニ知識　経済活動の自由、資本主義と信用〉

これに対して、世界第二の経済大国といわれる中国では、人々の間で信用というものが成立していない。人々は売手を信用していないし、商品も信用していない｡平気で毒入り商 品を中国国内で、そして世界に売りさばいているし、偽物商品も特に国内で売りさばいている。モラルなき経済活動が行われる中国のような国では、経済活動の自由は混乱をもたらす。混乱が起こらないようにするには、政府による自由の制限が必要となり、独裁が必要となる。さらにいえば、人々は会社も、政府も信用しない。政府も国民を信用しないから、必然的に独裁が必要となる。

全面削除　＊新75ページ参照

71番　71ページ側注③ 5行以下

したがって、民間企業による自由な競争というものが存在しない。それどころか、本来社会主義国である中国が、いつ私有財産制を廃止するか分からないといった状況にある。

全面削除　＊新75ページ参照

74番　74ページ右 25～29行　ヘイト法

そして、国民だけではなく日本居住の外国人に

も義務を課すべきである。同じことを、2018年、国連人権理事会は日本政府に対する勧告の中で指摘した。本法は、明らかに権利の平等に反する法律である。

全面削除　＊新78ページ参照

77番　77ページ上欄〈ミニ知識　各国における普通選挙制度の確立〉9行以下

わが国の場合は、男子普通選挙権は1925（大正14）年、女子の選挙権は1945（昭和20）年、いずれも大日本帝国憲法のもとで確立している。

一文増補　＊新81ページ参照

79番　79ページ側注② 6行以下

国際常識からすれば当然のことだが、専守防衛では国を守れないという指摘がある。自 衛隊は、内閣総理大臣による「防衛出動命令」が発令されていないときは、敵軍から攻撃されても武力行使できない。武力行使して敵兵を殺せば、殺人罪に問われる可能性がある。

「防衛出動命令」が発令されれば武力行使できるが、発令までに何日かかるかわからない。発令されても、実際に自衛隊が戦える体制になるには、さらに何日も何週間も待たなければならない。自衛隊が戦える体制になるまでに、日本の敗北は決定する。戦う相手国が普通の中小国であっても、世界有数の軍事力を備えた日本の勝利はあり得ないのである。

それゆえ、現在の日本国憲法および自衛隊法以下の軍事法制を前提にする限り、わが国はどこかの大国に守ってもらい、その大国の属国になるしかないという指摘もある。

全面削除　＊新83ページ参照

80番　81ページ上16以下
捕虜資格について知っておこう

いかに平和主義を掲げようとも、外国の軍隊がわが国土に侵入してくることが起こりえる。

そのような場合、第9条をどのように解釈しようが、私たち国民は、領域内に侵入した外国軍隊に抵抗して戦うことができる。しかし、戦う場合には、戦時国際法（国際人道法）を守って戦わなければならない。戦時国際法は、戦争から不必要な殺傷（民間人や捕虜の殺傷）や建物等の破壊を減らし、残酷なできごとを減らす目的でじょじょに形成されてきたルールである。

戦時国際法の中で私たちが真っ先に知っておくべきルールは、不必要又は残酷な殺傷を防ぐために、正当な戦闘員の資格を定め、資格をみたしている者だけが戦闘を行い捕虜になる権利をもつということである。捕虜の資格を得られる正当な戦闘員の要件は、以下の4つである。

1、指揮官を選任すること（指揮官要件）
2、戦闘員と認識できる特殊の標章を付けること（制服要件）
3、公然と武器を携帯すること
4、交戦法規を遵守すること

このうち絶対に守らなければならない要件は、特に公然と武器を携帯して戦うことである。仮に、外国軍に侵入された場合、必ず、戦う日本国民も出てくるであろう。だが、4要件どころか、3番目の絶対最低要件さえも守らず、武器を隠し持って戦う人も出てくるかもしれない。戦う意志のない普通の民間人のふりをしながら、武器を隠し持って外国軍を攻撃した場合は、捕虜資格も得られないし、不法の戦闘、テロ行為を行ったものとして処刑されてしまうことになる。そのような不法な行為をする国民が一部にいれば、他の国民もすべて疑わしいとして大量虐殺されてしまうかもしれない。

だからこそ、わが国も批准している捕虜条約（ジュネーブ第三条約）は、軍隊教育と国民教育で捕虜資格などについて教えることを要求している。

全面削除　＊新85ページ参照

第 4 章

92、93 番　123 ページ 8 行以下

公共財と公共料金

また、経済財のなかには、市場のなかで複数の企業によって競争しながら生産し供給できない経済財すなわち公共財があります。

水道などの例で考えるとよく分かりますが、地域的に独占的に生産しなければならず、また生活するうえで欠かせないもので安定供給しなければならない経済財があります。こうした地域的な独占を認め、安定供給を重視しなければならない経済財は、鉄道や乗り合いバスのように私企業によって供給する場合と水道の例のように地方公共団体によって生産し供給するものとがあります。これらの経済財の価格は市場のなかで決められないので、国や地方公共団体が認可したり、決定したりして価格を決めています。これを公共料金といいます。

傍線部修正　＊新 131 ページ参照

第 5 章

109 番　168 ページ側注①

これに対して、中国では、共産党は、国家・国民より上位の存在であり、選挙による国民の信任も得ずに政権を維持している。逆にいえば、共産党は中国国家を支配する正当性ももたずに支配しているのである。

傍線部修正　＊新 180 ページ参照

110 番　169 ページ 15 ～ 16 行　スカボロー礁をめぐるフィリピンとの裁判

国内的にも法を重視しない中国ですが、国際法さえも無視する態度を示しているのです。

全面削除　＊新 181 ページ参照

119 番　175 ページ右 5 ～ 7 行　北朝鮮による韓国人拉致

1950 年には韓国に対し朝鮮戦争をしかけ、その過程で韓国国民数万を北朝鮮に拉致している。

全面削除　＊新 187 ページ参照

120 番　175 ページ右 22 ～ 30 行

韓国においては、日本の朝鮮統治時代を評価するなど、歴史問題で韓国政府の公式見解と異なる言論活動を行うと、厳しく抑圧される傾向がある。また、2005 年に成立した「親日反民族行為者財産の国家帰属(きぞく)に関する特別法」により、日本統治下に日本に協力した人たちの財産を国家に帰属させることが法律で定められた。これは法律上は遡及法（過去の例を現代の法律でさかのぼって裁く）行為であり、近代的な法理念に反する行為である。

傍線部削除　＊新 187 ページ参照

122 番　178 ページ右 26 ～ 179 ページ左 5 行

拉致問題におけるレバノン

レバノンにできたことが、なぜ日本にはできなかったのか。それは国家主権意識の違いである。レバノンなど普通の国にとっては、自国民が拉致されるということは国家主権を侵害されることを意味する。したがって、普通の国は、武力に訴えてでも拉致被害者をとり戻さなければならないと考える。しかし、国家主権意識のうすいわが国は、問題を直視せず、問題発生以来 20 年間も、問題解決から逃げ続けてきた。

全面的修正　＊新 191 ページ参照

123 番　180 ページ上欄〈ミニ知識　集団的自衛権〉左 6 行以下

共同防衛を行うためには、その第一歩として、たがいに安全保障条約を結ぶのが一般的である。つまり、集団的自衛権を行使する第一歩が、安全保障条約締結である。すでに何十年も前に日米安保条約締結のさいに集団的自衛権を行使しておきながら、わが国の政府は、わが国も集団的自衛権を保有しているけれども、行使することは許されないという矛盾した理屈を言い続けてきた。集団的自衛権の限定的行使の容認は、この矛盾を解消していくことにつながっていくのかもしれない。

全面削除　＊新 182 ページ参照

127 番　185 ページ 14 ～ 16 行　北朝鮮の核配備

特に、北朝鮮、中国、ロシアなど近隣諸国は核配備を進め、わが国にとって脅威は増しています。

内容修正　＊新 197 ページ参照

終章

129 番　195 ページ 4 ～ 12 行　日本型ＯＤＡ

これまでは、主にアジアの発展途上国の社会資本の充実に向けられ、自助努力を促しながら進める日本型 ODA を展開し、これらの国々の経済発展に大きく寄与しました。その結果、アジア 諸国では、個々人の生存、生活の条件を保障する「人間の安全保障」はかなり達成されるようになりました。この成果の上に、2008 年からは、グローバル化した世界の状況に対応して、JICA の活動を拡大するなど、国をあげた総合的な新体制をつくりました。

このように、わが国は、発展途上国の経済発展を支援しながら、国際貢献に力をそそいできました。

２倍ほどに大幅増補　＊新 209 ページ参照